Roland Stifter

Dachgärten

Grüne Inseln in der Stadt

Mit einem Vorwort von
Friedensreich Hundertwasser

94 Farbfotos
79 Zeichnungen

VERLAG
EUGEN
ULMER

CIP-Titelaufnahme der Deutschen Bibliothek
Stifter, Roland:
Dachgärten : grüne Inseln i. d. Stadt / Roland Stifter. Mit e.
Vorw. von Friedensreich Hundertwasser. – Stuttgart : Ulmer,
1988
  ISBN 3-8001-6345-4

© 1988 Eugen Ulmer GmbH & Co.
Wollgrasweg 41, 7000 Stuttgart 70 (Hohenheim)
Printed in Germany
Einbandgestaltung: Alfred Krugmann,
Freiberg a. Neckar
Satz: Typobauer Filmsatz GmbH, Ostfildern
Druck: Karl Grammlich, Pliezhausen
Bindung: Ernst Riethmüller, Stuttgart

Vorwort

Dachbegrünungen sind die Dachbedeckungen der Zukunft. Einen Wald auf dem Dach zu haben oder eine wilde Wiese oder einen Gemüsegarten, wird selbstverständlich sein.

Man wird sich schwer vorstellen können, daß es einmal eine Zeit gab, in der die Dächer tot waren – ohne Leben und ohne Vegetation. Es ist selbstverständlich, daß im Zuge eines Friedens mit der Natur der Natur Territorien zurückgegeben werden müssen, die wir ihr widerrechtlich weggenommen haben. Eines dieser widerrechtlich angeeigneten Territorien sind die Flächen, die wir verbaut haben. Begrünte Dächer geben uns die Möglichkeit, einen Teil der Zerstörung wiedergutzumachen. Doch Achtung, es muß die unberührte, unverfälschte Natur sein, der wir wieder zu ihrem Recht verhelfen. Wenn wir einen Friedensvertrag mit der Natur schließen, müssen wir es mit einem unabhängigen, freien Gesprächspartner tun, nicht mit einem unterworfenen Sklaven. Die geknebelte, entrechtete, monokultivierte, begradigte, vergiftete und hochgepäppelte Natur kann kein ebenbürtiger Gesprächspartner des Menschen sein. Die Unterwerfung der Natur hat sich nicht nur als falsch, sondern als todesgefährlich für den Menschen erwiesen.

Die Du-Beziehung zur Natur muß wiederhergestellt werden. Diese Du-Beziehung zur Natur ist jetzt ebenso wichtig wie die zwischenmenschlichen Beziehungen und genauso vielschichtig. Es handelt sich nicht nur darum, daß Pflanzen uns ernähren und uns weltweit das Leben ermöglichen, zum Beispiel durch den Sauerstoff, den wir atmen, und das reine Wasser, das wir trinken, sondern wir lernen durch die Natur das Wesen der Schöpfung und das Wesen der Kreativität kennen. Ich als Künstler bin mir immer mehr bewußt, daß die willkürliche Trennung zwischen Kreativität der Natur und Kreativität des Menschen wieder rückgängig gemacht werden muß, wenn wir alle als Ebenbild Gottes auf dieser Erde überleben wollen.

In den Städten und leider jetzt sogar auf dem Lande haben wir uns von der wahren Natur derart entfernt, daß wir in Gefahr geraten, unsere Existenz aufzugeben. Wir lebten zu lange nach der Maxime »Machen wir uns die Erde untertan«. Jetzt ist es an der Zeit, daß wir diesen Irrweg rückgängig machen, dadurch daß wir uns unter die Natur begeben, das heißt die Natur über uns haben – unberührte Natur –, statt diese niederzuwalzen und zu zerstören. Besonders in Stadtwüsten sind Dachbewaldungen unbedingte Pflicht.

Die Möglichkeiten für Gras, Wald, Garten und Bäume auf dem Dach sind derart fortgeschritten, daß es keine Entschuldigung mehr gibt, kein begrüntes Dach zu haben. Wer keinen Zugang zum Dach hat, kann sein Fenster begrünen und einen Baummieter einquartieren, das ist ein Baum, der aus dem Fenster wächst.

Ich habe in Neuseeland und in Wien Gras- und Walddächer vorgeführt, die ein voller Erfolg sind. Auf das Hundertwasser-Haus in Wien sind 900 Tonnen Erde auf 13 verschachtelte Dächer aufgetragen und 250 Bäume und Büsche gepflanzt worden. Aus der Vogelperspektive ist das Haus ganz grün. Es ist sogar mehr als die gesamte verbaute Fläche begrünt, da die Bepflanzung auch in verdachte Geschosse hineinreicht und fünf Baummieter zusätzliche Grünflächen ergeben.

Eine Dachbegrünung ist eine unglaublich positive Sache. Sie bringt Vorteile, Freude und Wohlbefinden, nicht nur jenen, die so ein grünes Dach benutzen (Man bedenke: ein Stück Wiese und Wald mitten in der Stadt), sondern auch denen, die unter so einem Stück Natur wohnen: ein unbeschreibliches Gefühl angenehmer Wärme und Kühlung zugleich, ein Gefühl der Sicherheit überhaupt und ein Geruch wie etwa in einem Walde.

Das grüne Dach bringt auch denjenigen große Vorteile, die es weder benutzen noch darunter wohnen, denen nämlich, die sich an seinem Anblick erfreuen: den Passanten, den Bewohnern der umliegenden Häuser, die anstatt auf öde Dächer und kahle Häuser auf lebende Waldstücke blicken mit all den Wundern, der sich durch die Jahreszeiten mit Blättern, Blüten und Düften wandelnden Natur.

Außerdem haben auch die, die nicht im begrünten Haus wohnen, die Vorteile der Staub- und Lärmverminderung, der besseren Atemluft und des besseren Klimas.

Um zu begreifen, wie positiv sich ein Grasdach auf die Psyche und das Wohlbefinden auswirkt, muß man einmal unter einem Grasdach geschlafen haben. Es ist ein völlig anderes Gefühl der Befreiung und der Geborgenheit und vieles andere Unaussprechliche mehr.

Wenn ein Grasdach gut gemacht ist, erspart man sich auf mindestens ein bis zwei Generationen jede Dachdeckerarbeit und jegliche Reparatur. Man hat das gute Gefühl, seine Pflicht erfüllt zu haben und mit der Natur in Frieden zu leben, und man gibt ein gutes Beispiel. Das Grasdach bietet jedes Jahr einen anderen Anblick, da durch Samenanflug immer andere Pflanzen aufgehen und sich die Vegetation ständig wandelt. Auf meinem Grasdach in Wien habe ich Bienen, Schmetterlinge, Käfer und Vögel, ja sogar eine ihre Eier ausbrütende Wildente gesehen.

Friedensreich Hundertwasser

> *Wir ersticken in unseren Städten an Luftverpestung und Sauerstoffmangel*
> *Die Vegetation, die uns leben und atmen läßt, wird systematisch vernichtet*
> *Unser Dasein wird menschenunwürdig*
> *Wir laufen an grauen, sterilen Häuserfassaden entlang und sind uns nicht bewußt, daß wir in Gefängniszellen eingewiesen sind*
> *Wenn wir überleben wollen, muß jeder einzelne handeln*
> *Es ist deine Pflicht, der Vegetation mit allen Mitteln zu ihrem Recht zu verhelfen*
> *Freie Natur muß überall dort wachsen, wo Schnee und Regen hinfallen, wo im Winter alles weiß ist, muß im Sommer alles grün sein*
> *Was waagrecht unter freiem Himmel ist, gehört der Natur*
> *Straßen und Dächer sollen bewaldet werden*
> *In der Stadt muß man wieder Waldluft atmen können.*
>
> (aus einem der Manifeste Hundertwassers)

Biographie von Friedensreich Hundertwasser

Das Gesamtkunstwerk des Malers Friedensreich Hundertwasser bedeutet mehr als nur die Summe seiner Bilder – es ist sein eigenwilliges Leben, sein von frühester Jugend an gegen den Strom Schwimmen und sein tiefes Verständnis für die Schöpfung.
Er sieht alles Leben auf dieser Erde als ein Geschenk der Pflanzen. Ihr Wachsen, Wuchern, Werden und

Vergehen ist die eigentliche Schöpfung, der große Gaswechsel der Vegetation ist für ihn der Atemzug des Schöpfers, und so versteht Hundertwasser die Spirale – wichtiges Grundmotiv vieler seiner Bilder als Ursymbol des Lebendigen.

Hundertwasser trat für den Umweltschutz ein, als es diesen Ausdruck noch gar nicht gab, sein sensibles Empfinden ließ ihn schon vor Jahren Probleme erkennen, die viele heute noch nicht sehen.

»Der Mensch muß vorsichtig sein, er muß selbständig denken, muß haushalten und darf nicht blind verschwenden, er muß darauf achten, daß der natürliche Kreislauf funktioniert.«

Er prägte schon 1952 Ausdrücke wie »die eingebildete Energiekrise unserer Bluffzivilisation« und nannte Warner und Auflehner unter den Wissenschaftlern und den anderen Menschen, die sich ihre Zukunft nicht von den Leuten an der Macht zerstören lassen, sondern selbst gestalten wollten, die »echte Avantgarde«.

Er forderte mit spektakulären Aktionen Hausbewohner zur aktiven Mitgestaltung ihrer Wohnumwelt auf und verbrachte als einer von tausenden Demonstranten im denkwürdigen Dezember 1984 viele eisige Tage und Nächte in der Hainburger Au, um einen Kraftwerksbau zu verhindern. Sein Hainburg-Poster finanzierte einen Teil des Widerstandes.

Stille Experimente mit Grasdächern, Humustoiletten, biologischen Methoden zur Abwasserreinigung, sein Hochseeschiff »Regentag« und der Versuch, in Neuseeland das verlorene Paradies wiederherzustellen, lassen sein Engagement und seine Vielseitigkeit erahnen.

Die Forderung, der Natur wieder zu ihrem Recht zu verhelfen, und seine Ablehnung der geraden, monotonen, rationalen Formen der heutigen Architektur manifestieren sich in dem von ihm geplanten Hundertwasser-Haus in Wien. Es ist für ihn ein Kontrastprogramm, ein gebauter Protest gegen die einfallslose, technische Zweckarchitektur und soll nicht als Modell für zukünftige Wohnformen verstanden werden. Es ist nicht schön im Sinne klassischer Ästhetik, vielmehr wirkt es durch seine Unregelmäßigkeiten und seine spontan entstandenen Elemente.

Das Schönste aber werden vielleicht die in mehreren Ebenen angelegten Dachgärten sein, wenn sie nach einigen Jahren eine üppig bewachsene, grüne Treppe zwischen grauer Stadt und blauem Himmel bilden.

Inhaltsverzeichnis

Alte und neue Dachgärten

Geschichte der Dachgärten

Die Idee, Hausdächer zu begrünen und als zusätzlichen hochwertigen Wohn- oder Freiraum zu nutzen, erlebt seit einigen Jahren in vielen Städten Mitteleuropas eine neue Hochblüte. Die Ursprünge der Dachbegrünung und -nutzung reichen weit zurück. Aus der Zeit um etwa 900 v. Chr. stammen Berichte von Dachterrassen im Vorderen Orient. Andere klimatische Voraussetzungen, Baumaterialien und Lebensgewohnheiten als in unseren Breiten ließen dort eine regional angepaßte Architektur entstehen, die unter anderem durch die Flachdachbauweise und die Nutzung dieser Flächen gekennzeichnet ist.

Das wohl berühmteste Beispiel eines historischen Dachgartens sind die Hängenden Gärten der Semiramis im Babylon des 6. Jahrhunderts v. Chr. Diese prächtige Anlage mit schattenspendenden Bäumen, überreich blühenden Sträuchern, Schlingpflanzen, aromatisch duftenden Gewürzgärten und einem ausgeklügelten Bewässerungssystem, das direkt vom Euphrat gespeist wurde, ruhte auf einer Säulenkonstruktion und stieg treppenartig an. Die höchste Terrasse lag etwa 30 m hoch, die Terrassen waren etwa 3,5 m breit, die Ausmaße der Anlage betrugen rund 40 mal 50 m. Vom Süden sahen die Hängenden Gärten wie eine gewaltige bewachsene Treppe aus, von der das üppige Grün in wallenden Kaskaden herunterzufließen schien.

Mit orientalischem Kulturgut kam auch der Adoniskult in die griechisch-römische Welt und damit auch die Sitte, die flachen Dächer zu begrünen. Adonis – ein phönizischer Gott – galt als Sinnbild für Entstehen und Vergehen der Natur und sein jährlich wiederkehrender Tod wurde auf phantasievoll geschmückten und üppig begrünten Dachflächen und Balkonen begangen.

Im antiken Rom gaben die hohen Grundstückspreise den Anstoß dafür, auf vielen römischen Villen als Ergänzung zum geschlossenen Wohnraum statt Gärten zu ebener Erde Dachterrassen anzulegen. Sie wurden durch das Aufstellen von vielen großen, mit Blumen, Sträuchern, Schlingpflanzen und sogar Obstbäumen bepflanzten Töpfen in blühende, duftende Gärten verwandelt. Wie weit die Dachgartenkultur damals schon gediehen war, kann man vielleicht erahnen, wenn man weiß, daß auf manchen Dächern obendrein noch Fischteiche angelegt waren.

Weltberühmt wurde auch das Augustus-Mausoleum in Rom durch seine mit Zypressen bepflanzten Rundterrassen, die auf dem 44 m hohen Hügel über dem marmornen Grabmal errichtet waren.

Sowohl byzantinische als auch indische Miniaturmalereien zeigen als häufiges Motiv üppig begrünte Dachgärten und Terrassen und geben damit Hinweise auf die Verbreitung dieser Idee.

Im Zeitalter der Renaissance lebte mit dem antiken Geist auch die Gartenkultur der Antike wieder auf. Ausgehend von Florenz, Rom und Venedig entstanden bald in vielen europäischen Großstädten prächtige Dachgartenanlagen. Durch die Bereicherung mit Pflanzen aus fernen Ländern und den Fortschritt der gärtnerischen und botanischen Kenntnisse übertrafen sie in mancher Hinsicht weit die Dachgärten früherer Zeiten. Die um 1400 bei Florenz errichtete Villa Careggi, das um 1530 in Rom entstandene Museum des Kardinals Andrea della Valle sowie der Palast des Grafen Maffei in Verona sind nur einige herausragende Beispiele für die wiedererstandene Dachgartenkultur. Terrassengärten, die sich an den »Hängenden Gärten der Semiramis« orientierten und mit Bäumen, Weinreben, Gewürzgärten, prächtigen Blütenstauden, Schlingpflanzen und dergleichen herrlichen Parklandschaften glichen, waren sowohl bei der Nürnberger Kaiserburg Friedrichs III. als auch in der Parkanlage von Borromeo am Lago Maggiore jeweils vielbewundertes Kernstück der Anlage.

In südlichen Ländern war die Dachgartenkultur nicht nur auf die vermögenden Schichten begrenzt, sondern auch im bäuerlichen oder bürgerlichen Milieu durchaus weit verbreitet. Durch das milde Klima und die flache Bauweise wurden die Dachflächen als zusätzlicher Wohnraum üblicherweise genutzt.

Der Bausachverständige MARPERGER (1656–1730) und rund 150 Jahre später der Maurermeister Carl RABITZ aus Berlin erkannten schon damals die Bedeutung von begrünten Dachflächen auch in unseren Breiten und traten vehement für diese Idee ein. Die von Rabitz herausgegebene Veröffentlichung »Naturdächer von vulkanischem Cement oder Moderne hängende Gärten« geht ausführlich auf die Vor- und Nachteile verschiedener Dachformen ein und empfiehlt zuletzt ausdrücklich die Flachdachbauweise wegen der vielfältigen Nutzungsmöglichkeiten – allerdings mit dem Hinweis auf den von ihm erfundenen vulkanischen Zement als beste Abdeckung. Seine Dachkonstruktionen seien »nur etwas teurer als Papp- oder Filzdächer, jedoch weit billiger als Ziegel-, Schiefer- oder Zinkdächer«. Ein Gipsmodell sei-

Nürnberger Dachgärtlein aus dem 17. Jahrhundert (nach Gollwitzer 1971).

ner eigenen, mit einem Dachgarten versehenen Villa, erstellt anläßlich der Pariser Weltausstellung von 1867, sollte seine Idee einem breiten Publikum nahebringen. Beiträge in diversen Fachzeitschriften beschäftigten sich ausführlich mit Rabitz' Vorstellungen, weisen auf die gute Isolierwirkung und dadurch auf das besonders günstige Innenklima der Gebäude hin und geben Hinweise auf besonders geeignete Pflanzen. Genaue Angaben bezüglich Unterbauten, Isoliermaterialien, Humusschicht, Bewässerungsmöglichkeiten, Windschutz und Ausstattung lassen kaum Fragen offen. Wie sich die Vorstellungen der Autoren mit denen moderner Stadtplaner bzw. Stadtökologen decken, verdeutlicht am besten folgendes Zitat aus der Leipziger Illustrierten Zeitung von 1868: »Frischer grüner Rasen wechselt dann in der Höhe mit den grauen Dächern ab, welche jetzt unsere Wohnstätten noch überziehen und es wird ein weiterer Raum für Erholung und Geselligkeit geschaffen, der sonst nur den Sperlingen und Katzen zugute gekommen ist. Was geschickte Architekten noch mit dieser neuen baulichen Zierath beginnen werden, ist abzuwarten. Aber es scheint, als wenn die schwebenden Gärten prächtig dazu angethan wären, in den

Baustil der Gegenwart und Zukunft hineinzuwachsen«.

Der 1874 für König Ludwig II. fertiggestellte, von einem 70 m langen Glashaus überdachte Dachgarten über dem Festsaalbau der Residenz in München versetzte den Besucher in eine üppige Tropenlandschaft von unvorstellbarer Vielfalt und Phantasie. Man betrat den »indischen Zaubergarten« durch einen maurischen Laubengang. Vor einem Hintergrund aus gemalten Landschaften tummelten sich zwischen Palmen, Bambus, Orchideen und anderen herrlichen Pflanzen Paradiesvögel, Nachtigallen, Kolibris und Papageien. Mittelpunkt war ein Weiher mit Seerosen, einem Wasserfall und einer Bogenbrücke. Auf einem kleinen Hügel war ein Fürstenzelt aus reich bestickter blauer Seide aufgeschlagen, dahinter erhob sich eine bizarre Felslandschaft. In dieser Umgebung verbrachte der König ganze Nächte bei imitiertem Mondlicht und dem Plätschern des künstlich bewegten Sees. Große technische Probleme und die enormen Unterhaltungskosten erzwangen schließlich nach nur zwanzig Jahren den Abbruch der Anlage.

Führende Programmatiker der »neuen Architektur« wie GROPIUS, Frank Lloyd WRIGHT und vor allem LE CORBUSIER griffen zu Beginn unseres Jahrhunderts das Thema des künstlich angelegten Dachgartens wieder auf und planten eine Vielzahl großzügiger Dachterrassen. In LE CORBUSIERS berühmten fünf Punkten zu einer neuen Architektur (»Vers une architecture«, 1923) nimmt das Thema »Dachgarten« die zweite Stelle ein und schließt nach einer kurzen Erläuterung konstruktiver Details mit den Worten: »Der Dachgarten wird zum bevorzugten Aufenthaltsort des Hauses und bedeutet außerdem für die Stadt den Wiedergewinn der ganzen bebauten Fläche«.

Einige Stadtplaner erkannten zwar die Möglichkeiten und die Bedeutung der Erschließung und Nutzung der bis dahin ungenutzten Dachflächen, aber die Idee konnte sich dennoch nicht entscheidend durchsetzen. Zusätzliche Baukosten, Angst vor schwerwiegenden Bauschäden sowie das Unvermögen der jeweiligen Hausparteien, sich untereinander abzusprechen und gemeinsame Initiativen zu ergreifen, waren neben der mangelnden Verbreitung der Dachbegrünungsidee wohl die Hauptgründe dafür.

Ein eindrucksvolles Beispiel für eine großflächige Dachbegrünung gibt die als Dachgarten ausgebildete Casinoterrasse in Bern, angelegt im Jahre 1936. Heute trägt sie 20 Kastanienbäume mit je 170 cm Stammumfang. 1936 wurden verarbeitet:

1400 m³ Erde mit Trockengewicht von	2,5 Mio. kg
270 m³ Rundkies	460 000 kg
300 m³ Sand und Kies	60 000 kg
Plattenbeläge, Randsteine	rund 50 000 kg

Aufgrund der dicken, nährstoffreichen Erdschicht erübrigen sich zusätzliche Düngung und Bewässerung weitgehend. Eine andere imposante großflächige Dachgartenanlage ist die ebenfalls Ende der dreißiger Jahre in London errichtete Dachgartenanlage des früheren Kaufhauses Derry & Toms in der Kensington High Street. Seit der Schließung des Kaufhauses befindet sie sich im Besitz des Roof Garden und Virgin Clubs. Die Anlage ist etwa 6000 m² groß und besteht aus mehreren Teilen, so etwa dem Spanish Garden, dem English Garden, Gartenhöfen im Tudor Stil, einem Wassergarten und vielen anderen Kleinbauten. Die Wasseranlagen des Gartens werden aus bis zu 120 m tiefen Brunnen gespeist. Obwohl die ursprünglich überreiche Bepflanzung mit »500 species of ornamental trees and shrubs« und Hunderten von Blütenstauden nach der Überholung im Jahre 1978 reduziert wurde, fühlt man sich weiterhin wie in einer eindrucksvollen verträumten Gartenlandschaft und vergißt völlig, daß man sich etwa 35 m über einer Geschäftsstraße mitten in London befindet.

Schließlich nennen wir noch drei markante Beispiele für Dachbegrünungen aus jüngster Zeit: zunächst das lebhaft diskutierte, inzwischen berühmt gewordene Hundertwasser-Haus in Wien, welches die langgehegten Visionen des Künstlers zumindest teilweise verwirklicht, dann eine Einfamilienhaussiedlung mit 74 Grasdachhäusern in Hannover und die begonnene »grüne Dachsanierung« in Kiel, die eine Fläche von 16 000 m² einnimmt.

In den letzten Jahren stieg das Interesse an begrünten Dächern sprunghaft. Einige Stadtverwaltungen haben die Bedeutung erkannt und schreiben bei Neubauten mit Flachdach ab einer gewissen Größe die Begrünung zwingend vor. Mancherorts werden Dachbegrünungen bereits mit öffentlichen Mitteln gefördert, sogar wenn sie in Eigenregie verwirklicht werden. Berlin ist auf dem besten Wege, die neue Dimension voll zu nutzen. Seit 1982 wurden dort mehr als 50 000 m² Dachfläche begrünt, für 1987 sind weitere 35 000 m² geplant oder beantragt.

Dachbegrünung als Bestandteil angepaßter Architektur

Begrünte Dächer verbessern das Innenklima und gleichen extreme Temperaturschwankungen aus. Daher finden sie sich in heißen und in kalten Klimazonen als wichtige Bestandteile der jeweils traditionellen Architektur, die sich im Laufe von Jahrhunderten an die herrschenden Bedingungen angepaßt hat. In kalten Klimazonen reduziert die Erdschicht und die Pflanzendecke die Wärmeverluste aus dem Gebäudeinnern. In heißen Gebieten halten die Schattenwirkung der Pflanzen, die hohe Wärmedämmfähigkeit und die thermische Trägheit der Erdschicht das Innenklima in angenehmen Bereichen.

In Skandinavien und Kanada haben sich die grassodengedeckten Häuser seit Jahrhunderten bewährt und ermöglichen ohne Beheizung eine Gebäudenutzung auch im Winter. Die Abwärme der Kochstelle und die von den Bewohnern erzeugte Körperwärme sorgen für eine gerade noch ausreichende Raumtemperatur. Aufgrund natürlicher Baumaterialien und einer der Landschaft angepaßten Form harmonieren diese Häuser bestens mit der Umgebung.

Beim traditionellen *skandinavischen Grasdach* werden von der Traufseite aus 20 cm starke Grassoden über eine mehrlagige Schicht aus Birkenrinde verlegt, die wegen ihres hohen Gerbsäuregehaltes relativ verrottungsfest ist und mit Holzteer verklebt wird. Als tragende Unterkonstruktion dient in den meisten Fällen eine Mischform aus Sparren- oder Pfettendach, wobei die etwa 4 cm breiten Abstände zwischen den Bohlenbrettern eine Hinterlüftung der Birkenrinde ermöglichen. Trotz hoher Luftfeuchte und häufigen Niederschlägen erreichen derartige Konstruktionen eine Lebensdauer von rund 60 Jahren.

Ähnlich gebaut werden die *kanadischen Grassodenhäuser*, deren Wände aus 10 cm dicken Grassoden – mit der Grasnarbe nach unten gewendet – bestehen. Die unten 90 cm, oben 60 cm dicken Wände tragen wesentlich zum ausgeglichenen Innenklima bei. Das Pfettendach besteht hier aus Zweigen, Präriegras und zwei Lagen Grassoden.

Beim *isländischen Torfsodenhaus* bestehen die Dächer aus zwei bis drei Lagen Torfsoden. Diese liegen auf Ästen und Zweigen und werden mit dicken Grassoden abgedeckt, die ursprünglich von Schafen kurzgehalten wurden. Die Dächer reichen fast bis zum Boden und haben eine sehr geringe Spannweite, da es in Island kaum Holzvorkommen gibt und daher nur kurze Äste verwendet werden können. Nach relativ kurzer Zeit entsteht auf dem Dach eine an die extremen klimatischen Bedingungen angepaßte und durch den Pflanzenbestand in der Umgebung beeinflußte stabile Pflanzengesellschaft. Durch entsprechende Dachneigung läßt die an sich nicht wasserdichte Konstruktion Regen und Schmelzwasser rasch genug ablaufen, um ein Durchsickern ins Gebäude zu verhindern. Die Wände werden aus Torfblöcken oder Torfsoden aufgemauert, die im Fischgrätmuster verlegt sind, um Schwindrisse weitgehend auszuschließen. Die ursprünglich meist runden oder ovalen Häuser waren häufig zum Teil in den Torfboden eingegraben, um die Wärmeverluste gering zu halten.

Links:
Querschnitt durch
ein traditionelles
skandinavisches
Grasdach.

Rechts:
Aufbau eines tradi-
tionellen kanadi-
schen Grassoden-
hauses.

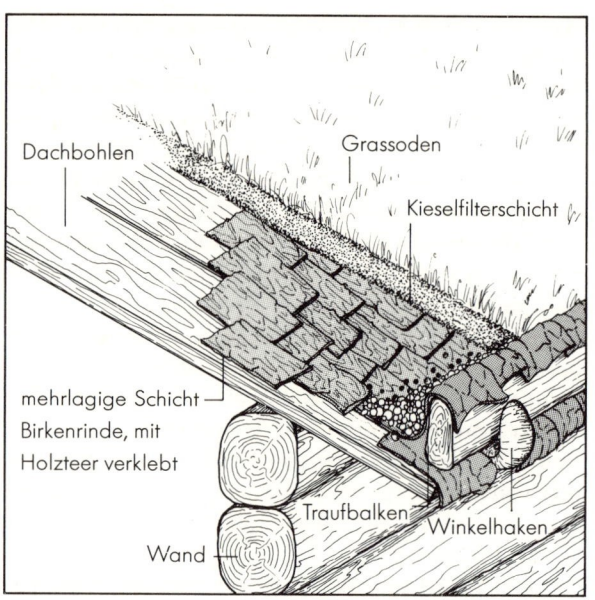

Beispiele für Grasdächer in heißen Regionen findet man beispielsweise in Tansania bei verschiedenen Volksstämmen. Beim *Hehe-Haus* ist die Erdschicht etwa 15 cm stark und das grasbewachsene Dach geneigt, beim *Mbulu-Haustyp* beträgt die Dicke der flach geneigten Dachschicht 30 cm. Wie bei den beiden ersten wird auch beim *Gogo-Haus* die Erdschicht durch eine Unterkonstruktion aus Balken, Ästen und Zweigen getragen und durch Beimengung von Kuhdung im Bereich des Dachrandes besonders gut gegen Erosion geschützt.

Funktionen der Dachbegrünung

Die Funktionen und positiven Auswirkungen von Dachbegrünungen sind vielfältig. Neben den unmittelbaren Vorteilen für den jeweiligen Benutzer gilt es vor allem auch, die städtebaulichen, ökologischen und bautechnischen Aspekte zu sehen.

Neuer Lebensraum für Mensch und Tier

Laufend werden wertvolle Stadtflächen dem Autoverkehr geopfert und damit den Menschen als Lebensraum entzogen. Sinkende Lebensqualität in den innerstädtischen Bereichen aufgrund von Verkehrslärm, Abgasen, erhöhtem Unfallrisiko sowie einem Defizit an Erholungs- und Grünflächen führt zu einer Entvölkerung der Stadtzentren. Wer es sich leisten kann, siedelt sich am Stadtrand an oder flüchtet zumindest am Wochenende in die Natur. Endlose Autokolonnen, immer dichtere Straßennetze und eine fortschreitende Zerstörung wertvollen Grünlandes

sind die Folge. So werden in Österreich pro Jahr rund 130 km² gewachsenen Bodens auf verschiedene Weise versiegelt oder verbaut – das entspricht fast einem Drittel der Landesfläche von Wien. Privater Freiraum gilt heute als wesentliches Merkmal »vollwertigen Wohnens« und noch nie sehnten sich so viele Stadtbewohner nach dem Einfamilienhaus im Grünen (in Österreich sind es nach Umfragen etwa 84%). Die Städte wieder lebenswert zu machen, muß ein vorrangiges Ziel zukünftiger Kommunalpolitik sein. Das bedeutet weg von der autogerechten und hin zur menschengerechten, das heißt auch kindergerechten Stadt, um die verhängnisvolle Entwicklung der letzten Jahrzehnte zu stoppen.

Die wenigen noch vorhandenen Freiräume in den Städten müssen den Menschen bleiben und zusätzlich müssen alle Möglichkeiten zur Schaffung neuer privater Lebensräume unter freiem Himmel ausgeschöpft werden. Die bisher ungenutzten Dachflächen bilden ein ungeheures Potential neuer gedeihlicher Grünräume. Unter dem Gesichtspunkt einer multifunktionalen Nutzung der gleichen, durch extrem hohe Bodenpreise gekennzeichneten Grundfläche auf verschiedenen Ebenen erscheinen die höheren Herstellungs- und Unterhaltungskosten für Dachbegrünungen als durchaus vertretbar.

Begrünte Fenster, Balkone oder Dachflächen bieten ihren Besitzern die Möglichkeit, aus einem in vielen Fällen unpersönlichen Konsumartikel »Wohnung« eine individuelle Behausung zu gestalten. Die Nutzungsmöglichkeiten selbst kleiner Dachgärten sind vielfältig: Sonnenbaden, Spielen, Wäsche aufhängen, Malen, Blumen pflegen, Tiere halten, Schlafen, Sternschnuppen zählen, Lieben, Gitarre spielen ...

Pflanzen lassen die Bewohner die Jahreszeiten miterleben und spüren und bieten besonders für Kinder und ältere Menschen ein reiches Betätigungsfeld. Die Beschäftigung mit der Natur, das Entdecken vieler kleiner Wunder und Veränderungen im eigenen Garten, das Wahrnehmen von Gerüchen, Farben und Geräuschen sind wertvolle positive Sinneserlebnisse, deren Bedeutung in einem Alltag, der von negativen Eindrücken überlagert wird, nicht hoch genug eingeschätzt werden kann.

Von 1983 bis 1985 arbeiteten wir am Institut für Umweltwissenschaften und Naturschutz der Österreichischen Akademie der Wissenschaften in Wien an einer Studie über Wiener Dachgärten. Die meisten der untersuchten Dachgärten spielen im Leben ihrer Gestalter und Nutzer eine so große Rolle, daß sie zum Teil ihrer Persönlichkeit, ja zur identitätsfördernden Selbstverwirklichung geworden sind.

Fast alle Dachgartenbesitzer reden, wenn sie auf die Pflege ihres Gartens angesprochen werden, nicht von Arbeit, sondern von ihrer Lieblingsbeschäftigung, die sie in den Wintermonaten schmerzlich vermissen. Pläne schmieden für die kommende Gartensaison, das Studieren von Pflanzenkatalogen und die Pflege der Zimmerpflanzen sind dann nur ein bescheidener Ersatz für die vielen schönen Stunden im Garten.

Um wieviel mehr als ein öffentlicher Grünraum oder ein noch so attraktiver Kinderspielplatz, den man bloß jeden dritten Tag für zwei Stunden besuchen kann, bringt doch selbst ein noch so kleiner, geschützter individueller Freiraum im unmittelbaren Anschluß an die Wohnung. Dort können die Kinder spielen, während die Eltern drinnen einer anderen Beschäftigung nachgehen.

Dünnschichtige, *extensiv* begrünte Dächer können zwar nicht genutzt werden, bedeuten jedoch eine bedeutende optische Verbesserung der sonst öden Dachflächen. Für die gerade im städtischen Bereich immer mehr verdrängte Natur bilden selbst kleine, teilweise bewußt verwilderte »Inseln« in der eintönigen Asphalt- und Betonwüste wertvolle Refugien. Nur ein dichtes Netz ökologischer Ausgleichsflächen kann in der städtischen »Steinwüste« eine gewisse Vielfalt an pflanzlichem und tierischem Leben aufrecht erhalten.

Zielsicher finden vor allem Vögel und Insekten auch noch so kleine Grünflächen, die ihnen als Brut- oder Rastplatz oder zum Nahrungserwerb genügen. Eine biologisch interessierte Dachgartenbesitzerin beobachtete mehrmals selbst Habichte und Buntspechte und verschiedene Schmetterlingsarten wie Ordensband, Pfauenauge, Fuchs, Segelfalter, Taubenschwänzchen und andere. In ihrem Wasserbecken entwickelten sich Großlibellen; manchmal wurden sogar Fledermäuse von dem über Dachgärten offenbar angereicherten Insektenleben angelockt.

Untersuchungen alter, teilweise verwilderter, begrünter Dachflächen in Berlin überraschten selbst Fachleute durch die Vielzahl der dort ansässigen Tiere und Pflanzen. Im Lauf der Jahre siedelten sich rund 50 Pflanzen-, 20 Insekten- sowie einige Vogelarten an, die teilweise selbst außerhalb des Stadtgebietes kaum noch vorkamen.

Was die Pflanzen betrifft, handelt es sich in vielen Fällen um pannonische Trockenrasengesellschaften, die eine Vielzahl unter Naturschutz stehender und vom Aussterben bedrohter Arten enthalten. Diese artenreichen Biotope, die schon fast vollständig der Landwirtschaft und den Verkehrsflächen weichen mußten, könnten vor allem auf extensiv genutzten Dachflächen weiter bestehen, da diese Standorte in vieler Hinsicht den natürlichen Lebensräumen sehr nahe kommen. Die biologische Bedeutung dieser Flächen wächst noch vor dem Hintergrund, daß in zunehmendem Maße Pflanzen und Tiere aussterben, wobei es sich dabei auch um »Allerwertsarten« wie Ackerunkräuter handelt.

Bei der Anlage von Dachgärten sollte man gerade deshalb viele einheimische Pflanzenarten ansiedeln oder gewisse Bereiche sich selbst überlassen, damit sich möglichst naturnahe, angepaßte Vegetationsformen bilden.

Positive Auswirkungen auf das Stadtklima

Die heutigen Stadtkerne stellen durch ihre breiten Asphalt- oder Betonstraßen und die Steinmassen ihrer Baukörper künstliche, wasserabweisende Felslandschaften dar, deren Klima immer wüstenähnlicher wird. (Auch ein Vergleich mit einer Karstlandschaft ist möglich, da hier wie dort die unterirdische Entwässerung ohne nennenswerten Wasserrückhalt erfolgt.) Die Steinmassen speichern die eingestrahlte Sonnenenergie. Dieser »Backofeneffekt« überhitzt den Stadtkern um 2 bis 4 °C (in Extremfällen bis zu 11 °C) über die Temperatur der grünen Vororte und verhindert die wohltuende abendliche Abkühlung. Außerdem führt dieser Effekt durch Konvektion zur Bildung der linsenförmigen Staubglocke über unseren Städten. Jede Maßnahme, welche auch nur lokal zur Milderung der heiß-trockenen-staubigen Extreme im heutigen Stadtklima führt, sollte gefördert werden (nach LÖTSCH 1985).

Durch die Verdunstung von Wasser entzieht die Pflanze ihrer Umgebung Wärme, und zwar pro Liter verdunstetem Wasser etwa 550 kcal. Dieser Kühleffekt, der besonders an heißen, trockenen Sommertagen deutlich spürbar wird, kann bis zu 90 % der einge-

13

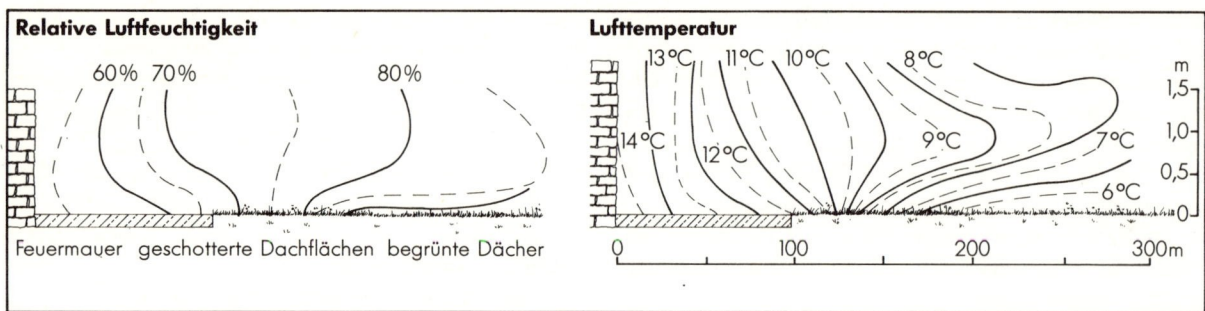

Relative Luftfeuchtigkeit

60% 70% 80%

Feuermauer   geschotterte Dachflächen   begrünte Dächer

Lufttemperatur

13°C 11°C 10°C 8°C
14°C 12°C 9°C 7°C 6°C

m
1,5
1,0
0,5
0

0   100   200   300m

strahlten Sonnenenergie aufbrauchen und somit zu einer deutlichen Temperaturverringerung führen. Durch die Beschattung der Dach- bzw. Mauerflächen verhindert die Bepflanzung außerdem ein Aufheizen derselben und ermöglicht den Benutzern auch über die heißen Mittagsstunden den Aufenthalt im Freien.

Der Temperaturunterschied zwischen Beton- oder Asphaltflächen gegenüber einer Rasenfläche beträgt etwa 8 bis 12 °C, während die Luftfeuchte sogar um etwa 40 % höher liegen kann. Die Verdunstung von Wasser entzieht der Umgebung nicht nur Wärme, sondern trägt wesentlich zur Erhöhung der Luftfeuchtigkeit bei, was im heiß-trockenen Stadtklima besonders zu begrüßen ist. Ein 5 m hoher Laubbaum vermag pro Tag etwa 20 l Wasser zu verdunsten, was theoretisch genügt, um die Luftfeuchtigkeit von 4000 m³ Luft von 30 auf 60 % zu bringen. Bei der Pflanzenauswahl ist unbedingt zu beachten, daß nahezu alle, an heiß-trockene Standorte angepaßten Pflanzenarten, zwar anspruchslos und pflegeleicht sind, jedoch in den meisten Fällen wegen der reduzierten Wasserverdunstung nur einen kleinen Beitrag zur Verbesserung des örtlichen Mikroklimas leisten können. Große Blattoberflächen bewirken hingegen

bei ausreichender Wasserversorgung eine hohe Transpirationsleistung und dadurch Luftbefeuchtung und Verdunstungskühlung.

Zur Verbesserung des Stadtklimas insgesamt können einzelne Grünflächen nur einen sehr kleinen Beitrag leisten. Erstaunen mag jedoch, wie stark eine üppige Bepflanzung in einer geschützten Situation das Mikroklima positiv beeinflussen kann. Wer kennt nicht den krassen Gegensatz zwischen der heiß-trockenen, staub- und lärmbelasteten Straße und einem kühlen, schattigen, ruhigen Innenhof.

Durch geschickte Planung unter Ausnützung vorhandener Feuermauern, Kamine und anderer baulicher Strukturen sowie der Pflanzung von ausreichend hohen, dichten Büschen, Anbringen von Schilfmatten (Achtung vor dem möglichen Winddruck) und Vorkehrungen zur teilweisen Schattierung des Dachgartens soll eine möglichst geschützte, abgegrenzte Situation geschaffen werden, in der die positiven Auswirkungen der Pflanzen voll zur Geltung kommen.

Die große Blattoberfläche von Gehölzen, aber auch von Grasflächen führt zu einem regelrechten Auskämmen von Staubpartikeln aus der Luft. Der Staub schlägt sich auf die Blätter nieder und wird mit dem Regen abgeschwemmt. So ergaben Messungen in der Schweiz, daß bereits eine 1 m hohe und 75 cm breite Hecke an einer Hauptverkehrsstraße die Bleibelastung der dahinterliegenden Vegetation durch ihre Filterwirkung um 50 % reduziert, während eine ebenso große Mauer von den Abgasen unvermindert überwälzt wird (KELLER 1974). Messungen in Frankfurt ergaben, daß Straßen ohne Bäume eine Luftverschmutzung von etwa 10 000 Schmutzpartikeln je l Luft aufwiesen, während in der gleichen Gegend Straßen mit Baumbestand nur ein Viertel dieses Wertes zeigten (BERNATZKY 1966). Pflanzen absorbieren auch manche gasförmigen Schadstoffe und binden sie in den Blättern.

Das häufig gebrachte Argument von der hohen Sauerstoffproduktion selbst kleiner Grünflächen ist naturwissenschaftlich nicht haltbar und soll deshalb aus der Diskussion herausgehalten werden. Bei solchen Diskussionen wird völlig vernachlässigt, daß es

Untersuchte Vegetation	m² Blattoberfläche je m² Bodenfläche bzw. Wandfläche
Rasen, 3 cm hoch	6
5 cm hoch	9
Wiese mit 60 cm langen Gräsern	bis zu 225
ungemähtes Grasdach	mehr als 100
Sedum bis 8 cm hoch	1
Sedum sehr dicht, bis 10 cm hoch	2,4
Wilder Wein an Fassade, 10 cm dick	3
20 cm dick	5
Efeu an Fassade, 25 cm dick	11,8

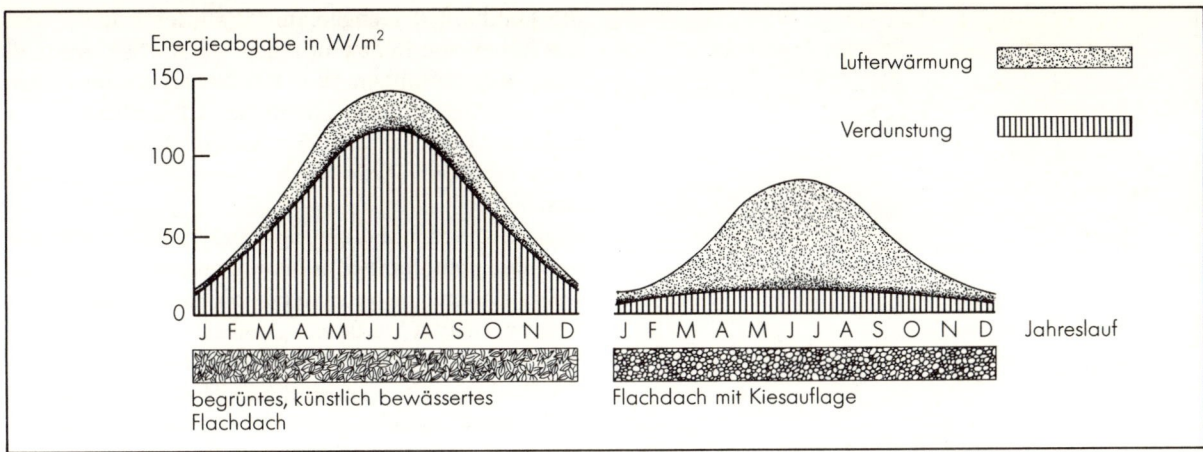

sich bei städtischen Grünräumen nicht um geschlossene Systeme handelt, sondern daß diese in freiem Austausch mit der Atmosphäre stehen. Im Vergleich zu den eigentlichen großen Sauerstoffproduzenten unseres Planeten – den tropischen Regenwäldern oder den Ozeanen – haben sie keinerlei Bedeutung. Pflanzen können nur so viel O_2 bilden, wie ihnen CO_2 in der Außenluft zur Verfügung steht. Da der CO_2-Gehalt der Luft auch im Stadtbereich unter 0,1% bleibt, kann selbst im unmittelbaren Nahbereich der Pflanze mit keiner wesentlichen Erhöhung des Luftsauerstoffgehaltes gerechnet werden.

Verbesserung des Wasserhaushaltes

Von den 750 mm Niederschlag, die jährlich auf ein unbegrüntes Wiener Flachdach niedergehen, werden rund 600 bis 650 mm rasch in die Kanäle abgeführt (Abflußfaktor über 80%), während bei einem natürlichen Mischbestand (Wald oder Wiese) der Verdunstungswert 75% des Niederschlages erreichen kann. Es stellen sich also fast umgekehrte Abfluß-Verdunstungs-Verhältnisse ein.

Der nahezu vollständig versiegelte Boden in den Städten kann kaum Niederschläge aufnehmen, die daher zum größten Teil für den lokalen Wasserhaushalt verlorengehen. Die Kanalsysteme müssen auf diese Hochwasserspitzen hin dimensioniert werden, um Überflutungen im Stadtbereich zu verhindern. Die Kläranlagen können die gewaltigen Wassermengen jedoch nicht aufnehmen. Sie werden daher geöffnet und lassen ihren Inhalt als schmutzbeladene Flutwelle in die Bäche und Flüsse ab. Grüne Dächer wirken dagegen als Schwamm für Niederschläge und verhindern, verringern oder verzögern den Regenabfluß. Besonders Intensivbegrünungen mit Anstaubewässerungen können hohe Anteile der natürlichen Niederschläge zurückhalten. Aber auch bei dünn-

schichtigen Extensivbegrünungen sind die gespeicherten Niederschlagsmengen wesentlich größer als bis vor kurzem angenommen. So nimmt eine 7 cm dicke Substratschicht mit Gräser-Kraut-Bestand auf 2 cm dicken Fadengeflecht-Dränmatten 60 mm Niederschlag innerhalb von drei Tagen abflußlos auf, während bei einem herkömmlichen Kiesdach etwa 70% davon sofort abgeführt werden.

Zusammensetzung und Dicke des Grünaufbaues, Art, Höhe, Deckungsgrad und Zustand der Vegetation sowie Vorbefeuchtung des Bodenaufbaues sind dabei die bestimmenden Faktoren. Das trägt wirksam zu einer Verbesserung des lokalen Wasserhaushaltes bei, da die Niederschläge über Verdunstung und Transpiration wieder in den natürlichen Wasserkreislauf eingebracht werden. Außerdem verringert sich der Aufwand für die entwässerungstechnische Erschließung von Neubaugebieten.

Dachgärten trocknen allerdings besonders rasch aus, da die dünne Erdschicht eine bedeutend geringere Wasserspeicherkapazität besitzt als erdverbundene Gärten. Der kapillare Wassernachschub aus ddem Grundwasser bleibt aus und die Pflanzen sind besonders wind- und sonnenexponiert. Großflächige Dachbegrünungen erscheinen vom stadtökologischen Standpunkt nur dann vertretbar, wenn zu ihrer Bewässerung nicht das ohnedies schon knapp werdende hochwertige Trinkwasser herangezogen werden muß. In erster Linie sollte das an Ort und Stelle gespeicherte Niederschlagswasser ausreichen, und bei Bedarf müßte eine Zusatzbewässerung mittels eigener Nutzwasserleitungsnetze erfolgen.

Bautechnische Vorteile

Begrünte Dachflächen bedetuen bei fachgerechter Ausführung einen zusätzlichen Schutz für die darunterliegende Dachkonstruktion und wirken sich

Temperaturverläufe
unterschiedlicher
Flachdach-
oberflächen an
einem strahlungs-
reichen Sommertag.

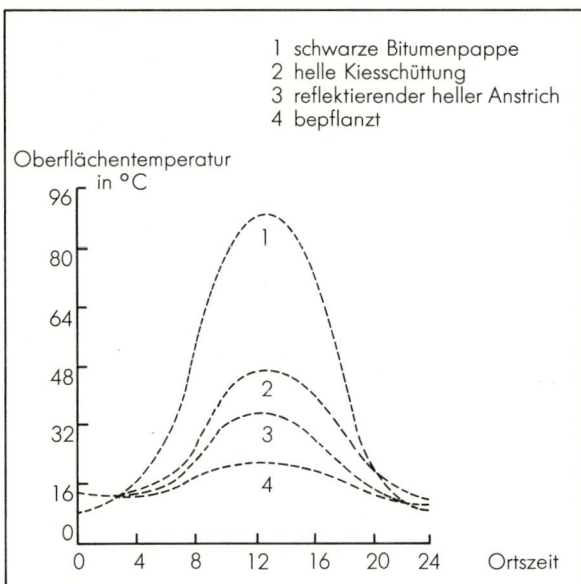

die Haltbarkeit fachgerecht begrünter Dächer weitaus höher, wie Beobachtungen bei der Sanierung älterer Bausubstanzen zum Beispiel in Berlin zeigen. Die von Erdschichten überdeckten Dachbereiche erfüllen im Gegensatz zu den unbedeckten auch nach rund hundert Jahren noch einwandfrei ihre Funktion.

Viele Flachdachabdichtungsbahnen sind gegen UV-Strahlung empfindlich und müssen deshalb üblicherweise durch eine etwa 5 cm dicke Kiesschicht vor Licht geschützt werden, was einer Flächenbelastung von etwa 100 kg/m² entspricht. Viele Formen extensiver Dachbegrünungen sind bereits mit Flächenlasten ab 70 kg/m² möglich und erfüllen neben der Schutzfunktion noch die erwähnten anderen Funktionen. Sie kommen in der Herstellung nur geringfügig teurer und sind weitgehend wartungsfrei.

Dachbegrünungen verringern nicht nur die Temperaturschwankungen innerhalb der Dachkonstruktion, sie wirken sich auch günstig auf das Gebäude-Innenklima aus. Im Sommer bleiben darunterliegende Räume bei nachträglich begrünten Dächern kühler als vor der Begrünung. Im Winter wird der Wärmeverlust nach außen reduziert.

Nach Messungen der Firma Hoechst und des Forschungslabors für Experimentelles Bauen (MINKE 1982/83) erreichen Grasdächer mit 20 cm dicken Leichtvegetationssubstraten und einem etwa 10 cm dicken Vegetationspolster auch in durchfeuchtetem Zustand während der kalten Jahreszeit einen K-Wert von etwa 0,6 bis 0,3 W/m² K.

Diese Werte lassen sich jedoch nicht auf alle Grasdächer übertragen, da sie stark von der Zusammensetzung der Substratschicht und der Vegetation beeinflußt werden. In vielen Fällen kann das Grasdach in unseren Breiten die Funktion der Wärmedämmung für ein Gebäude nicht voll übernehmen, verbessert jedoch in jedem Falle die thermische Gebäudequalität.

Im Gegensatz zu den hellen, stark reflektierenden Schotter- oder Metalloberflächen herkömmlicher Flachdächer reflektiert ein begrüntes Dach einen weitaus geringeren Anteil der Wärmestrahlung, was die Wärmebelastung der angrenzenden Gebäudeflächen deutlich verringert. Bepflanzte Flachdächer absorbieren Geräusche und verbessern für die angrenzenden Gebäude den Schallschutz. Vor allem jedoch wird durch die Masse der Substratschicht die Schalldämmung für das Gebäude selbst beträchtlich verbessert (46 dB bei 20 cm Dicke).

ßerdem positiv auf das Gebäudeinnenklima aus. In Abhängigkeit von Konstruktion, Materialien, Gestalt und Farbe unterliegen die Oberflächen von unbegrünten Dächern Temperaturschwankungen von bis zu 100 °C im Jahresverlauf. An heißen Sommertagen mit intensiver Sonneneinstrahlung kann die Oberflächentemperatur bis über 80 °C ansteigen. In kalten Winternächten sinkt sie bis auf −25 °C ab. Diese Temperaturschwankungen führen häufig zu Spannungen und Rissen in der Abdichtung oder in der Dachkonstruktion und verursachen dann häufig schwere Bauschäden. Blasenbildung ist eine typische Folge der starken Aufheizung ungeschützter Dachhäute durch thermische Aktivierung von Feuchteeinschlüssen. Die große Speicherfähigkeit und Wärmedämmung des Gründachaufbaues und die zusätzliche Schatten- und Dämmwirkung des Pflanzenpolsters lassen die Temperaturen bei begrünten Dächern unterhalb der Vegetationsschicht im Sommer nicht über 30 °C ansteigen und im Winter kaum unter den Gefrierpunkt absinken. Wesentlichen Anteil an den niedrigen Sommertemperaturen hat außerdem der große Wärmeentzug durch die Verdunstung des im Grünaufbau gespeicherten Wassers.

Die durchschnittliche Lebensdauer von Flachdächern liegt nach einer Untersuchung von SCHILD bei rund 22 Jahren. Laut einer Studie des betriebswirtschaftlichen Institutes der ETH Zürich wurde die Hälfte der untersuchten Flachdächer innerhalb der ersten zehn Jahre schadhaft. Im Gegensatz dazu liegt

Das Hundert-
wasser-Haus in
Wien symbolisiert
die Forderung des
ökologisch enga-
gierten Malers nach
einer »lebenden
dritten Haut« für
den Menschen und
der Befreiung des
Menschen durch
eine kreative, na-
turbezogene Archi-
tektur. Es entstand
1985 als kommuna-
ler Wohnbau.

Auf den 16 Dach-
terrassen des Hau-
ses wurden über
50 Bäume sowie
Hunderte von
Sträuchern und
Kletterpflanzen in
die stellenweise bis
zu 80 cm dicke Ve-
getationsschicht ge-
pflanzt. Die Grün-
planung übernahm
Garten- und Land-
schaftsarchitekt
Sepp Kratochwill.

Mit einfachen Gras-
dachhäusern
versucht Friedens-
reich Hundertwas-
ser, auch in seiner
zweiten Wahlheimat
Neuseeland die
Idee vom begrünten
Dach zu verbreiten.

Weinkeller werden
häufig mit einer
Erdschicht abge-
deckt, um ein aus-
geglichenes Innen-
klima zu erreichen.
In vielen Fällen
entsteht darauf ein
natürliches Gras-
dach.

18

Dachbegrünungen bilden in vielen Ländern einen Bestandteil angepaßter Architektur. Hehe-Haus mit Grasdach in Tansania sowie Grasdachhäuser auf den Färöer Inseln (siehe Seite 11 und 12).

Diese großflächige, moderne Grasdachbegrünung erstreckt sich über einen ganzen Wohnblock in Wien.

Der über 6 000 m² große Dachgarten im Zentrum von London besteht aus mehreren unterschiedlich gestalteten Teilen wie etwa dem Spanish Garden, dem English Garden, einem Wassergarten und Gartenhöfen im Tudor Stil (siehe Seite 11).

Selbst kleine Dach-
gärten können
hochwertige, zu-
sätzliche Lebens-
räume für Mensch
und Natur in der
Großstadt ergeben.

Während bei herkömmlichen Dächern ein Großteil der Niederschläge rasch fast völlig in die Kanalisation abrinnt, wirken begrünte Dächer wie ein Schwamm und verbessern den lokalen Wasserhaushalt (siehe Seite 15).

Noch präsentieren sich die riesigen Dachflächen der Großstädte meist öde, monoton und ungenutzt.

Außer Ideen und etwas Zeit braucht man für diese eindrucksvolle Fensterbegrünung bloß ein Blumenkistchen, etwas Schnur und ein paar Samenkörner von Kapuzinerkresse . . .

Mit einigen Kü-
belpflanzen lassen
sich auch kleine
Balkone in ein grü-
nes Zimmer ver-
wandeln.

Viele Wege führen zum eigenen Dachgarten

Die Möglichkeiten, eine Dachfläche zu nutzen, sind vielfältig. Sie reichen von den dünnschichtigen, leichten, auf fast jeder Dachfläche auch im nachhinein anlegbaren Formen der *Extensivbegrünung* bis zu den vielen Formen der *Intensivbegrünung*. Die Lösungen variieren hier zwischen ein paar nett arrangierten Pflanzgefäßen, einigen Sitzgelegenheiten mit einem improvisierten Sonnenschutz und dem flächig begrünten Dachgarten mit Bäumen, Sträuchern, Gemüsegarten und Schwimmbecken. Die damit verbundenen Bauarbeiten können also von einigen Halterungen für die Blumenkübel bis zum Abriß des Hausdaches und dem kompletten Neubau des Dachgeschosses reichen.

Bei bestehenden Gebäuden können sich wesentliche Einschränkungen oder auch zusätzliche Kosten ergeben, wenn etwa

- die tragende Konstruktion eine leichte Schale bildet (z.B. Holzkonstruktionen oder Profilbleche),
- die Druckbelastbarkeit der Wärmedämmung nicht ausreicht,
- die Dachabdichtung nicht durchwurzelungsfest oder schon gealtert ist,
- die Randanschlüsse zu niedrig sind und zusätzliche Auflagen hinsichtlich Brandschutz und Windsogrichtung zu beachten sind.

In den wenigsten Fällen führt das Wissen über die lange Tradition und die vielen positiven Nebeneffekte der Dachbegrünung zum Entschluß, einen Dachgarten anzulegen. Oft ist es einfach der Wunsch, ein Stückchen privaten Grünraumes unter freiem Himmel mit vielfältigen Nutzungsmöglichkeiten zu gewinnen. Es ist noch viel zu wenig bekannt, daß sich bei sehr vielen Gebäuden – und sei es nur in bescheidenem Rahmen – Möglichkeiten anbieten, mit geringem finanziellen Aufwand zumindest einen kleinen, einfachen Dachgarten zu verwirklichen.

Viele Häuser in den Stadtkernen besitzen zwar schräge Dächer, weisen jedoch auch häufig kleine Flachdachflächen – etwa über Treppenhäusern oder Erkern – auf, die sich leicht nachträglich begrünen und nutzen lassen, solange die zusätzliche Gewichtsbelastung nicht allzu groß wird. Zwar denkt man bei Dachbegrünung in erster Linie an Flachdächer, doch gibt es genug Beispiele dafür, wie sich mit entsprechender Phantasie und mit Geschick auch schräge Dachflächen in bunte Gärten verwandeln lassen.

Ein ursprünglich bloß zum Sonnenbaden benutztes, kleines geschütztes Fleckchen auf dem Dach wird nach und nach mit einem Sonnenschutz für die heißen Mittagsstunden, einem zusätzlichen Sichtschutz gegen Fremdeinblicke und einigen Topfpflanzen versehen. Es entwickelt sich bald zum neuen Lieblingsplatz des Großstadtmenschen, der meist unter einem stark eingeschränkten Freiheitsraum leidet.

Sonnenbaden, lesen, träumen, plaudern – vielfältig sind die Nutzungsmöglichkeiten selbst ganz kleiner Winkel. Man entdeckt plötzlich seine Liebe zur Gärtnerei, beginnt Pflanzenkataloge zu studieren und kauft die ersten Sämereien. Mit ein bißchen Glück und Geschick hat man plötzlich eine Unzahl kleiner Pflanzen, die man nicht wegwerfen will.

Immer mehr Pflanzgefäße werden aufgestellt und bald wird der ursprüngliche Platz zu eng und man beginnt Pläne für eine Erweiterung des Dachgartens zu schmieden . . .

Gedanken und Anregungen zur Planung

Will man einen Dachgarten auf einem bestehenden Gebäude anlegen, sollte der erste Schritt auf jeden Fall eine Begehung der Dachfläche mit einem Baufachmann sein. Er steckt anhand des Lokalaugenscheins und vorhandener Baupläne die verschiedenen Möglichkeiten ab oder legt die erforderlichen baulichen Schritte für eine Begrünung fest. Im Zweifelsfall sind bautechnische und bauphysikalische Untersuchungen hinsichtlich Tragfähigkeit, Diffusionsverhalten und Wärmedämmung durchzuführen. Das Einverständnis des Hausbesitzers stellt selbstverständlich die Grundvoraussetzung für alle weiteren Schritte dar.

Die Anlage eines Dachgartens auf einem Neubau sollte man bereits so früh wie möglich während der Planungsphase berücksichtigen, damit alle Vorkehrungen darauf abgestimmt werden können.

Grundlage jeder erfolgreichen Gartenplanung ist das Wissen um die Wünsche und Erwartungen, die der

Benutzer in bezug auf seinen zukünftigen Garten hegt. Soll es eine pflegeleichte Grünfläche, ein unempfindlicher Spielplatz für die Kinder oder ein Nutzgarten mit Gemüse und Obst werden? Will man eine harmonische Erweiterung des Wohnbereiches mit einem gemütlichen Sitzplatz im Freien und einigen Grünpflanzen zur Dekoration. Oder bedeutet der Dachgarten die Erfüllung eines langgehegten Traumes vom grünen Paradies über den Dächern. Ein kleines Wunder an Vielfalt, Blütenzauber, Farben und Formen, das die Möglichkeit zur Kultur von Liebhaberpflanzen bietet und zu jeder Jahreszeit andere Höhepunkte und Überraschungen bietet?

Man muß sich außerdem fragen, wieviel Arbeitszeit man für die laufende Pflege aufwenden kann. Müssen wenige Stunden am Wochenende reichen oder bietet der Garten nun endlich die Möglichkeit, intensiv der Lieblingsbeschäftigung mit Pflanzen nachzugehen.

Der Garten darf niemals zur Belastung und zur lästigen Verpflichtung werden. Ein hohes Maß an Entspannung, Freude, Naturerlebnis und Besitzerstolz soll die erforderliche Arbeit ausgleichen. Die Vorstellungen der Benutzer, die örtlichen Voraussetzungen und die Erfahrungen des Planers müssen zusammenfließen und ergeben in jedem Fall eine individuelle Lösung.

Erfolgreiche Gartenplanung braucht Zeit. Nur wer sich intensiv mit den Wünschen und Vorstellungen sowie der gegebenen Situation auseinandersetzt, wird letzten Endes eine Lösung finden, die allen Bedürfnissen entspricht. Eine in großem Maßstab angelegte Grundrißskizze dient als Planungshilfe. Große Pflanzen und Strukturen, die den Rahmen für den Garten abgeben, kann man beispielsweise aus Karton ausschneiden. Sie lassen sich in immer wieder anderen Kombinationen auf der Grundrißskizze verschieben und erleichtern zusammen mit Fotos der Dachfläche, aus verschiedenen Blickwinkeln aufgenommen, die Planungsarbeit.

Bäume, Mauern, Torbögen, Kletterpflanzen, eine Hecke, der Standort des Gemüsegartens oder ein kleiner Teich bilden den Rahmen für die anderen Elemente.

Genaue Kenntnis der endgültigen Pflanzengröße, der Standortansprüche, Blütezeit und Farbe, der Pflanzengestalt sowie der im Garten sonst verwendeten Materialien ist ebenfalls Voraussetzung einer erfolgreichen Planung. Je größer und langlebiger eine Pflanze, desto sorgfältiger wird ihr Standort ausgewählt. Je kleiner der Garten, desto bewußter, genauer und ausgeklügelter muß er geplant werden. Eine einheitliche Linie sollte erkennbar sein. Zu große Vielfalt ist zu vermeiden, damit eine harmonische Einheit weniger Elemente entsteht und nicht ein ungeordne-

tes Durcheinander einzelner Pflanzen. Trotzdem kann jede Jahreszeit ihre gärtnerischen Höhepunkte und Reize bieten, was sich durch geschickte Abstimmung der Blütezeiten und Farben erreichen läßt.

Das Frühjahr wird geprägt von zeitig blühenden Zwiebelpflanzen wie Schneeglöckchen, Iris und Winterling, die dann von Narzissen und Tulpen abgelöst werden. Frühe Blütenstauden wie Primeln und Schneerosen sowie viele herrlich blühende Zier- und Nutzgehölze setzen die nächsten Akzente. Während der Sommermonate kann der Garten jede Woche ein anderes Gesicht zeigen – ein Blütenzauber geht nahtlos in den anderen über. Allzu bunte und zu viele verschiedene Farben wirken unruhig. Sorgfältig aufeinander abgestimmte Pastelltöne sind zu bevorzugen, in die man nur ab und zu kräftige Farbtupfer setzt. Mobile Topfpflanzen und variantenreich bepflanzte Tröge eignen sich hervorragend als Ergänzung bereits verblühter Gartenbereiche. Aber nicht nur die Blüten prägen das Erscheinungsbild. Im Herbst lebt der Garten vom bunten Laub, das vom zarten Hellgelb bis zum flammenden Rot in allen Schattierungen vorkommt. Getrocknete Samenstände, bizarre Wuchsformen von Gehölzen oder Gräsern sowie immergrüne Pflanzen prägen den Garten im Winter.

Vorgegebene, störende Baustrukturen können mit Hilfe von geschickt plazierten Kletterpflanzen, Hecken oder hohen Sommerblumen verdeckt werden. Natürliche Materialien in gedeckten Farben wie Ziegel, Natursteine, Kies oder Holz sind für Mauern, Bodenbeläge, Rankhilfen oder Sitzgelegenheiten zu bevorzugen. Ein kleiner, vor der heißen Mittagssonne und Fremdeinblicken geschützter Sitzplatz, von dem man den übrigen Garten möglichst gut überblicken kann, ermöglicht auch bei beschränkten Platzverhältnissen ein angenehmes Leben unter freiem Himmel.

Eine schattenspendende Laube, abschirmende Hecken sowie Kletterpflanzen, die kahle Mauerflächen kaschieren, bilden wichtige Elemente. Sie geben auch kleinen Gärten Struktur und dem Beschauer den Eindruck von Weite und zugleich Geborgenheit. Je nach Blickwinkel und Standort kann auch ein kleiner Garten ganz unterschiedliche Eindrücke vermitteln, die auf eine weit größere Fläche schließen lassen. Ein einfacher, berankter Bogen oder eine geschickt plazierte Pflanze bilden ein Tor, einen Rahmen, durch den man das grüne Zimmer betritt.

Man sollte in jedem Fall mehr Mut für neue, ausgefallene Ideen haben, um dem Garten eine individuelle Note zu verleihen.

Ein interessantes Experiment mit vielen Überraschungen wäre es beispielsweise, auf einem Stück Dachfläche verschiedene Erdmischungen in unterschiedlichen Stärken aufzutragen und entweder mit einer Initialbegrünung zu versehen, oder einfach zu warten, welche Pflanzen sich im Laufe der Zeit ohne zusätzliche Pflegemaßnahmen dort ansiedeln und halten können. Um die Entwicklung zu beschleunigen, könnte man Sämereien von Trockenstandorten einsammeln und ausstreuen. Am Anfang wird sich nicht viel tun, aber schon im zweiten Jahr wird die Geduld belohnt, wenn sich so manche Pflanze entwickelt. Auf allen Standorten und in den verschiedenen Gefäßen stellen sich dann unterschiedliche Pflanzengesellschaften ein. Es werden wahrscheinlich wenig blühende Sensationen zu finden sein, aber es gibt dauernd etwas Neues zu entdecken. Der Versuch, eine Wildnis zu schaffen, lohnt bestimmt, auch wenn diese recht kleinräumig erscheint. Mit den verschiedenen Pflanzen stellen sich mit der Zeit auch manche Tiere wie Käfer, Tausendfüßler, Spinnen, Wespen, Schmetterlinge, Regenwürmer und andere ein, die den Dachgarten als neuen Lebensraum annehmen.

Ein geschickt angelegtes und in den übrigen Garten natürlich eingebundenes, kleines Feuchtbiotop kann einen weiteren Blickfang zu jeder Jahreszeit bilden. Die Aufgabe erfordert allerdings viel Einfühlungsvermögen und Geschick, denn viele Gartenteiche wirken wie ein Fremdkörper, der unharmonisch in den Garten eingefügt ist.

Je gelungener die Gartenplanung, desto geringer ist der Erhaltungs- und Pflegeaufwand, mit dem sich die Wünsche und Vorstellungen der Benutzer dauerhaft verwirklichen lassen.

Rechtliche Grundlage – die Bauordnung

Einen wichtigen Gesichtspunkt bei der Planung bedeutet die Einhaltung der Vorschriften der jeweiligen Bauordnung. Begrünte Dachflächen, die für die Allgemeinheit zugänglich sind, müssen den Vorschriften der Bauordnung entsprechen und sind, falls sie nachträglich errichtet werden, vor ihrer Benützung zu kommissionieren.

Bei Gebäuden, die unter Denkmalschutz stehen, müssen zusätzliche Vorschriften beachtet werden. Viele Bauordnungen gestatten die Errichtung von Dachgärten auf Teilen schon bestehender Gebäude, auf denen keine geschlossenen Baukörperteile mehr errichtet werden dürfen.

Die Bauordnungen der einzelnen Bundesländer weichen stark voneinander ab. Im speziellen Fall erkundige man sich bei den zuständigen Ämtern. Die nach-

folgenden Aussagen sind daher nur als allgemeine Richtlinien zu verstehen:

- Die statischen Voraussetzungen für die Errichtung eines Dachgartens müssen gegeben sein oder geschaffen werden.
- Die Entwässerung der Dachfläche muß dem geänderten Wasserhaushalt entsprechen.
- Durch die Bepflanzung darf der Lichteinfallswinkel für die Erdgeschoßfenster des gegenüberliegenden Hauses nicht unter 45% fallen.
- Der Garten muß auf allen Seiten durch ein entsprechend hohes Geländer aus geeignetem Material oder zumindest gleich hohen Mauern umfriedet sein.
- Die Breite der Verkehrswege und das Mindestmaß etwaiger Stiegen muß den geltenden Bauvorschriften entsprechen.
- Für den Schornsteinfeger muß ein ausreichender Zugang erhalten bleiben.
- Fluchtwege müssen für Notfälle freigehalten werden und alle Vorschriften im Hinblick auf den Brandschutz sind zu beachten.

Sonnensegel, Pergolen und ähnliches gelten meist nicht als Bauwerk und sind daher prinzipiell erlaubt, können jedoch unter dem Vermerk »Verunzierung des Stadtbildes« untersagt werden.

Die Verwirklichung der Idee

Die Wünsche und Vorstellungen in bezug auf einen eigenen Garten über den Dächern lassen sich auf vielfältige Art und Weise realisieren. Sorgfältige Planung und gute Ideen sparen Geld, Zeit und Mühe.

Selbstbau

Handwerklich geschickte Menschen mit entsprechend viel Freizeit und Engagement können in vielen Fällen einfache Dachbegrünungsvarianten in Eigenregie verwirklichen. Der Eigenbau stellt sicherlich den billigsten Weg dar. Viele benötigte Materialien wie alte Ziegel, Pflastersteine oder Eisenbahnschwellen kann man sich auf billige Weise gebraucht besorgen, das hilft Geld sparen. Improvisation geht vor teurer Perfektion, außerdem erlaubt der Selbstbau auch die Verwirklichung ausgefallener Ideen. Während der langen Bauphase kann der Besitzer selbst Erfahrungen sammeln, der Garten kann sich langsam und organisch entwickeln und entspricht am Schluß am ehesten den Vorstellungen. Diese anregende, schöpferische Freizeitbeschäftigung bewirkt eine starke Identifikation mit dem eigenen Garten.

Die Schwierigkeiten, die sich beim Selbstbau ergeben, sind trotzdem nicht zu unterschätzen. Es ist nicht einfach, sich einen Überblick über alle technischen und gestalterischen Möglichkeiten, über die Vor- und Nachteile einzelner Baustoffe, ihre richtige Verarbeitung sowie über die günstigsten Bezugsmöglichkeiten zu verschaffen. Die anfallenden Arbeiten umfassen ein breites Spektrum von Tischler-, Maurer- und Gärtnerarbeiten. Der Selbstbauer haftet für alle Verarbeitungs- und Planungsmängel und hat keine Garantieansprüche. Der Eigenbau beschränkt sich daher auf einfache Formen der Extensivbegrünung sowie Lattenrostdachgärten und kleinere Umbauten auf bereits vorhandenen Dachterrassen.

Professionelle Planung und Ausführung

Das Anlegen eines flächig begrünten, großen Dachgartens auf einem bestehenden Gebäude erfordert in jedem Fall weitreichende Umbaumaßnahmen und ist nur mit Hilfe von Fachbetrieben möglich. Für umfangreiche Bauarbeiten sollten ein Architekt und ein Gartenarchitekt befragt werden. Beide entwickeln zusammen mit dem Bauherrn das Grundkonzept, beraten ihn von fachlicher Seite aus und können die Möglichkeiten, die sich am jeweiligen Objekt anbieten, voll ausschöpfen. Die Zusammenarbeit zwischen Bau- und Gartenfachleuten sollte schon in einem möglichst frühen Planungsstadium erfolgen, damit die jeweiligen Anforderungen und Vorstellungen rechtzeitig in die Gesamtplanung einfließen. Die Architekten kennen aus ihrer Berufspraxis eine Reihe von Firmen, die die erforderlichen Arbeiten ausführen. Sie liefern Rohentwürfe und Detailpläne unter Beachtung der Bauvorschriften, holen die Baugenehmigung ein, übernehmen die Ausschreibung, koordinieren die Ausführung und stehen während der gesamten Bauphase dem Bauherrn sozusagen als Treuhänder zur Seite. Ihr Honorar ist im wesentlichen durch die Gebührenordnung geregelt. Es wird durch die Vermeidung teurer Baufehler, durch realistische Preisvergleiche der einzelnen Firmenangebote, durch Zahlungserleichterungen und -nachlässe bei den Handwerkern zum Großteil wieder wettgemacht.

Bei der Wahl der Architekten sollten persönliche Empfehlungen sowie ausreichende Erfahrung bei der Durchführung ähnlicher Bauvorhaben ausschlaggebend sein. Es lohnt sich, die Vorschläge mehrerer Architekten einzuholen, um dann den auszuwählen, der sich am besten in die Vorstellungen des Bauherren einfühlt.

Schon im Planungsstadium müssen die Leistungen der einzelnen Handwerksbetriebe festgelegt und klar abgegrenzt werden, um Unklarheiten bei den Ausschreibungsarbeiten und Abgrenzungsschwierigkeiten während der Bauphase zu vermeiden.

Ebenso wichtig sind die eindeutige Festlegung des *Gewährleistungsumfanges* und der *Gewährleistungsfristen*, damit im Schadensfall klare Verhältnisse vorliegen. Üblicherweise werden auf Dachabdichtungen, Wurzelschutzbahnen und andere Trenn- und Schutzlagen 2 bis 5 Jahre Garantie gegeben, für den vegetationstechnischen Aufbau und die Begrünung nach der Fertigstellungspflege 1 bis 2 Jahre.

Viele Firmen bieten heute komplette Dachbegrünungssysteme an, die alle Systemkomponenten – von der wurzelfesten Dachabdichtung bis zur Bepflanzung – beinhalten (s. ab Seite 85 und 179).

Ehe man sich für ein bestimmtes System entscheidet, sollte man versuchen, Referenzadressen zu erhalten und sich mit den dortigen Besitzern in Verbindung setzen, um deren Erfahrungen zu hören. Manchmal werden Dachbegrünungssysteme angeboten, die sich noch im experimentellen Stadium befinden. Manche Landschaftsgärtnereien versuchen, mit kostengünstigen »selbstgestrickten« Systemen, die aus minderwertigen, billigen Einzelkomponenten bestehen, andere seriöse Anbieter preislich zu unterbieten. Bei den Ausschreibungen sollte größter Wert auf die exakte Beschreibung der geforderten Leistung gelegt werden, um Mißverständnisse oder nicht abgedeckte Leistungsbereiche von vornherein auszuschließen.

Viele Systeme haben sich jedoch seit Jahren in der Praxis bewährt und bieten gegenüber den individuellen Lösungen eine Reihe von Vorteilen. Die Systemkomponenten sind gut aufeinander abgestimmt. Der Kunde hat die Möglichkeit, sich anhand von Musterdachgärten von der Ausführung und dem Aussehen ein realistisches Bild zu machen. Die Herstellung des kompletten Dachgartens durch ein Unternehmen erfolgt rasch, da Koordinierungsprobleme entfallen und bringt klare Verhältnisse bei Garantiefällen. Andererseits lassen sich individuelle Lösungen nur im Rahmen der jeweiligen Systemmöglichkeiten verwirklichen. Garantieansprüche erlöschen, wenn systemfremde Bauteile verwendet werden, so daß sich günstige andere Bezugsquellen nicht nutzen lassen.

Der Mittelweg für die Praxis

Die Kombination aus professioneller Ausführung und Selbstbau vereint die Vorteile beider Varianten. Umfangreiche, technisch schwierige Arbeiten plant der Architekt und sie werden von Fachbetrieben unter seiner Aufsicht durchgeführt. Sie bilden die Grundlage für die Eigenleistungen des Bauherrn, der dann den Dachgarten nach Absprache mit dem Architekten fertigstellen kann.

Einfache, improvisierte Begrünungsformen

Ein neugieriger Blick aus dem Dachbodenfenster und der Gedanke, daß man auf der bisher ungenutzten Flachdachfläche, in einem sichtgeschützten Winkel ein Sonnenbad nehmen könnte, sind oft die ersten Impulse zum Wunsch nach einem eigenen Dachgarten. Es bleibt nicht lange bloß beim Aufstellen eines Liegestuhles. Bald folgt der Wunsch nach einem Sonnenschutz für die heißen Mittagsstunden, man überlegt die Anschaffung eines Sonnenschirmes oder spannt ein Sonnensegel vom Kamin zur Feuermauer.

»Eigentlich wäre das so eroberte private Plätzchen unter freiem Himmel viel gemütlicher, wenn man ein paar Töpfe mit Blumen, vielleicht sogar mit kleinen Sträuchern nett arrangieren könnte. Außerdem würde manchen Zimmerpflanzen ein Sommeraufenthalt unter freiem Himmel gut tun. Auch sollen selbst gezogene Gewürze viel aromatischer schmecken als die auf dem Markt gekauften. Spaß würde es außerdem machen, so ein bißchen herumzugärtnern – und vielleicht könnte man die eintönige graue Feuermauer mit einer bunten Kletterpflanze begrünen und dadurch die Aussicht gleich viel freundlicher gestalten. Und wenn man da oben noch einen Gartenschlauch mit einer Dusche hätte, dann müßten die Kinder nicht immer mit der Straßenbahn zum langweiligen, asphaltierten Spielplatz fahren – sie könnten dann ja gleich hier, vor der Wohnungstüre und, und, und . . . «

Vielen Dachgartenbesitzern mögen solche Gedanken gekommen sein, die sie bis zur Verwirklichung des Dachgartentraumes nicht mehr losgelassen haben.

Die folgenden Beispiele zeigen, was sich alles ohne bauliche Veränderungen mit geringstem finanziellen und technischen Aufwand, nur mit *viel Idealismus*, *Engagement* und *guten Ideen* verwirklichen läßt.

Die vorgestellten Gärten unterscheiden sich stark voneinander. Jeder einzelne stellt eine gelungene Antwort auf die Wünsche und Möglichkeiten des Benutzers sowie auf die vorgegebene Situation dar. Sie zeigen aber auch, wie unbekümmert und kurzsichtig so mancher Dachgartenfreund an die Verwirklichung seines Traumes herangeht, ohne sich auch nur im entferntesten Gedanken über die große zusätzliche statische Belastung der Unterkonstruktion, über mögliche

Feuchteschäden durch einen unzweckmäßigen Deckenaufbau oder durch Beschädigung der Feuchtigkeitsisolierung zu machen.

Viele der improvisierten und originellen Lösungen sind weder dem Hausbesitzer noch der Baubehörde bekannt und können aus den zuvor erwähnten Gründen auch nicht zur Nachahmung empfohlen werden. Bei den behördlich nicht genehmigten Dachgärten ergibt sich außerdem noch das Problem, daß im Schadensfall oder bei Unfällen die Versicherungen von ihren Verpflichtungen befreit sind. Sie liefern jedoch wertvolle Anregungen und helfen die Angst davor zu nehmen, daß Dachgärten in jedem Falle nur für Leute mit viel Geld zu verwirklichen sind.

Die fachliche Information und Kenntnis darf nicht bei diesen einfachen Lösungen enden. Deshalb wollen wir es hier nicht versäumen, auf die detaillierte Darstellung von Dachaufbauten und ihren einzelnen Bestandteilen im Anschluß an diesen Abschnitt hinzuweisen.

Aufstellen von Pflanzgefäßen

Der Beginn vieler Dachgärten und die einfachste Lösung ist das Aufstellen von Pflanzgefäßen direkt auf ein vorhandenes Flachdach. Wegen der zusätzlichen Gewichtsbelastung empfiehlt es sich, schwerere Pflanzgefäße nur über tragenden Bauteilen aufzustellen, für kleine Töpfe reicht die Tragfähigkeit der Dachkonstruktion überall aus. Aneinandergereihte Betonschalsteine mit einem eingelegten, hochgezogenen Vlies und mit Substrat gefüllt ergeben überaus preiswerte und bewährte Pflanztröge, sind jedoch relativ schwer. Nett arrangiert und den örtlichen Gegebenheiten angepaßt bringen abwechslungsreich bepflanzte Töpfe schon in dieser einfachen Form viel Abwechslung und Leben auf eine öde Dachfläche.

Bei dieser einfachsten Form der Dachbegrünung ist jedoch zu bedenken, daß viele Flachdächer zwar betretbar sind, jedoch nicht für Dauernutzung konzipiert sind und leicht beschädigt werden können.

Werden größere Pflanzen in den Gefäßen kultiviert, wachsen deren Wurzeln leicht durch die Abzugslöcher hindurch und zerstören dann möglicherweise die Dachdichtung. Großflächig aufgestellte Pflanzgefäße können außerdem die Diffusionsverhältnisse innerhalb der Dachkonstruktion so stark verändern, daß Feuchteschäden durch Kondenswasserbildung möglich sind.

Mit Wegwerfbehältern zum grünen Paradies

Wie sich in dieser einfachsten Form ein Traum vom eigenen Garten in der Stadt nahezu ohne finanziellem Aufwand verwirklichen läßt, beweist ein Gewerberentner im dritten Wiener Bezirk. An die Stelle des Swimmingpools ist eine alte gußeiserne Badewanne getreten. Mit dem Radio hält er Kontakt zur großen Welt, selbst einen Telefonanschluß hat er sich aus der Wohnung im zweiten Stock hinaufverlegt . . .

»Die Idee, einen Dachgarten anzulegen, ist mir beim Besichtigen des Hauses gekommen, beim Begehen der im Dachgeschoß gelegenen Waschküche und deren Ausstieg auf das Dach. Wie ich da hinauf gekommen bin, habe ich eine gähnende Leere gesehen, außer ein paar blühenden Wildpflanzen, die trotz der widrigen Umstände hier gedeihen konnten.

Meine Frau bezeichnete meine Idee des Dachgartens als Hirngespinst: ›Das kannst du nicht durchführen‹.

Es ist jetzt genau zehn Jahre her. Vor zehn Jahren habe ich angefangen. Da haben wir begonnen, alle verfügbaren Gefäße, vom Nachtscherben über den Waschhafen bis zur alten Öl- oder Bierdose und zum Milchsackerl, gefüllt mit Erde, heraufzubringen. Sie waren mit verschiedenen Sämereien bespickt, die bald zu treiben begonnen . . .

Am Dach als solches haben wir nichts verändert. Es war ein Preßkiesdach und ist jetzt noch so, wie es am Anfang war. Stellenweise liegen jetzt alte Teppiche drauf. Alles, was wir an Pflanzen und Samen bekommen konnten, haben wir verwertet, ohne Rücksicht darauf, was daraus wird oder wie der Garten gestaltet werden soll. Wir haben nur versucht, rasch ohne große Ausgaben soviel Grün als möglich heraufzubringen.

Die Leute vom Haus haben uns belächelt, waren desinteressiert an allem. Und sie haben uns schief angeschaut. Die Idee, uns zu helfen, ist ihnen nicht gekommen.

Im ersten Jahr hatten wir bereits an die 250 Geschirre, und trotzdem war es wie eine gähnende Leere. Man hat nicht geglaubt, daß es möglich ist: 250 Geschirrln und man sieht fast nichts davon.

Alles, was wir in den ersten paar Jahren hier dafür verwenden konnten, angefangen von Sämereien über Sträucher bis zum Geschirr, war in irgendeiner Weise von irgendwoher zusammengetragen, wie man so schön sagt: ausgeschnorrt. Einmal bekamen wir einen Anhänger voll mit rund 1,5 m³ sehr guter Erde von einem aufgelassenen Schrebergarten. Wir schleppten sie in mühsamer Arbeit mit Hilfe von ein paar Burschen aus der Nachbarschaft in Butten und Kübeln herauf. Ich persönlich hatte vorher keinen Garten und habe daher auf diesem Gebiet erst viel Erfahrung sammeln müssen. Meine Frau kannte sich da schon viel besser aus.

An Tieren haben wir zwei Dohlen mit Jungen, die sich bei uns Futter und Wasser holen. Bei mir sind sie sehr scheu, bei meiner Frau zutraulich wie Hendln. Sie muß achtgeben, daß sie ihnen nicht drauftritt. Im Winter kommen wir täglich zum Vögel füttern herauf: Raben, Spatzen, Tauben, eine Zeitlang war ein Eichhörnchen bei uns zu Gast, und zwei Turmfalken.

An Gemüse pflanzen wir das, was man für den Haushalt so braucht und was wir gerne essen – in einer Qualität, die man nicht zu kaufen bekommt. Unsere Paradeiser ziehen wir schon in der Küche vor, wir ernten dafür schon Frühparadeiser, wenn es andere noch gar nicht auf dem Markt gibt, in einer Qualität, wie man sie sonst gar nicht bekommt – so süß und aromatisch.

Wir verwenden keine Kunstdünger und keine Spritzmittel, entweder klauben die Vögel das Ungeziefer ab oder es wird mit dem kalten Wasserstrahl abgespritzt. Unkraut gibt es für mich nicht. Was ist Unkraut? Es ist eine irrige Ansicht. Ich wäre froh, wenn ich mehr Brennesseln hätt', ich würde sie zu Jauche ansetzen und zur Schädlingsbekämpfung nehmen.

Wir haben viele Schnecken. Wir lassen sie, denn es sind auch Lebewesen. Sie haben sich gut entwickelt, fressen hier und da ein Blatt ab. Wo ein Tier leben kann, kann auch der Mensch leben, und wo ein Tier nicht mehr leben kann, geht auch der Mensch zugrunde.

Die Idee, es da oben mit Obstbäumen zu versuchen, ist mir insofern gekommen, als ich wissen wollte, ob hier nicht auch ein richtiger Baum gedeihen kann. Weil nämlich die Pappel dort im zweiten Jahr zugeflogen ist. Wir haben sie gelassen, weil nichts anderes geschehen kann, als daß sie kaputtgeht oder wächst. Sie sehen: jetzt ist sie etwa vier Meter hoch.

Probleme mit dem Dach kommen hier und da. Aber die wären auch gekommen, wenn nichts darauf wäre, weil im Lauf der Zeit ein Dach auch so immer wieder undicht wird. Gerade dort, wo niemand geht und nichts steht, treten meistens die Defekte auf.

Schwierig wird es immer, wenn wir wegfahren wollen, und sei es auch nur für kurze Zeit. Weil wir dann jemanden finden müssen, der unsere Pflanzen gießen kommt.

Besonders gern verbringe ich viele Stunden in der Badewanne. Im vorgewärmten Wasser gut ausbatzen,

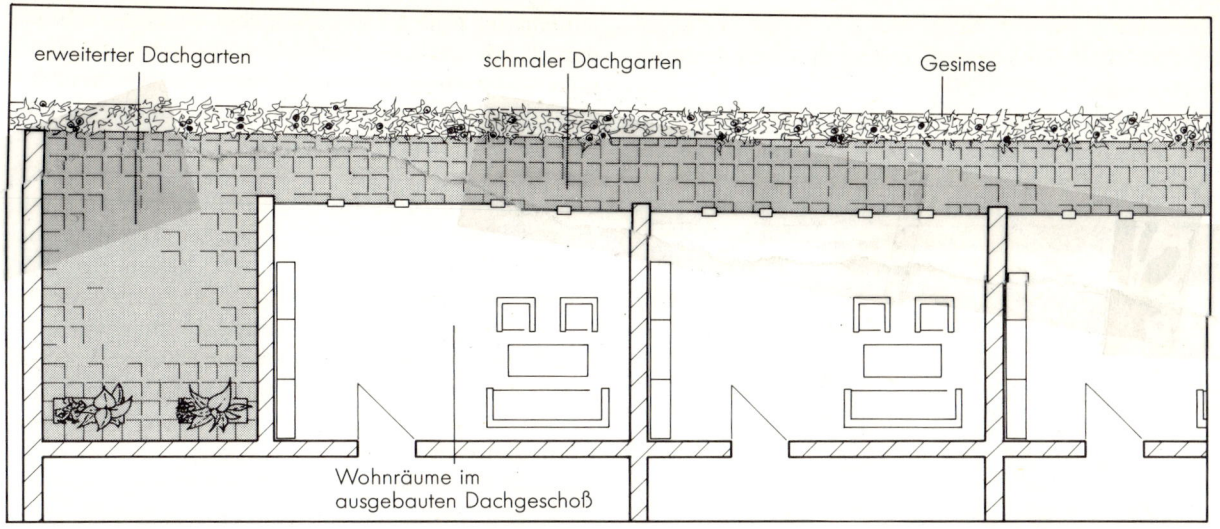

erweiterter Dachgarten   schmaler Dachgarten   Gesimse

Wohnräume im
ausgebauten Dachgeschoß

Vorher ist zu überlegen, ob das Gebäude unter Denkmalschutz steht. Ein solcher Umbau ist in jedem Falle genehmigungspflichtig, die Vorschriften der örtlichen Baubehörde sind zu beachten.

Die Tiefe der sich so ergebenden waagerechten Flächen beträgt zwar in den seltensten Fällen mehr als 3 m, außerdem darf die Gewichtsbelastung nicht zu hoch sein, aber bei geschickter Planung lassen sich trotzdem reizvolle Lösungen erreichen.

Von der Dachterrasse zum Dachgarten

Ideale Voraussetzungen für einen Dachgarten ergeben sich, wenn ein Teil der Dachfläche als benutzbare Dachterrasse konzipiert bzw. ausgeführt ist. Dies geschieht häufig im Zuge von Dachgeschoßausbauten für Wohnzwecke, damit die neuen Raumabschlußwände oder Fensterflächen senkrecht werden. Diese Terrassen sind in der Regel langgestreckt, ohne viel Tiefe und sind durch die Brüstung auf der Vorderseite und durch Mauern an den anderen Seiten vor Wind und Fremdeinblicken gut geschützt. Wenn der Dachgarten eine geschlossene Einheit mit der dahinterliegenden Wohnung bildet, führt der Zugang nicht wie in vielen anderen Fällen über das allgemeine Stiegenhaus. Als günstig erweist es sich jedoch auch, wenn der Garten nicht nur über die Wohnung zu erreichen ist, da bei Abwesenheit der Besitzer auch Dritte den Garten betreten können, ohne durch die Wohnung gehen zu müssen. Außerdem wird die Wohnung bei größeren Gartenarbeiten nicht mit Erde und anderem verschmutzt.

Eine verglaste Veranda in einer geschützten Ecke könnte eine ideale harmonische Verbindung zwi-

schen Wohnung und Garten schaffen, und als helles, üppig begrüntes Gartenzimmer zum Lieblingsplatz der Besitzer werden. Sie bietet vielfältige Nutzungsmöglichkeiten: als gemütlicher Eßplatz, für die Anzucht von Pflanzen im zeitigen Frühjahr, als Sommerplatz für empfindliche Zimmerpflanzen sowie als idealer Überwinterungsraum für nicht winterharte Kübelpflanzen, falls nicht zu stark geheizt wird.

Der Umbau einer Dachterrasse zu einem Dachgarten erfordert nur geringfügige Veränderungen und kann vor allem etappenweise durchgeführt werden. In der ersten Ausbaustufe genügt das Aufstellen einiger de-

Werden beim Ausbau eines Dachgeschosses senkrechte Wände eingezogen, ergibt sich automatisch eine schmale waagerechte Fläche vor der Wohnung, die sich für einen Dachgarten geradezu anbietet.

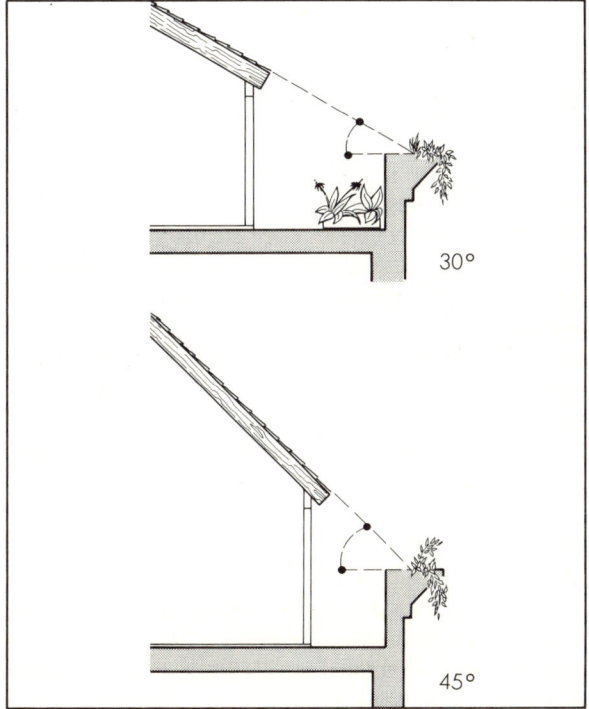

30°

45°

Je nach Dachwinkel ergeben sich bei gleicher Höhe der senkrechten Außenwand verschieden tiefe Dachgärten: Ein flacher Dachwinkel führt zu einem breiten Dachgarten, ein steiler Dachwinkel erlaubt nur einen schmalen Dachgarten. Diese Überlegung ist vor allem bei denkmalgeschützten Häusern wichtig, weil hier die Dachform beim Ausbau erhalten bleiben muß.

korativer, geeigneter Kübelpflanzen, wobei vor allem Kletter- und Schlingpflanzen rasch einen üppigen Grüneindruck vermitteln.

Lassen es die Platzverhältnisse zu, so kann auch ein Teil der Terrasse flächig begrünt werden, wobei auf Statik und Durchwurzelungsschutz zu achten ist.

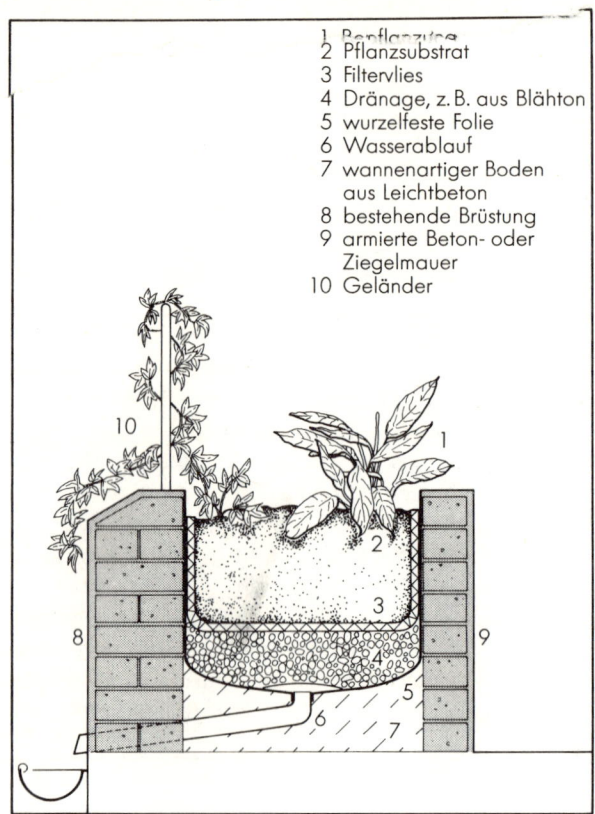

1 Bepflanzung
2 Pflanzsubstrat
3 Filtervlies
4 Dränage, z. B. aus Blähton
5 wurzelfeste Folie
6 Wasserablauf
7 wannenartiger Boden aus Leichtbeton
8 bestehende Brüstung
9 armierte Beton- oder Ziegelmauer
10 Geländer

Aufmauern von Pflanztrögen

Vielfach bewährt hat sich das Aufmauern von Pflanztrögen aus Ziegeln, Natursteinen und ähnlichen Materialien über tragenden Bauteilen. An den Außenmauern angebracht, verdecken sie die vorgeschriebenen Geländer. Außerdem kann man durch geschickte Anordnung gute räumliche und gestalterische Effekte erzielen.

Die Tröge erfordern bei weitem nicht den bautechnischen Aufwand wie eine flächige Intensivbegrünung, erlauben aber durch ihr großes Volumen doch ganz andere Gestaltungs- und Bepflanzungsmöglichkeiten als bei ausschließlicher Verwendung von einzelnen Pflanzgefäßen.

Tröge bieten auch stärkerwüchsigen Pflanzen wie kleinen Gehölzen, Bäumen oder Kletterpflanzen gute Wachstumsvoraussetzungen. Aber auch kleinere Pflanzen wie Blütenstauden oder Gemüse gedeihen darin besser als in einzelnen Gefäßen, da das größere Erdvolumen die Schwankungen von Temperatur, Bo-

denfeuchte und Nährstoffangebot deutlich vermindert. Eindrucksvolle Beispiele von Obstbäumen mit über 40 kg Pfirsichen pro Saison oder Kletterpflanzen, die ganze Hauswände in einen grünen Pelz hüllen, gibt es genug.

Die Tröge müssen aus frostbeständigen Materialien wie etwa Beton oder Klinkerziegeln aufgemauert und eventuell mit Baustahl armiert werden. Der Boden ist aus Leichtbeton wannenartig herzustellen. Er erhält an der tiefsten Stelle einen Abfluß zur Dachrinne. Die Tröge werden an der Innenseite mit einer wurzelfesten Folie ausgekleidet, die an den Rändern hochgezogen wird, um ein Eindringen von Pflanzenwurzeln in den Leichtbetonboden zu verhindern. Eine etwa 6 cm dicke Dränschicht aus grobem Blähton oder ähnlichem mit darüberliegendem Filtervlies sorgt für einen guten Wasserabzug. Darauf kommt die eigentliche Vegetationsschicht, die je nach Troggröße und Bepflanzung in ihrer Zusammensetzung variieren kann. Bewährt ist eine Mischung aus 35% Rindenhumus, 20% Komposterde, 20% humoser Gartenerde, 15% Perlite, 10% scharfer Sand und Langzeitdünger. Es gibt übrigens auch fertige Trogsysteme zu kaufen.

Einfache flächige Begrünungen

Nur allzu oft übersteigen die Wünsche und Vorstellungen der zukünftigen Dachgartenbesitzer die gegebenen Möglichkeiten. Im Bestreben, mit einfachsten Mitteln einen flächig begrünten Dachgarten anzulegen, schütten die Dachgartenfreunde in vielen Fällen bis zu 30 cm dicke Erdschichten auf die vorhandene Flachdachfläche auf und bepflanzen diese mit Stauden, Büschen und Bäumen.

Von diesen Begrünungsformen muß in jedem Fall *entschieden abgeraten* werden, da sie fast unweigerlich früher oder später zu *schweren Bauschäden* führen. Bei starker Schneebelastung kann das zusätzliche hohe Gewicht der Erdschicht zum Einsturz der gesamten Dachkonstruktion führen, der ständig feuchte Grünaufbau bewirkt Kondenswasserbildung innerhalb des Dachaufbaues, außerdem sind herkömmliche Dachabdichtungsmaterialien nur in den seltensten Fällen durchwurzelungsfest.

34

Bautechnische Grundlagen

Flachdachkonstruktionen

Die folgenden Ausführungen beziehen sich auf alle begrünten und unbegrünten Dächer. Nach dem bauphysikalischen Kriterium der Belüftung unterscheidet man heute zwischen belüfteten und unbelüfteten Flachdachkonstruktionen, bzw. zwischen Warm- und Kaltdächern.

Beim *unbelüfteten Dach,* früher »Warmdach« oder »einschaliges Dach« genannt, ist die Konstruktion einschalig ausgeführt und besteht meist aus mehreren unmittelbar aufeinanderliegenden Schichten. Je nach der Lage der Dachhaut unterscheidet man zwischen dem *Normaldach,* bei dem die Dachhaut oberhalb der Wärmedämmschicht angeordnet ist, und dem *Umkehrdach,* bei dem sich die Dachhaut unter der Wärmedämmung befindet. Beim *belüfteten Dach,* ehemals als »Kaltdach« oder »zweischaliges Dach« bezeichnet, befindet sich zwischen den beiden Dachschalen ein Luftraum, wobei die Konvektion und der Luftaustausch durch Zu- und Abluftöffnungen ermöglicht wird. Die untere Dachschale übernimmt in der Regel die Funktion von Tragen, Wärmedämmung und Raumabschluß und muß einen bestimmten Dampfwiderstand und ein bestimmtes Wärmebeharrungsvermögen haben. Die obere Schale erfüllt primär die Funktion der Dachabdichtung. Fungiert die obere Schale als Tragdecke, so wird die untere in der Regel abgehängt.

Unbelüftete Dächer

Einschalige, nicht belüftete Flachdachkonstruktionen sind nur bei massiven Dachdecken oder leichten Tragschalen möglich. Sie stellen die billigste Flachdachbauweise dar und funktionieren einwandfrei. Die in den letzten Jahren ständig wachsenden Dämmschichtdicken führen teilweise zu Problemen durch hohe thermische Schwankungen der Dachabdichtung. Damit sie optisch besser wirken, werden sie meist nur in Verbindung mit einer Attika hergestellt.

Normaldach

Es besteht üblicherweise aus folgenden Schichten: Tragkonstruktion mit Gefälle, Voranstrich, Trenn-

bzw. Ausgleichsschicht, Dampfbremse, Wärmedämmung, Dachabdichtung und Witterungsschutz:

Wie bei allen anderen Dachkonstruktionen können auch hier bestimmte Schichten mehrere Funktionen übernehmen, oder material- und situationsbedingt zusätzliche Schichten wie Trennschichten oder eine Dampfdruckausgleichsschicht erforderlich sein. Sind die Dächer für eine Dauernutzung konzipiert,

Schichtenlegende, die für alle folgenden Dachaufbauvarianten gilt.

Witterungsschutz
Vorsatzschicht
Mulchschicht
Vegetationsschicht
Vegetationsmatte, mit Substrat gefüllt
Nylonschlingmatte, mit Substrat gefüllt
Verwurzelungsgitter
Filterschicht
Wasserspeicherschicht
Dränschicht
Schutzschicht
Dachabdichtung
Wurzelschutzbahn
wurzelfeste Dachabdichtung
Wärmedämmung
Dampfbremse
Trenn- bzw. Ausgleichsschicht
Voranstrich
Tragkonstruktion
Dachunterkonstruktion

wird statt des Witterungsschutzes ein Belag im Mörtelbett oder auf Kunststoffplattenlagern verlegt.

Aufbau:

7 Witterungsschutz
6 Dachabdichtung
5 Wärmedämmung
4 Dampfbremse
3 Trenn- bzw. Ausgleichsschicht
2 Voranstrich
1 Tragkonstruktion

Varianten des Normaldaches sind das *Schaumglasdach*, bei dem die Wärmedämmschicht aus Schaumglas einen hinreichend großen Diffusionswiderstand aufweist, so daß eine eigene Dampfbremsschicht entfallen kann, sowie das *Stahlblechdach*, bei dem Stahltrapezbleche als Tragkonstruktion die Funktion der Dampfbremse übernehmen. Letztere Variante ist jedoch nur für ungeheizte Gebäude, beispielsweise Lagerhallen, geeignet. Noch häufig anzutreffen sind die vor rund 40 Jahren weit verbreiteten »*warmen Preßkiesdächer*« mit einer Dachabdichtung aus mehreren Lagen bitumengetränkter Pappe und Preßkies als Oberflächenschutz, bei denen es jedoch infolge Wasserdampfeinschlüssen häufig zur Blasen- bzw. Rißbildung kommt.

Umkehrdach

Als Umkehrdach bezeichnet man Dachkonstruktionen, bei denen die Dachhaut unterhalb der Wärmedämmschicht, also umgekehrt wie beim Normaldach, angeordnet ist. Voraussetzung dafür ist, daß die Wärmedämmstoffe kein Wasser aufnehmen, da sonst die Dämmwirkung stark reduziert würde. Heute werden vor allem extrudierte Polystyrolplatten verwendet. Die Wärmedämmschicht muß nach oben hin diffusionsoffen eingebaut werden, um eventuell aufgenommene Feuchtigkeit abgeben zu können. Umkehrdächer sollten nur auf Unterkonstruktionen mit hohem Wärmespeichervermögen errichtet werden. Beim Umkehrdach wird die Dachhaut durch die darüberliegende Dämmschicht thermisch und mechanisch geschützt, außerdem entfällt die Dampfbremse. Dadurch verträgt diese Lösung bis zu einem gewissen Grad manche Verarbeitungsmängel. Bei großen Dämmstoffdicken sind allerdings schwere Auflasten erforderlich, um ein Aufschwimmen der Wärmedämmschicht zu vermeiden.

Aufbau:

6 Witterungsschutz
5 Wärmedämmung aus extrudiertem Polystyrol
4 Dachabdichtung
3 Trenn- bzw. Ausgleichsschicht
2 Voranstrich
1 Tragkonstruktion

Varianten des Umkehrdaches sind das Plus-Dach und das Duo-Dach.

Plus-Dach

Diese Ausführung findet besonders bei Dachsanierungen mit gleichzeitiger Erhöhung der Wärmedämmung Anwendung. Auf die Dachabdichtung eines bestehenden Normaldaches werden zusätzlich Wärmedämmplatten aus extrudiertem Polystyrol aufgelegt und mit einer Kiesschüttung versehen.

Aufbau:

8 Witterungsschutz
7 zusätzliche Wärmedämmung aus extrudiertem Polystyrol
6 Dachabdichtung
5 ursprüngliche Wärmedämmung
4 Dampfbremse
3 Trenn- bzw. Ausgleichsschicht
2 Voranstrich
1 Tragkonstruktion

Duo-Dach

Bei dieser Form des einschaligen Flachdaches werden alle Schichten lose verlegt, wobei die Wärmedämmung aus zwei Lagen besteht.

Der Vorteil gegenüber dem herkömmlichen Umkehrdach besteht darin, daß nur die obere Lage der Wärmedämmung gegen Aufschwimmen gesichert werden muß und die Kiesschicht daher dünner gehalten werden kann.

Aufbau:

7 Witterungsschutz
6 Wärmedämmung aus extrudiertem Polystyrol, zweilagig
5 Dachabdichtung
4 Wärmedämmung aus extrudiertem Polystyrol, einlagig
3 Trenn- bzw. Ausgleichsschicht
2 Voranstrich
1 Tragkonstruktion

Belüftete Dächer

Bei dieser Bauart ist die Entwässerungsebene (Dachhaut) vom übrigen Aufbau abgehoben, so daß ein Luftraum zwischen der Dachhaut und der darunterliegenden Dachkonstruktion entsteht. Dadurch soll eine möglichst gleiche Temperatur auf beiden Seiten der Dachhaut erreicht werden, damit Spannungen oder Schäden durch Temperaturunterschiede verhindert werden und die Dachkonstruktion nicht durch Kondenswasser durchfeuchtet wird. Bei Leichtdächern oder Dachbodenausbauten sind nur belüftete Dachaufbauten möglich.

Folgende Grundsatzforderungen basieren auf den Erfahrungen der letzten Jahrzehnte:

– Die Dachneigung sollte zumindest 5° betragen, bei Leichtdächern und unter besonderen klimatischen Anforderungen muß die Neigung erhöht werden.
– Die Luftraumhöhe soll in Abhängigkeit von der zu bewältigenden Lüftungslänge bemessen werden, soll jedoch mindestens 20 cm betragen.
– Zu- und Abluftöffnungen sind gegenüberliegend an Traufe und First in ausreichender Größe vorzusehen.
– Die unter dem belüfteten Dachraum liegenden Konstruktionsschichten müssen zusammen eine diffusionsäquivalente Luftschicht von mindestens 10 cm ($\mu \times s$) aufweisen. (s = Schichtdecke, μ = dimensionsloser Diffusionswiderstandsfaktor).
– Bei Leichtdach-Ausführungen sind gegebenenfalls leichte Dampfbremsen einzubauen.
– Wärmedämmschichten sind so dick wie räumlich und wirtschaftlich vertretbar einzubauen.
– Diffusionsmindernde Lagen auf der Wärmedämmschicht sind zu vermeiden.

Vorteile:
Im Sommer wird die Dachkonstruktion von der darüberliegenden Dachhaut beschattet und dadurch weitaus weniger erwärmt als beim einschaligen Warmdachaufbau.

Nachteile:
Die durch die Dachkonstruktion diffundierende warme, feuchte Luft aus dem Gebäudeinnern muß durch ausreichende Querlüftung des Dachraumes abgeführt werden, damit Feuchteschäden an der Konstruktion vermieden werden (mindestens 0,05 m/s). Häufig entsteht jedoch ein stehendes Luftpolster aus der feucht-warmen Gebäudeluft und bei Abkühlung unerwünschtes Kondenswasser.

Das belüftete Dach kann sowohl als Kombination zweier leichter Schalen, z.B. bei untenliegender Holzdecke, als auch mit schwerer unterer und leichter oberer Schale ausgeführt werden, wobei im ersten Fall unterhalb der Wärmedämmschicht eine Dampfbremse angebracht werden muß.

Aufbau eines belüfteten Daches mit schwerer unterer und leichter oberer Schale:

8 Witterungsschutz
7 Dachabdichtung
6 Dachhautträger (z.B. Stahlblech, Holz)
5 Luftraum
4 Wärmedämmung
3 Trenn- bzw. Ausgleichsschicht
2 Voranstrich
1 Tragkonstruktion

Hinsichtlich der Brandschutzbestimmungen gilt es zu beachten, daß die Tragkonstruktion bei Neubauten

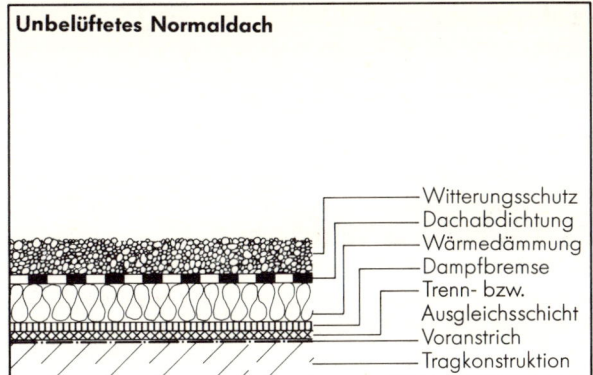

Unbelüftetes Normaldach

Witterungsschutz
Dachabdichtung
Wärmedämmung
Dampfbremse
Trenn- bzw. Ausgleichsschicht
Voranstrich
Tragkonstruktion

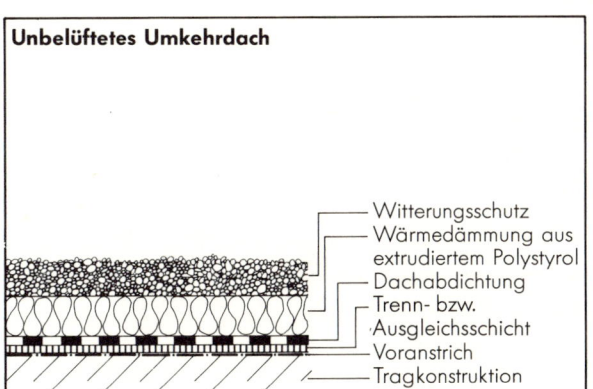

Unbelüftetes Umkehrdach

Witterungsschutz
Wärmedämmung aus extrudiertem Polystyrol
Dachabdichtung
Trenn- bzw. Ausgleichsschicht
Voranstrich
Tragkonstruktion

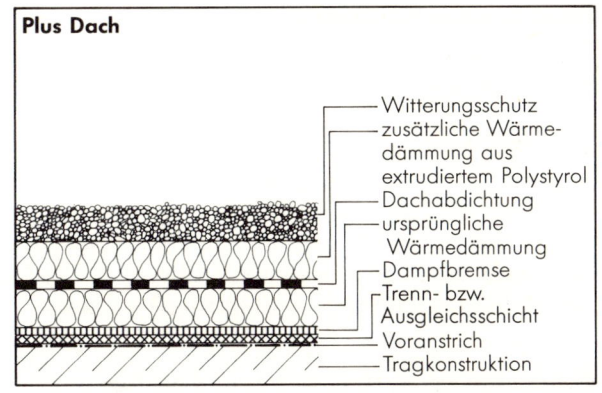

Plus Dach

Witterungsschutz
zusätzliche Wärmedämmung aus extrudiertem Polystyrol
Dachabdichtung
ursprüngliche Wärmedämmung
Dampfbremse
Trenn- bzw. Ausgleichsschicht
Voranstrich
Tragkonstruktion

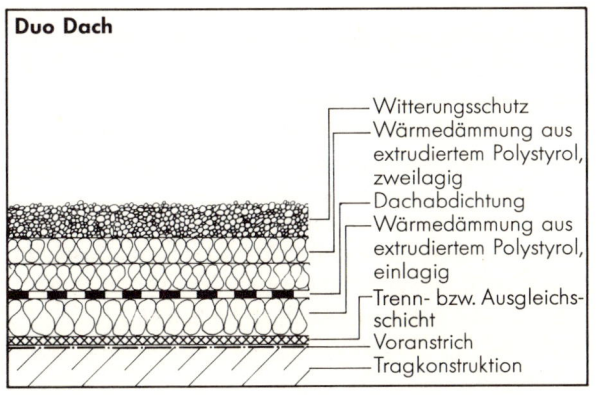

Duo Dach

Witterungsschutz
Wärmedämmung aus extrudiertem Polystyrol, zweilagig
Dachabdichtung
Wärmedämmung aus extrudiertem Polystyrol, einlagig
Trenn- bzw. Ausgleichsschicht
Voranstrich
Tragkonstruktion

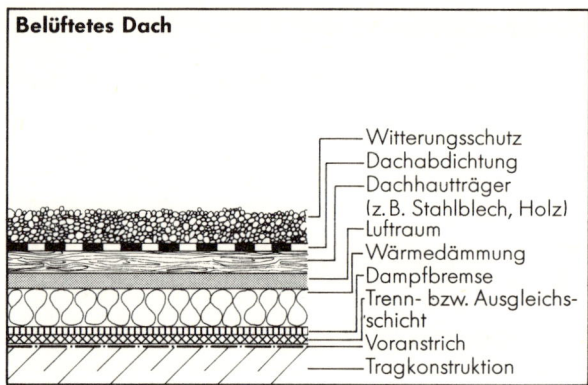

Belüftetes Dach

- Witterungsschutz
- Dachabdichtung
- Dachhautträger (z. B. Stahlblech, Holz)
- Luftraum
- Wärmedämmung
- Dampfbremse
- Trenn- bzw. Ausgleichsschicht
- Voranstrich
- Tragkonstruktion

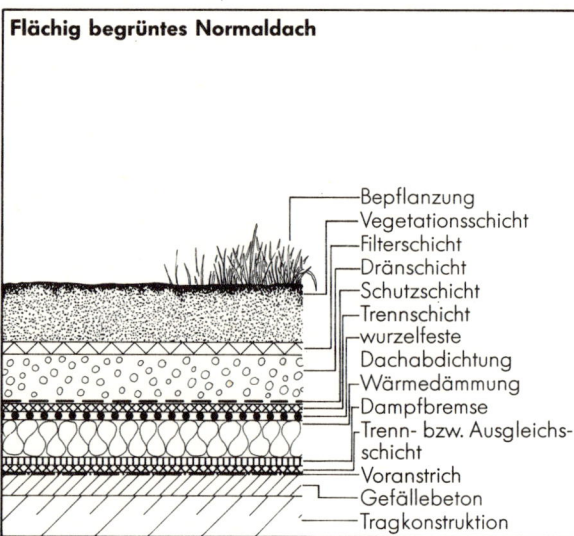

Flächig begrüntes Normaldach

- Bepflanzung
- Vegetationsschicht
- Filterschicht
- Dränschicht
- Schutzschicht
- Trennschicht
- wurzelfeste Dachabdichtung
- Wärmedämmung
- Dampfbremse
- Trenn- bzw. Ausgleichsschicht
- Voranstrich
- Gefällebeton
- Tragkonstruktion

aus brandbeständigem Material bestehen muß (»Sargdeckel«), während beim Ausbau von Althäusern häufig ein feuerhemmender Aufbau genügt.

Wegen der aufwendigeren Konstruktion und der oben angeführten Probleme werden heute im Normalfall die unbelüfteten Konstruktionen bevorzugt.

Anforderungen an Flachdächer und häufige Fehlerursachen

Um auf lange Sicht ein einwandfreies Funktionieren der Dachkonstruktion zu gewährleisten, müssen folgende Anforderungen erfüllt sein:

1. Die Dachhaut muß auf Dauer ausreichend wasserdicht sein, wobei es zwei Hauptursachen für das Entstehen von Undichtigkeiten gibt:
   - Verwendung von ungeeigneten Materialien, die im Lauf der Zeit auf chemischem oder mechanischem Weg zerstört werden (vgl. auch den Abschnitt über Durchwurzelungsschäden, ab Seite 54),
   - fehlerhafte Verarbeitung bzw. fehlerhafte Konstruktion.

2. Die aus dem Innenraum eindiffundierende und im Dach tauende Wassermenge darf – pro Jahr gerechnet – nicht größer sein als die ausdiffundierende Menge. Dies entspricht einer positiven Jahresbilanz.

3. Bei naß eingebrachten Bauteilen muß innerhalb von zwei bis drei Jahren eine Austrocknung auf den praktischen Wassergehalt erfolgen können.

Häufige Fehler beim herkömmlichen Flachdach:
- Übertragung von thermisch bedingten Spannungen oder Bewegungen der Dachkonstruktion auf die Abdichtung, die dadurch bedingt einreißt,
- mechanische Beschädigung der Abdichtung, zum Beispiel durch unsachgemäße Montage von Geländerstützen,
- Anordnung von Entwässerungspunkten an falschen Stellen (Hochpunkten) und dadurch bedingtes unvollständiges Abrinnen von Wasser,
- mangelnde Hochzüge der Abdichtungen,
- fehlerhafte Verbindung der Dichtungsbahnen,
- Undichtigkeiten in der Dachhaut durch Horizontalschub einer Erdaufschüttung,
- Blasenbildungen der Dachhaut durch Wasserdampfdiffusion,
- zu geringes Gefälle, wodurch Fehler in der Abdichtung voll zum Tragen kommen.

Das flächig begrünte Dach

Egal ob ein Dach flächig intensiv oder extensiv begrünt wird, muß es bestimmte bauphysikalische und bautechnische Voraussetzungen erfüllen. Einige grundsätzliche Fragen werden daher im folgenden behandelt. Prinzipiell weist das extensiv begrünte Dach den gleichen Schichtaufbau auf wie das intensiv begrünte Dach, wobei sich einzelne Schichten hinsichtlich Materialzusammensetzung und Dicke oft deutlich voneinander unterscheiden.

Aufbaumöglichkeiten für flächig begrünte Dächer

Prinzipiell sind *alle* zuvor beschriebenen Flachdachkonstruktionen bei ausreichender Tragfähigkeit für flächige Dachbegrünungen geeignet, wenn die entsprechenden bauphysikalischen und bautechnischen Besonderheiten beachtet werden.

Bei begrünten Umkehrdächern muß vor allem darauf geachtet werden, daß das ganze System diffusionsoffen ist und die Feuchtigkeit, die sich im Bereich der Wärmedämmung und Dachdichtung ansammelt, nach außen hin durch den Grünaufbau abgegeben werden kann. Eine allenfalls erforderliche Wurzel schutzschicht darf daher in keinem Fall oberhalb der Wärmedämmung, sondern immer nur direkt über der Dachhaut verlegt werden · Aus dem gleichen Grund sind Grünaufbauten mit Anstaubewässerung oder sehr dicken, dichten Substratschichten nicht empfehlenswert.

Die sowohl vom bautechnischen als auch baubiologischen Standpunkt aus günstigste Variante ist ein zweischaliger belüfteter Dachaufbau, bei dem sowohl Durchfeuchtungs- als auch Durchwurzelungsprobleme zuverlässig vermieden werden können, der jedoch konstruktionsbedingt die teuerste Bauart darstellt.

Flächige Begrünungen erfordern zusätzlich zu den Schichten der jeweiligen Dachkonstruktion noch einen weiteren differenzierten Grünaufbau aus mehreren Schichten, die im Regelfall über der vorhandenen Dachkonstruktion aufzubringen sind.

Bautechnische und bauphysikalische Besonderheiten

Bringt man eine ständig durchfeuchtete Vegetationsschicht auf, ergeben sich für den darunterliegenden Dachaufbau Konsequenzen in funktioneller und bauphysikalischer Hinsicht. Die meisten Schwierigkeiten werden entweder durch Pflanzenwurzeln verursacht oder durch die über der Dachkonstruktion liegenden Humusschicht hervorgerufen, welche als Feuchtigkeitsspeicher wirkt und die Diffusionsverhältnisse stark verändert.

Üblicherweise hält die Dampfbremse den aus dem Gebäudeinnern ausdiffundierenden Wasserdampf weitgehend von der Wärmedämmschicht fern. Ein geringer Teil diffundiert dennoch in diese ein und kondensiert, wenn der Taupunkt unterschritten wird. Die Austrocknung dieses Kondensats geschieht vorwiegend nach oben durch die Dachhaut, zum Teil auch nach unten über die Dampfbremse und die Tragkonstruktion. Die Witterung beeinflußt naturgemäß den Austrocknungsvorgang.

Die stets durchfeuchtete Vegetationsschicht oder ein Wasseranstau verhindern beim flächig begrünten Dach ein Ausdiffundieren des Wasserdampfes nach oben. Die Dampfbremse muß daher als möglichst wasserdampfdichte Sperre ausgebildet werden.

Eine wesentliche Vereinfachung bedeutet die Verwendung einer feuchtigkeitsunempfindlichen und diffusionsdichten Wärmedämmung, z. B. Schaumglas Foamglass, Coriglass), das zweilagig fugenversetzt verlegt wird. Bei dieser Lösung entfällt die Dampfbremse.

Der Schichtaufbau unter der Begrünung ist im einzelnen den Gegebenheiten und Anforderungen anzupassen und die Schichten sind so aufeinander abzustimmen, daß es nicht zu einer schädlichen Kondensatbildung in der Dachkonstruktion kommen kann. Der Taupunkt muß bei allen Dachkonstruktionen innerhalb der Wärmedämmung liegen.

Beim Aufbau eines begrünten Daches sollten generell nur hochwertige Materialien verwendet und mit größter Sorgfalt verarbeitet werden.

Neben der Gefahr der Durchfeuchtung bildet die Beschädigung einzelner Schichten durch Pflanzenwurzeln ein großes Risiko, dem man durch Verwendung von wurzelfesten Dachabdichtungen und besonders sorgfältiger Verarbeitung begegnen muß.

Bei nachträglich aufgebrachten flächigen Dachbegrünungen erscheint eine sorgfältige Prüfung der bestehenden Konstruktion durch einen Baufachmann unerläßlich. Im Zweifelsfall wird der gesamte Schichtaufbau neu angelegt.

Aufbau eines vollflächig begrünten Daches am Beispiel eines unbelüfteten Normaldaches:

13 Vegetationsschicht: 3 bis 100 cm dick, je nach Erfordernissen und statischen Möglichkeiten

12 Filterschicht (um das Einschwemmen von Feinteilchen aus der Vegetationsschicht in die Dränschicht zu verhindern)

11 Dränschicht: 2 bis 50 cm dick (führt Überschußwasser aus der Vegetationsschicht ab bzw. speichert zusätzlich Wasser)

10 Schutzschicht (zum Schutz der Wurzelschutzschicht bzw. Dachabdichtung vor mechanischen Beschädigungen)

9 Trennschicht (liegt zwischen der Schutzschicht und der Wurzelschutzschicht bzw. der Dachabdichtung, falls diese Schichten chemisch nicht verträglich sind)

8 Wurzelschutzschicht (zum Schutz vor Durchwurzelung, falls die Dachabdichtung nicht wurzelfest ist)

7 wurzelfeste Dachabdichtung (soll die Dachkonstruktion zuverlässig vor dem Eindringen von Wasser schützen)

6 Wärmedämmung: 10 cm dick, belastbar

5 Dampfbremse (zur Verhinderung von schädlichem Kondensat innerhalb der Wärmedämmschicht)

4 Trenn- bzw. Ausgleichsschicht (zur Verhinderung der Übertragung von Bewegungen der Decke auf die Dampfbremse)

3 Voranstrich

2 Gefällebeton: 2 % Gefälle (zur Vermeidung von stehendem Gewässer)

1 tragende Decke: Meist Stahlbeton- oder Fertigteildecke

Der Schichtaufbau des technisch ausgereiften Gründaches

Im folgenden beschreiben wir im Detail die einzelnen Schichten, aus denen sich der Dachaufbau des flächig begrünten Daches zusammensetzt. Die einzelnen Schichten sind in ihrer Funktion aufeinander abgestimmt. Im Prinzip erfüllt eine Schicht jeweils eine bestimmte Funktion, kann aber auch mehrere Funktionen übernehmen. Die Ausführungen gelten sowohl für intensive als auch extensive Begrünungsformen, soweit nicht im jeweiligen Abschnitt speziell gültige Aussagen gemacht werden.

Der Voranstrich

Der Voranstrich dient als Klebegrund für die darüber aufgebrachten Schichten und besteht in der Regel aus einer Bitumenemulsion.

Die Trennschicht

Trennschichten sind beim Dachaufbau aus zwei Gründen notwendig:
– Sie verhindern die unerwünschte Übertragung von Bewegungen.
– Sie trennen chemisch unverträgliche Schichten des Dachaufbaues voneinander.
Sie werden zum Beispiel zwischen Bitumen und Polystyrol, Bitumen und PVC bzw. PVC und Polystyrol verlegt.
Als Materialien haben sich je nach Situation
Natronkraftpapier,
PE-Folie,
PP-Vlies (Polypropylen),
besandete, lose Pappe usw.
bewährt, die auf dem ordnungsgemäß verarbeiteten Untergrund verlegt werden.

Die Ausgleichsschicht

Sie wird lose auf dem Untergrund verlegt, wenn dieser eine zu rauhe Oberfläche aufweist, oder um die unerwünschte Übertragung von Bewegungen zwischen einzelnen Schichten zu verhindern. Sie wird zum Teil auch anstelle einer Trennschicht verlegt. Als Materialien eignen sich Bahnen auf Bitumenbasis.

Die Dampfbremse

Die Luft im Gebäudeinneren enthält bei 20 °C und einer als angenehm empfundenen relativen Luftfeuchtigkeit von 60 % 10,4 g Wasser je m³ (absolute Luftfeuchtigkeit). Durch das Temperaturgefälle innerhalb der Gebäudewände bzw. Decken kühlt die Luft ab und kann daher nur mehr eine geringere Menge Wasser binden. Beim Unterschreiten der Taupunkttemperatur schlägt sich die Wassermenge, die die Luft nicht mehr aufnehmen kann, in Form von Kondenswasser nieder. Je höher die relative Luftfeuchtigkeit, desto höher liegt auch die Taupunkttemperatur.
Kondenswasser innerhalb der Wand bzw. Deckenkonstruktion führt zu starker Verminderung der Wärmedämmwirkung, verursacht schwere Bauschäden und muß daher vermieden werden. (DIN 4108 bzw. Ö-Norm B8110: » ... schädliches Kondensat in der Gebäudehülle ist unzulässig ... «)
Man muß durch geeignete Maßnahmen entweder verhindern, daß zuviel feuchte Luft aus dem Gebäudeinneren in die Baukonstruktion gelangt, oder für ausreichende Austrocknung nach außen sorgen.
Beim Normaldach muß das Eindringen von warmer, feuchter Gebäudeinnenluft in die Deckenkonstruktion durch Anbringen einer geeigneten Dampfbremse auf der warmen Seite der Wärmedämmung weitgehend verhindert werden. Der Dachaufbau wird so ausgeführt, daß der Taupunkt bei der Bemessungstemperatur außerhalb der Dampfbremse liegt. Liegt der Taupunkt innerhalb der Dampfbremse, so ist der rechnerische Nachweis zu führen, daß nur so viel Kondensat gebildet wird, wie während der (in den Normen festgelegten) Trockenperioden wieder ausdiffundieren kann.
Die Tauwassermenge, die sich innerhalb der Konstruktion befinden darf, hängt stark vom Material sowie der Masse der Konstruktion ab. An der Dachunterseite darf auf keinen Fall Tauwasser auftreten.
Bei wasseraufnehmenden Dämmstoffen muß der Dachaufbau so bemessen sein, daß innerhalb der

Der Beginn vieler Dachgärten und die einfachste Lösung ist das Aufstellen von Pflanzgefäßen direkt auf das vorhandene Flachdach. Als Dauerlösung ist diese Form allerdings wegen des zu hohen Schadensrisikos nicht zu empfehlen.

Diese Details stam-
men aus einfachen,
improvisierten
Dachgärten.

42

Das Wiener Rentnerehepaar Finsches hat sich im fünften Stock seines Hauses ein Pflanzenparadies geschaffen (siehe Text Seite 30). Hier gelang die perfekte Verwirklichung des Traumes vom Garten in der Stadt ohne finanziellen Aufwand.

Jeden Frühling ge-
schieht das Wun-
der: die Verwand-
lung der zahllosen
Pflanzgefäße in
eine alles überwu-
chernde Pflanzen-
pracht.

Im Laufe des Sommers wuchern Zierpflanzen, Obst und Gemüse so dicht, daß die unzähligen Töpfe und Kistchen kaum mehr zu sehen sind.

Der geschickt ange-
legte Lattenrost-
Dachgarten verfügt
über Sicht-, Wind-
und Sonnenschutz
(siehe Seite 31).

Der Dachgarten auf dem Lattenrost erfordert nur geringen technischen und finanziellen Aufwand, erlaubt aber vielfältige Nutzungsmöglichkeiten.

Mit Hilfe von abgetreppten, waagerechten Lattenrosten lassen sich selbst Schrägdächer in nutzbare Dachgärten umfunktionieren (siehe Seite 32).

Bei dieser Dachter-
rasse ermöglicht
der aufgemauerte
Pflanztrog auch die
Verwendung stär-
kerwüchsiger
Pflanzen und ver-
einfacht außerdem
die Pflege (siehe
Seite 34).

Dachkonstruktion soviel Dampfdruck abgebaut wird, daß es zu keiner Kondensation innerhalb der Wärmedämmschicht kommt.

Bei einigen Flachdachkonstruktionen (Dächer mit dampfdichter Wärmedämmschicht) ist im allgemeinen keine Dampfbremse erforderlich.

Bei einer flächigen Dachbegrünung kann beim einschaligen Dach wegen der stets durchfeuchteten Vegetationsschicht bzw. eines Wasseranstaues in der Dränschicht nicht mit einer Entfeuchtung der Dachkonstruktion nach oben auf dem Diffusionsweg gerechnet werden. Daher ist dafür zu sorgen, daß die Wärmedämmschicht trocken eingebaut wird und auch möglichst trocken bleibt. Das läßt sich einerseits durch eine druckwasserdichte Dachabdichtung, andererseits durch eine möglichst wasserdampfdichte Dampfbremse erreichen. Die Bemessung der erforderlichen diffusionsäquivalenten Luftschichtdecke der Dampfbremse muß ein Fachmann vornehmen (Bauphysiker)! Die Wirksamkeit der Dampfbremse richtet sich nach dem Diffusionswiderstand aller Bauteilschichten außerhalb (von warm nach kalt) der Dampfbremse. Es gibt daher keine allgemeingültigen Richtlinien für die Materialauswahl.

Materialien mit hohem Diffusionswiderstand sind Metallbandsperren oder verschiedene Hochpolymerbahnen (Butylkautschuk oder Polyisobutylen).

Die Verlegung der Dampfbremse geschieht durch vollflächige Klebung im Gieß- und Einrollverfahren mit Heißbitumenklebemasse auf einer bituminösen Ausgleichsschicht.

Die Wärmedämmung

Bei der Dimensionierung der Wärmedämmschicht ist als Mindestmaß die von der Bau- bzw. Wärmeschutzverordnung vorgeschriebene Dämmwirkung für unbegrünte Dächer anzustreben (DIN 4108). Höhere Dämmwerte empfehlen sich wegen steigender Energiekosten und geringer Materialzusatzkosten.

Eine Dachbegrünung bietet im Sommer durchaus einen zusätzlichen Schutz gegen hohe Temperaturen (vor allem durch Beschattung, Verdunstungskühlung und dem Ausgleich von Temperaturspitzen durch die große thermische Masse). Im Gegensatz dazu bleibt die zusätzliche Wärmedämmwirkung im Winter bei dünnen Vegetationsschichten relativ gering. Da die Vegetationsschicht meist durchfeuchtet ist, hat sie eine hohe Wärmeleitfähigkeit. Für leichte Substratmischungen beträgt sie etwa 0,5 W/mK, schwerere Substrate erreichen gar Werte bis 1,8 W/mK.

Je nach Bauweise werden an die Wärmedämmstoffe des Flachdaches unterschiedliche Anforderungen

Druckbeanspruchte Wärmedämmstoffe, z.B. unter druckverteilenden Böden (ohne Trittschallanforderung) und in unbelüfteten Dächern unter der Dachhaut. Anwendungstype WD

Wärmedämmstoff		Belastbarkeit	zutreffende DIN-Norm
Polystyrol-Partikelschaum	(PS)	20 kg/m³	DIN 18164
Polystyrol-Extruderschaum	(PS)	25 kg/m³	DIN 18164
Polyurethan-Hartschaum	(PUR)	30 kg/m³	DIN 18164
Phenolharz-Hartschaum	(PF)	35 kg/m³	DIN 18164
Faserdämmstoffe		–	DIN 18165
Backkork	(BK)	80 kg/m³	DIN 18161
Kork imprägniert	(IK)	120 kg/m³	DIN 18161
Schaumglas	(SG)	–	DIN 18174

Wärmedämmstoffe mit erhöhter Druckbelastbarkeit für Sondereinsatzgebiete, z.B. Parkdecks. Anwendungstype WS/WDS

Wärmedämmstoff		Belastbarkeit	Zutreffende DIN-Norm
Polystyrol-Partikelschaum	(PS)	30 kg/m³	DIN 18164
Polystyrol-Extruderschaum	(PS)	30 kg/m³	DIN 18164
Polyurethan-Hartschaum	(PUR)	30 kg/m³	DIN 18164
Phenolharz-Hartschaum	(PF)	35 kg/m³	DIN 18164
Backkork	(BK)	120 kg/m³	DIN 18161
Kork imprägniert	(IK)	200 kg/m³	DIN 18161
Schaumglas	(SG)	–	DIN 18174

hinsichtlich Belastbarkeit und Wasseraufnahme gestellt. Bei Dachbegrünungen ist insbesondere unter Bäumen und unter Aufbauten auf eine hohe Druckbelastbarkeit zu achten.

Es werden fast ausschließlich extrudierte Polystyrol-Hartschaumplatten aus geschlossenzelligem Polystyrol oder Mischpolymerisaten mit überwiegendem Polystyrolanteil verwendet.

Die Wasseraufnahmefähigkeit darf bei Unterwasserlagerung höchstens 0,5 Volumenprozent und durch Diffusion maximal 3,0 Volumenprozent betragen. Die Stoffe für Wärmedämmschichten müssen temperaturbeständig, unverrottbar, belastbar und maßhaltig sein.

Die Dachabdichtung

Eine der wesentlichsten Voraussetzungen, um schwerwiegende Bauschäden durch flächige Dachbegrünungen ausschließen zu können, ist die Verwendung einer den speziellen Anforderungen genügenden Dachabdichtung sowie deren richtige Verarbeitung. Bei älteren Dachgärten kommt es nach gewisser Zeit in vielen Fällen zu Bauschäden, deren Ursache meist in der Durchwurzelung der Dachabdichtung

Baustoffe für Dach-abdichtungen	Dachbahnen auf Bitumenbasis	Dachbahnen aus Kunststoff	
		Thermoplaste	Elastomere (synthetische Kautschukbahnen)
	Bitumen-Dachdichtungsbahnen plastomer modifizierte Bit.DDB elastomer modifizierte Bit.DDB	ECB Ethylencopolymer EVA Ethylen-Vinylacetat-Copolymer PEC Polyethylen chloriert PIB Polyisobutylen PVC Polyvinylchlorid	CR Chloropren-Kautschuk CSM Chlorsulfoniertes Polyethylen EPDM Ethylen-Propylen-Terpolymer IIR Isopren-Isobutylen-Kautschuk (Butyl-Kautschuk) NBR Nitrilbutyl-Kautschuk

PPB-Polypropylen-Bitumen Bahnen, ECB-Ethylencopolymer-Bitumen Bahnen sowie EPDM+Elastomer (modifizierte) Bitumenbahnen werden wegen des hohen Bitumenanteiles zum Teil auch zur Gruppe der Kunststoff-Bitumen-Hybridbahnen gerechnet.

mit nachfolgender Durchfeuchtung der Baukonstruktion liegt. Dachabdichtungsmaterialien, die den hohen Anforderungen auf Dauer nicht entsprechen, fehlerhafte Konstruktionen sowie unzureichende Verarbeitung aufgrund mangelnder Erfahrung tragen meist die Schuld daran.

Mit den heute erhältlichen, weitaus besser geeigneten Baustoffen sowie einem hohen Maß an Know-how lassen sich durch eine Planung, welche die besonderen Anforderungen berücksichtigt, und eine sorgfältige Ausführung zuverlässig auch dauerhafte Lösungen erreichen.

Dachabdichtungen können aus verschiedenen Baustoffen hergestellt werden, wobei man nach ihrer Zusammensetzung drei Hauptgruppen unterscheidet (siehe Tabelle).

Grundlegende Anforderungen

Dichtungsbahnen müssen folgende Eigenschaften aufweisen (vgl. auch DIN 161726, 18195, 4062, 53122, SIA 280, ÖNORM B 2220, 3670–3675, B 3800 sowie die Flachdachrichtlinien des Dachdeckerhandwerks):

– unbegrenzte Widerstandsfähigkeit von Bahnen und Nähten gegen stehendes Wasser,
– großer, temperatur- und feuchtigkeitsunabhängiger Elastizitätsbereich des Dichtstoffes, um Untergrundbewegungen auszugleichen,
– begrenzt nachgiebige, reißfeste Trägereinlagen bei Bitumendachbahnen,
– Durchwurzelungsfestigkeit,
– Bitumenbeständigkeit bei Kontaktbildung mit bituminösen Stoffen,
– Weichmacherstabilität bei weichmacherhaltigen Kunststoffbahnen, wenn sie mit Polystyrol in Berührung kommen,
– UV-beständig, wenn die Dichtungen der Witterung ausgesetzt werden (sollte jedoch nicht vorkommen,

da viele Dichtungsmaterialien auch durch Luftschadstoffe angegriffen werden),
– mechanisch robust,
– unempfindlich gegenüber chemischen Einflüssen aus Grünaufbau und Umwelt (z.B. Düngemitteln, »saurer Regen«).

Die Erfüllung spezifischer Aufgaben wie Oberflächenschutz, Verbesserung der mechanischen Eigenschaften, Schrumpfstabilisierung, UV-Schutz usw. kann durch Kombination verschiedener Materialien, z.B. Glasfasern, Metallfolien, Polyesterfasern, Jutegewebe in mehreren Schichten ermöglicht werden.

Materialien für die Dachabdichtung

Dachbahnen auf Bitumenbasis

Obwohl Dachabdichtungsbahnen auf Bitumenbasis im herkömmlichen Flachdachaufbau auch heute noch eine wichtige Rolle spielen, lassen sie sich für begrünte Dächer nur mit Einschränkungen verwenden. Langzeitversuche hinsichtlich Durchwurzelung ergaben für Normalbitumenbahnen unzureichende Wurzelfestigkeit. Selbst Normalbitumenbahnen mit Metallbandeinlagen gelten an den Naht- oder Schweißstellen als durchwurzelungsgefährdet. Interessant erscheint in diesem Zusammenhang jedoch die Tatsache, daß die vor über zwanzig Jahren (1964) mit Bitumenbahnen abgedichteten Häuser der Norwegerhaus-Siedlung in Hamburg noch keine Durchwurzelungsschäden aufweisen.

Sollen über bestehenden bituminösen Abdichtungen Dachbegrünungen errichtet werden, müssen diese durch die Auflage zusätzlicher Wurzelschutzbahnen geschützt werden, wobei auf Materialverträglichkeit geachtet werden muß, bzw. entsprechende Trennschichten verlegt werden müssen.

Im Gegensatz dazu haben sich modifizierte Bitumenbahnen mit hohen Elastomer- bzw. Plastomeranteilen seit Jahren in der Praxis gut bewährt.

Kunststoffabdichtungen

Den Grundstoff der Kunststoffabdichtungen bildet ein Hochpolymer (Thermoplast oder Elastomer), der modifiziert und/oder armiert sein kann. Im Gegensatz zu den Bitumen-Dachbahnen und kunststoffmodifizierten Bitumendachbahnen bestehen sie nicht aus einem Trägermaterial, das mit Deckmassen aus Bitumen oder kunststoffmodifiziertem Bitumen beschichtet ist.

Kunststoffabdichtungen bieten folgende Vorteile:
– hohe Reißdehnung, über 300 %,
– glatte Oberfläche,
– vielfältige Methoden der Nahtverbindung, die Verschweißung der Nähte hat sich bisher am besten bewährt,
– flexibel, Ausgleich von Spannungen bei ausreichendem Bewegungsspielraum,
– gute Wasserableitung wegen glatter Oberfläche,
– Anfertigung von Maßplanen für das Gesamtdach ist möglich,
– Alterungs- und Witterungsbeständigkeit,
– gute Chemikalienbeständigkeit.

Nachteile:
– einige Nahtabdichtungsverfahren sind unter Baustellenbedingungen unter Umständen schwierig zu praktizieren,
– wegen hoher thermischer Längenänderung kann es zur Wellenbildung kommen,
– Fließen unter Dauerlast,
– schlechte Klebstoffhaftung wegen glatter Oberflächen.

Thermoplaste sind warm verformbare Kunststoffe, die bei Raumtemperatur fest bzw. zähhart und relativ elastisch sind. Bei Kälte werden sie spröde und bei Erwärmung elastisch. Sie sind gegen Säuren und Laugen gut beständig, durch Lösungsmittel jedoch anlöslich. Die Obergrenze der Gebrauchstemperatur liegt etwa bei 70 bis 100 °C.

Elastomere weisen ein gummielastisches Verhalten auf, das weitgehend temperaturunabhängig ist. Sie sind nicht schmelzbar, nur begrenzt löslich, teilweise jedoch quell- und klebefähig.

Alle Kunststoffdachbahnen bis auf die für nicht bituminöse Verlegung bestimmten Weich-PVC-Bahnen sind heißbitumenbeständig. Sämtliche Kunststoffbahnen werden hingegen von teerhaltigen Materialien sowie öl- und lösungsmittelhaltigen Holzimprägnierungsmitteln angegriffen.

Nach dem Herstellungsverfahren unterscheidet man zwischen kalandrierten, extrudierten und gestrichenen Bahnen.

1. Kalandrierte Herstellung
Das Granulat wird mit Walzen ausgewalzt. Dicke etwa 0,6 mm. Wird stärkeres Material benötigt, erfolgt die Herstellung in mehreren Schichten, die thermisch verbunden werden.

2. Gestrichene Herstellung
Auf eine Trägerbahn (z. B. Glasvlies oder Polyester-Gittergewebe) wird die dickflüssige Kunststoffpaste im Streichverfahren aufgebracht und anschließend im Heißluftkanal verfestigt. Diese Herstellungsmethode ermöglicht völlig spannungsfreie Folien in bester Qualität. Gestrichene Bahnen können dupliert, tripliert oder in einer größeren Anzahl von Lagen gestrichen werden.

3. Extruderverfahren
Bei dieser Fertigungsart können über entsprechende Breitschlitzdüsen Folien in jeder Stärke produziert werden. Die Bahnen können mit Fasern in Form von Geweben oder Gelegen verstärkt werden oder zur Verhinderung von herstellungsbedingten Spannungen mit Vliesen oder Geweben kaschiert sein.

Die Verarbeitung

Sowohl bei der Herstellung der Nahtverbindung als auch bei der Verlegung der Dachabdichtung müssen die auf die jeweiligen Materialien abgestimmten Verarbeitungsrichtlinien der Herstellerfirmen genau beachtet werden, um zufriedenstellende Ergebnisse zu erreichen. Die meisten Bauschäden resultieren aus unsachgemäßer Verarbeitung und Anwendung und nicht aus Materialfehlern. Es ist daher darauf zu achten, daß sich die angebotenen Garantieleistungen der Firmen nicht nur auf die Dichtungsmaterialien, sondern auch auf die Verarbeitung erstrecken. Die genaue Leistungstrennung zwischen den einzelnen Gewerken verhindert Unklarheiten im Schadensfall.

Die Nahtverbindung

Die in der Regel überlappend auszuführende Nahtverbindung wird je nach Material verschieden hergestellt.

Dachbahnen auf Bitumenbasis. Im Gegensatz zu den Normalbitumenbahnen sind modifizierte Bitumenbahnen für Dachbegrünungen ausgezeichnet geeignet. Sie werden durch thermische Aktivierung mittels Propangasbrenner oder speziellen Kaltklebern vollflächig miteinander verklebt.

Thermoplastische Dachbahnen und Bahnen aus CSM. Bei Bahnen aus diesen Materialien kann die Verbindung mittels zweier Schweißverfahren erfolgen. Bei der sogenannten *Quellschweißung* werden die zu verbindenden Bahnen durch ein entsprechendes Lösungsmittel, z. B. Tetrahydrofuran, angelöst und unter Druck verbunden.
Solche Verbindungen sind nicht materialhomogen, da nur Teile der Dichtungsbahnoberfläche angelöst

werden und vor dem Trocknungsvorgang zusammengepreßt werden. Als problematisch erweist sich dabei die Verlegung bei Feuchtigkeit oder kühler Witterung, die Mißachtung des richtigen Anpreßzeitpunktes und überhaupt das Herstellen der Anschlüsse. Schon geringe Verschmutzungen können den Kontaktanschluß der Klebung verhindern.

Bei der *Heißluftverschweißung* wird die heiße Luft des Schweißgerätes in den Überlappungsbereich der Folien geblasen und diese werden dadurch thermisch plastifiziert und unter Druck miteinander verbunden. Das geschieht entweder mit einem Handheißluftgebläse und einem Handroller oder mit einem automatisch arbeitenden Schweißgerät. In dieses werden die Ränder der zu verbindenden Folien eingehängt. Das Gerät fährt dann bei eingestellter Temperatur, eingestelltem Druck und vorgewählter Geschwindigkeit selbständig die Folienränder schweißend entlang. Dadurch ergibt sich eine gleichbleibende Qualität der Schweißnaht.

Die Qualität der Schweißbahn läßt sich optisch durch das Herausquellen einer entsprechenden Schweißraupe erkennen. Dichtheitsprüfungen der Naht können auch über Druckluftprüfung im Prüfkanal, der in der Mitte der Naht angeordnet ist, oder über Induktionsprüfverfahren erfolgen.

Nach dem Anpressen und Erkalten entsteht eine materialhomogene Stoßverbindung. Nur solche Dichtungsbahnen erweisen sich auch in der Stoßverbindung als absolut wurzelfest. Das Anformen an Anschlüsse ist auch bei schwierigen Anschlüssen sehr sicher.

PVC-Bahnen können thermisch verschweißt werden, damit wird aber keine materialhomogene Stoßverbindung erreicht. Durch die Hitze werden nur bestimmte Weichmacheranteile mit niedrigem Schmelzpunkt an den Oberflächen verflüssigt und verbinden sich beim Anpressen und Erkalten. Die Nahtverbindung läßt sich zusätzlich durch Auftragen einer Versiegelungspaste sichern. PVC-Folien können aber auch werkseitig hochfrequenzverschweißt werden.

Elastomere Dachbahnen. Diese sind nicht wie die Thermoplaste schweiß- und schmelzbar und werden deshalb durch Kaltvulkanisation oder Verklebung miteinander verbunden. Je nach Material, Herstellerfirma und Voraussetzungen auf der Baustelle werden die Folien entweder in Bahnen geliefert und an Ort und Stelle miteinander verbunden, oder sie werden bis zu einer Größe von maximal 1000 m² firmenmäßig nach Plan vorgefertigt und in einem Stück geliefert. Dem Vorteil der unter optimalen Voraussetzungen durchgeführten und deshalb hochwertigen Nahtverbindungen und der feuchtigkeits- und temperaturunabhängigen Verlegung steht der Nachteil der

schlechten Manipulierbarkeit auf der Baustelle gegenüber.

Die Praxis zeigt, daß eine genaue Maßanfertigung und eine faltenfreie Verlegung großer Planen nur in der Theorie funktioniert. Vorschriftsmäßige Anschlüsse sind kaum möglich oder müssen auf der Baustelle nachgedichtet werden.

Die Verlegung

In den Anfängen der modernen Flachdachbauweise unterschied man zwischen der losen Verlegung der Dachabdichtung und der mit dem Untergrund fest verbundenen Dichtung. Im zweiten Fall führte die Übertragung von Bewegungen der Deckenkonstruktion auf die Dachabdichtung zu starken Spannungen bzw. Einrissen derselben und schweren Bauschäden. Aus diesen Gründen kann die feste Verbindung der Dichtung mit dem Untergrund nicht mehr empfohlen werden, obwohl diese Variante auch heute noch viele Hersteller anführen.

Bei der losen Verlegung muß eine entsprechend schwere Auflast gewährleisten, daß die Dichtung nicht durch den Windsog vom Dach gerissen wird (Platten, Kiesschüttung, Grünaufbau). Hauptvorteil der losen Verlegung ist die völlige Erhaltung der Elastizität und Bewegungsfreiheit der Dachhaut. Einrisse infolge von Bewegungen des Baukörpers werden praktisch ausgeschlossen.

Voraussetzung für ein einwandfreies Funktionieren ist allerdings eine sorgfältige Verarbeitung des Untergrundes sowie das Verlegen einer Trenn- oder Gleitschicht zwischen Dachhaut und Untergrund. Starker Wind während der Verlegearbeiten kann zum Problem werden.

Die Dachrandan- und abschlüsse sind nach den entsprechenden Richtlinien des Dachdeckerhandwerks bzw. der Bauwerksabdichtungsfachverbände sorgfältig auszuführen. Die hochgezogene Abdichtung unterliegt zumindest den gleichen Beanspruchungen wie die horizontale Abdichtung und ist daher genauso im Hinblick auf Schutz- und Wurzelschutzschichten auszuführen. Die Anschlußabdichtung wird mindestens 15 cm über die Vegetationsschicht oder die Kiesrandstreifen hochgezogen und zusätzlich zur Verklebung mechanisch befestigt. Die obere Kante ist mittels Kappleisten oder übergreifenden Fassadenverkleidungen zu verwahren. Die Anschlußbahnen und die Horizontalisolierung sollten möglichst aus gleichem Material bestehen, um eine hochwertige Nahtverbindung zu ermöglichen. Oder es muß auf die Stoffverträglichkeit unterschiedlicher Materialien geachtet werden. Bleche von Dachrandanschlüssen sollten nicht in den Schichtaufbau der Begrünung hineinführen, da sonst unerwünschte

Eigenschaften, Verarbeitung und Anwendungsformen von Dichtungs- und Dachbahnen (nach Saechtling 1973)

	PIB	PVC weich bitumenbeständig	PVC weich für Planenverlegung	IIR	CR	CSM	EPDM	PE/Bit	PETP
Physikalische Eigenschaften									
Rohdichte g/cm³	1,57	1,25–1,3		1,5	1,5	1,34	1,18	0,97	rd. 1,1
Shore Härte A	70	75–90		55–60	60–70	80	55–65	68	–
Reißfestigkeit N/cm²	>441	1667–1961		343–980	588	686–980	588	294–392	rd. 19600 *8
Reißdehnung %	>400	>300 *1		>400	300	200–400	>500	600–800	>50 *8
Wasseraufnahme bei Sättigung Gew. %	0,1						0,3		
Wasserdampfdurchlässigkeit* g/m² 24 h	0,1	1,5–30 *2			1,0	15–20	0,2–0,3	0,3	
Wasserdampfdiffusionswiderstandsfaktor	260000	20000–40000		500000	46000		95000	50000	18500
Lineare Wärmedehnzahl grd⁻¹	$8 \cdot 10^{-5}$	$18 \cdot 10^{-5}$		$14 \cdot 10^{-5}$	$3 \cdot 10^{-5}$		$13 \cdot 10^{-5}$ *7	$17 \cdot 10^{-5}$ *7	
Beständigkeit gegen									
Heißbitumen, kurzzeitig	+	+	–	+	+	+	+	+	–
Mineralöle, langzeitig	–	+	–	–	+	+	–	–	–
Sonderqualitäten für Korrosionsschutz	+	*3	*3	+	+	+	+	–	–
Befestigung auf dem Untergrund mit									
Heißbitumen-Klebmassen	+	+	–	–	+ *5	+ *6	(+)	+	+
modifiziertem Bitumen-Heißkleber	–	–	–	+	–	–	+	(+)	–
Lösemittel-Spezialklebstoffen	(+)		(–)	+	+	–	+	–	–
lose Verlegung (Planen)									
üblich	(+)	–	+	+	(+)	–	+	+	–
Überlappungsnaht- und Stoßverbindungen									
Quellschweißen	+	+	+	–	–	+	–	–	–
Heißschweißen		+ *9	+ *9	–	–	+	–	+	–
Selbstklebebänder	+	–	–	+	(+)	–	+	+	–
Schmelzklebebänder	–	–	–	–	+	–	–	–	–
Spezialklebstoffe	–	–	–	+	+	+	–	+	–
Heißbitumen	–	–	–	–	–	–	–	–	+
Übliche Anwendungsformen									
Dichtungsbahnen, Dicke mm	1,5–2	1,5–3	1,5–3	0,5–1,5	*5	*6	1–2	1,5–3	2,5 *8
Dachbahnen, trägerlos Dicke mm	1,5–2	0,8	0,8–1,5	1–2	1–1,5	–	1–2	–	
Dachbahnen mit rückseitiger Klebverstärkungsschicht verfügbar	+	–		–			–	1,5–2	
übliche Dicke mm			1,0 *4		1,0 *5	0,9–1,1			

*1 mit Gewebeeinlage Reißdehnung 20 %.
*2 einstellbar, niedrigste Werte für Dampfsperrfolie 0,45 mm dick
*3 überwiegend PVC hart.
*4 Lieferform zum Verkleben mit Spezial-Kaltklebstoffen
*5 Die Angaben betreffen Dachbelag mit Glasfaser-Klebrücklage, lose verlegbare Planen sind verfügbar. Außer in der Dachdeckung wird CR vor allem für Korrosionsschutzauskleidungen verwendet.
*6 Die Angaben betreffen Dachbelagsbahnen mit Asbestrücklage, dafür sind auch Dispersionsklebstoffe geeignet.
*7 mit Glasvliesrücklage $1,6 \cdot 10^5$
*8 Eigenschaftswerte der etwa 0,03 mm dicken Trägerfolie, die für Verarbeitung als bituminöses Dichtungsmaterial beidseitig mit Bitumen beschichtet ist.
*9 ab 1,5 mm Dicke
* an Bahnen üblicher Dicke gemessen

Korrosionsschäden auftreten können. Kiesrandstreifen erleichtern die optische Kontrolle der An- und Abschlüsse und stellen darüberhinaus in Verbindung mit der mechanischen Befestigung der Funktionsschichten eine entsprechende Windsogsicherung dar. Die Dehnungsfugen sind aus der Wasserebene herauszuheben und beidseitig mit Kiesrandstreifen zu versehen.

Häufig auftretende Probleme
Weich-PVC(-Polyvinylchlorid)-Bahnen. PVC-Bahnen werden durch Weichmacherzusätze elastisch und dehnfähig gemacht. Diese Weichmacherzusätze können durch chemische Reaktionen, durch Ausdiffundieren in andere Kontaktstoffe (z.B. Bitumen oder Hart-PVC oder Polystyrol) oder durch Herauslaugen in Flüssigkeiten wirkungslos werden und zur Versprödung, Rißbildung und zum Schrumpfen der Bahn führen. Fertigungsbedingte Spannungen, die nach dem Verlegen auftreten, und mangelnde Klebstoffhaftung (glatte Oberfläche, zu kalte Klebemassenverarbeitung) führen zu weiteren Problemen. Eine Änderung der Anwendungstechnik, das heißt lose Verlegung ohne flächige Verklebung mit der Unterschicht, hilft solche Fehler zu vermeiden.

PIB(-Polyisobutylen)-Bahnen. Seitdem auch bei der Verlegung von PIB-Bahnen von der Bitumenverklebung Abstand genommen wird und größtenteils unverklebte lose Dachhäute verarbeitet werden, sind die meisten Fehlerquellen beseitigt. Nicht bewährt haben sich wegen der zu unterschiedlichen physikalischen Eigenschaften der Schichten die unterseitige Kaschierung von PIB-Bahnen mit Glasgewebe. Zum Kaschieren sollten lockere Glasvliese verwendet werden.

Elastomer-Dachbahnen. Aufgrund der geringeren Elastizität ergeben sich Probleme bei schwierigen Anschlußteilen, Innenecken u.a. Da sich Elastomerbahnen nicht so wie Thermoplaste heiß oder kalt verschweißen lassen (Ausnahme CSM-Bahnen), müssen sie vulkanisiert werden. Dies führt unter Baustellenbedingungen häufig zu Problemen und wird deshalb meist nur im abgewandelten Verfahren mit Hilfe von Dichtungsbändern und Kontaktklebern bewerkstelligt. Daneben vertragen sich viele in der Praxis verwendete Materialien nicht miteinander. Genauere Angaben über die Materialverträglichkeit einzelner Dachhäute findet man in den »Werkstoffblättern Dachbahnen und Verlegehinweise Dachbahnen der Technischen Arbeitsgruppe Kunststoff- und Kautschukbahnen« (Werkstoffblätter Dachbahnen 1983).

Kontrollierbarkeit der Dachabdichtung
Herkömmliche Flachdachaufbauten weisen mehrere wasserdichte Schichten auf (Dachhaut, Dampfsperre, Trenn-, Schutz- und Ausgleichsschicht). Im Schadensfall wandert das Leckwasser häufig innerhalb dieser Schichten und verteilt sich – meist weit entfernt vom Leck der Feuchtigkeitsisolierung – auf der Rohdecke. Auf der Raumseite tritt das Wasser daher oft weit von der Schadstelle entfernt aus und diese ist deshalb schwer zu finden. Bei größeren Dachflächen empfiehlt sich der Einbau eines »Roof-Control-Systems«, welches von der Firma Blumenhügel entwickelt wurde und leicht für jedes Flachdach angewendet werden kann. Dieses »Roof-Control-System« besteht aus einem Abschottungsraster, das ein Eindringen von Leckwasser in das benachbarte Kontrollfeld verhindert. Jedes Kontrollfeld ist mit einem Feuchtemelder versehen, so daß sich die schadhafte Stelle schnell lokalisieren läßt. Innerhalb eines Tages kann dann die Erde abgeschält, die unzerreißbare Sicherheitsmatte zurückgerollt und die bloßliegende Schadstelle abgedichtet werden.

Der Einbau dieses Systems ermöglicht es, den Verlegefirmen langfristige Garantien zu geben, da Reparaturen sehr kostengünstig ausgeführt werden können.

Wurzelfestigkeit von Dachabdichtungsbahnen

Werden die Pflanzen direkt in die Vegetationsschicht gesetzt, muß zuverlässig dafür gesorgt werden, daß die Wurzeln nicht die darunterliegende Dachhaut durchdringen können und dadurch schwere Bauschäden verursachen. Häufig wird die Aggressivität und die Kraft der Pflanzenwurzeln unterschätzt. Besonders wurzelaggressive Pflanzen sind unter bestimmten Umständen durchaus in der Lage, selbst starke Betonplatten zu sprengen. Die Wurzeln entwickeln einerseits mechanische Kräfte, andererseits geben sie besonders an den Wurzelspitzen Huminsäuren ab, die auf chemischem Wege viele Stoffe angreifen und zerstören können.

Es wird heute eine Vielzahl von Dachabdichtungen als »wurzelfest nach DIN« angeboten, was aber noch nicht bedeutet, daß diese Bahnen tatsächlich für Dachbegrünungen geeignet sind.

Die Wurzelfestigkeit von Dachbahnen wurde bisher entweder nach DIN 4038 (Vergußmassen für Abwasserkanäle und Leitungen aus Steinzeug und Betonmuffenrohren) oder nach DIN 4062 (Dichtstoffe für Bauteile aus Beton) geprüft. Beide Prüfverfahren haben sich in der Zwischenzeit als völlig ungeeignet erwiesen, da die Prüfungserfordernisse bei weitem nicht den Beanspruchungen in der Praxis entsprachen. Sie wurden daher für den Bereich der Dachabdichtungen zurückgenommen. Es gibt bis heute keine ausreichenden DIN-Normen für wurzelfeste Dachbahnen. Langzeitversuche wie z.B. am Institut für

Bodenkunde und Pflanzenernährung an der Fachhochschule Weihenstephan mit sehr wurzelintensiven Pflanzen wie Birken, Erlen, Schilf oder Sanddorn ergaben völlig andere Ergebnisse als die während sechs Wochen unter nicht praxisnahen Voraussetzungen durchgeführten Prüfungen nach den alten DIN-Normen.

Kurz zusammengefaßt erbrachte erwähnter Langzeitversuch folgende Ergebnisse:

- Abdichtungen aus Normalbitumen sind selbst bei sorgfältigster Ausführung und 15 mm Gesamtstärke auf Dauer nicht wurzelfest, auch dann nicht, wenn sie mit einer Metallbandeinlage versehen sind, da diese im Nahtbereich auch bei Überlappung unterbrochen ist.
  Das gilt jedoch nicht für Bahnen aus modifiziertem Bitumen mit hohen Kunststoffanteilen, die sich bereits seit Jahren in der Praxis bestens bewähren.
- Ein ständiger Wasserstand zwischen Substratschicht und Dachhaut, wie er z.B. bei der Anstaubewässerung gegeben ist, hindert die Wurzeln nicht, durch das Wasser in die Dachabdichtung hineinzuwachsen.
- Sorgfältige Verlege- und Fügetechnik ist auch bei an sich wurzelfesten Bahnen Grundvoraussetzung für einen sicheren Schutz vor Durchwurzelung. Knickstellen, zu starke Dehnungen und Spannungen sowie unsachgemäße Ausführung von Schweißnähten ergeben unerwünschte Schwachstellen.

Die Langzeitversuche entsprechen den Gegebenheiten der Praxis weitaus besser als die veralteten DIN-Normen, dennoch müssen auch sie mit gewisser Vorsicht interpretiert werden, da in manchen Fällen eine praxisnahe Untersuchung der Naht- und Anschlußstellen sowie der besonders kritischen Knick- und Dehnbereiche nicht entsprechend durchgeführt wurde. Seit 1984 laufen in Weihenstephan neue ausgedehnte Langzeitversuchsreihen. Mit Ergebnissen kann jedoch nicht vor 1988 gerechnet werden.

Höher als alle vorzeigbaren Atteste von Prüfungsinstituten bezüglich Wurzelfestigkeit und weitreichende angebotene Garantieleistungen sind *langjährige praktische positive Erfahrungen* mit Abdichtungsbahnen und *entsprechende Haftung* seitens der Verlegefirmen zu bewerten. Viele Abdichtungsbahnen haben sich bereits seit mehr als zehn Jahren unter begrünten Dächern bewährt und damit ihre Zuverlässigkeit bewiesen.

Konstruktive Maßnahmen zur Vermeidung von Durchwurzelungsschäden

Aufgrund des Fortschrittes auf dem Material- und Verarbeitungssektor läßt sich bei ausreichender Beachtung einiger Erfahrungen die Gefahr von Wurzelschäden auf ein Minimum reduzieren.

In der Praxis ergeben sich für eine flächige Dachbegrünung in Abhängigkeit vom Zustand des bestehenden Dachaufbaues und dem Umfang der geplanten baulichen Veränderungen zwei Varianten:

- Beibehalten der ursprünglichen, meist nicht wurzelfesten Dachhaut: Ergibt eine genaue Prüfung durch einen Baufachmann, eventuell ergänzt durch einen 24stündigen 10 cm hohen Wasseranstau auf dem Dach, einen einwandfreien Zustand der bestehenden Dachhaut, so kann man – um Kosten und Aufwand möglichst gering zu halten – die bestehende Dachhaut belassen. Damit diese zuverlässig vor Durchwurzelung geschützt wird, muß über sie eine Wurzelschutzbahn gebreitet werden.
  Zuvor ist unbedingt zu klären, ob sich die beiden Dachhäute chemisch miteinander vertragen oder ob eine chemisch neutrale Zwischenschicht – z.B. aus Polyestervlies – erforderlich ist. Bei rauher Oberfläche der vorhandenen Dachabdichtung empfiehlt sich das Auflegen einer Schutzlage zur Verhinderung mechanischer Beschädigung der Wurzelschutzbahn.
- Verlegung einer neuen, wurzelfesten Dachhaut: Ist der Zustand der vorhandenen Dachhaut nicht mehr einwandfrei oder werden im Zuge der Dachgartenerrichtung ohnedies größere bauliche Veränderungen durchgeführt, so empfiehlt sich das Verlegen einer neuen, wurzelfesten Dachhaut, wobei auf sorgfältige Verarbeitung unter Beachtung der von den Firmen angegebenen Verlegerichtlinien geachtet werden muß.

Nicht empfehlenswerte Methoden zur nachträglichen Sicherung gegen Durchwurzelung

Neben den zuvor beschriebenen Methoden werden in der Literatur manchmal noch verschiedene andere Möglichkeiten des Durchwurzelungsschutzes erwähnt, die aus verschiedenen Gründen abzulehnen sind:

- Aufbringen eines bewehrten Schutzestriches über der ursprünglichen Dachhaut: Selbst bei starker Bewehrung kann es zu Haarrissen kommen, in die dann Wurzeln eindringen können. Außerdem bedeutet das Aufbringen eines Schutzestriches eine zusätzliche Gewichtsbelastung der Dachkonstruktion.
- Das Aufbringen von Wurzelgift auf die vorhandene Dachhaut bringt längerfristig keinen ausreichenden Schutz. Es diffundiert nach einigen Jahren aus der Dachhaut wieder aus und belastet dadurch sowohl die Pflanzen auf dem Dachgarten als auch die Umwelt.

Wurzelfeste Dachabdichtungsbahnen und Wurzelschutzbahnen

Im folgenden stellen wir eine Reihe von derzeit auf dem Markt befindlichen wurzelfesten Dachabdichtungsbahnen und Wurzelschutzbahnen vor. Dachabdichtungsbahnen übernehmen die Funktion der Dachabdichtung und des Durchwurzelungsschutzes, während Wurzelschutzbahnen über vorhandene nicht wurzelfeste Dachabdichtungen als Durchwurzelungsschutz gelegt werden. Die einzelnen Produkte sind nach ihrem Ausgangsmaterial gruppiert. Im Anhang sind die jeweiligen Herstellerfirmen und Vertriebsquellen für die Bundesrepublik Deutschland, Schweiz und Österreich angegeben. Außerdem wurde versucht, eine Einstufung nach Preisklassen vorzunehmen. Die Liste entspricht dem Stand von 1987 und erhebt keinen Anspruch auf Vollständigkeit.

1. Dachabdichtungsbahnen auf Bitumenbasis

Bauder Pflanzschwarte, Bauder Flexschwarte K5E
Hersteller: Bauder
Produktbeschreibung: Das Abdichtungssystem besteht aus zwei Dachabdichtungsbahnen – der Bauder Flexschwarte K5E und der darüberliegenden Bauder Pflanzschwarte. Die Flexschwarte ist eine Polymerbitumenbahn mit einer Trägereinlage aus einem 250 g/m² schweren Polyesterfilz. Die Pflanzschwarte aus wurzelfestem Spezialbitumen besitzt eine Kupfereinlage, ist oberseitig durch eine aufkaschierte Kunststoff-Deckfolie geschützt und unterseitig talkumiert
Produkteigenschaften: Beständig gegen Düngemittel, extrem dehnungsfähig und reißfest
Verarbeitung: Die beiden Abdichtungslagen werden mittels Propangasbrenner vollflächig miteinander verschweißt und normalerweise punktweise auf der Wärmedämmung aufgeschweißt
Lieferform: Rollen, 5 × 1 m, jeweils 5 mm dick

Bezapol-CU 4
Hersteller: Asphalti Breitner
Produktbeschreibung: Zwei Bahnen aus 30% atactischem Polypropylen und 70% Primär-Bitumen umschließen eine Kupferbandeinlage. Die CU 4-Bahn wird üblicherweise über der Bezapol Dachabdichtungsbahn PM 4 verlegt
Nahtverbindung: Thermische Aktivierung mit Propangasflamme, wobei der Nahtbereich zusätzlich verspachtelt werden muß
Lieferform: Rollen, 7,5 × 1 m, 4 mm dick, weitere Zubehörteile wie Anschlußstreifen, Lichtkuppeln usw. sind ebenso im Programm zu finden

Paralon NT 4, Paralon 77
Hersteller: Imper Italia
Produktbeschreibung: Die Bahn besteht aus Polymerbitumen (PPB), einer Zusammensetzung aus elastomeren und plastomeren Polypropylenen und Bitumen, ist weichmacher- und füllstofffrei und mit einer verformungsfähigen Polyester-Armierung versehen
Produkteigenschaften: Witterungsbeständig, beständig gegen diverse Säuren, plastoelastisch, verträglich sowohl mit Bitumenbahnen als auch mit Gummi-PIB und ECB-Bahnen
Nahtverbindung: Thermische Aktivierung mit Propangasflamme
Lieferform: Paralon NT 4: Rollen, 10 × 1 m, 4 mm dick, Paralon 77: Rollen, 12 × 1 m, 3 mm dick

Vapobar 3
Hersteller: Imper Italia
Produktbeschreibung: Wurzelschutz- und Dampfsperrbahn aus Polymerbitumen (PPB) mit Aluminium-Feinblech-Einlage (0,1 mm) und Glasvliesarmierung
Produkteigenschaften: Hohe mechanische Festigkeit, praktisch dampfundurchlässig, 3% dehnfähig
Nahtverbindung: Mittels Propangasbrenner, punktweises oder vollflächiges Verkleben mit der Dachhaut
Lieferform: Rollen, 10 × 1 m, 3 mm dick

2. Thermoplastische Dachabdichtungsbahnen

ECB-Bahnen

Carbofol
Hersteller: Niederberg Chemie
Produktbeschreibung: Einseitig glasvlieskaschierte ECB-Bahn aus »Lucobit« und Anthrazit
Produkteigenschaften: Witterungsbeständig, hohe Reißfestigkeit, elastisch, gute Wärmebeständigkeit, bedingt beständig gegen Benzin, organische Lösungsmittel, teerhaltige Stoffe, diverse Säuren und Laugen
Nahtverbindung: Heißluftverschweißung
Lieferform: Rollen, 20 × 1,04/2,08 m, 2 mm dick, weitere Zubehörteile wie Anschlußelemente, Traufenelemente usw. aus ECB sind ebenfalls im Programm

O.C.-Plan 2000 G/F
Hersteller: Odenwald Chemie
Produktbeschreibung: Im Extrusionsverfahren aus »Lucobit« hergestellt, O.C.-Plan 2000 G ist glasvlieskaschiert
Produkteigenschaften: Witterungsbeständig, weichmacherfrei, hohe Flexibilität und Dehnfestigkeit auch bei tiefen Temperaturen, gute Wärmebeständigkeit,

beständig gegen viele Säuren und Laugen, bitumen-verträglich
Nahtverbindung: Heißluftverschweißung
Lieferform: O.C.-Plan 2000 G: Rollen 20 × 1,04/0,5/ 0,25 m, 2 mm dick; Bahnen mit 1,04 m Breite auch in Sonderlängen lieferbar
O.C.-Plan 2000 F: Rollen, 15 × 1,0/0,5 m, 3 mm dick

Organat Dachbahn
Hersteller: Niederberg Chemie
Produktbeschreibung: Einseitig glasvlieskaschierte ECB-Bahn
Produkteigenschaften: Witterungsbeständig, weich-macherfrei, hohe mechanische Festigkeit, wider-standsfähig gegen Flugfeuer, diverse Basen und ver-dünnte Säuren
Nahtverbindung: Heißluftverschweißung
Lieferform: Rollen, 20 × 1,04/2,08 m, 2 mm dick. Über- bzw. Unterlängen sowie 2,5 und 3 mm Dicke möglich. Auf Anfrage Maßplanen bis 120 m², maxi-male Breite von 16 m möglich. Im Programm sind außerdem noch diverse Zubehörteile enthalten

PVC-Bahnen

Herbatect
Produktbeschreibung: Beidseitig kunststoffbeschich-tetes Polyestergewebe
Produkteigenschaften: Hochreißfest, wasserdampf-durchlässig
Nahtverbindung: Elektrische Hochfrequenzver-schweißung
Lieferform: Rollen, 2 m breit, 1,2 mm dick; auf Wunsch werden werkseitig Maßplanen bis 800 m² vorgefertigt

Intertherm T/TG
Hersteller: Interplastic
Produktbeschreibung: Weich-PVC-Bahn, Typ TG mit Synthesefäden verstärkt
Produkteigenschaften: Durchgehend UV-stabilisiert, gute Kältebeständigkeit, hohe Elastizität und Reißfe-stigkeit
Nahtverbindung: Heißluft- oder Quellschweißung
Lieferform: Rollen, 20 × 1,85 m, 1,2/1,5 mm dick, Typ TG auch 1,8 mm dick.
Das Lieferprogramm umfaßt außerdem noch diverses Zubehör

Optima Wurzelschutzbahn
Hersteller: Dynamit Nobel
Produktbeschreibung: Weich-PVC-Wurzelschutz-bahn
Nahtverbindung: Heißluft- oder Quellverschweißung
Lieferform: Rollen, 20 × 1,8 m, 0,8 mm dick

Pewatect
Produktbeschreibung: PVC-beschichtetes Polyester-Gittergewebe
Produkteigenschaften: Witterungsbeständig, schwer entflammbar. Kann durch spezielle Faltenlegetechnik auch für kuppelförmige und unregelmäßige ge-krümmte Dächer verwendet werden
Nahtverbindung: Heißluftverschweißung
Lieferform: Die Folie wird bis zu einer Größe von maximal 400 m² bereits von der Firma nach Maß an-gefertigt

Plastoplan Ökodachabdichtung
Produktbeschreibung: Weich-PVC mit Polyesterge-webe armiert
Produkteigenschaften: Nach DIN 16734 gefertigt, UV-stabilisiert
Nahtverbindung: Heißluft- oder Quellverschweißung
Lieferform: Dachabdichtung: Rollen, 20 × 1,5 m, 1,5 mm dick
Wurzelschutzbahn: Rollen, 20 × 1,4 m, 1 mm dick, oder als Maßplane vorgefertigt

Sarnafil-G, Sarnafil-S
Hersteller: Sarna Kunststoffe
Produktbeschreibung: Dichtungsbahnen aus Weich-PVC, im Streichverfahren hergestellt.
Sarnafil-G: Mit Glasvlieseinlage zur losen Verlegung mit Auflast und für vollflächige Verklebung.
Sarnafil-S: Einlage aus synthetischem Gittergewebe, für mechanische Befestigung
Produkteigenschaften: Besonders witterungsbestän-dig, schrumpffrei, dehnbar, kälteflexibel, beständig gegen viele Chemikalien, nach Jahren noch gut ver-schweißbar; bei Sarnafil-S zusätzlich noch hohe Reißfestigkeit
Nahtverbindung: Heißluftverschweißung
Lieferform: Sarnafil-G: Rollen, 20 × 2 m, 1,2/1,5/ 1,8 mm dick, Planen
Sarnafil-S: Rollen, 10 × 2 m, 2,4/3 mm dick, Planen

Sikaplan PVC D, PVC G, PVC VG, PVC DFB
Hersteller: Sika
Produktbeschreibung: Kalandrierte, doublierte Weich-PVC-Hochpolymer-Bahn, Typ D ohne Syn-thesefädenverstärkung, Typ G mit Synthesefädenver-stärkung, Typ VG schwer brennbar, Typ DFB vlieska-schiert, untere Schicht bitumenbeständig
Produkteigenschaften: Witterungsbeständig, hohe Alterungsbeständigkeit, Brandverhalten entspricht der Ö-Norm, temporäre Widerstandsfähigkeit gegen verdünnte Säuren und Basen
Nahtverbindung: Heißluft- oder Quellverschweißung

Lieferform: Sikaplan PVC D: Rollen, 20 × 1,4 m, 1,2/ 1,5 mm dick

Sikaplan PVC G: Rollen, 20 × 1,54 m, 1,2/1,5/ 1,8 mm dick

Sikaplan PVC VG: Rollen, 20 × 1,54 m, 1,2 mm dick

Sikaplan PVC DFB: Rollen, 15 × 1,5 m, 1,2/1,5 mm dick

Rhenovol C

Hersteller: Braas

Produktbeschreibung: Glasgitter-/glasvliesverstärkte PVC-Bahn

Produkteigenschaften: Witterungsbeständig, widerstandsfähig gegen Flugfeuer, fungizid ausgestattet, nicht beständig gegen Fette und Lösungsmittel

Nahtverbindung: Heißluft- oder Quellverschweißung

Lieferform: Rollen, 20 × 2,05 m, 1 mm dick, 15 × 2,05 m, 1,2/1,5 mm dick

Wolfin IB

Hersteller: Grünau

Produktbeschreibung: Im Extrusionsverfahren hergestellte, mit polymeren Weichmachern versehene PVC-Weich-Dichtungsbahn

Produkteigenschaften: Witterungsbeständig, hohe Reißfestigkeit und Elastizität, wasserdampfdurchlässig, beständig gegen Bitumen, Öle und Fette, minimale Restverformung

Nahtverbindung: Heißluft- oder Quellverschweißung

Lieferform: Dachabdichtungsbahn: Rollen, 15 × 1,5 m, 1,5 mm dick oder 10 × 1,5 m, 2 mm dick. Wurzelschutzbahn: Rollen, 20 × 1,5 m, 0,8 bis 1,2 mm dick

3. Dachabdichtungsbahnen auf Kautschukbasis (Elastomere)

Flachdach Pirelli

Hersteller: Pirelli

Produktbeschreibung: Dachabdichtungsbahn aus Ethylen-Propylen-Diene-Kautschuk

Produkteigenschaften: Witterungsbeständig, beständig gegen viele Chemikalien und Bitumen, dauerelastisch in einem Bereich von −40 °C bis 120 °C

Nahtverbindung: Eventuell erforderliche Nahtverbindungen werden mittels Vulkanisationsmaschine hergestellt

Lieferform: Maßplanen, 1 mm dick, bis 1000 m², 1,2 mm dick bis 700 m², 1,5 mm dick bis 500 m², wobei die Seitenlänge 24 m nicht übersteigen darf. Zusätzlich sind weitere Zubehörteile im Lieferprogramm enthalten

Nora Doppelschutzbahn

Hersteller: Freudenberg

Produktbeschreibung: Elastomere-Bahn auf Basis von vulkanisiertem Ethylen-Propylen-Kautschuk

Produkteigenschaften: Witterungsbeständig, dauerelastisch über einen großen Temperaturbereich, beständig gegen Flugfeuer, vielen Chemikalien und Bitumen, dämmstoffneutral, nicht PVC-verträglich

Nahtverbindung: Quellverschweißung

Lieferform: Rollen, 20 × 1,2 m, 1,3 mm dick

Resistit G, Perfekt E

Hersteller: Phoenix

Produktbeschreibung: Elastomere-Dichtungsbahn aus Polychloropren (CR), unterseitig mit Glasvlies kaschiert, Perfekt E mit Glasfasereinlage

Produkteigenschaften: Witterungsbeständig, widerstandsfähig gegen Flugfeuer

Verarbeitung: Teil- oder vollflächig mit Kaltklebemasse vom gleichen Hersteller oder vollflächig mit Heißbitumen mit dem Untergrund verklebt

Lieferform: Rollen, 10 × 1/2 m, 1,2 mm dick, Perfekt E 1,3 mm dick

Resitrix

Hersteller: Phoenix

Produktbeschreibung: Elastomere-Dichtungsbahn aus Ethylen-Propylen-Terpolymer (EPDM) mit einer Einlage aus Glasfasern und einer polymer-modifizierten Bitumen-Unterschicht

Produkteigenschaften: Witterungsbeständig, widerstandsfähig gegen Flugfeuer

Verarbeitung: Teil- oder vollflächig mit Kaltklebemasse vom gleichen Hersteller oder vollflächig mittels Kaltschweißmittel oder Heißbitumen mit dem Untergrund verklebt

Lieferform: Rollen, 10 × 1 m, 3 mm dick. Das Angebot enthält außerdem noch diverse Zubehörteile.

Die Schutzschicht

Unmittelbar nach Abschluß der Verlegearbeiten muß die Dachabdichtung vor mechanischer Beschädigung oder unerwünschter UV-Strahlung während der weiteren Bauphase und in der Folgezeit geschützt werden. Bilden während der Bauphase der Aufprall scharfkantiger Gegenstände, unsachgemäße Gerüstaufstellung oder Wegwerfen von Zigarettenresten die Hauptgefahren, so ist die Dachabdichtung in der Folgezeit vor allem durch unvorsichtigen Gebrauch von Gartenwerkzeugen, schweren, scharfkantigen Pflanzgefäßen oder ungeeigneten Randeinfassungen gefährdet.

Die daher empfehlenswerte Schutzlage sollte außerdem Wasser speichern und ausgefilterte Nährstoffe zurückhalten. Bei geringer Beanspruchung reicht das überlappende Auflegen von Polypropylenschutzvliesen (200 g/m²). Bei stärkerer Belastung sollten Schutzplatten oder dickere Schutzbahnen eingesetzt werden. Gut geeignet sind Bautenschutzplatten oder -bahnen aus Polyurethan-Kautschuk, 6 bis 8 mm dick, da sie vom Material her mit den meisten anderen Baumaterialien gut verträglich sind und keine Weichmacherwanderung auftritt. Um beim notwendigen Verkleben der Schutzschicht mit Bitumen eine Gefährdung nicht bitumenverträglicher Schichten auszuschließen, muß in diesem Fall eine Polyethylen-Folie oder ein Vlies als Trennlage verwendet werden. Vlieskaschierte Schutz- bzw. Dränmatten aus Polyamid-Geflecht wie z. B. »Enkadrain ST« zeichnen sich durch geringes Gewicht, gute Wasserableitkapazität auch unter Belastung, gute chemische Verträglichkeit mit anderen Schichten sowie leichte Verarbeitung aus. Ähnliches gilt auch für die ebenfalls vlieskaschierten, aus Polyethylen-Schaumstoffflocken bestehenden, 30 mm starken »Nora«-Schutz- und Dränbahnen.

Betonestriche als Schutz und druckverteilende Schicht sind hingegen abzulehnen. Sowohl beim Einbau als auch vor allem in der Folgezeit können durch Spannungsrisse Schäden an der Dachabdichtung verursacht werden, außerdem führt das häufige Ausfällen von Kalkhydrat zu Versinterungen und Verstopfungen der Wasserabläufe. Erhebliche zusätzliche Lasten und hohe Kosten sind weitere Nachteile dieser Art von Schutzschicht. Als wirksamster und nachhaltigster Schutz der Dachabdichtung hat sich bei einwandfreier Ausführung die Dachbegrünung selbst erwiesen, wie zahlreiche Beispiele nachhaltig unter Beweis stellen.

Die Dränschicht

Die Dränschicht liegt unterhalb der Vegetationsschicht und ist von dieser in der Regel durch eine Filterschicht getrennt, damit das Einschwemmen von Feinteilen aus der Substratschicht verhindert wird. Die Dränschicht führt einerseits das aus der Vegetations- und Filterschicht durchsickernde Überschußwasser ab, damit ein ständiges Vernässen bzw. Versauern der Vegetationsschicht verhindert wird. Andererseits speichert die Dränschicht einen Teil des Überschußwassers in pflanzenverfügbarer Form. Damit wird die Wasserversorgung der Pflanzen – speziell bei dünnen Vegetationsschichten – verbessert bzw. die Niederschlagsfeuchtigkeit wird besser verwertet. Dazu können entweder kornabgestufte, poröse Baustoffe der Sand-Kies-Fraktion verwendet werden, oder aber die Wasserversorgung erfolgt über einen ständigen Wasseranstau in einer grobporigen

Dränschicht. Im ersten Fall ist die Dränschicht voll durchwurzelbar, was die Standfestigkeit von größeren Gehölzen wesentlich verbessert. Im zweiten Fall verringert sich die Durchwurzelungstiefe um den ständig mit Wasser gefüllten Teil der Dränschicht, da bei der Mehrzahl der Pflanzen die lebensnotwendige Wurzelatmung im Wasser unterbunden ist.

Grundlegende Anforderungen

Das Material muß grundsätzlich folgende Eigenschaften aufweisen:
– Verwitterungsbeständigkeit.
– Es soll keine löslichen, die Pflanzen oder Dachkonstruktion angreifenden Stoffe abgeben.
– Strukturstabilität.
– Das Material darf nicht zu einer Kalkhydratbildung in Rohrleitungen und Dachabläufen führen.
– Der pH-Wert soll zwischen 5,5 und 7 liegen.
– Hoher Anteil von Grobporen zur zügigen Wasserabführung bzw. Wasserhaltefähigkeit beim Anstauverfahren sowie ausreichender Anteil von Mittelporen zur Wasserspeicherung.

Üblicherweise werden heute leichte Materialien bevorzugt, damit die Belastung der Dachkonstruktion möglichst gering gehalten bzw. bei gleicher Belastung eine dickere Vegetationsschicht ermöglicht wird.
Legt man jedoch auf besondere Standfestigkeit von großen Gehölzen Wert und lassen sich andere Verfahren zur zusätzlichen Befestigung nicht verwirklichen, dann verwendet man schwere Materialien wie etwa Rundkies, 5 bis 15 cm, in dem sich die Wurzeln der Pflanzen fest verankern können.
Die Dränschicht muß hinsichtlich Dicke und Zusammensetzung auf die Vegetationsschicht, die Bepflanzung, die Art der Bewässerung und die Dachneigung abgestimmt werden.
– Bei dicken Vegetationsschichten soll die Dränschicht ausreichend entwässern, sie muß hingegen nicht viel Wasser speichern können.
– Bei dünnen Vegetationsschichten kann die Dränschicht zusätzlich zur Wasserspeicherung dienen, um die Speicherkapazität des Grünaufbaues zu erhöhen.
– Im Fall der Anstaubewässerung sind Baustoffe mit großem Gesamtporenvolumen vorzuziehen, damit eine höhere Wasserbevorratung ermöglicht wird.
– Eine eigenständige Dränschicht kann entfallen, wenn es sich um Schrägdachbegrünungen handelt, da in diesem Fall die Vegetationsschichten ohnedies rasch genug entwässert werden.
– Eine eigenständige Dränschicht kann ebenfalls entfallen, wenn Vegetationsschichten in Form von Vorsatzschichten oder vorkultivierte Vegetations-

matten verwendet werden. In diesem Fall besteht keine Vernässungsgefahr.

– Bei Verwendung von Vegetationsplatten aus Schaumstoffen kann eine eigene Dränschicht in gewissen Fällen entfallen, da diese aufgrund ihrer Porenstruktur zugleich als Dränschicht funktionieren.

Stoffe mit geschlossenen Oberflächen und grober Körnung wie z. B. Schotter können kaum Wasser aufnehmen und speichern, zeichnen sich jedoch durch eine gute Dränagewirkung aus.

Stoffe mit großem Porendurchmesser verfügen über ein hohes Wasseraufnahmevermögen bzw. gute Wasserdurchlässigkeit. Sie können jedoch wenig Wasser speichern. Um in solchen Fällen eine ausreichende Speicherung von pflanzenverfügbarem Wasser zu sichern, können zusätzliche Maßnahmen getroffen werden. Das kann der Einbau einer wasserspeichernden Schicht über der Filterschicht aus Materialien wie Hygromull usw. sein, oder man sieht eine Anstaubewässerung vor.

Materialien mit hohem Sandanteil und poröser, offenporiger Struktur können hingegen viel Wasser speichern.

Weil das Wasser nach starken Regenfällen verlangsamt abfließt, kommt es zu kurzzeitigem Wasseranstau und entsprechend hoher Gewichtsbelastung der Deckenkonstruktion.

Voll entwässernde Dränschichten nehmen die Niederschläge auf, die die Vegetationsschicht nicht mehr speichert und führen sie rasch ab.

Hierfür werden hauptsächlich gewichtssparende Kunststoffplatten und Geflechtmatten eingesetzt, die sehr hohe Wasserabflußwerte erreichen. In Form von Platten (z. B. mit Filtervlies kaschiert) erfüllen sie gleichzeitig Schutzfunktionen und sind rationell verlegbar.

Neben ihrer Bedeutung für Vegetationsflächen, insbesondere auch bei Umkehrdächern, eignen sie sich außerdem besonders dort, wo kein Wasser benötigt wird, nämlich unter Wegeflächen.

Wasserspeichernde Dränschichten bestehen aus porösen, korngestuften Materialien, die ein günstiges Verhältnis zwischen Grob-, Mittel- und Feinporen aufweisen. Im Gegensatz zur Wasserbevorratung bei angestauter Dränschicht kann die zusätzliche Wasserspeicherung damit auch bei geneigten Dachflächen erfolgen. Besonders leistungsfähig sind hochporöse Vegetationsplatten, die bei hoher Wasserdurchlässigkeit 50 %vol Wasser speichern können sowie Lava- und Bimskiese.

Die **angestaute Dränschicht** besteht aus hohlraumreichen, leichten Materialien, etwa groben Blähtonen oder Blähschiefer. Das aus der Vegetationsschicht durchsickernde Wasser wird bis zu einem gewissen Niveau angestaut und zur Bewässerung verwendet (Anstaubewässerung). Erst beim Überschreiten eines einstellbaren Wasserspiegels wird das Überschußwasser über die Abläufe abgeführt.

Diese bei Intensivbegrünungen praktizierte und bewährte Bauweise bietet eine hohe Ausnutzung natürlicher Niederschläge, weist jedoch für Extensivbegrünungen einen viel zu großen Anteil an leicht verfügbarem Wasser auf, der zu unerwünschten Veränderungen der Vegetationszusammensetzung führt.

Bei Dränschichten aus groben Materialien mit ausschließlich großen Hohlräumen kann der kapillare Wasserabzug aus der darüberliegenden Vegetationsschicht abreißen und zu unerwünschten Dauervernässungen führen.

Die Dicke der Dränschicht hängt von der Vegetationsschicht, der Art der Bewässerung, der Bepflanzung sowie vom Material der Dränschicht ab und schwankt zwischen 2 und 50 cm.

Materialien für die Dränschicht

Die Dränschicht kann aus Schüttbaustoffen, Dränplatten, Dränmatten oder Dränpaletten aufgebaut sein, wobei die Dränschicht unter Umständen gleichzeitig auch die Aufgaben der Filter- und Schutzschicht übernehmen kann.

Entscheidungskriterien für die Auswahl der Dränmaterialien sind:

– Die vegetationstechnische Eignung – es gilt eine harmonische Dränung zu erreichen und Kapillarbrüche zu vermeiden.
– Die Entwässerungseigenschaften müssen auf das Dachgefälle und die Vegetationsschicht abgestimmt werden.
– Geringes Gewicht.
– Belastungsfähigkeit und Schutzfunktion für die darunterliegende Dachhaut.
– Kostengünstige Verlegung.

1. Dränschicht aus Schüttbaustoffen

In diesem Fall ermöglicht die Vielfalt der geeigneten Materialien eine gute Anpassung der Dränschicht an die übrigen Dachgartenkomponenten, wobei durch die Kombination von Materialien mit unterschiedlichen Eigenschaften eine gute Abstimmung auf den jeweiligen Einzelfall ermöglicht wird.

Das Wasser- und Luftaufnahmevermögen sowie das spezifische Gewicht der verschiedenen mineralischen Baustoffe ergeben sich einerseits aus der Materialzusammensetzung (Anteil der offenen Poren und Hohlräume) und werden andererseits stark von der jeweiligen Körnung beeinflußt, wobei Wasserhaltevermögen und spezifisches Gewicht mit sinkender Korngröße zunehmen.

Bimskies ist ein vulkanisches Produkt und kann wegen seiner offenporigen Kornstruktur auch in den Innenporen rund 15 % Wasser aufnehmen. Bims besitzt ausgezeichnete chemische und physikalische Eigenschaften. Das Porenvolumen beträgt bei einer Körnung von 2 bis 15 mm etwa 85 %, die maximale Wasserkapazität liegt bei 45 %. Das Material weist dadurch einen hohen Anteil wasserfreier Poren auf. Der pH-Wert ist neutral.

In Verbindung mit seinem geringen Gewicht und seiner ausreichenden Wasserdurchlässigkeit ergeben sich gute Eignungen sowohl als Dränagematerial als auch zum Abmagern und zur Strukturverbesserung von Vegetationsgemischen. Je nach Herkunft kann Bims jedoch bei Lagerung an der Oberfläche durch Frosteinwirkung gesprengt werden.

Blähschiefer besitzt ähnliche Eigenschaften wie die Blähtone und ist für dünnschichtige Aufbauten gut geeignet. Markenbezeichnung z. B. »Berwilit«.

Blähtone entstehen durch ein spezielles Verfahren ohne chemische Zusätze, bei dem Ton im Drehrohrofen bei etwa 1200 °C gebläht und gebrannt wird. Da die Oberfläche dicht gesintert ist, können die vielen Innenporen nur wenig Wasser aufnehmen. Entsprechend gering ist daher die Wasserspeicherkapazität. Die hohe Wasserbevorratung bei Anstaubewässerung ergibt sich aus den groben Poren zwischen den Körnern und liegt je nach Körnung bei rund 50 %. Bei gebrochenem Blähton wird zusätzlich Wasser in den Innenporen bevorratet. Blähtone sind leicht und außerordentlich fest, chemisch neutral, der pH-Wert ist ebenfalls neutral (etwa 6 bis 7). Sie scheiden keinen Kalk ab und sind sehr frostbeständig. Das Schüttgewicht beträgt bei einer Körnung von 10 bis 20 mm etwa 350 kg/m³, bei voller Wassersättigung etwa 750 bis 800 kg/m³.

Neben ihrer guten Eignung für Dränschichten können Blähtone ebenfalls zur Abmagerung bzw. Strukturverbesserung von Pflanzsubstraten und für Hydrokultur verwendet werden.

Der neuerdings erhältliche **Blähtonbruch** weist ähnliche Eigenschaften wie Lavakies auf. Durch die kantige Struktur und eine erhöhte Wasserspeicherfähigkeit hat sich Blähtonbruch gut als Dränagematerial und Beimischung zu Substraten für Extensivbegrünungen bewährt, außerdem ist er als Abfallprodukt der Blähtonherstellung preiswert zu haben. Markenbezeichnungen lauten z. B. »Leca«, »Liapor«.

Bims, Blähtone, Blähschiefer und Lava eignen sich außerdem zur mulchenden Abdeckung von Vegetationsschichten.

Baustoffe	Gesamt-porenvolu-men in %vol	Wasser-kapazität bei pF 1,0–1,5 in %vol	Luftge-halt bei pF 1,0–1,5 in %vol	Wasser-durchläs-sigkeit k° mod bei pF 1,0–1,5 in cm/s
Kiessande*	25–35	10–20	10–25	0,01–0,05
Kiese*	30–50	5–10	20–45	>1,0
Lava-Kies-sande*	44–49	20–38	12–27	0,01–0,1
Lava-Kiese*	64–65	14–16	48–51	>1,0
Bims-Kies-sande*	67–78	26–33	40–45	0,01–0,05
Bims-Kiese*	75–80	21–30	44–50	>1,0
Blähton-Kies-sande*	63–75	21–30	42–49	0,01–0,05
Blähton-Kiese*	67–84	7–15	57–73	>1,0
Polystyrol-Platten	97	2	95	>1,0
Kunststoff-paletten	95	<1	<95	>1,0
Fadengeflecht-Matten	90	<1	<90	>1,0

* Schüttstoffe modifiziert normverdichtet im wassergesättigten Zustand

Gesamtporenvolumen, Wasserspeicherung und Luftvolumen von Dränschichtbaustoffen bei einer Wasserkapazität von pF 1,0–1,5 (nach Liesecke 1984)

Kies mit einer Körnung zwischen 5 und 15 cm wird heute wegen seines hohen Eigengewichtes und der schlechten Wasserspeichereigenschaften nur noch selten eingesetzt.

Lava ist vulkanischen Ursprungs und von offenporiger Struktur. Sie ist schwerer als Bims oder Blähschiefer, wirkt leicht alkalisch und setzt mit der Zeit geringe Nährstoffmengen frei. Das Wasserspeichungsvermögen liegt in einem ähnlichen Bereich wie bei Bims, ist jedoch höher als jenes der Blähtone.

Bei **Lavadur** handelt es sich um Lavaschlacke, welche von Basaltteilen befreit wurde. Lavadur hat ebenfalls eine offenporige Struktur.

Lavapor ist eine offenporige Leichtlava, frostbeständig und trittfest. Günstig sind die hohe Wasserkapazität, das geringe Gewicht und der ausgeglichene pH-Wert.

2. Dränschichten aus Dränplatten

Polystyrol-Dränplatten zeichnen sich aus durch niedriges Gewicht (35 kg/m³), leichte Verlegbarkeit, Druckfestigkeit, Pflanzenverträglichkeit und Verrottungsbeständigkeit. Trotz des hohen Gesamtporenvolumens von etwa 97 % ist das Wasserhaltevermögen sehr gering, da rund zwei Drittel der Poren geschlossen und der Rest schlecht wasserhaltige Grobporen sind. Um dies auszugleichen, sollte die Vegetationsschicht in diesem Fall ein besonders hohes Wasserrückhaltevermögen aufweisen, oder es wird eine eigene Wasserspeicherschicht verlegt. Wegen des starken Auftriebs lassen sich die Dränplatten nicht bei Anstaubewässerung verwenden. Bei dünnen Vegetationsschichten besteht außerdem die Gefahr, daß sie bei starkem Wind abheben. Sie sind üblicherweise in Abmessungen von 100 × 50 cm und in verschiedenen Dicken im Handel erhältlich.

Gasbetonplatten eignen sich für stark begangene, dünnschichtige Vegetationsflächen, da sie eine hohe Trittfestigkeit aufweisen und gleichzeitig die Dachabdichtung vor mechanischen Beschädigungen schützen. Wegen des hohen Preises werden sie jedoch selten eingebaut.

Wasserspeicher- oder Dränplatten. Die an sich geringe Wasserspeicherfähigkeit der Polystyrol-Dränplatten kann durch Kammern, die sich an der Plattenoberseite befinden, deutlich erhöht werden. Die Kammern nehmen das Wasser auf und speichern es. Die Speicherfähigkeit beträgt je nach Plattenstärke etwa 15 bis 50 l/m². Überlauföffnungen sowie ein Kanalsystem an der Unterseite führen das Überschußwasser zügig ab. Solche Wasserspeicherplatten bieten z.B. die Firmen Bauder und Daku in Stärken von 3 bis 12 cm an.

3. Dränmatten

Im Gegensatz zu den Dränplatten sind die Dränmatten flexibel und werden teilweise in Rollenform angeboten, was eine besonders schnelle Verlegung und eine gute Anpassung an die Gebäudeform ermöglicht. Sie zeichnen sich durch geringes Gewicht und gute Wasserabführung aus, das Speichervermögen hingegen ist gering. Sie übernehmen meist auch die Funktion der Filter- und Schutzschicht.

Die aufgestelzte Dränpalette Floradrain von Zinco wird mit Schüttgut wie z.B. Blähton verfüllt.

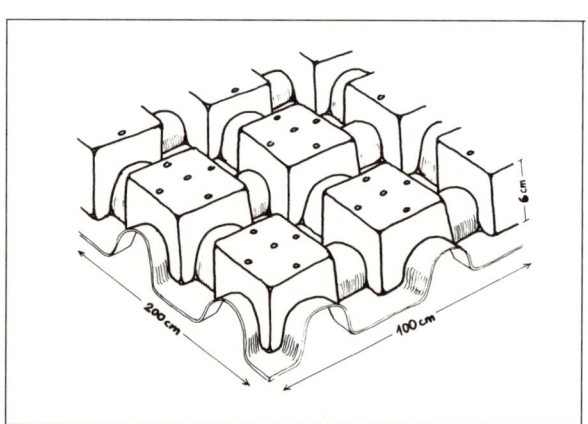

Die von der Firma Freudenberg hergestellte Schutz- und Dränbahn wird unter verschiedenen Bezeichnungen angeboten. Sie besteht aus peroxidisch vernetzten Polyethylen-Schaumstoffflocken unterschiedlicher Größe und Raumgewichte. Das auf der Oberseite aufgebrachte Filtervlies verhindert das Ein-

dringen von Erde in die Dränmatte, während die an der Unterseite angebrachten Rillen eine rasche Wasserabführung ermöglichen. Die Bahn ist beständig gegenüber Bitumen, Weichmachern, Quellschweißmitteln, chemisch neutral, pflanzenverträglich und unverrottbar. Sie wird in Rollen von 10 × 1 m oder 20 × 0,5 m, 3 cm stark, bei einem Gewicht von 3 kg/m², mit oder ohne Filtervlies angeboten. Aufgrund der hohen Druckfestigkeit ist sie auch für schwere Aufbauten geeignet, außerdem kann sie mit Maschinen befahren werden. Sie ist leicht zu bearbeiten, kälteflexibel und mit dem Messer schneidbar.

Die von Enka erzeugte Enkadrain-ST-Fadengeflechtmatte besteht aus sich überlagernden Polyamid- (Nylon-)Fäden, die zwischen zwei Vlieslagen aus Polyester eingeschlossen sind. Die Bahn ist frei von Lösungsmitteln, beständig gegen alle üblicherweise im Erdreich vorkommenden Materialien sowie gegenüber Bitumen, Teer, Benzin und Ölen. Sie ist druckstabil, verrottungssicher und leicht zu verarbeiten. Sie hat zwar eine gute Wasserabführung, aber eine geringe Speicherfähigkeit. Durch intensive Durchwurzelung oder durch abgestorbene Pflanzenteile in der Schicht kann es mit der Zeit zu Abflußbehinderungen kommen. Lieferform: Rollen, 30 × 1 m, 2 cm stark, Gewicht etwa 0,9 kg/m².

4. Aufgestelzte Dränpaletten

Dränpaletten aus Polyethylen werden in unterschiedlichen Dimensionen z.B. von der Firma Zinco angeboten. Sie können mit oder ohne Anstaubewässerung verwendet werden. Die mit Blähton gefüllten Vertiefungen der Paletten speichern das Niederschlagswasser bis zu einem gewissen Niveau und leiten es über das darüberliegende Vlies kapillar an die Vegetationsschicht weiter. Die Elemente zeichnen sich durch geringes Gewicht (2 kg/m²) und leichte Verlegung aus. Sie sind bruchsicher und verrottungsfest. Außerdem bilden sie einen guten Schutz für die darunterliegende Isolierung.

Die Elemente werden in unterschiedlichen Ausführungen und Preisen angeboten (vgl. Systeme für die extensive und die intensive Dachbegrünung, Seite 100 und 183).

Die Filterschicht

Um zu verhindern, daß Feinteile aus der Vegetationsschicht in die Dränschicht eingeschwemmt werden und diese in ihrer Funktion beeinträchtigen, ist in der Regel der Einbau einer Filterschicht zwischen diesen beiden Schichten vorzusehen. Bei einer entsprechend aufgebauten Dränschicht, die diese Funktion mitübernimmt, kann die Filterschicht unter Umständen entfallen.

Grundlegende Anforderungen

Die Filterschicht muß wasserdurchlässig sein, damit einerseits das Überschußwasser aus der Vegetationsschicht in die Dränschicht durchsickern kann und damit andererseits der kapillare Wasseraufstieg aus der Dränschicht in die Vegetationsschicht nicht unterbunden wird.

Für die Filterschicht sind verwitterungsbeständige und strukturstabile Materialien zu verwenden, die in ihrer Funktionsfähigkeit durch die Auflast der darüberliegenden Vegetationsschicht nicht beeinträchtigt werden. Sie dürfen keine löslichen pflanzenschädigenden Bestandteile enthalten und sollen einen neutralen pH-Wert aufweisen. Die Filterschicht soll durchwurzelbar sein, um den Pflanzenwurzeln das Eindringen in die Dränschicht zu ermöglichen.

Die Filterschicht wird oberflächenparallel zur Dränschicht eingebaut. Ist eine Anstaubewässerung vorgesehen, so darf die Filterschicht den Wasserspiegel nicht berühren.

Materialien für die Filterschicht

Filterschichten können aus Schüttbaustoffen, Matten oder Platten aufgebaut werden. Nicht UV-beständige Materialien sind während des Einbaus vor längerer Sonnenbestrahlung zu schützen.

Filterschichten aus Schüttbaustoffen. Diese bestehen in erster Linie aus Sand, sind belastbar und können bis zu einem gewissen Grad auch zur Wasserspeicherung herangezogen werden, sind aber aus anderen Gründen nicht zu empfehlen.

Filtermatten. Heute finden hauptsächlich Filtermatten aus Polyester, Glasfasern, Polyamid, Polypropylen oder Steinwolle Verwendung. Sie sind verrottungsfest, außerordentlich gewichtssparend und leicht zu verlegen. Da sie unter dem Druck der Vegetationsschicht stark zusammengepreßt werden, wirken sie wie ein Mikrofilter und halten auch feinste Bodenbestandteile von der Dränschicht fern, die aus diesem Grund relativ dünn bemessen werden kann.

Nicht geeignet sind Materialien aus Endlosfasern, die bereits nach kurzer Zeit durch Feinablagerungen verstopfen und zur Vernässung der Vegetationsschicht führen. Die Filtermatten werden überlappend verlegt und an den Rändern hochgezogen. Sie werden in Rollen unter Markenbezeichnungen wie beispielsweise »Lutraflor« oder »Polyfelt« angeboten.

Wasserspeicher- oder Filterplatten. Diese bestehen vorwiegend aus einem organischen Harnstoff-Form-

aldehyd-Kondensat und werden unter der Bezeichnung »Aquadur« (früher »Hygromull«) angeboten. Sie sind im trockenen Zustand sehr leicht (etwa 30 kg/m³) und können bis zu 50 %vol Wasser speichern, wobei das nicht mehr speicherbare Wasser rasch abgeführt wird. Sie können in unterschiedlichen Stärken unter der Vegetationsschicht verlegt werden und erhöhen die Wasserspeicherfähigkeit des Grünaufbaues beträchtlich. Um ein Einschwemmen von Substratfeinteilen durch die Plattenfugen in die Dränschicht zu verhindern, werden sie mit einem Spinnvlies abgedeckt. Dauerbelastungen von über 1000 kg/m² führen zur Zerstörung der Schaumstruktur an der Oberfläche, wodurch die Wasserspeicherfähigkeit vermindert, die Filterwirkung jedoch kaum beeinträchtigt wird.

Das Material ist entweder in Plattenform im Format 100 × 75 × 10 cm erhältlich, oder es wird in großen Blöcken an die Baustelle geliefert, wo es mit einer Drahtschlinge zugeschnitten wird. In diesem Fall müssen die Platten rasch verarbeitet werden, oder man befeuchtet sie ab und zu, da sie leicht brechen und sich schlecht schneiden lassen, wenn sie zu sehr austrocknen.

Bei großen zusammenhängenden Dachflächen kann die Hygromull-Filterschicht mit mobilen Schäumaggregaten auch direkt an Ort und Stelle aufgebracht werden, wobei die Maschinenleistung etwa 50 m³ pro Stunde beträgt. Die aufgeschäumte Schicht kann nach 3 Stunden begangen und nach etwa 3 Tagen voll belastet werden. Vor dem Aufbringen der Vegetationsschicht muß die zunächst wasserundurchlässige Oberhaut mit einem Eisenrechen aufgerissen werden.

Die Vegetationsschicht

Die Vegetationsschicht als oberste Schicht im Dachgartenaufbau steht den Pflanzen als intensiv durchwurzelbares Substrat zur Verfügung. Aufgrund ihrer chemischen, physikalischen und biologischen Eigenschaften bildet sie die Grundlage für das Pflanzenwachstum.

Wurzeln die Pflanzen im gewachsenen Boden, so gleicht dieser in der Regel durch sein großes Volumen und den Kontakt zum Grundwasser Schwankungen bei der Zufuhr von Wasser und Nährstoffen sowie der Temperatur in hohem Maße aus. Er sorgt somit für ausgeglichene und günstige Wachstumsbedingungen. Ganz anders gestaltet sich die Situation jedoch am Extremstandort Dachgarten. Wegen des stark beschränkten Wurzelraumes und des fehlenden Grundwasserkontaktes muß das Vegetationssubstrat besonders günstige Eigenschaften aufweisen, um für die

Einteilung der Porengrößenbereiche und Abgrenzung des Bodenwassers nach der Pflanzenverfügbarkeit (nach Scheffer/Schachtschabel 1970)

Porengrößen-bereiche	Poren-durchmesser (μm)	Wasserspannung Wassersäule in cm	pF-Wert*	Abgrenzung des Bodenwassers	
Weite Grobporen (schnell dränende Poren)	>50	0–60	0–1,8	schnell bewegliches Bodenwasser	Sik-ker-wasser
Enge Grobporen (langsam dränende Poren)	10–50	60–300	1,8–2,5	langsam bewegliches Bodenwasser, kurzzeitig pflanzenverfügbar	
Mittelporen	0,2–10	300–1500	2,5–4,2	pflanzenverfügbares Bodenwasser	
Feinporen	<0,2	>1500	>4,2	nicht pflanzenverfügbares Bodenwasser	Haft-wasser

*pF-Wert = Logarithmus cm Wassersäule

Pflanzen trotzdem gute Wachstumsvoraussetzungen zu schaffen. Je kleiner der den Pflanzen zur Verfügung stehende Wurzelraum ist, desto höhere Ansprüche sind an das Substrat zu stellen.

Bei besonders günstigen Eigenschaften des Substrates, z.B. bei humosen, gut durchlüfteten und dennoch genügend Wasser speichernden Vegetationsschichten, ist eine gute Pflanzenentwicklung auch dann noch zu erwarten, wenn der pH-Wert oder die Nährstoffversorgung nicht optimal sind. Die Ursache dafür liegt wahrscheinlich in der besseren Durchwurzelbarkeit des Substrates, der gesunden Wurzelentwicklung und der Vermeidung von Streßsituationen. Gewöhnliche Gartenerde eignet sich in der Regel nicht.

Grundlegende Anforderungen

Frei von pflanzenschädigenden Inhaltsstoffen. Für die Vegetationsschicht eignen sich nur Materialien, die keine pflanzenschädigenden Bestandteile enthalten oder entwickeln können. In keinem Fall darf das Substrat mit langlebigen Unkrautvertilgungsmitteln angereichert sein, da diese oft jahrelang das Wachstum vieler Kulturpflanzen negativ beeinflussen. Das verwendete Substrat soll frei sein von Pflanzen, regenerationsfähigen Pflanzenteilen, keimfähigen Samen, Pflanzenschädlingen und Erregern von Pflanzenkrankheiten.

Bodenphysikalische Eigenschaften von Materialien für die Vegetationsschicht (nach FFL 1984)

	Anteile in %vol			
	feste Substanz	Poren-volumen	Wasser-gehalt	Luft-gehalt
verbesserte Böden	30–40	60–70	35–45	15–25
Dachgarten-substrate	10–30	70–90	40–80	10–30
Vegetations-platten	2–10	90–98	50–80	20–40

Ausgeglichener Wasser- und Lufthaushalt. Die Vegetationsschicht soll einen Großteil des Niederschlags- bzw. Gießwassers speichern, überschüssiges Wasser jedoch rasch an die Dränschicht abgeben.

Der Anteil fester Substanzen soll zugunsten eines hohen, beständigen und in Grob-, Mittel- und Feinporen gegliederten Hohlraumanteiles zur Wasserspeicherung, Wasserabführung und Durchlüftung eher gering gehalten werden.

Grobe Poren (Durchmesser größer als 50 μm) dienen zur Durchlüftung des Bodens. Bei Regenfällen fließt das Wasser über sie ab und verteilt sich so gleichmäßig im Boden.

Die mittleren Poren (Durchmesser 10 bis 0,2 μm) dienen vor allem der Wasserleitung und -speicherung. Die Pflanzenwurzeln nehmen daraus die benötigten Wassermengen auf.

Das in den Feinporen (Durchmesser kleiner als 0,2 μm) lokalisierte Wasser ist hingegen kapillar so stark fixiert, daß es von den Wurzeln nicht aufgenommen werden kann. Dieser Totwasseranteil kann über 30% der Wasserspeicherkapazität betragen und darf bei der Bemessung der Wasserkapazität nicht mitberücksichtigt werden.

Eine geeignete und vor allem dauerhafte Aufteilung in feste Substratbestandteile, Wasser und Luft ist von entscheidender Bedeutung für das Gedeihen der Vegetation.

Bei Wassersättigung darf das wasserfreie, mit Luft gefüllte Porenvolumen 15% nicht unterschreiten, damit der Gasaustausch und damit die lebensnotwendige Wurzelatmung nicht gefährdet wird.

Eine gute Bodenbelüftung führt zu verstärkter Wurzelbildung, die bei Trockenperioden eine bessere Wasserversorgung gewährleistet. Luftige Substrate erwärmen sich leichter, daraus resultiert eine längere Vegetationsperiode und eine erhöhte Bodenaktivität. Der günstigste Luftanteil liegt für Wiesengesellschaften bei etwa 25%, bei Trockengesellschaften noch etwas höher.

Links: Dieser moderne Dachgarten wurde im mediterranen Stil erbaut. Rechts: Der Traum vom Schwimmbecken auf dem Dach läßt sich wegen der hohen Gewichtsbelastung in den meisten Fällen nur mit aufwendigen baulichen Maßnahmen verwirklichen.

Der in zwei Ebenen angelegte Dachgarten ist auf allen vier Seiten von Räumen umgeben und hat daher ausgesprochenen Innenhofcharakter. Durch die Verwendung von alten Ziegeln für Bodenbelag und Pflanzbeete sowie entsprechende Details an Lampen und Türen entstand eine Art spanischer Patio. Im schattigen, luftfeuchten und windgeschützten Garten finden ganz andere Pflanzen (Farne, Hosta, Efeu, Aronstab) Verwendung als im herkömmlichen Dachgarten.

65

Die verglaste Veranda bildet einen harmonischen Übergang von der Wohnung zum Dachgarten (siehe Seite 33).

Diese beiden flächigen Intensivbegrünungen wurden ohne die unbedingt notwendigen bautechnischen Maßnahmen direkt auf den vorhandenen Flachdächern angelegt. Von dieser auf den ersten Blick einfachen und billigen Methode muß jedoch dringend abgeraten werden.

Mehrere undichte
Stellen in der
Dachabdichtung
erforderten ein
komplettes Abräu-
men des über
30 Jahre alten
Dachgartens. Eine
neue Dachabdich-
tung mußte verlegt
werden.

Der über 200 m² große Dachgarten direkt neben dem Stephansdom in Wien mit einem großen Schwimmbecken und einer regengeschützten Sitzterrasse steht einem gelungenen Garten zu ebener Erde wohl in keiner Weise nach.

Auf etwa 100 m² gelang eine perfekte Kombination aus Dachterrasse und Dachgarten. Neben einem parkartig angelegten Teil gibt es noch einen ansprechenden Gemüsegarten.

Das Öffnen eines
bestehenden
Schrägdaches
ergibt interessante
architektonische
Aspekte wie Ver-
schneidungen und
Abtreppungen und
bietet sich für ei-
nen Dachgarten in
mehreren Ebenen
geradezu an.

Unmittelbar über dem Stiegenhaus wurde dieser Dachgarten angelegt. Sogar ein 25 m² großes Schwimmbecken konnte ohne aufwendige Bauarbeiten verwirklicht werden.

Ausreichende Stabilität und Scherfestigkeit. Mechanisch stark beanspruchte Vegetationsschichten werden vorzugsweise aus einem Gemisch aus Sand, Bims, Perlite, Rindenkompost und synthetischen Komponenten wie Hygromull usw. hergestellt. Damit erreicht man neben guter Wasserführung vor allem eine ausreichende Stabilität und Scherfestigkeit.

Geringes spezifisches Gewicht. Ein Hauptkriterium bei der Planung des Dachgartens ist die statische Belastbarkeit der Deckenkonstruktion. Das Gewicht von Vegetations- und Dränschicht in wassergesättigtem Zustand darf zusammen mit dem Gewicht der zu erwartenden Vegetation und einer möglichen Schneedecke inklusive des vorgeschriebenen statischen Sicherheitsfaktors die Belastbarkeit des Daches nicht übersteigen. Je geringer das spezifische Gewicht der Vegetationsschicht, desto dicker kann der Aufbau bei gleicher Gewichtsbelastung sein und desto reichhaltiger sind die Bepflanzungsmöglichkeiten. Bei entsprechend leichtem Substrat genügt bei dünnschichtigem Aufbau ohne weiteres die Tragfähigkeit einer gewöhnlichen Deckenkonstruktion. Weisen Substrate allerdings ein zu geringes Gewicht auf, besteht die Gefahr der Verwehung in trockenem Zustand oder die Vegetation verfügt über zu wenig Standfestigkeit (vgl. Kapitel »Lastannahmen und Aufbaudicken«, Seite 83).

Ausreichende Pufferfähigkeit und Nährstoffverfügbarkeit. Die Vegetationsschicht muß Nährstoffe für die Pflanzen speichern können und durch eine hohe Kationenaustauschkapazität gegenüber Überdüngung sowie Nährstoffmangel ausreichend gepuffert sein.

Kleinste Bodenteilchen wie Tonminerale, Humusstoffe und Metalloxide können dank ihrer großen inneren Oberfläche Moleküle und Ionen binden. Der Boden wirkt dadurch als Ionentauscher, der bereits adsorbierte Ionen in äquivalenten Mengen gegen andere austauschen (desorbieren) kann.

Bei guten Substraten mit hoher Pufferungsfähigkeit wirken sich im Gegensatz zu reinen Torfsubstraten gelegentliche Fehler bei der Düngung kaum auf das Pflanzenwachstum aus. Der Nährstoffgehalt sollte nicht zu hoch sein und darf sich keineswegs an den Werten für Kübelpflanzen oder Balkonkästen orientieren, da bei diesen der Wurzelraum wesentlich kleiner ist und daher bei gleicher Nährstoffkonzentration, aber dementsprechend größerem Volumen das Nährstoffangebot bei einer flächigen Vegetationsschicht wesentlich größer wäre.

Neutraler pH-Wert. Die Bodenreaktion sollte in dem für die meisten Pflanzen günstigsten Bereich zwischen pH 5,5 und 6,5 liegen. Bei vorwiegend aus mineralischen Bestandteilen aufgebauten Böden kann der pH-Wert – falls es die Vegetation erfordert oder verträgt – auch bis 7,5 betragen. Auch gegenüber Verschiebungen des pH-Wertes sollte eine ausreichende Pufferkapazität gewährleistet sein. Bei Bewässerung mit hartem Leitungswasser darf der pH-Wert nicht zu rasch ansteigen, andererseits sollte er durch den sauren Regen nicht zu rasch absinken.

Substrat	mval/l
Sand	10–40
humoser Sandboden	40–100
Lehm	80–150
humoser Lehm	100–120
Tonboden	200–450
Kunststoffschaum	2–5
Weißtorf	80–180
Schwarztorf	300–500
Sand:Torf 1:1	50–100
Ton:Torf 4:6 (Einheitserde)	300–500
reife Lauberde	250–400

Speicherfähigkeit für Nährstoffe: Kationenaustauschkapazität je Liter (nach Penningsfeld 1979)

Die Aufbaudicke und Zusammensetzung der Vegetationsschicht hängt von vielen Faktoren ab. Sie werden von der gewünschten Pflanzenzusammensetzung ebenso bestimmt wie von der Art und dem Umfang der künstlichen Bewässerung, der Tragfähigkeit und der Neigung des vorhandenen Daches, dem Umfang und der Art der Nutzung, wobei Anfangssackungen zu berücksichtigen sind. Punktuelles Einbringen von Vegetationsarten, die eine größere Aufbaudicke erfordern, ist innerhalb von flächigen Begrünungen durch Pflanzhügel, bankbeetartige Erhöhungen oder trogartige Vertiefungen möglich (vergleiche auch Abschnitt zur Vergrößerung des Wurzelraumes Seite 104). Ein einwandfreies, langfristiges Funktionieren der Dachbegrünung läßt sich jedoch in jedem Fall nur durch eine sorgfältige Abstimmung aller Komponenten erreichen.

	Nährstoffmengen in mg/l				Salzgehalt in KCl g/l
	N	P_2O_5	K_2O_5	Mg	
verbesserte Böden, Rasentragschichtgemische	110–140	160–200	200–300	60–90	≦2
Dachgartensubstrate	110–140	90–110	150–200	50–70	≦2
Vegetationsplatten	(abhängig von der stofflichen Zusammensetzung)				

Bodenchemische Eigenschaften von Materialien für die Vegetationsschicht (nach FFL 1984)

Falls man keine Bodenmodellierungen vornimmt, wird die Vegetationsschicht oberflächenparallel zu den darunterliegenden Schichten eingebaut. Vegeta-

	Naturboden	Kulturboden	gärtnerische Erde	Kultursubstrate
Beispiel	Braunerde	Hortisol	Lauberde	Torfsubstrate
	standortgebunden		beweglich	
Humusgehalt und Porenraum (%vol)	z u n e h m e n d			
Volumengewicht (kg Trockensubstanz/l)	1,2–1,5	1,0–1,3	0,3–0,5	0,1–0,3
Unkrautbekämpfung erforderlich	ja	ja	zum Teil	nein
Infektionsgefahr (Pilze, Viren usw.)	groß	groß	Desinfektion notwendig	keine
pH und Nährstoffgehalt eingestellt	nein	aufgrund von Bodenuntersuchung möglich		schematisch möglich
Gesundheit und Wuchs der Pflanze	v e r b e s s e r t			
Kulturrisiko	a b n e h m e n d			

tionsschichten aus Schüttbaustoffen sind im erdfeuchten, locker zerfallenden Zustand einzubauen. Bei Dachgartensubstraten ist durch Antreten sicherzustellen, daß eine kapillarwirksame Lagerungsform erreicht wird. Vorgefertigte Vegetationsplatten brauchen vor dem Einbau Schutz vor Durchnässung und werden erst nach dem Einbau durchdringend gewässert. Im Bedarfsfall hält man die Vegetationsschicht durch ständiges Bewässern feucht, um eine Austrocknung der Oberfläche und Windverwehungen auszuschließen, bis sich die Vegetationsschicht geschlossen hat. Stauden- und Gehölzflächen sollten nach dem Pflanzen durch Mulchen mit geeigneten Stoffen wie Blähschiefer, Lava, Rindenmulch usw. geschützt werden.

Substrate für flächige Intensivbegrünungen

1. Natürliche Böden
Sie entsprechen in den seltensten Fällen den hohen spezifischen Anforderungen, die an ein Substrat gestellt werden. Ihre Eigenlast ist meist zu hoch, sie neigen zu Verdichtungen und Verschlämmungen. Die Wasserspeicherung bzw. Wasserdurchlässigkeit entspricht nicht den Anforderungen, pH-Wert und Nährstoffgehalt schwanken sehr stark, einmal ausgetrocknet läßt sich das Substrat nur schlecht wieder benetzen.

2. Verbesserte Oberböden
Sandig humose Oberböden sind als Ausgangsmaterial für Substratmischungen gut geeignet. Durch Zugabe entsprechender Bodenverbesserungsmittel kön-

nen die Eigenschaften den jeweiligen Anforderungen entsprechend verändert werden. Die einzelnen Komponenten müssen in trockenem Zustand gut miteinander vermischt werden, um eine einheitliche Zusammensetzung zu garantieren.
Bei der Zusammenstellung der Vegetationsschicht gilt es, sehr viele Faktoren zu berücksichtigen: Größe des zur Verfügung stehenden Wurzelraumes, Art der Bepflanzung, Art der Bewässerung, Tragfähigkeit der Dachkonstruktion, mikroklimatische Situation, Verfügbarkeit und Preis.
Verbesserte Oberböden erreichen in mancher Hinsicht nicht ganz die Qualität spezieller Dachgartensubstrate, sind jedoch für einen dickschichtigen Aufbau in jedem Fall gut geeignet. Preislich liegen sie außerdem deutlich unter den speziellen Dachgartensubstratmischungen.

3. Spezielle Dachgartensubstrate
Mit der Entwicklung spezieller Dachgartensubstrate versucht man, den hohen Anforderungen, die an die Vegetationsschicht gestellt werden, zu entsprechen. Im Vordergrund stehen dabei eine dauerhafte, günstige Bodenstruktur, ein ausgeglichener Luft-Wasser-Haushalt, ein pH-Wert zwischen 6 und 6,5, ein ausgewogenes, lange verfügbares Nährstoffangebot, ein gutes Puffer- und Sorptionsvermögen, gute Wiederbenetzbarkeit, Verwehungssicherheit, Schädlingsfreiheit und niedriges Gewicht. Das geringe Volumengewicht bewirkt eine verminderte Standfestigkeit der Gehölze, was durch die Verwendung spezieller Verwurzelungsgewebe oder -gitter ausgeglichen werden kann. Solche Substrate verändern ihre Eigenschaften

über längere Zeit nicht und garantieren eine gesunde Pflanzenentwicklung.

Ausgangsmaterialien für die Dachgartensubstrate sind (leider immer noch) Torf, Rindenhumus, durch Dämpfen unkrautfrei gemachter natürlicher Oberboden, Kompost, Ton sowie Gerüstbaustoffe wie Bims, Lava, Blähtone, Perlite, Materialien, die der Erhöhung der Wasseraufnahmefähigkeit dienen wie Hygromull und schließlich Langzeitdünger. Durch entsprechende Kombination dieser Ausgangsstoffe ist es möglich, die Substrate optimal an die jeweiligen Anforderungen anzupassen. Die industrielle Fertigung gewährleistet eine gleichbleibende hohe Qualität.

Die schwammige Struktur aufgrund des hohen Porenvolumens macht die Kultursubstrate zwar betretbar, aber nicht auf Dauer belastbar. Bei zu geringen Anteilen von strukturstabilisierenden Gerüstbaustoffen kann es vor allem bei dickeren Schichten kurzfristig zu beträchtlichen Sackungen kommen, die man jedoch durch festes Antreten des Substrates beim Einbau auf ein akzeptables Maß reduzieren kann. Ein langfristiger Volumenschwund durch den biologischen Abbau der organischen Komponenten ist nicht zu vermeiden, läßt sich jedoch durch anfängliche Überdimensionierung ausgleichen.

Bei einem Preisvergleich zwischen Dachgartensubstrat und natürlichem Oberboden sollte man folgendes beachten:

– Fertigerde ist halb so schwer wie natürlicher Boden, aufgrund ihrer guten Eigenschaften genügen geringere Schichthöhen, so daß sich im Hinblick auf den Transport und auch für die Belastung der Dachkonstruktion wesentlich geringere Gewichte ergeben.
– Fertigerde muß nicht mit Zusatzstoffen vermischt oder mit dem Erdwolf gefräst werden. Sie ist praktisch unkrautfrei, was eine beträchtliche Arbeits- und Kostenersparnis bedeutet.

Während im Hinblick auf die Gewichtsbelastung die Substrate aus leichten Stoffen wie Schaumstoff und Steinwolle aufgebaut sind, erfordert eine hohe Trittbelastbarkeit eine stabile Bodenstruktur und ausreichende Scher- und Druckfestigkeit. Diese Kriterien können durch ausreichende Zugabe von Gerüstbaustoffen erreicht werden, wobei dem Gemisch auch 10 bis 30 %vol humoser Oberboden beigegeben werden kann. Der Anteil organischer Stoffe sollte 30 % nicht überschreiten.

Bei höheren Anforderungen an die Belastbarkeit und Benutzbarkeit – wie z. B. bei Spiel- und Sportrasen – erscheint es aus wirtschaftlichen Gründen zweckmäßig, einbaufertige Rasentragschichtgemische wie z. B. »Lavaterr« (Basisstoff Schaumlava) und »Hygromix-Substrat« zu verwenden (vgl. Abschnitt »Vegetationsschicht« im Kapitel »Extensive Dachbegrünung«, Seite 163 ff.).

4. Vorgefertigte Vegetationsplatten

Während sich mit den zuvor beschriebenen Vegetationsgemischen nur Dächer mit einer hohen Belastbarkeit intensiv begrünen lassen, ermöglicht die Verwendung von vorgefertigten Vegetationsplatten auch eine Intensivbegrünung von nur gering belastbaren Dachflächen. Einfache Intensivbegrünungen lassen sich mit einer Gewichtsbelastung ab etwa 70 kg/m², das sind weniger als bei 6 cm hoher Bekiesung, verwirklichen.

Die Vegetationsplatten bestehen entweder aus elastisch gebundenen, offenporigen Polyurethan-Schaumstoffflocken, deren Eigenschaften durch die Beimengung von natürlichen Materialien wie Torf oder Tonmineralien und Langzeitdüngern noch verbessert werden, oder aus einer speziell bearbeiteten Steinwolle. Sie sind in unterschiedlichen Stärken erhältlich. Beide Materialien zeichnen sich durch sehr niedriges Gewicht, großes Porenvolumen und dadurch hohe Wasseraufnahmefähigkeit sowie gute Wurzeldurchlüftung und Wasserspeicherfähigkeit aus. Sie unterliegen keinem biologischen Abbau. Beide geben keinerlei Nährstoffe ab, die Speicherfähigkeit für eingebrachte Langzeitdünger variiert je nach Material.

Aufgrund ihrer speziellen Struktur kann die Schaumstoffmatte die Funktion der Vegetations-, Filter-, Drän- und Schutzschicht voll übernehmen. Bei der Steinwollmatte wird dagegen eine Dränschicht z. B. aus Lavadur benötigt (2 cm dick, bei Anstaubewässerung ab 8 cm Dicke).

Bei der Steinwollmatte geschieht die Bewässerung vorzugsweise nach dem Anstauverfahren, wodurch sich die Verwendung auf waagrechte Flächen begrenzt. Die Schaumstoffplatte dagegen wird vorzugsweise mittels Tröpfchenbewässerung mit Wasser versorgt.

Das ausgewogene Luft-Wasser-Verhältnis in den Matten schafft so gute Wachstumsbedingungen, daß auch Pflanzen mit sehr unterschiedlichen Bodenansprüchen im gleichen Substrat gut gedeihen. Wegen der weichen, schwammigen Struktur sind beide Platten zu Pflegearbeiten zwar betretbar, jedoch nicht für eine Dauerbenutzung vorgesehen.

Die guten bodenphysikalischen Eigenschaften ermöglichen eine intensive Durchwurzelung, so daß sich die Dicke der Vegetationsschicht beträchtlich reduzieren läßt. Bei Verwendung der Schaumstoffplatten reichen für Blütenstauden rund 10 cm Plattendicke aus (Gewicht wassergesättigt rund 50 kg/m²). Für anspruchsvollere Begrünungsformen ist jedoch

Gemische oder vorgefertigte Platten	Gesamt-porenvolumen %vol	schnell dränende Poren pF<1,8 %vol	pflanzen-verfügbares Wasser, speichernde Poren pF 1,8–4,2 %vol	Wasser-gehalt nach Sättigung pF 1,0–1,5 %vol
Schüttgemische				
50 %vol Boden + 50 %vol	74,9	38,8	29,7	45,3
Hygropor 73*[1]	70,8	26,8	36,8	44,3
Lava-Bims-Torf-Gemisch *[2]	66,0	23,2	28,0	42,8
Lignostrat U *[1]	88,0	43,9	17,4	71,0
	85,4	22,2	34,8	71,8
Optima-Substrat *[1]	97,1	38,1	30,3	84,2
	92,2	18,8	41,2	84,6
Zinco-Substrat	77,0	15,0	25,0	67,1
vorgefertigte Vegetationsplatten				
Agro-Block-Platte	92,9	68,5	7,5	48,3
Plantener-Rasenmatte, 4 cm	97,3	92,5	1,9	73,9
Plantener-Pflanzenmatte, 10 cm	98,1	92,9	0,9	85,5
Technoflor-Platte, 5 cm	95,9	68,7	18,7	58,6
Technoflor-Platte, 10 cm	95,9	68,7	18,7	38,8

Vegetationsschicht-Gemische wurden erd- bzw. lieferfeucht verdichtet, vorgefertigte Platten waren unbelastet und wurden anschließend überstaugesättigt
*[1] Oberer Wert nach Verdichtung mit 2 Schlägen, unterer Wert nach Verdichtung mit 12 Schlägen des Proctorhammers
*[2] Nach Verdichtung im kapillargesättigten Zustand

eine Kombination von 5 cm Schaumstoffplatten und einer 5 bis 20 cm starken Überschüttung mit einer Substratmischung anzuraten (Gewicht wassergesättigt 95 bis 275 kg/m²).

Intensivbegrünungen auf Steinwollplatten wurzeln in einer 10 cm dicken Schicht. Dort, wo Bepflanzungen ab 1,5 m Höhe vorgesehen sind, werden zwei Lagen verlegt, das bedeutet eine Schichthöhe von 20 cm. Größere Solitärgehölze werden in eigene, mit Erdsubstrat gefüllte Hygrokörbe gepflanzt, für die in der Vegetationsplatte Löcher ausgeschnitten werden und welche auf der Filtermatte direkt über der Dränschicht stehen. Die Container werden außen mit Steinwollplatten angeböscht (Das Gewicht hängt stark von der Zahl und Größe der im Vergleich zum anderen Aufbau schweren Hydrocontainer ab).

Die Platten werden trocken verlegt und erst nach dem Einbau durchdringend gewässert. Um zu starkes Austrocknen und Windverwehungen auszuschließen, ist während der Anfangsphase für ausreichende Bewässerung zu sorgen. Ansaaten erfolgen durch Aufkleben dünner Saatmatten oder Einsaat in eine zusätzliche dünne Vegetationsschicht aus einem Schüttsubstrat.

Die bepflanzte Fläche wird aus optischen Gründen mit einer 2 cm dicken Schicht aus wasserspeicherndem, pflanzenverträglichem Lavamaterial abgedeckt. Außerdem wird dadurch die Verdunstung herabgesetzt.

Die Platten lassen sich leicht und schnell verlegen, für die Bepflanzung werden einfach Löcher aus den Matten herausgeschnitten, sofern die Matten nicht schon von der Produktion her mit Pflanzlöchern versehen sind.

Im Handel sind verschiedene vorgefertigte Vegetationsmatten und -platten erhältlich. Beispiele hierfür sind:

Technoflor Schaumstoffplatten
Hersteller: Firma Technoflor, D-Wülfrath
Produktbeschreibung: 100 × 100 cm, 3 bis 20 cm dick; mit oder ohne Pflanzlöcher erhältlich.

Grodan Steinwollmatten
Hersteller: Firma Plantener, D-Fürstenfeldbruck
Produktbeschreibung: in verschiedenen Dicken erhältlich; wird in 10-cm-Stärke in Rollenform geliefert.

Varioflor Schaumstoffplatten
Hersteller: Firma Haberkorn, A-Wien
Produktbeschreibung: 100 × 100 cm, 1 bis 100 cm dick; auch Sondergrößen mit bis zu 25 m Länge und Platten mit eingebundenem Saatgut sind erhältlich.

Bodenverbesserungsmittel

Verschiedene Zuschlagstoffe werden in erster Linie zur Verbesserung der Wasserspeicherung, Durchlüftung und häufig zur Korrektur des pH-Wertes verwendet. Sie sind organischer, mineralischer oder synthetischer Herkunft, wobei organische Materialien mit der Zeit abgebaut werden und ihre Eigenschaften verändern.

1. Mineralische Bodenverbesserungsmaterialien

Hier sind zunächst Bims, Blähschiefer, Blähton und Lava zu nennen. Diese Stoffe wurden bereits im Zusammenhang mit der Dränschicht ab Seite 61 ff. beschrieben.

Gesteinsmehle unterscheiden sich je nach Ausgangsmaterial in der Zusammensetzung voneinander. Allen gemeinsam ist jedoch ein hoher Anteil an Spurenelementen, die erst von den Bodenmikroorganismen aufgeschlossen werden. Beim Kauf sollte man darauf achten, daß die Gesteinsmehle in erster Linie die Stoffe enthalten, die dem Boden fehlen.

Tonminerale bietet der Handel z.B. unter der Bezeichnung »Bentonit« an. »Bentonit« besteht zu etwa 50% aus dem wichtigsten Tonmineral, dem Montmorillonit, und zu 20% aus Illit. Ferner enthält es verschiedene Begleitminerale und Spurenelemente. Es vermag etwa das 2,5fache seines Eigengewichtes an Wasser zu speichern und verbessert dadurch die Wasserhaltefähigkeit des Bodens. Durch seine große Oberfläche von etwa 80 m²/g und die damit verbundene hohe Absorptionsfähigkeit ermöglicht es eine gute Speicherung der wasserlöslichen Hauptnährstoffe und erhöht die Pufferfähigkeit des Substrates gegenüber Nährstoffschwankungen. Durch die Bildung von Ton-Humus-Komplexen verbessert es die Bodenstruktur und fördert das Bodenleben. Die Dosierung beträgt etwa 10 kg/35 m² jährlich.

Urgesteinsmehl ähnelt in seiner Zusammensetzung dem fruchtbaren Nilschlamm. Es enthält etwa 50% Kieselsäure und ebenfalls eine Reihe von Spurenelementen und anderen Nährstoffen. Es wirkt basisch und fördert das Pflanzenwachstum und die Pflanzengesundheit. Dosierung: 10 kg/100 m² einmal jährlich.

Basaltmehl hat ebenfalls vulkanischen Ursprung, ansonsten besitzt es ähnliche Eigenschaften wie die Tonminerale und das Urgesteinsmehl.

Gesteinsmehle sind außerdem gute Zusätze bei der Kompostierung.

Kalk erfüllt viele wichtige Funktionen im Boden.
- Er neutralisiert Säuren, die durch reichliche Torfverwendung oder »sauren Regen« in den Boden gelangen.
- Er fördert das Bodenleben.
- Er setzt über chemische Prozesse andere Nährstoffe im Boden für die Pflanzen frei.
- Er ist ein wichtiger Baustein der pflanzlichen Zellen.

Der Kalkgehalt im Substrat kann mitHilfe eines einfachen Bodentestes festgestellt werden. Liegt er zu niedrig, kann Kalk in Form von Düngekalk oder Algenkalk oberflächlich mit einer Anwendungsmenge von etwa 1 kg/10 m² eingearbeitet werden.

Algenkalk stammt vorwiegend von der französischen Atlantikküste, wo sich im Laufe vieler Jahre mächtige Barrieren aus Kalkgerüsten der Rotalgen gebildet haben. Von den bretonischen Bauern seit Jahrhunderten verwendet, ist dieses Material unter der Bezeichnung »Algomin« im Handel. Es bewährt sich vor allem bei Kalkmangel im Boden, weist viele wichtige Spurenelemente auf und wird entweder direkt auf den Boden oder über den Komposthaufen gestreut. Als Schädlingsbekämpfungsmittel wird es vor allem gegen pilzliche Erkrankungen und gegen tierische Schädlinge eingesetzt, wobei es als feiner Staub direkt auf die Pflanzen gestäubt wird.

Der **Kalksplitt** erweitert die mineralische, chemisch-physikalische Komponente im Dachgartensubstrat und wirkt als natürliches Kalkdepot über einen langen Zeitraum pH-stabilisierend und damit einer Bodenversauerung entgegen. Er erhöht die Anzahl der wasserspeichernden kleinen Poren, vermindert jedoch die Luftkapazität und wird wegen seines relativ hohen Gewichtes nur in kleinen Mengen verwendet.

Perlite wird aus Vulkangestein hergestellt und hat einen Silikatanteil von 65 bis 80%. Das natürliche Perlite-Gestein wird körnig zerkleinert und auf 1000 bis 1300 °C erhitzt. Das Gestein wird zähflüssig, gleichzeitig verdampft das enthaltene Wasser und bläht das Korn auf das 15- bis 20fache Volumen auf. Das Wasser verflüchtigt sich, übrig bleiben Luftporen. In einem gezielt eingesetzten Abkühlungsprozeß erstarrt die Gesteinsglasmasse wieder.

Perlite ist sehr leicht, weiß, steril und kann keine Nährstoffe festhalten. Die Korngröße liegt bei etwa 1 bis 5 mm. Das Perlitekorn ist geschlossenporig und nimmt deshalb kein Wasser auf, die offenen Randzellen können jedoch viel Wasser speichern. Der große Vorteil gegenüber Hygromull liegt in der sehr langsamen Zersetzung, was auch langfristig ein Austauschen nicht erfordert. Der pH-Wert ist neutral. Aufgrund seiner Eigenschaften lockert Perlite den Boden.

Sand bewirkt als Beimischung zu torfhaltigen Substraten eine Verminderung der Luftkapazität und eine Erhöhung der kleinen wasserspeichernden Poren. Er reduziert das Gesamtporenvolumen deutlich und ist deshalb und wegen seines hohen spezifischen Gewichtes als Zugabe zu überwiegend organischen Substraten nicht zu empfehlen.

Vermiculite ist ein magnesium- und eisenhaltiges Aluminiumsilikat, welches zur Aufbereitung auf etwa

1000 °C erhitzt wird, wobei sich das Porenvolumen auf das 10- bis 15fache vergrößert. Das Gewicht beträgt etwa 150 g/l. Es wird in unterschiedlichen Körnungen angeboten. Vermiculite ist sehr empfindlich gegenüber mechanischer Beanspruchung.

2. Organische Bodenverbesserungsmittel

Sie unterliegen einem gewissen biologischen Abbau und verändern mit der Zeit ihre Eigenschaften.

Rindenprodukte bieten einen vollwertigen Ersatz für Torf – sowohl vom gärtnerischen als auch ökologischen Standpunkt aus gesehen. Sie werden in den letzten Jahren immer häufiger verwendet. Im Gegensatz zum Torf, bei dessen Gewinnung die letzten Hochmoore zerstört werden, fallen Rindenschnitzel in der holzverarbeitenden Industrie in großen Mengen als Nebenprodukte an und werden zu hochwertigen Mulch- bzw. Kompostmaterialien verarbeitet.

Frische **Rindenschnitzel** enthalten wasserunlösliche, auf Mikroorganismen und höhere Pflanzen wachstumshemmend wirkende Stoffe (Tannine, Wachse, Harze, Phenole). Diese Rindenschnitzel, in einer etwa 5 cm dicken Schicht als Mulchmaterial aufgebracht, verhindern als Wachstumshemmer das übermäßige Keimen lästiger Unkräuter, ohne jedoch das Wachstum der schon eingewurzelten Pflanzen zu beeinflussen. Um das Aufbauen von Unkräutern auch längerfristig zu verhindern, müssen jedoch auch Pflanzenteile wie Rhizome oder Wurzelstrünke sorgfältig entfernt werden.

Da der langsame Abbau des Mulchmaterials durch Pilze und Bakterien Stickstoffreserven im Boden verbraucht, empfiehlt es sich, vor der Bodenbedeckung für ausreichende Stickstoffdüngung zu sorgen. Durch die Beschattung schützt der Mulch den Boden außerdem vor rascher Austrocknung und Verdunstung.

Rindenkompost entsteht durch gezielte Kompostierung von Rindenschnitzeln. In wenigen Monaten

läßt sich ein hochwertiges Bodenverbesserungsmittel gewinnen, da die wachstumshemmenden Stoffe durch Bakterien abgebaut werden und das Material einen hohen Humusanteil, gute Wasserspeicherfähigkeit sowie wesentlich mehr Nährstoffe als z. B. Torf aufweist. Durch den günstigeren pH-Wert (4 bis 7, Torf: 2,8 bis 3,2) versauert der Boden nicht so stark wie bei Torf. Durch Beimengung von etwa 15 bis 30 % Rindenkompost zum Substrat lassen sich Wasserhaushalt und Humusgehalt entscheidend verbessern.

Rindenhumus ist Rindenkompost, der zusätzlich mit Bodenbakterien und Nährstoffen angereichert ist. Pro m² bringt man etwa 5 l auf und arbeitet ihn oberflächlich ein. Die rasche Zersetzung führt zum baldigen Verlust der an und für sich guten Struktur.

Als günstig könnte sich der Einsatz größerer Rindenhumusanteile erweisen, wenn man bei Extensivbegrünungen im ersten Jahr ein möglichst rasches Wachstum bewirken will. Damit deckt die Vegetation das Dach relativ schnell ab. In den Folgejahren wird nach Abbau der Rinde eine Verschlechterung der Substratstruktur gern in Kauf genommen, um dadurch ein zu üppiges Wachstum zu drosseln.

Torfe sind mehr oder weniger unzersetzte, organisch-pflanzliche Substanzen, die unter Luft- und Wasserabschluß konserviert wurden und deshalb nicht verrotten konnten. Sie entstanden entweder in langsam zugewachsenen Seen als Niedermoortorf oder als Hochmoortorf aus dicken Schichten von konserviertem *Sphagnum* (Torfmoos).

Durch den in den letzten Jahrzehnten stark angestiegenen Torfverbrauch werden heute großflächig wertvolle Moore abgebaut und dadurch Lebensräume für zahlreiche seltene Tiere und Pflanzen zerstört. Allein aus dieser Überlegung ist die Verwendung von Torf abzulehnen. Seine Verwendung sollte sich daher ausschließlich auf Einsatzgebiete beschränken, wo er durch nichts anderes ersetzt werden kann (Jungpflanzenaufzucht, Moorbeetpflanzen). Außerdem wird seine Bedeutung von vielen weit überschätzt. Gewöhnlicher Torf enthält keinerlei Nährstoffe und verschiebt bei häufiger Verwendung als Zuschlagstoff den pH-Wert des Bodens in den sauren Bereich.

Reine Torfsubstrate ohne Tonbeimischung erscheinen auf lange Sicht zu risikoreich. Kleine Düngefehler wirken sich rasch negativ aus, weil die Pufferung fehlt. Einmal ausgetrocknet sind Torfsubstrate nur schwer wieder benetzbar.

Stroh könnte anstelle von Torf als strukturverbesserndes Mittel für schwere oder sandige Böden eingesetzt werden. Im Handel wird es unter dem Produktnamen »Bihuterm« mit Stickstoff und rottefördernden Substanzen angeboten.

Eigenschaften von Rindenkomposten im Vergleich zu Weißtorf (nach Scharpf, Grantzau, Hendriks 1981)	Rindenkomposte	Weißtorf
Volumengewicht kg/l (trocken)	0,2–0,3	0,1–0,2
Wasserkapazität %vol	40–45	50–60
biologische Aktivität	hoch	gering
C-N-Verhältnis	60–100	60–100
N-Festlegung	z. T. stark	gering
Nährstoffgehalte	K, Mn hoch	niedrig
	P, Mg z. T. hoch	niedrig
Austauschkapazität mval/h	60–100	–100
pH-Wert	4–7	2,8–3
pflanzenschädliche Stoffe	Harze, Phenole	keine
Anteil mineralischer Bestandteile	mittel	gering

Bestandteile	Volumengewicht (g/l)	Porosität %vol	Eigenschaften in %vol			
			Luft	Wasser (pF 1–1,7)	Wasser (pF 1,71–2)	Kationenaustauschkapazität mval/l
Organisch-natürliche Herkunft						
Lauberde	188	87	37	16	4	250–400
Weißtorf	177	88	15	30	9	80–180
Schwarztorf	203	86	14	16	7	300–500
Rinde (frisch)	220	85	38	18	3	20–140
Rinde (kompostiert)	260	82	11	29	2	20–140
Organisch-synthetische Herkunft						
Polystyrol	20	95	vernachlässigbar			–
Harnstoff-Formaldehyd-Schaum	10– 30	95		50–70		2– 5
Polyurethane	50– 100	90–95	25–80	10–60	0,3–1,6	2– 5
Anorganische Herkunft						
Blähschiefer	370– 760	62–80	30–60	nicht bekannt		
Tone	1100–1600	40–56	3–13	5–15		200–450
Sande	1200–1800	35–50	20–40	2–12		10– 40
Vermikulit	130			16	2	80–120
Perlite	120	95	55	13	5	1– 2
Steinwolle	80– 120	97	3–80	17–84	–	–
Ideales Substrat	100– 300	85	20–30	20–30	4–10	120–150
Mischungen						
Torf-Sand (3:1)	500	79	26	37	5	60–120
Torf-Perlite (3:1)	100	94	37	23	9	60–120
Torf-Polyurethan (3:1)	100	92	26	25	7	60–120
Dachgartensubstrate	nicht bekannt	70–90	10–30	30–40		>120

	Volumengewicht[1] (Rohdichte) kg/m³	Luftkapazität bei Wassersättigung[2]	Speicherung pflanzenverfügbaren Wassers[2]	Sorptionskapazität und Pufferung[2]	Zersetzung[3]	Frostbeständigkeit[3]	Beurteilung
Weißtorf	700	++	++	++	±		gut geeignet
Einheitserde	850	+	++	++	±		gut geeignet
kompostierte Rinde	700–1000	++	+	++	–		wenig geeignet
Müllklärschlamm-kompost	1500	±	+	+	–		ungeeignet
Oberboden	1800	–	+	±	+		bedingt geeignet zur Erhöhung der Sorptionskapazität
Ton (Lehm)	1800	–	–	++	+		bedingt geeignet zur Erhöhung der Sorptionskapazität
Sand 0–3 mm	2100	–	±	–		++	wenig geeignet
Kies 4–8 mm	1700	±	–	–		++	ungeeignet
(Kalk-)Splitt	1700	±	–	–		++	nur für spezielle Mischung in geringen Mengen
(Schaum-)Lava 2–8 mm	1250	++	±	–		++	gut geeignet
Bims 0–7 mm	850	++	+	–		+	bedingt geeignet
Perlite grob	750	±	++	–		±	bedingt geeignet
Blähton 4–8 mm	650	++	±	–		++	gut geeignet
Styromull	30	++	–	–	++		bedingt geeignet
Hygromull	200	+	++	–	–		wenig geeignet

[1] wassergesättigt nach Überstauung (durchschnittliche Werte)
[2] ++ = sehr gut; + = gut; ± = mittel; – = schlecht
[3] ++ = sehr geringe Zersetzung, sehr hohe Frostbeständigkeit; + = geringe Zersetzung, hohe Frostbeständigkeit; ± = mäßig rasche Zersetzung, mäßige Frostbeständigkeit; – = rasche Zersetzung, geringe Frostbeständigkeit

3. Bodenverbesserungsmittel aus Kunststoff

Bei offener Kornstruktur dienen Bodenverbesserungsmittel aus Kunststoff zur Erhöhung der Wasserspeicherfähigkeit. Bei geschlossener Kornstruktur bewirken sie eine Erhöhung der Wasserdurchlässigkeit.

Bei **Hygromull** handelt es sich um einen offenporigen Kunstharz-Schaumstoff, der Wasser aufnehmen kann. Im Lauf der Zeit verrottet das Material allerdings, wobei der freiwerdende Stickstoff den Pflanzen zur Verfügung steht. Es muß naß eingebracht werden. Einmal benetzt nimmt es auch nach dem Austrocknen wiederum rasch Wasser auf. Das Gewicht beträgt etwa 200 kg/m³, wassergesättigt etwa 600 kg/m³.

Hygropor 73 ist eine Mischung aus 70 % Hygromull und 30 % Styroporflocken.

Styromull besteht aus 4 bis 12 mm großen Polystyrol-Flocken, ist gut pflanzenverträglich, verrottet nicht, ist geruchlos und chemisch neutral. Es nimmt, da geschlossenporig, kein Wasser auf. Das Material wirkt dränend, bodenlockernd und verbessert den Wärmehaushalt des Bodens.

Styromull setzt das Wasserspeicherungsvermögen herab und kann leicht aus der obersten Bodenschicht ausgeblasen werden. Das Gewicht beträgt etwa 25 kg pro m³.

4. Chemische Bodenverbesserungsmittel

Gele sind pulverförmige Substanzen, die unter Feuchtigkeitseinwirkung stark aufquellen. Sie zeichnen sich durch ein hohes Wasserspeichervermögen aus. Da sie zumeist nicht UV-beständig sind, sollte man sie nicht oberflächlich anwenden. Sie eignen sich besonders für dünne Substratschichten oder Pflanzgefäße, Dosierung etwa 5 bis 15 g/m². Handelsbezeichnungen lauten z.B. »Agrosil« oder »Aquagel«.

Lastannahmen

Die exakte Ermittlung der zusätzlichen Belastung der Dachkonstruktion durch die Dachbegrünung ist von grundsätzlicher Bedeutung. Dies gilt sowohl für die nachträgliche Begrünung bereits vorhandener Dachflächen als auch für die Planung von Deckenkonstruktionen bei neu zu errichtenden, zur Begrünung vorgesehenen Dachflächen. Da bei bestehenden Dächern die Belastung durch den hinzukommenden Grünaufbau die vorgesehene Nutzlast nicht überschreiten darf, sind in vielen Fällen die Möglichkeiten stark eingeengt. Leichte Extensivbegrünungsformen lassen sich jedoch bereits mit Flächenlasten unter 80 kg/m² verwirklichen, so daß diese Art der Dachbegrünung bei *nahezu allen bestehenden* Dachflächen im nachhinein aufgebracht werden kann. Bei der Sanierung bekiester Flachdachflächen, bei denen die Kiesschüttung mit einem Gewicht von etwa 100 kg/m² zum Schutz der Dachhaut vor der Einwirkung von UV-Strahlung oder mechanischen Beschädigungen benötigt wird, bedeutet das Ersetzen der Kiesschicht durch eine Extensivbegrünung sogar eine Gewichtsreduzierung.

Die Entscheidung über die zukünftige Nutzung eines Flachdaches und damit über die Gestaltung und den Aufbau der nutzbaren Flächen sollte bereits in einem sehr frühen Planungsstadium getroffen werden, damit die auftretenden Lasten bei der Ausbildung der tragenden Konstruktion berücksichtigt werden können. Es empfiehlt sich, die Gewichtsbelastung in jedem Fall eher großzügig zu bemessen, damit bei der späteren Dachgartengestaltung noch alle Möglichkeiten offen bleiben.

Normgerechte Lastermittlung

Bei der Lastermittlung unterscheidet man zwischen
1. Eigengewicht (Aufbau der Vegetationsfläche, Bodenbeläge, Pflanzen, Stützmauern usw.)
2. Nutzlasten (bewegliche Lasten durch Menschen, Möbel, Geräte und dergleichen, wobei die Dachfläche zumindest für Dachdecker begehbar sein muß.)
Die Ö-Norm B 4001 sieht folgende Nutzlasten für Flachdächer vor:
a) nur zur Instandsetzung begehbarer Flachdächer:
   100 kg/m²
b) allgemein zugängliche Flachdächer
- wenn sie Verkehrsflächen, benachbarten Sportanlagen u. dgl. zugewandt sind, bis auf 1,25 m vom Geländer bzw. von der Brüstung weg, mindestens 500 kg/m²,
- die übrige Fläche sowie Sonnenbäder 300 kg/m².

Die DIN-Norm B 4012 (Belastungsannahmen im Bauwesen, Nutzlasten im Hochbau) gibt Auskunft über die anzuwendenden Mindestnutzlasten für
- Flachdächer,
- Balkone, Loggien für Wohn- und Bürogebäude,
- Dachparkflächen.

Die DIN-Normen der Reihe B 4000 liefern die Ansätze der Eigengewichtsermittlung von Baustoffen und Bauteilen. Aus der Praxis bekannte Gewichtsangaben spezieller vegetationstechnischer Baustoffe ergänzen die Werte der Ö-Norm.
Die DIN-Norm 1055, Teil 3, unterscheidet zwischen der »ständigen Last« und der »Verkehrslast«.

1. »Die ständige Last ist die Summe der unveränderlichen Lasten , also das Gewicht der tragenden oder stützenden Bauteile und der unveränderlichen, von den tragenden Bauteilen dauernd aufzunehmenden Lasten (z. B. Auffüllungen, Fußbodenbelägen, Putz und dergleichen).«

2. Verkehrslast: die gleichmäßig verteilten lotrechten Verkehrslasten betragen nach DIN 1055, Teil 3

   - bei zeitweiligem Aufenthalt von Personen 200 kg/m²,
   - bei zugänglichen Dächern von Terrassenhäusern, Dachgärten, wenn nicht höhere Lasten in Frage kommen, 350 kg/m²,
   - bei befahrenen Decken für Pkw oder ähnliche Kfz mit 2,5 t zulässigem Gesamtgewicht 350 kg/m²,
   - bei befahrenen Decken für Lkw, Feuerwehr usw. erfolgt eine gesonderte Berechnung nach DIN 1055.

Die zusätzliche Belastung durch Schnee, Regen und Wind sind bei Dachbegrünungen in der gleichen Weise zu berücksichtigen wie bei nicht begrünten Dachflächen und vom Statiker für den Einzelfall festzulegen.

Lastenwirkung

Je nachdem, wie die Gewichtskräfte gerichtet sind, unterscheidet man zwischen Punkt- und Flächenlasten.

Punktlasten

Unter Punktlasten durch Bauelemente versteht man konzentrierte zusätzliche Lasten durch Bauelemente wie z. B. Randelemente, Mauern, Pergolen, Becken, Skulpturen.

Punktlasten durch Bauelemente sind vom Einzelfall abhängig und dementsprechend gesondert zu ermitteln. Dabei sind die Druckverteilung und die Druckfestigkeit des Wärmedämmstoffes zu beachten.

Punktlasten durch die Vegetation ergeben sich durch das Gewicht großer Bäume oder Sträucher. Die Punktlast hängt stark davon ab, ob die Pflanzen frei wurzeln und über eine größere Fläche verteilt sind oder in einem Pflanzgefäß auf engem Raum konzentriert sind. Punktlasten ergeben sich auch durch die Windbelastung. Je nach gewähltem Aufbau und nach Vegetationsformen variieren die bei Dachgärten zu berücksichtigenden Eigengewichtslasten stark und sind vom Baufachmann für den jeweiligen Einzelfall zu bewerten.

Windlasten

Sobald die Wuchs- und Stammhöhen sowie der Kronendurchmesser von ausgewachsenen Großsträu-

Vegetationsart	Gewicht der oberirdischen Teile in kg
Großsträucher bis 6 m Höhe	250
Kleinbäume bis 10 m Höhe	1200
Bäume bis 15 m Höhe	6000

(Ohne Wurzelballen und ohne Windlast)

Punktlasten verschiedener Vegetationsarten (nach Bauer/Schmidt 1980)

Vegetationsart	Wuchshöhe	Stammhöhe	Kronendurchmesser
Sträucher	3 m	–	2 m
Großsträucher	6 m	–	4 m
Kleinbäume	10 m	2 m	6 m
mittelgroße Bäume	15 m	3,5 m	8 m

Regelgrößen ausgewachsener Laubgehölze zur Ermittlung der Windlast (nach Liesecke 1982)

Baustoffe	Flächenlast je 1 cm Schichtdicke kg/m²
Oberboden /Unterboden	16–20
Sande	20–22
Kiessande	20–22
Kiese	16–18
Lava-Sande	20–21
Lava-Kiessande	18–19
Lava-Kiese	12–13
Bims-Sande	8–10
Bims-Kiessande	7–11
Bims-Kiese	7– 8
Blähton-Sande	11–13
Blähton-Kiese	5–10
Weißtorf	6– 8
Schwarztorf	7– 9
Rindenkompost	11–12
schwere Gartenerde	18
Einheitserde	6–8
Polystyrol-Platten	0,3–0,4
Harnstoff-Formaldehyd-Schaum	5– 6
Verbesserter Boden (Bodenanteil rund 50 %vol)	13–15
Lava-Bims-Torf-Gemisch	11–14
Dachgartensubstrate stabilisiert	10–13
Vegetationsplatten aus modifizierten Schaumstoffen	4– 9
Vegetationsplatten aus Steinwolle	6–10

Flächenlasten durch Baustoffe für den Bodenaufbau bei Dachbegrünungen mit voller Wassersättigung (pF 1,3–1,8) (nach Liesecke 1982)

Vegetationsart	Flächenlast kg/m²
Rasen	5,0
niedrige Stauden und Gehölze	10,0
Stauden und Sträucher bis 150 cm Höhe	20,0
Sträucher bis 300 cm Höhe	30,0
Großsträucher bis 6 m Höhe	40,0
Kleinbäume bis 10 m Höhe	60,0
Bäume bis 15 m Höhe	150,0

Flächenlasten durch Vegetation im belaubten und regennassen Zustand ohne Wurzelballen (nach Liesecke 1982)

chern und Bäumen erreicht werden, ist zusätzlich die Windlast zu berücksichtigen. Bei Sträuchern und Bäumen tritt durch den Staudruck beim Auftreten des Windes auf die Kronenfläche eine erhebliche zusätzliche Last auf, die als Kippmoment wirkt. Damit verbunden ist eine Verschiebung der Belastung und eine Verkleinerung der belasteten Grundfläche im Wurzelraum, auf die sowohl die Eigenlast der oberirdischen Teile und des wirksam durchwurzelten Bodenvolumens als auch die Windlast übertragen wird. Die dabei auftretenden Flächenpressungen betragen ein Vielfaches der ruhenden Punktlast. Bei der Berechnung der Windlast kann man von den in der Tabelle aufgeführten Regelgrößen für ausgewachsene Laubgehölze unter Berücksichtigung der vorliegenden realen Entwicklungsbedingungen ausgehen.

Flächenlasten

Sie ergeben sich aus dem Gewicht der Dachkonstruktion, des Grünaufbaues sowie der flächig wurzelnden Vegetation.

Heute werden für den Aufbau von Dachgärten nur mehr selten schwere Sande, Kiese und Erde verwendet. Man geht dazu über, sowohl für die durchwurzelbare Vegetationsschicht als auch für die Filter- und Dränschicht außerordentlich gewichtssparende natürliche oder industrielle Baustoffe einzusetzen.

Für die Gewichtsvorgabe sind die nach Einbau- und Nutzungs-Sackung erreichten Lagerungsdichten und der zeitweise vorliegende Zustand der Wassersättigung maßgebend, in dem nahezu alle Hohlräume mit Wasser gefüllt sind.

Wird im Anstauverfahren Wasser in der Dränschicht bevorratet, so ist die Last der maximalen Speichermenge zusätzlich zu berücksichtigen.

Bei den Flächenlasten für die Vegetation ist nach Vegetationsarten und Wuchshöhe zu unterscheiden. Im belaubten und regennassen Zustand sind die in der Tabelle Seite 81 angegebenen Flächenlasten anzusetzen.

Als Folge »eigenmächtiger« Erhöhung von Dachlasten gegenüber geplanten und baubewilligten Dachlasten würde rechtlich gesehen ein nicht konsensmäßiger Bau bzw. Bauteil vorliegen. Im »Kleingedruckten« der Versicherungsverträge ist nachzulesen, daß im Schadensfall an einem nicht konsensmäßigen Bauwerk in der Regel die Versicherungen automatisch von ihrer Leistungsverpflichtung befreit sind.

Beispiele für Gewichtsbelastung und Aufbau verschiedener Dachbegrünungsformen

Die Stärke des Grünaufbaues und damit die Nutzungsmöglichkeiten hängen im wesentlichen von der

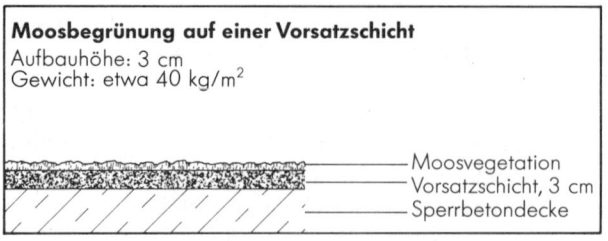

Moosbegrünung auf einer Vorsatzschicht
Aufbauhöhe: 3 cm
Gewicht: etwa 40 kg/m²

— Moosvegetation
— Vorsatzschicht, 3 cm
— Sperrbetondecke

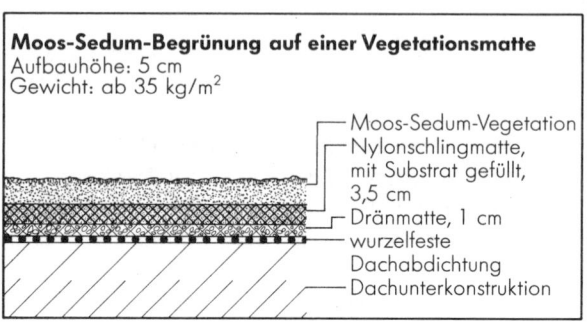

Moos-Sedum-Begrünung auf einer Vegetationsmatte
Aufbauhöhe: 5 cm
Gewicht: ab 35 kg/m²

— Moos-Sedum-Vegetation
— Nylonschlingmatte, mit Substrat gefüllt, 3,5 cm
— Dränmatte, 1 cm
— wurzelfeste Dachabdichtung
— Dachunterkonstruktion

Tragfähigkeit der vorhandenen Dachkonstruktion, der vorgesehenen Bepflanzung sowie dem Gewicht der verwendeten Baustoffe ab. Wie die folgenden Darstellungen zeigen, lassen sich einfache Formen der Extensivbegrünung bereits auf ganz dünnen Vegetationsschichten verwirklichen. Für Gehölze bis etwa 2 m Höhe wird eine Mindestaufbauhöhe von etwa 30 cm benötigt. Kleinbäume bis 10 m Höhe benötigen dagegen bereits eine Aufbaustärke von etwa 90 cm, um dauerhaft und zufriedenstellend zu gedeihen.

Neue Materialien bringen bei dickschichtigen Intensivbegrünungen bedeutende Gewichtseinsparungen gegenüber älteren Dachgartenaufbauten.

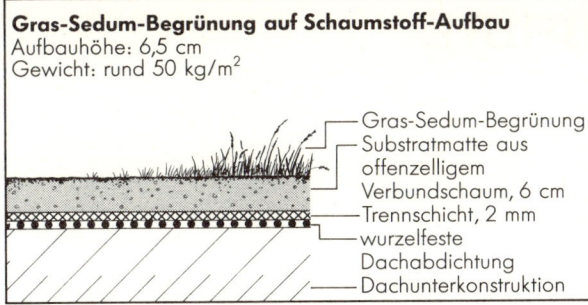

Gras-Sedum-Begrünung auf Schaumstoff-Aufbau
Aufbauhöhe: 6,5 cm
Gewicht: rund 50 kg/m²

- Gras-Sedum-Begrünung
- Substratmatte aus offenzelligem Verbundschaum, 6 cm
- Trennschicht, 2 mm
- wurzelfeste Dachabdichtung
- Dachunterkonstruktion

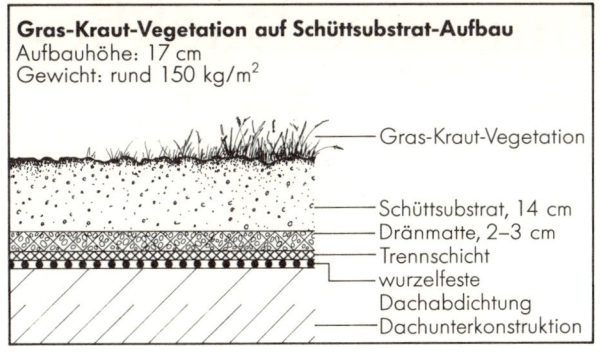

Gras-Kraut-Vegetation auf Schüttsubstrat-Aufbau
Aufbauhöhe: 17 cm
Gewicht: rund 150 kg/m²

- Gras-Kraut-Vegetation
- Schüttsubstrat, 14 cm
- Dränmatte, 2–3 cm
- Trennschicht
- wurzelfeste Dachabdichtung
- Dachunterkonstruktion

Querschnitte durch verschiedene Gründachaufbauten.

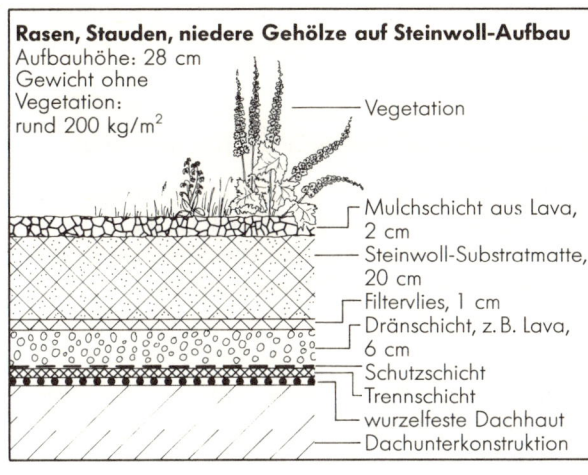

Rasen, Stauden, niedere Gehölze auf Steinwoll-Aufbau
Aufbauhöhe: 28 cm
Gewicht ohne Vegetation: rund 200 kg/m²

- Vegetation
- Mulchschicht aus Lava, 2 cm
- Steinwoll-Substratmatte, 20 cm
- Filtervlies, 1 cm
- Dränschicht, z. B. Lava, 6 cm
- Schutzschicht
- Trennschicht
- wurzelfeste Dachhaut
- Dachunterkonstruktion

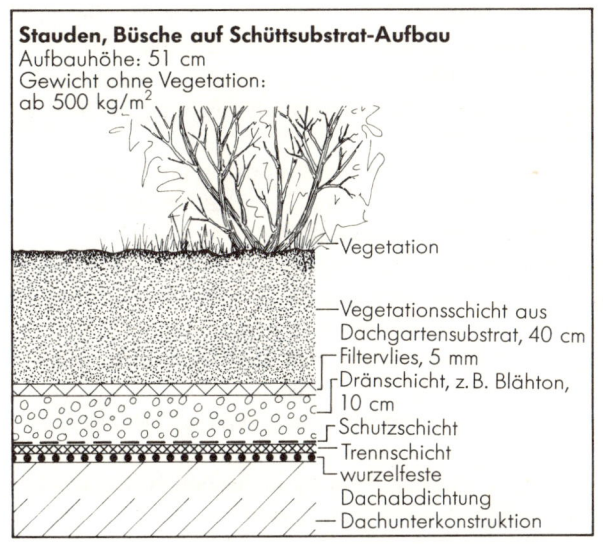

Stauden, Büsche auf Schüttsubstrat-Aufbau
Aufbauhöhe: 51 cm
Gewicht ohne Vegetation: ab 500 kg/m²

- Vegetation
- Vegetationsschicht aus Dachgartensubstrat, 40 cm
- Filtervlies, 5 mm
- Dränschicht, z. B. Blähton, 10 cm
- Schutzschicht
- Trennschicht
- wurzelfeste Dachabdichtung
- Dachunterkonstruktion

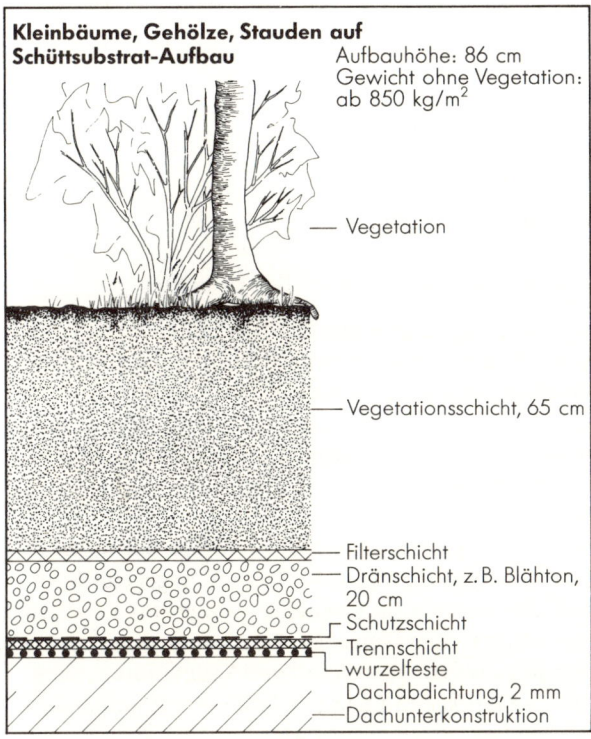

Kleinbäume, Gehölze, Stauden auf Schüttsubstrat-Aufbau
Aufbauhöhe: 86 cm
Gewicht ohne Vegetation: ab 850 kg/m²

- Vegetation
- Vegetationsschicht, 65 cm
- Filterschicht
- Dränschicht, z. B. Blähton, 20 cm
- Schutzschicht
- Trennschicht
- wurzelfeste Dachabdichtung, 2 mm
- Dachunterkonstruktion

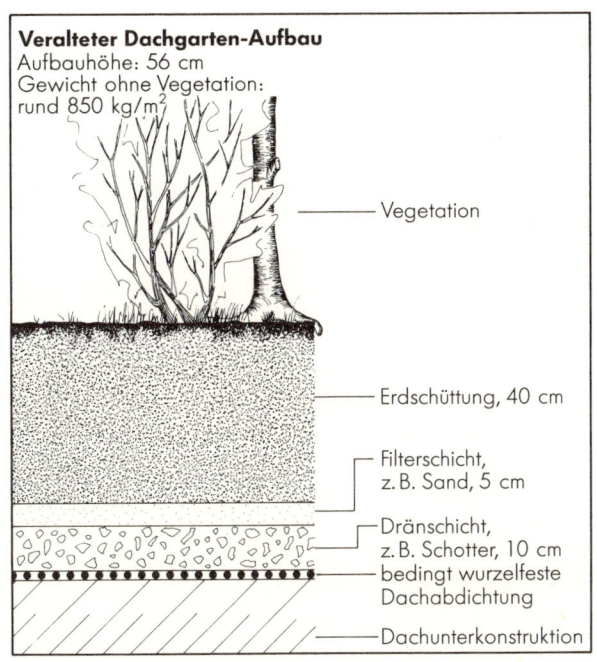

Veralteter Dachgarten-Aufbau
Aufbauhöhe: 56 cm
Gewicht ohne Vegetation: rund 850 kg/m²

- Vegetation
- Erdschüttung, 40 cm
- Filterschicht, z. B. Sand, 5 cm
- Dränschicht, z. B. Schotter, 10 cm
- bedingt wurzelfeste Dachabdichtung
- Dachunterkonstruktion

Intensive Dachbegrünung

Im weiteren Verlauf des Buches wird streng zwischen den verschiedenen Formen der Intensiv- bzw. Extensivbegrünung unterschieden. Während extensive Dachbegrünungen einen dünnschichtigen, leichten Aufbau aufweisen mit Vegetationsformen, die sich ohne Pflegemaßnahmen selbst dauerhaft erhalten können, ist das breite Spektrum der Intensivbegrünungen im wesentlichen durch folgende Merkmale gekennzeichnet:

– Unterschiedlichste Vegetationsformen, von Rasen über Blütenstauden und Gehölze bis hin zu Bäumen, finden Verwendung.
– Die Kultur der Pflanzen erfordert entweder die Verwendung von Pflanzgefäßen oder einen differenzierten, dickschichtigen Bodenaufbau und entsprechende Pflegemaßnahmen wie Be- und Entwässerung, Düngung, Schnitt usw.
– Die hohe Gewichtsbelastung setzt eine stabile Deckenkonstruktion und im Fall einer flächigen Begrünung eine auf die bauphysikalischen Besonderheiten abgestimmte Konstruktion voraus.
– Vielfältige Nutzungsmöglichkeiten.

Bewährte Dachaufbauten

Die im Kapitel »Der Schichtaufbau des technisch ausgereiften Gründaches« im Detail besprochenen Schichten, aus denen sich moderne Dachaufbauten zusammensetzen, und die später vorgestellten Dachgartensysteme (ab Seite 86ff.) können wertvolle An-regungen für individuelle Lösungen bei der Zusammensetzung des Dachaufbaus geben.

Die drei nachfolgenden Gründachaufbauten beschreiben Beispiele, die sich in der Praxis gut bewährt haben. Alle drei zeichnen sich durch ein geringes Gewicht aus.

Torfkultursubstrat-Aufbau (nach KRATOCHWILL)

Hier handelt es sich um ein sehr kostengünstiges Verfahren zur Dachbegrünung. Es arbeitet mit Anstaubewässerung. Die guten vegetationstechnischen Eigenschaften erlauben eine optimale Bepflanzung bei geringer Aufbauhöhe.

Aufbau:
7 Vegetationsschicht: 20 cm Hochmoor-Torfkultursubstrat, mit Langzeitdüngern und Tonmineralen angereichert. Gewicht 225 kg/m²
6 Filterschicht: Filtervlies
5 Dränschicht: 10 cm Blähton ermöglicht 6 cm Wasseranstau, Gewicht einschließlich angestautes Wasser: 95 kg/m²
4 Schutzschicht
3 Trennschicht
2 wurzelfeste Dachabdichtung
1 Dachunterkonstruktion
Aufbauhöhe: 33 cm
Belastung: 325 kg/m²

Schaumstoff-Aufbau (nach KRATOCHWILL)

Diese Lösung stellt einen sowohl pflanzenphysiologisch als auch gewichtsmäßig besonders günstigen Gründachaufbau dar. Er kann rasch und sauber errichtet werden. Die besonders leichte Hygromull-Wasserspeicherschicht erlaubt außerdem ausgezeichnet Bodenmodellierungen ohne besonders hohe Mehrbelastung.

Der leichte Aufbau erfordert allerdings bei höheren Gehölzen und Bäumen Maßnahmen gegen Windwurf. Für mittelhohe Sträucher genügt das Einlegen eines wurzelfesten Gewebes (Maschenabstand etwa 5 × 5 cm) zwischen Hygromull und Vegetationsschicht. Höhere Gehölze müssen mit Hilfe von Baumankern oder ähnlichem stabilisiert werden.

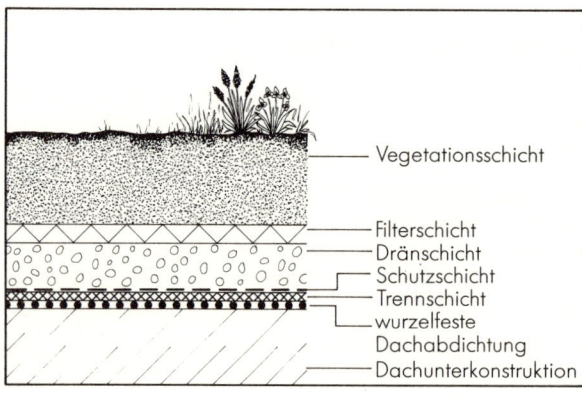

Torfkultur-substrat-Aufbau (nach Kratochwill 1983).

— Vegetationsschicht
— Filterschicht
— Dränschicht
— Schutzschicht
— Trennschicht
— wurzelfeste Dachabdichtung
— Dachunterkonstruktion

Aufbau:

7 Vegetationsschicht aus 50 % sandig humoser Gartenerde, 35 % Hygromullflocken, 14 % Styromull, 30 cm dick, Gewicht 360 kg/m². Soll das Dach begehbar sein, empfiehlt sich folgende Zusammensetzung: 55 % Gartenerde, 15 % Blähton, 15 % Hygromull, 15 % Styromull

6 Wasserspeicherschicht: 10 cm Hygromull, Gewicht (wassergesättigt) 60 kg/m²

5 Filterschicht: Filtervlies

4 Dränschicht: Dränplatten aus Polystyrol, 6,5 cm dick

3 Trennschicht

2 wurzelfeste Dachabdichtung

1 Dachunterkonstruktion

Aufbauhöhe: 47 cm
Belastung: 422 kg/m²

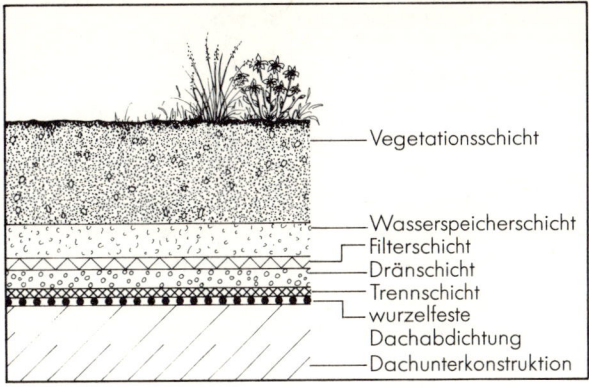

Schaumstoffaufbau (nach Kratochwill 1983).

Kombi-System (nach KRATOCHWILL)

Dieses System wurde vor allem für den Einsatz auf gut einsehbaren, jedoch schwer zu erreichenden, ebenen Dachflächen entwickelt. Es benötigt kaum Pflegemaßnahmen und eignet sich wegen seines geringen Gewichtes vor allem für nachträgliche Begrünungen bei sanierungsbedürftigen Dachflächen. Es ermöglicht eine Vegetation bis etwa 1 m Höhe mit Ausnahme von Rasenflächen.

Das System besteht im wesentlichen aus Styroporpflanzgefäßen, die innen mit wurzelfester Folie ausgekleidet sind, den Boden bildet eine etwa 5 cm dicke Hygromullscheibe. Das Vegetationsgemisch setzt sich aus 55 % Torfkultursubstrat, 35 % Hygromullflocken und Zuschlagstoffen zusammen. Die Gefäße kommen fertig bepflanzt zur Baustelle.

Die Räume zwischen den einzelnen Pflanzgefäßen werden mit Perlite – einem sehr leichten – expandierten Vulkangestein ausgefüllt, welches sich gut zur kapillaren Weitergabe von Wasser eignet. Die Oberfläche zwischen den Pflanzgefäßen wird mit einer dünnen Kiesschicht abgedeckt, um ein Verwehen des Perlites zu verhindern. Unter den Pflanzgefäßen befindet sich eine aus trittfesten Kunststoffkörpern gebildete Hohlraumschicht, die dem Wasseranstau für die Bewässerung dient. Um ein Verschlämmen der Hohlkörper zu vermeiden, sind diese mit einer Lage Filtervlies abgedeckt. Der weitere Aufbau entspricht dem üblichen Gründachaufbau.

Aufbau:

8 Kiesschicht 3 cm, Gewicht 26 kg/m²

7 9 Stück Pflanzgefäße aus Styropor, ausgekleidet mit wurzelfester Folie und mit Substrat gefüllt, 46 kg/m²

6 Perlite, 16 kg/m²

5 Wasserspeicherschicht aus Hygromull, 18 kg/m²

4 Filterschicht: Filtervlies

3 Kunststoffhohlkörper mit Wasseranstau, 80 kg/m²

2 wurzelfeste Dachabdichtung

1 Dachunterkonstruktion

Aufbauhöhe: 33 cm
Belastung: 186 kg/m²

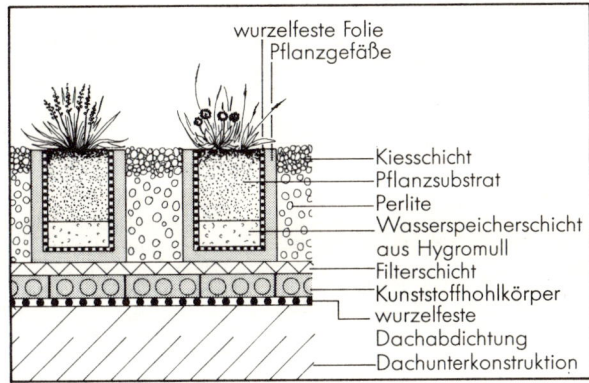

Kombi-System (nach Kratochwill 1983).

Systeme für die intensive Dachbegrünung

Im folgenden stellen wir verschiedene, derzeit auf dem Markt erhältliche Dachgartensysteme für Intensivbegrünungen vor. Diese werden von den Herstellern komplett angeboten und von Vertragsfirmen oder selbst verlegt, wobei die einzelnen Schichten genau aufeinander abgestimmt sind und das Ergebnis zum Teil jahrelanger Erfahrungen sind. Viele der einzelnen Materialien wurden bereits in den vorhergehenden Abschnitten detailliert besprochen (ab Seite 40). Die Adressen der Herstellerfirmen und Vertriebsstellen für die Staaten Bundesrepublik Deutschland, Österreich und die Schweiz finden sich im Anhang ab Seite 184. Dort wurden die einzelnen Systeme auch in Preisklassen eingeteilt, um einen ungefähren Anhaltspunkt für Kostenvergleiche zu geben.

Bauder Dachbegrünungssysteme

Hersteller: Bauder
Bauder bietet drei unterschiedliche Begrünungssysteme an, die über dem Standard-Dachaufbau errichtet werden.

Standard-Dachaufbau
Einsatzbereich: Basisaufbau für alle Bauder Systeme
Aufbau:
6 Trenn- und Gleitschicht: Polyethylen-Folie PE 02, zweilagig
5 Obere Abdichtungslage und Durchwurzelungsschutz: Pflanzschwarte (Spezialbitumen-Schweißbahn)
4 Untere Abdichtungslage: Flexschwarte K5E talkumiert (Elastomer-Schweißbahn)
3 Wärmedämmung: Thermotekt (Polyurethan-Hartschaumplatten heißbitumenbeständig)
2 Dampfbremse: Jubitekt Super AL (Bitumen-Schweißbahn, 4 mm dick, mit Alufolie und Glasvlieseinlage)
1 Voranstrich: Burkolit V (kalt zu verarbeitender Bitumenvoranstrich)

Bauder Standard-Dachaufbau.

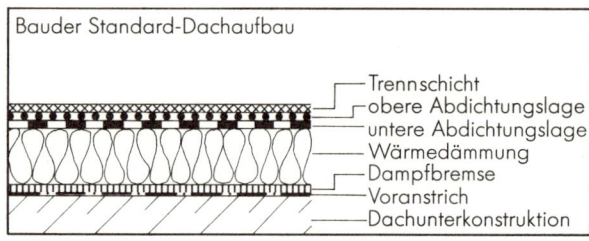

Pflanzbaukasten-System für mobile Dachbegrünungen
Einsatzbereich: Teilflächenbegrünungen, gegliederte Dachgartenanlagen, Kombination unterschiedlicher Begrünungssysteme, Umgestaltung durch Mobilität der Begrünung möglich. Geeignet für 0 bis 5° Dachneigung, bei größeren Neigungen Sonderlösung möglich
Aufbau:
10 Substrat: stabilisiertes Dachgartensubstrat, bestehend aus organischen Anteilen (Rindenhumus, Torf, Kompost), mineralischen Bestandteilen (Blähton, Blähschiefer) und Langzeitdünger. Lieferform: 80-l-Sack oder als lose Ware bei größeren Mengen
9 Filterschicht: Ein Vlies verhindert, daß Feinteile aus der Vegetationsschicht in die Dränplatte gespült werden
8 Dränschicht: Dränplatte aus gebundenen Polystyrol-Kugeln mit rund 30 % offenen Poren, dient zur Wasserabfuhr bzw. Wasserspeicherung
7 Pflanzgefäße aus Polystyrol-Hartschaum, 1 × 0,5 m, Höhe: 19, 38, 57 cm. Durch die Stapelbarkeit der Behälter sind noch weitere Höhen möglich. Überlauföffnungen sowie ein Kanalsystem an der Unterseite dienen zur Entwässerung
1–6 Bauder Standard-Dachaufbau
Bepflanzung: Je nach Behältergröße sind Bepflanzungen mit extensiven, pflegeleichten Pflanzengesellschaften bis hin zu Blütenstauden, kleinen Gehölzen, Kletter- oder Schlingpflanzen, Obstbäumen und Gemüse möglich
Aufbauhöhe: 19, 38, 57 cm; durch die Stapelbarkeit sind weitere Höhen möglich
Belastung durch Grünaufbau: 19 cm Höhe: 125 kg/m²; 38 bis 57 cm Höhe: 250 bis 490 kg/m²
Bewässerung: Sie hängt von der Bepflanzung, dem Behältervolumen und dem Standort ab. Bewässerung per Hand, Regner oder Tröpfchenbewässerung möglich

Wasserspeicherplatten-System
Einsatzbereich: Intensive Dachbegrünungen, bei denen trotz dünner Vegetationsschicht oder deutlich geneigten Dächern hohe Wasserspeicherung gewünscht wird und Anstaubewässerung wegen der Dachneigung nicht möglich ist.
Geeignet für Dachneigungen von 0 bis 35°, gegebenenfalls sind Maßnahmen zur Schubsicherung notwendig
Aufbau:
9 Vegetationsschicht: Je nach Bepflanzung und Dachneigung beträgt die Dicke 8 cm und mehr. Zusammensetzung ähnlich wie beim Pflanzbaukasten-System
8 Filterschicht: Bauder Filtervlies
7 Wasserspeicher-, Schutz- und Dränschicht: Wasserspeicherplatten aus druckfestem Polystyrol-

Bauder Pflanzbaukasten-System.

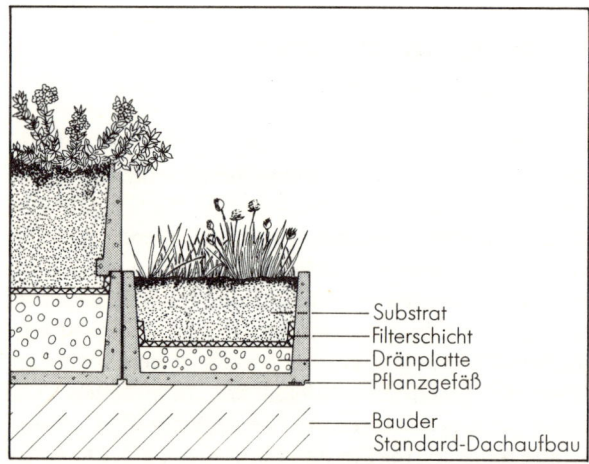

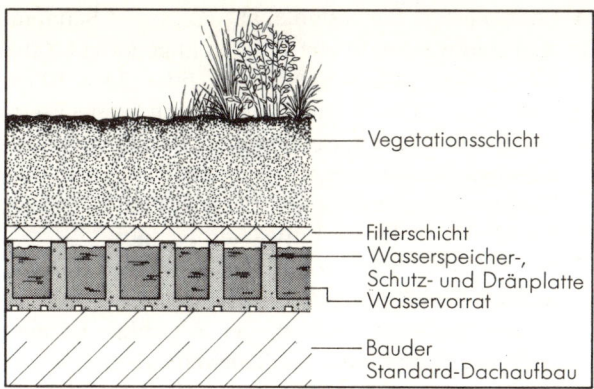

Vegetationsschicht
Filterschicht
Wasserspeicher-, Schutz- und Dränplatte
Wasservorrat
Bauder Standard-Dachaufbau

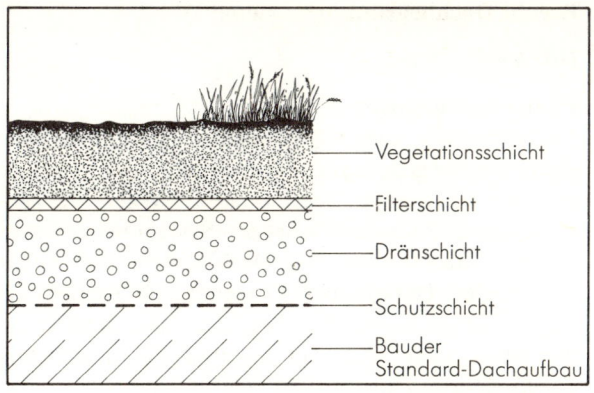

Vegetationsschicht
Filterschicht
Dränschicht
Schutzschicht
Bauder Standard-Dachaufbau

Hartschaum, 125 × 100 cm, in Dicken von 6 bis 12 cm angeboten. Ein unterseitiges Kanalsystem und Abfluß- bzw. Überlauföffnungen sorgen für ausreichende Dränage. Das Wasser wird in seitlich geschlossenen Kammern gespeichert. Die gespeicherte Menge liegt je nach Plattendicke bei 20 l (6 cm) oder 50 l (12 cm) je Platte

1–6 Bauder Standard-Dachaufbau

Bepflanzung: In Abhängigkeit von der Dicke der Vegetationsschicht und vom Standort sind alle Möglichkeiten offen

Aufbauhöhe: Für Rasen und niedrige Stauden 14 cm, für mittelgroße Sträucher 35 cm

Belastung durch Grünaufbau: Bei Aufbau für Vegetation mit Rasen und niedrigen Stauden 100 bis 110 kg/m², für mittelgroße Sträucher rund 320 bis 340 kg/m²

Bewässerung: Alle Formen außer Anstaubewässerung möglich

Dränplattensystem

Einsatzbereich: Große und kleine, flächige Intensivbegrünungen mit vielfältigen Bepflanzungsmöglichkeiten je nach Dicke der Vegetationsschicht. Geeignet für Dachneigungen von 0 bis 5 °

Aufbau:

10 Vegetationsschicht: Bauder Pflanzerde

 9 Filterschicht: Filtervlies

 8 Dränschicht: Dränplatte, 100 × 60 cm, 6,5 dick, aus großen gebundenen Polystyrolkugeln mit 30 % Porenvolumen.

 7 Schutzschicht: Schutzmatte aus Polyurethan-Kautschuk, 6 oder 8 mm dick

1–6 Bauder Standard-Dachaufbau

Bepflanzung: Je nach Schichtdicke sind unterschiedliche Bepflanzungsarten möglich

Aufbauhöhe: Ab etwa 15 cm möglich, für Kleinsträucher und ähnliches sind rund 30 cm erforderlich. Die maximale Schichtdicke hängt von der Tragfähigkeit der Unterkonstruktion und der erwünschten Bepflanzung ab

Belastung durch Grünaufbau: Aufbau für Vegetation mit Rasen, niedrigen Stauden und Gehölzen 90 bis 115 kg/m², für Vegetation mit Stauden und Kleinsträuchern etwa 185 bis 330 kg/m², bei Großsträuchern (bis 6 m Höhe) ab 400 kg/m². Kleinbäume bis 10 m Höhe benötigen rund 100 cm, Bäume bis 15 m Höhe etwa 150 cm Grünaufbauhöhe

Bewässerung: Bei 0 ° Neigung ist das System gut für eine Anstaubewässerung geeignet. Alle anderen Bewässerungsformen sind ebenso möglich

Blumenhügel Dachbegrünungssysteme

Hersteller: Blumenhügel-Dachsysteme

System Plaza

Einsatzbereich: Dieses Dachbegrünungssystem ist vor allem für Intensivbegrünungen gedacht. Der Typ Plaza N ist für normale Beanspruchung vorgesehen, der Typ Plaza S kann sogar von Schwerfahrzeugen befahren werden

Aufbau: Er entspricht dem System Biotop (siehe Seite 175), Kernstück ist eine fünfschichtige Sicherheitsmatte

Vegetationsschicht: Sie wird im Wege- und Fahrbereich durch eine dynamische Tragschicht aus kornabgestuftem Schotter ersetzt, auf dem dann ein Holzlattenrost oder ein Plattenbelag im Sandbett verlegt werden kann. Bei den Flächen, die begrünt werden, wird anstatt des Schotters ein Erdsubstrat aufgeschüttet

Bepflanzung: Je nach Dicke der Vegetationsschicht werden Bodendecker, Stauden oder Gehölze eingesetzt

Aufbauhöhe: 15 bis über 100 cm

Belastung: Je nach Aufbauhöhe

Bewässerung: Alle Arten außer Anstaubewässerung sind möglich

System Biotop

Nähere Angaben siehe »Systeme für die extensive Dachbegrünung«, Seite 175.

Brecht Dachbegrünungssysteme

Hersteller: Brecht

Pflanzkastensystem

Einsatzbereich: Das System eignet sich gut für teilweise Dachbegrünungen, Randstreifen usw., weniger gut für vollflächige Begrünungen. Wegen der geschlossenen Pflanzgefäße ist das System bei entsprechender Tragfähigkeit der Dachkonstruktion leicht nachträglich installierbar. Es eignet sich gut für Lattenrostdachgärten und ist begehbar. Die Stöße werden etwa 3 cm hoch mit Substrat überdeckt. Für Dachneigungen bis rund 10 ° einsetzbar.

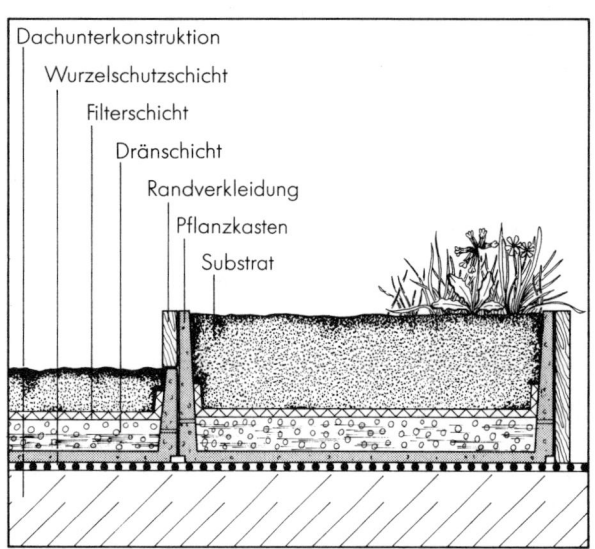

Pflanzkasten-system von Brecht.

Aufbau:

7 Vegetationsschicht: Die fertig angebotene Substratmischung besteht aus 40 % mineralischen, strukturbildenden Anteilen (gebrannter Ton, Lava), 50 % organischen Materialien (Rindenkompost, Kompost), 10 % Lehm und Langzeitdüngern

6 Filterschicht: Polyestervlies

5 Dränschicht: Dränplatten

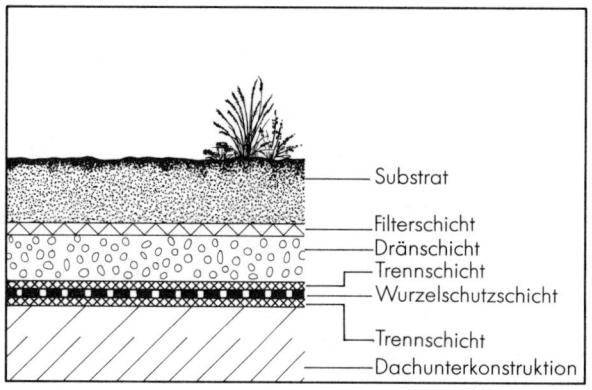

Humusdachsystem von Brecht.

4 Pflanzkästen: Sie bestehen aus Polystyrol-Schaumstoff und werden in vier Größen angeboten (100 × 50 × 19 cm, 100 × 50 × 38 cm, 50 × 25 × 19 cm oder 50 × 15 × 38 cm). Es gibt auch Dreieckselemente mit 67,5 cm Seitenlänge. Sie können nach Belieben nebeneinander aufgestellt werden. Die Elemente sind mit einem Kanalsystem versehen, das für ausreichende Entwässerung sorgt

3 Als seitliche Begrenzung der Schaumstoffkästen werden Verkleidungen aus Kupfer oder afrikanischem Hartholz geliefert, der Abschluß ist aber auch aus Fliesen oder ähnlichem möglich.

2 Wurzelschutzschicht: Obwohl es sich um geschlossene Pflanzbehälter handelt, wird eine Wurzelschutzbahn aus PVC, 0,8 mm dick, über die Dachabdichtung verlegt, ehe die Behälter aufgestellt werden, weil aus den Entwässerungsöffnungen der Kästen Wurzeln herauswachsen können.

1 Dachunterkonstruktion

Bepflanzung: Je nach Höhe entweder mit bodendeckenden Gehölzen, Blütenstauden und Ziergräsern; bei 38 cm Gesamthöhe sind auch mittelhohe Sträucher möglich

Aufbauhöhe: 19 und 38 cm, stapelbar bis zu »Pflanzenhügeln«

Belastung durch Grünaufbau: Bei 19 cm Aufbauhöhe und entsprechender Bepflanzung etwa 150 kg/m^2

Humusdachsystem

Einsatzbereich: Neben dem auf Pflanzengefäßen aufgebauten Dachbegrünungssystem bietet Brecht ein herkömmliches »Humusdachsystem« an, das nachträglich auf jedes herkömmliches Flachdach bei entsprechender Tragfähigkeit verlegt werden kann

Aufbau:

7 Vegetationsschicht: Wie bei Pflanzkastensystem

6 Filterschicht: Polyestervlies

5 Dränschicht: Styropor Dränplatte 100 × 50 cm, 5/6,5/10 cm dick

4 Trennschicht

3 Wurzelschutzschicht aus PVC, 0,8 mm dick

2 Trennschicht

1 Dachunterkonstruktion

Bepflanzung: Je nach Aufbauhöhe mit Bodendeckern oder mittelhohen Sträuchern

Aufbauhöhe: 15 bis 40 cm

Belastung durch Grünaufbau: Je cm Substrat etwa 10,5 kg/m^2

Bewässerung: Anstau in der Dränplatte mit elektronischer Abtastung des Wasserstandes

Einer der schönsten Wiener Dachgärten entstand vor etwa 40 Jahren auf 110 m² Dachfläche. Mit seiner abwechslungsreichen Bepflanzung und dem direkten Blick auf das Schloß Belvedere läßt er wohl kaum einen Wunsch offen.

89

Der 1931 vom Architekten Fridinger auf seiner Dachterrasse angelegte Dachgarten bietet auf nur 34 m² ein Maximum an Wohn- und Erholungswert. Im Lauf der Jahre hat sich eine üppige, angepaßte Pflanzengesellschaft entwikkelt, die dem Garten zu jeder Jahreszeit besondere Akzente verleiht (siehe Seite 157 f.).

In jedem Detail
und aus jedem
Blickwinkel zeigt
sich die vollkom-
mene Harmonie
dieses Gartens.

Wind- und sichtge-
schützt durch eine
begrünte Feuer-
mauer und eine
Dachfläche besteht
dieser Garten seit
etwa 55 Jahren.

15 m hohe Bäume mit einem Stammumfang von etwa 1 m auf dem Dach einer Parkgarage im vierten Stock vermitteln Waldatmosphäre im Zentrum von Wien. Die Attraktion des Gartens waren allerdings der Teich mit den Enten, zwei Ziegen und ein Esel.

Fränkisches Dachbegrünungssystem

Hersteller: Fränkische Rohrwerke
Einsatzbereich: Das System der Fränkischen Rohrwerke ist für flächige Intensivbegrünungen mit unterschiedlicher Dicke der Substratschicht, je nach gewünschter Bepflanzung, geeignet. Es ist hoch belastbar und läßt eine weitgehend freie Gartengestaltung zu. Im Gegensatz zu den kompletten Systemen anderer Hersteller ist in diesem Falle die wurzelfeste Dachabdichtung nicht im Lieferumfang enthalten. Geeignet für Dachneigungen von 2 bis 15°
Aufbau:

6 Vegetationsschicht: Die Mischung besteht aus 50 % Mutterboden und 50 % Schaumstoffzuschlägen (Hygropor)

5 Verwurzelungsgitter: Zur Verankerung windempfindlicher Sträucher und Bäume kann im unteren Bereich der Vegetationsschicht ein Polypropylen-Wirkgewebe, Maschenweite 5 × 5 mm, verlegt werden. Die enge Maschenweite beschränkt das Wurzeldickenwachstum unterhalb dieser Schicht und erhöht dennoch die Standfestigkeit der Gehölze

4 Wasserspeicherschicht: Sie besteht aus Aquadur, einem offenzelligen Schaumstoff auf Harnstoff-Formaldehydbasis; verrottungsfest. Lieferform: Platten, 100 × 75 cm, 10 cm dick. Die Platten speichern bis zu 50 l Wasser/m². Belastbarkeit: bis 1000 kg/m², Gewicht etwa 30 kg/m³

3 Filter- und Trennschicht: Verrottungsfestes, UV-beständiges Polyestervlies; überlappend verlegt. Lieferform: Rollen, 100 × 2,08 m oder 50 × 1,04 m

2 Dränschicht: Sickerplatte aus aufgeschäumten, miteinander verklebten Polystyrol-Perlen (100 × 75 cm, 6,5 cm Standarddicke) vom Typ »Pordrän«. Sie sorgt aufgrund des großen Porenvolumens von über 30 % für eine rasche Ableitung des überschüssigen Wassers.

1 Dachunterkonstruktion
Bepflanzung: Je nach Dicke der Vegetationsschicht gibt es vielfältige Gestaltungsmöglichkeiten
Aufbauhöhe: Für Rasen und bodenbedeckende Stauden liegt sie bei etwa 37 cm, für Sträucher und kleine Bäume bei 60 cm
Belastung durch Grünaufbau: Bei 37 cm Aufbauhöhe 290 kg/m², bei 60 cm Aufbauhöhe 575 kg/m²
Bewässerung: Alle Formen außer Anstaubewässerung sind möglich. Die Herstellerfirma bietet eine Tröpfchenbewässerung »Aqua-drop« an

Hygro Care System

Hersteller: Niederländische Rasenkulturen Strodthoff und Behrens

Einsatzbereich: Vorwiegend flächendeckende dünnschichtige Intensivbegrünungen
Aufbau: Ausgehend von einer vorhandenen Dachabdichtung wird ein kompletter Gründachaufbau angeboten, der aus folgenden Schichten besteht

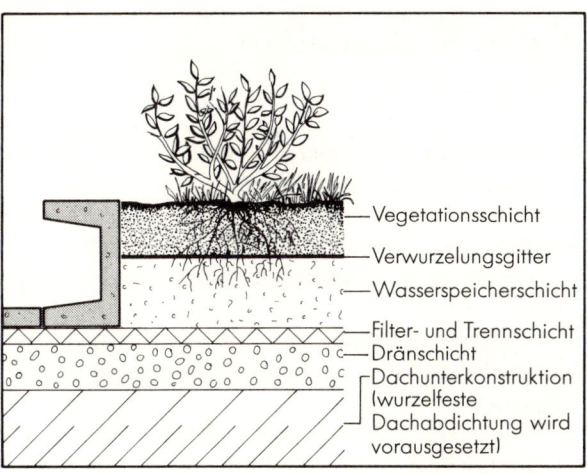

Fränkisches Dachbegrünungssystem.

6 Mulchschicht: Aus gebrochener Lava, Körnung 5/ 8 mm, etwa 2 cm stark, zur Reduzierung der Verdunstung

5 Vegetationsschicht: Aus Steinwollplatten 60 × 100 cm, je nach Verwendungszweck 40 bis 100 mm dick, können auch übereinander verlegt werden

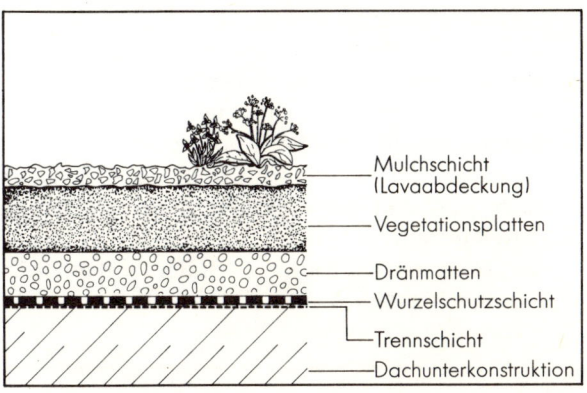

Hygro Care System.

4 Dränschicht: Einseitig vlieskaschierte Nylonschlingmatte, 2 cm dick

3 Wurzelschutzschicht: PVC, etwa 1 mm dick

2 Trennschicht: Nadelfiltervlies, 2,5 mm dick, 300 g/ m²; wird über bestehende bituminöse Dachabdichtungen gelegt, um chemische Unverträglichkeiten mit der Wurzelschutzbahn zu vermeiden

1 Dachunterkonstruktion (Dachabdichtung wird vorausgesetzt)
Bepflanzung: Je nach Belastbarkeit und Dicke der Vegetationsschicht sind verschiedene Bepflanzungen

97

von Rollrasen bis zu Büschen und kleinen Bäumen möglich

Belastung durch Grünaufbau: Bei 4 cm Steinwolle mit Rollrasen etwa 60 kg/m², bei 10 cm Steinwolle mit Bepflanzung etwa 80 kg/m²

Nora Dachbegrünungssystem

Hersteller: Freudenberg
Einsatzbereich: Es handelt sich um ein einfaches Begrünungssystem aus zwei Produkten, welche alle notwendigen Funktionen erfüllen.

Das System ist universell für Intensiv- und Extensivbegrünungen einsetzbar. Die Vegetationsschicht wird entsprechend den Ansprüchen der Pflanzen aufgebracht.

Substrate werden von der Firma nicht angeboten, damit eine größere Flexibilität gewährleistet ist
Aufbau:
2 Filterschicht, Dränschicht, Bautenschutz: Die Nora-Schutz- und Dränbahn oder -platte übernimmt diese dreifache Funktion. Sie besteht aus vernetzten Polyethylenschaumflocken mit oberseitig aufgebrachtem Filtervlies. In der Unterseite sind zur schnellen Wasserableitung Rillen eingeprägt
1 Dachabdichtung, Wurzelschutzschicht: Die Nora-Doppelschutzbahn aus quellverschweißbarem EPDM-Kautschuk erfüllt alle zwei Funktionen
Bepflanzung: Mit Gräsern, Bodendeckern, Stauden, Sträuchern usw., je nach firmenseitiger Beratung des Bauherrn
Aufbauhöhe: Die Höhe des Nora Begrünungssystems beträgt etwa 3,0 cm. Die Höhe des Erdsubstrates hängt von den statischen Voraussetzungen und der gewünschten Bepflanzung ab
Belastung durch Grünaufbau: Je nach Substratdicke schwankt die Belastung von 50 kg/m² bis etwa 440 kg/m²
Bewässerung: Alle Varianten außer Anstaubewässerung sind möglich

Optima Intensivbegrünungssysteme

Hersteller: Optima
Einsatzbereich: Intensivbegrünungsformen mit vielfältigen Gestaltungsmöglichkeiten, vorwiegend mit Anstaubewässerung. Dabei wird eine den Flachdachrichtlinien entsprechende Dachkonstruktion mit ausreichender Tragfähigkeit und geeigneter Dachabdichtung vorausgesetzt. Auch Einzelkomponenten sind lieferbar
Aufbau: Die drei angebotenen Systemvarianten unterscheiden sich ausschließlich durch die unterschiedlich dicken Vegetationsschichten, die jeweils verschiedene Bepflanzungsformen ermöglichen
7 Vegetationsschicht: Das Substrat besteht aus Torf, Lößton, Tonmineralien, porösen Zuschlagstoffen; ist mit Nährstoffen angereichert und kann je nach Bedarf variiert werden
6 Verwurzelungsgewebe: Im unteren Bereich der Vegetationsschicht kann im (seltenen) Bedarfsfall zur Erhöhung der Pflanzenfestigkeit ein Verwurzelungsgewebe aufgebreitet werden
5 Filterschicht: Filtermatte aus Polypropylen-Mischvlies
4 Dränschicht: Sie besteht aus Blähton/Blähschiefer mit geringem Salz- und Kalkgehalt. Die Stärke der Dränschicht hängt von der Dicke der Vegetationsschicht, der Art der Bepflanzung und der Bewässerung ab und liegt zwischen 9 und 15 cm
3 Wurzelschutzschicht: Aus Weich-PVC der Firma Dynamit Nobel, 0,8 mm dick. Am Rand wird die Wurzelschutzbahn mit den Randelementen aus Asbestzement verbunden, die als gerade Elemente, Außenecken, Innenecken oder Außen-Innenbogen in 17 und 35 cm Höhe erhältlich sind. Dadurch wird der Dachgartenaufbau völlig von der eigentlichen Dachkonstruktion losgelöst
2 Trennschicht: Polypropylen-Mischvlies
1 Dachunterkonstruktion
Das Optima Dachbegrünungsprogramm enthält sämtliche erforderlichen Teile für die Anstaubewässerung sowie Anschlußstücke, Deckendurchführungen und in vielen Formen und Größen lieferbare, mit Anstaubewässerung versehene Pflanzgefäße aus Faserzement
Bepflanzung: Sie hängt von der Dicke der Vegetationsschicht und den Standortbedingungen ab. Der Bauherr erhält Beratung. Es wird eine vielfältige Pflanzenauswahl angeboten
Aufbauhöhe: Sie beträgt für anspruchsvollere bodendeckende Pflanzen und niedrige Stauden etwa 14 cm, für Stauden, Rosen, Kleinsträucher, bei entsprechender Erdanhügelung auch für mittlere und größere Sträucher, 19 bis 35 cm. Eine fast uneingeschränkte

Optima Intensivbegrünungssystem.

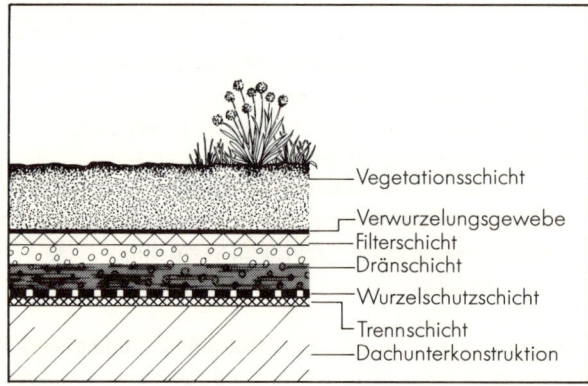

Vegetationsschicht
Verwurzelungsgewebe
Filterschicht
Dränschicht
Wurzelschutzschicht
Trennschicht
Dachunterkonstruktion

Pflanzenvielfalt mit umfassenden Gestaltungsmöglichkeiten ist ab einer Aufbauhöhe von 35 cm möglich

Belastung durch Grünaufbau: Bei 14 cm Aufbau 140 kg/m², bei 19 bis 35 cm Aufbau 190 bis 370 kg/m², ab 35 cm ab 370 kg/m²

Bewässerung: Vorwiegend wird Anstaubewässerung eingesetzt, auf Wunsch zusätzlich mit anderen automatischen Bewässerungsformen

Plantener Intensivbegrünungssystem

Hersteller: Plantener

Einsatzbereich: Kernstück des Plantener Intensivbegrünungssystems ist die Substratschicht aus Steinwolle, daher ist es nur für bedingt begehbare Intensivbegrünungen auf flachen oder leicht geneigten Dachflächen geeignet

Aufbau:

7 Mulchschicht: Die etwa 2 cm dicke Mulchschicht aus Lavapor, das auch für die Dränschicht verwendet wird, schützt die Bepflanzung vor starker Austrocknung und Windverwehung

6 Vegetationsschicht: Besteht aus einer speziell bearbeiteten Steinwollmatte, die unter der Bezeichnung Grodan vertrieben wird. Diese ist aufgrund ihres strukturstabilen Faseraufbaues, ihrer günstigen hygroskopischen Eigenschaften (92% Porenvolumen, hohe Wasserspeicherfähigkeit) und der chemisch neutralen Zusammensetzung besonders pflanzenfreundlich. Leichte Verarbeitung, geringes Gewicht und geringe Aufbauhöhen sind weitere Vorteile. Lieferform: 90 × 60 cm, 10 cm dick, bei Bepflanzungen über 1,5 m Höhe werden zwei Matten übereinander gelegt.
Für die Pflanzen werden entsprechend große Löcher in die Matten geschnitten. Größere Sträucher und Bäume werden in Gitterkörben direkt auf das Filtervlies gestellt. Die Körbe sind 40 und 60 cm hoch und werden mit Erdsubstrat gefüllt, ehe die Pflanzen eingesetzt werden. Um die Körbe werden durch Übereinanderlegen mehrerer Vegetationsmatten »Pflanzhügel« geschaffen. Dies bewirkt ausreichenden Wurzelraum und gute Standfestigkeit

5 Filterschicht: Glasfaser-Trennvlies

4 Dränschicht: Besteht wie die Mulchschicht aus Lavapor, einer von Basaltteilen befreiten Lavaschlacke mit guten kapillaren Eigenschaften. Wird in Abhängigkeit von der Art der Bepflanzung und dem gewünschten Bewässerungssystem in einer Stärke von 2 bis 8 cm (bei Anstaubewässerung) aufgebracht

3 Schutzschicht: PES-Schutzvlies, Gewicht 300 g/m²

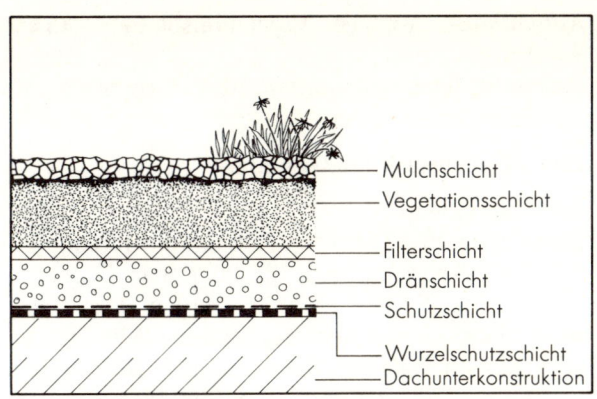

Mulchschicht
Vegetationsschicht
Filterschicht
Dränschicht
Schutzschicht
Wurzelschutzschicht
Dachunterkonstruktion

2 Wurzelschutzschicht: Wurzelschutzbahn aus Alkorplan oder Alkorflex, 1,2 bis 1,5 mm stark, wird über die bestehende Dachhaut gelegt

1 Dachunterkonstruktion

Bepflanzung: Je nach Dicke der Vegetationsmatten Blütenstauden, Kleingehölze, ab 150 cm Wuchshöhe zwei Lagen Substratmatten, bei Verwendung von Pflanzkörben auch Solitärpflanzen bis etwa 4 m Höhe möglich, die zusätzlich gegen Wind gesichert werden müssen

Aufbauhöhe: 9 bis 23 cm

Belastung durch Grünaufbau: Je nach Aufbau, durchschnittlich 160 kg/m²

Bewässerung: Anstaubewässerung in der Dränschicht

Technoflor Begrünungssystem

Hersteller: Technoflor

Einsatzbereich: Das System basiert auf der Vegetationsplatte aus Schaumstoffflocken und ist daher besonders für flächige Intensivbegrünungen geeignet, bei denen niedriges Gewicht erwünscht ist

Aufbau: Der Systemaufbau ist identisch mit dem der Technoflor Extensivbegrünungssysteme. Die Vegetationsschicht wird im Hinblick auf die anspruchsvollere Bepflanzung dicker dimensioniert. Die Technoflor Vegetationsplatte wird mit einem Dachgartensubstrat überdeckt, welches etwa aus 40% Oberboden, 20% Agriperl, 30% Schaumlava 2 bis 6 mm, 10% Torf sowie Langzeitdünger zusammengesetzt wird

Bepflanzung: Die Firma arbeitet Bepflanzungsvorschläge aus. Die Pflanzen können entweder über Technoflor oder andere Gartenbaubetriebe bezogen werden. Das Spektrum reicht dabei je nach Dicke der Vegetationsschicht von Blütenstauden bis zu Gehölzen. Bei der Pflanzung werden in die Vegetationsplatte Löcher für die Wurzelballen geschnitten und mit Substrat ausgefüllt

Aufbauhöhe: Ab 5 cm Vegetationsplatte + 15 cm Substrat
Belastung durch Grünaufbau: Ab 215 kg/m²

Zinco Dachbegrünungssysteme

Hersteller: Zinco
Zinco bietet drei Grundsysteme an, davon eine nur für Extensivbegrünungen, die über dem Standard-Wurzelschutz-System errichtet werden. Das Kernstück bilden unterschiedlich profilierte Schaumstoff- oder Kunststoffplatten, die mit einem Kanalsystem und Öffnungen zur Regulierung des Wasserstandes versehen sind. Die oberen Vertiefungen werden mit Blähton, Blähschiefer oder Kies als Dränagematerial gefüllt und können je nach System unterschiedliche Wassermengen speichern. Die unterseitige Profilierung dient der besseren Wasserableitung. Alle Systeme zeichnen sich durch geringes Gewicht und leichte Verlegbarkeit aus

Standard-Wurzelschutz-Systemaufbau

Einsatzbereich: Basisaufbau für alle Systeme
Aufbau: Das Wurzelschutz-System ist für alle drei Systeme gleich. Es wird über die bauseitig bereits vorhandene Dachabdichtung gelegt. Die Schichten können je nach Bepflanzung, Nutzung und Gefälle verschieden kombiniert werden

System Floradrain von Zinco.

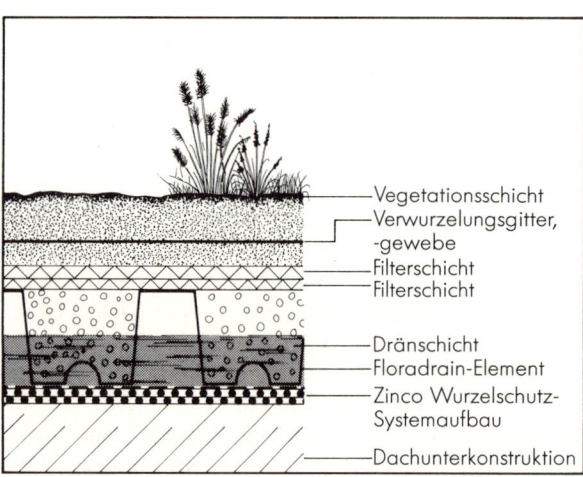

Vegetationsschicht
Verwurzelungsgitter, -gewebe
Filterschicht
Filterschicht
Dränschicht
Floradrain-Element
Zinco Wurzelschutz-Systemaufbau
Dachunterkonstruktion

3 Wurzelschutzschicht: Typ Nr. 20: Bitumen- und polystyrolbeständig, in Planen, 8 × 25 m, 20 × 6,25 m, 0,2 mm dick
Typ Nr. 40: Wie Typ Nr. 20, aber 0,4 mm dick. Die Planen werden in folgenden Größen angeboten: 50 × 2 m, 3,2 × 6,25 m, 20 × 6,25 m, 8 × 25 m
Typ Nr. 185: Aus PVC, Rollen 20 × 2,0 m, 1,0 mm dick. Dieser Typ ist quellverschweißbar und eignet sich auch für die Auskleidung von Teichen. Die für

den Einzelfall geeignete Bahn wird zweilagig über die bestehende Dachhaut verlegt

2 Isolierschutzmatte: Aus verrottungsfesten, »spatenfesten« Kunststoffasern verdichtet, einseitig gummiert, hält abgeschwemmte Nährstoffe zurück; Oberseite stabilisiert; erhöht den Trittschallschutz.
Typ Nr. 50: Wasserspeichervermögen etwa 2 l/m², Platten 2,0 × 1,0 m, Gewicht 0,7 kg/m², oder auch Rollen, 2 m breit, 25 m lang
Typ Nr. 90: Wasserspeichervermögen etwa 3 l/m², Platten 2,0 × 1,0 m, Gewicht 1 kg/m²

1 Speicherschutzmatte: Verrottungsfeste Kunststoffasern; als Schutz vor Beschädigungen der Wurzelschutzfolie u. zur Erhöhung der Speicherkapazität.
Typ Nr. 35: Wasserspeichervolumen etwa 2 l/m², Rollen 100 × 2 m
Typ Nr. 45: Wasserspeichervolumen etwa 3 l/m², Rollen 100 × 2 m
Typ Nr. 200: Wasserspeichervolumen etwa 10 l/m², Rollen 16,5 × 1 m

System Floradrain

Einsatzbereich: Intensive und extensive Dachbegrünungen, je nach Aufbau für Bäume, Sträucher, Rasen, Sandspielflächen, Fahrbeläge usw. geeignet. Einsetzbar auf Dachneigungen von 0 bis 10°
Aufbau: Die oberste Schicht ist je nach Einsatzbereich verschieden ausgebildet
bei Begrünung: Vegetationsschicht
bei Gehbelag: Terrassenplatten
bei Fahrbelag: Fahrbelag mit Verbundsteinen

9 Vegetationsschicht für intensive Begrünungen: Dachgartensubstrat aus den Komponenten Rindenkompost, Blähschiefer und Ton zusammengesetzt, strukturstabil, pH 6,3 bis 6,7, Gewicht 800 kg/m³. Bei Schichtdicken über 20 cm kann das Substrat mit 50% Humus vermischt werden. Für extensive Begrünungen: mineralisches Substrat aus Blähschiefer, Lava und Bims.

8 Verwurzelungsgitter: Wird zur besseren Verwurzelung höherer Pflanzen ins Substrat eingelegt, 500 × 215 cm, Maschenweite 75 × 75 mm. Für kleinere Pflanzen ist ein Verwurzelungsgewebe ausreichend (Rollen zu 250 × 1,0 m).

7 Filterschicht: Aus Sand, dient durch große thermische Masse zur Temperaturstabilisierung, wird nur bei ausreichender Belastbarkeit in einer Stärke von etwa 4 cm aufgebracht

6 Filterschicht: Polypropylen-Vlies, Rollen 100 × 2 m

5 Floradrain-Elemente: Zur Aufnahme des Dränagematerials bzw. zur Bewässerung und Belüftung
Typ FD 25: Aus PVC, auch als Grundwasserschutz verwendbar. Rollen 14 × 0,72 m, 2,5 cm dick oder als Platte, 1,5 × 1,0 m. Gewicht 1 kg/m²

Typ FD 40: Aus PVC, bitumenverträglich, Platten 150 × 100 cm, 4 cm dick, Gewicht 1 kg/m²

Typ FD 60: Aus Polyethylen, Platten 200 × 100 cm, 6 cm dick, Gewicht 1,9 kg/m²

4 Dränschicht: Zincoperl, gebrochener Blähton oder Blähschiefer, Körnung 4/8 mm, 450 kg/m³

3–1 Zinco Wurzelschutz-Systemaufbau (Beschreibung siehe Seite 100)

Bepflanzung: Je nach Dicke der Vegetationsschicht mit Bodendeckern und Gehölzen.

Aufbauhöhe: Bei Extensivbegrünung ab 9 cm, bei Intensivbegrünung ab 25 cm

Belastung durch Grünaufbau: Ab 60 kg/m²

Bewässerung: Die strukturierten Floradrain-Elemente halten in den Vertiefungen viel Wasser fest, zusätzlich sind alle Bewässerungsformen einschließlich Anstaubewässerung (nur bei FD 60) möglich

System Floratherm

Einsatzbereich: Intensive und extensive Dachbegrünungen, flache und geneigte Dachflächen bis 30°, wo zusätzliche Wärmedämmung erwünscht ist. Besonders für Althaussanierungen mit geringer vorhandener Wärmedämmung geeignet.

Aufbau: Das System unterscheidet sich vom Floradrain-Aufbau nur durch die Florathermplatten, die statt der Floradrain-Elemente verlegt werden.

Die Wärmedämmschicht liegt dabei wie beim Umkehrdach oberhalb der Entwässerungsebene. Durch die besondere Plattengestaltung ist das unterhalb angestaute Niederschlagswasser für die Pflanzen erreichbar, mindert jedoch die Dämmwirkung.

Floratherm Typ TH 65, TH 100 TH 140: Elemente aus Polystyrol-Hartschaum mit Hakenfalzen, unterseitigem Kanalsystem, Wasserspeichermulden, Öffnungen zur Belüftung und Diffusionsbewässerung; geeignet für Flach- und Schrägdach, 100 × 100 cm.

Floratherm Typ TH 65: 65 mm dick

Floratherm Typ TH 100: 100 mm dick

Floratherm Typ TH 180: Elemente aus Hartschaum Diese Platten entsprechen der Wärmedämmung von Dämmplatten mit 2,5, 4 bzw. 6 cm Dicke.

Floratherm Typ TH 140: 140 mm dick

PSE 30 SE mit Hakenfalz und Wasserkanälen, Plattengröße: 100 × 50 × 18 cm, Dicke der Wärmedämmschicht etwa 7 cm, Gewicht 3,5 kg/m².

Freiland-Hydrokultur im Dachgarten

Bei der vorwiegend für Zimmerpflanzen eingesetzten Hydrokultur wurzeln die Pflanzen nicht in der Erde, sondern in einer Trägersubstanz, für die meist Bläh-

ton, seltener auch Steinwolle, Polyurethan-Schaum, Bimsbruch oder Lavabruch verwendet werden.

Im unteren Bereich des Pflanzgefäßes wird eine Nährlösung innerhalb eines bestimmten Niveaus gehalten. Sie steigt von dort kapillar in die Trägersubstanz und versorgt so die Pflanze gleichmäßig mit Flüssigkeit und Nährstoffen.

Da die Pflanzen in der stets durchfeuchteten Trägersubstanz andere Wurzeln ausbilden als in gewöhnlicher Erde, werden sie bevorzugt schon in Hydrokultur herangezogen. Bei der Umstellung von Contai-

Herkömmlicher Gründachaufbau	
40 cm Vegetationsschicht wassergesättigt	450 kg/m²
30 cm Dränageschicht, darin 20 cm	200 kg/m²
Gewichtsbelastung durch herkömmlichen Gründachaufbau	650 kg/m²
Hydrokultursystem	
50 cm Blähton mit 20 cm Nährlösung, Gewichtsbelastung	400 kg/m²

Gewichtsvergleich zwischen einer Intensivbegrünung mit Dachgartensubstrat sowie Wasseranstau in der Dränschicht und einem Hydrokultursystem

nerpflanzen von der Erd- in die Hydrokultur muß alle Erde sorgfältig aus dem Wurzelballen ausgespült werden. Verbleiben Erdreste an den Wurzeln, setzen Fäulnisprozesse ein.

Die wesentlichen Vorteile dieser Kulturmethode liegen in dem geringen Pflegeaufwand, da die Nährlösung nur alle paar Wochen ergänzt werden muß. Außerdem bewirken die gleichmäßige Dünger- und Feuchtigkeitszufuhr ein gutes Pflanzenwachstum.

Prinzipiell sind fast alle Pflanzen für die Hydrokultur geeignet, selbst Kakteen lassen sich auf diese Weise erfolgreich kultivieren. Für Freilandpflanzen konnte sich die Hydrokultur eigentlich bis heute nicht so richtig durchsetzen, da sich die Bewässerung und Düngung der Pflanzen auch bei der Erdkultur heute schon leicht automatisieren lassen. Außerdem bieten nur wenige Gärtnereien Freilandhydropflanzen an.

Für den Einsatz im Dachgarten wird die Hydrokultur jedoch vor allem wegen des gegenüber herkömmlichen Erdsubstraten doch wesentlich geringeren Gewichtes interessant.

Während der Wintermonate muß die Nährlösung bis auf einen kleinen Rest abgelassen werden, um Frostschäden an den Pflanzen und ein Auffrieren der Pflanzgefäße zu verhindern.

Entgegen der herrschenden Meinung, daß bei der Hydrokultur alle Erdreste sorgfältig aus dem Wurzelballen auszuspülen sind, bietet die Hoesch-Gärtnerei, BRD, ein Mischsystem an, bei dem die Pflanzen mit dem Erdballen in die Trägersubstanz (gebrochener Blähton) umgesetzt werden. Dadurch lassen sich alle üblichen Pflanzen verwenden und man ist nicht auf das sehr beschränkte Angebot bei Hydropflanzen an-

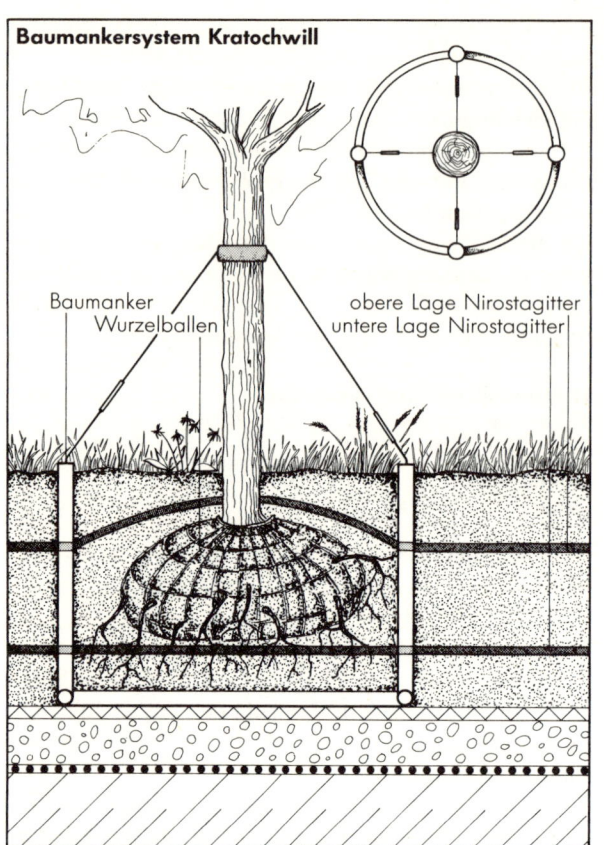

Baumankersystem Kratochwill

Baumanker
Wurzelballen

obere Lage Nirostagitter
untere Lage Nirostagitter

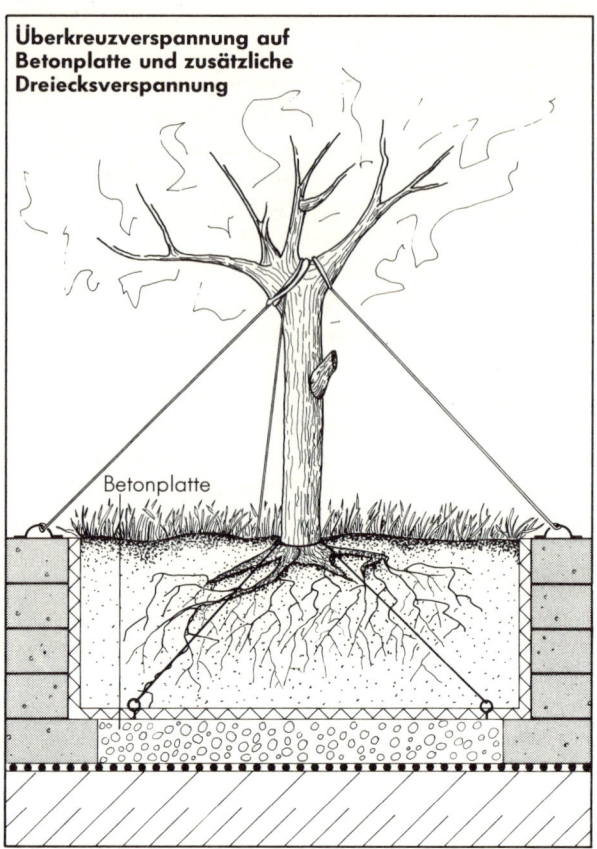

Überkreuzverspannung auf Betonplatte und zusätzliche Dreiecksverspannung

Betonplatte

gewiesen. Mit der Zeit wird die organische Substanz des Erdsubstrates mineralisiert und die Pflanzen bilden die typischen Hydrowurzeln aus, während die Erdwurzeln langsam absterben. Das System hat sich bereits seit mehreren Jahren bewährt, seine weitere Verbreitung bleibt abzuwarten.

Erhöhung der Standfestigkeit von Gehölzen

Die dünne, meist leichte Vegetationsschicht bietet größeren Gehölzen keine ausreichende Standfestigkeit, um kräftigen Windböen standhalten zu können. Es müssen Maßnahmen zur Erhöhung der Standfestigkeit getroffen werden, will man den artengerechten Pflanzenwuchs nicht einschränken.

Die Standfestigkeit hängt von folgenden Faktoren ab:
– Stärke des Bodenaufbaues – je dicker, desto bessere Standfestigkeit,
– Gewicht und Scherfestigkeit der Vegetations- und Dränschicht – je geringer, desto kleinere Standfestigkeit,
– Wasserspeicherfähigkeit und Durchwurzelbarkeit der Dränschicht – je höher, desto besser kann sich die Pflanze verankern.

1. Baumankersystem

Die beste Lösung, um die Standfestigkeit von Gehölzen zu erhöhen, stellt zweifellos das sogenannte Baumankersystem nach KRATOCHWILL dar. Der Baumanker besteht aus einem Nirostaring mit einem Durchmesser von 2 m, auf dem drei senkrechte Rohre mit Innengewinden angeschweißt sind. Er wird auf eine Vliesbahn über der Dränschicht verlegt. Dann wird etwa 10 cm Vegetationssubstrat flächig aufgebracht und darüber werden einige Quadratmeter Nirostanetz mit etwa 10 cm Maschenweite aufgebreitet. Auf dieses Gitter werden die Bäume gestellt, dann folgt erneut eine rund 25 cm dicke Schicht Vegetationssubstrat. Jetzt wird eine zweite Lage des Nirostagitters flächig über den Wurzelballen verlegt und das Vegetationsgemisch bis zur endgültigen Höhe darübergeschüttet. Anschließend wird der Baum mit Spanndrähten an den herausragenden, senkrechten Rohren verankert. Nach einiger Zeit hat der Baum das untere Gitter voll durchwurzelt und die Spanndrähte können entfernt werden.

Einlegen von Durchwurzelungsgittern

Gut bewährt hat sich das Einlegen von Kunststoffgeweben mit Maschenweiten von etwa 10 mm, Nirostamatten oder Vliesen in die Vegetationsschicht. Diese

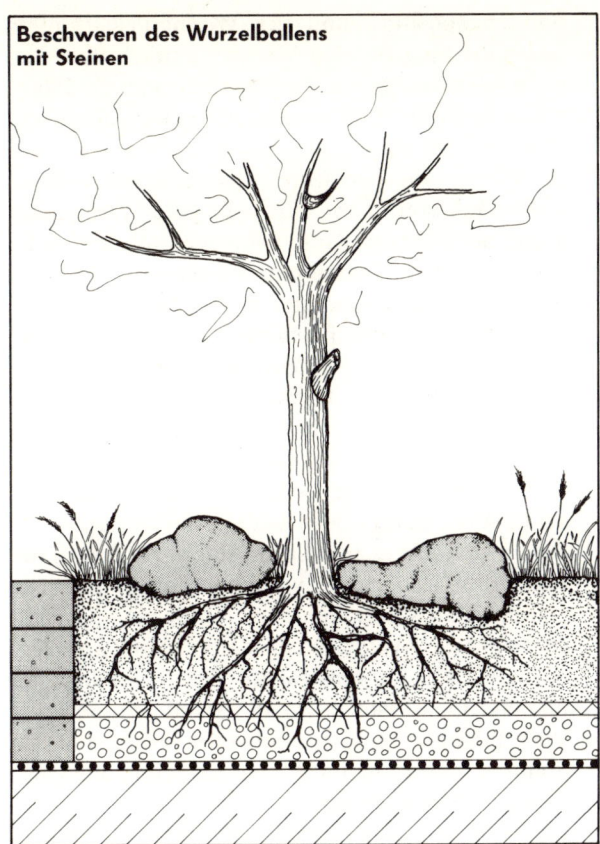

Beschweren des Wurzelballens mit Steinen

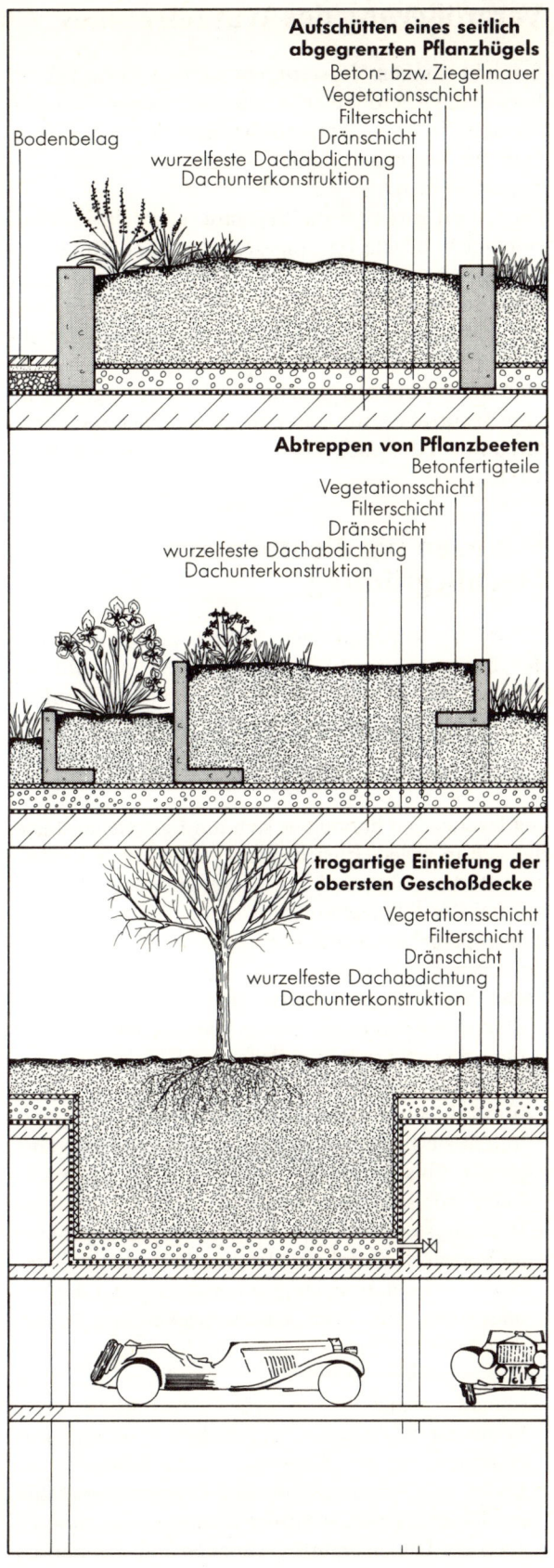

Aufschütten eines seitlich abgegrenzten Pflanzhügels
Bodenbelag
Beton- bzw. Ziegelmauer
Vegetationsschicht
Filterschicht
Dränschicht
wurzelfeste Dachabdichtung
Dachunterkonstruktion

Abtreppen von Pflanzbeeten
Betonfertigteile
Vegetationsschicht
Filterschicht
Dränschicht
wurzelfeste Dachabdichtung
Dachunterkonstruktion

trogartige Eintiefung der obersten Geschoßdecke
Vegetationsschicht
Filterschicht
Dränschicht
wurzelfeste Dachabdichtung
Dachunterkonstruktion

Ist nur ein dünnschichtiger Gründachaufbau vorgesehen, bieten sich unterschiedliche Möglichkeiten zur Vergrößerung des Wurzelraumes an. An statisch dafür geeigneten Stellen lassen sich dadurch auch größere Pflanzen verwenden (abgeändert nach Liesecke 1979).

werden voll durchwurzelt und verteilen die Zugbelastungen auf eine größere Fläche.

2. Dreiecksverspannungen
Eine Dreiecksverspannung mit Drähten ist meist störend, oft fehlen geeignete Verankerungsmöglichkeiten. Die Verspannung bedeutet keine zusätzliche Gewichtsbelastung und ist bei eingewurzelten Pflanzen gut machbar.

3. Überkreuzverspannung auf Betonplatte
Die Überkreuzverspannung des Wurzelballens auf einer Betonplatte bedeutet eine hohe zusätzliche Gewichtsbelastung. Sie erfordert die aufwendige Herstellung einer starken Betonplatte mit Laschen und ist nur während der Pflanzung von Ballenpflanzen möglich.

4. Beschweren mit Steinen
Das Beschweren des Wurzelballens durch große Steine bedeutet eine zusätzliche Gewichtsbelastung und wirkt gelegentlich störend, ist jedoch auch bei eingewachsenen Pflanzen durchführbar.

Vergrößerung des Wurzelraumes

Bei sehr dünnen Vegetationsschichten sowie bei der Verwendung großer und starkwüchsiger Gehölze können die Wachstumsbedingungen durch Maßnahmen zur Vergrößerung des Wurzelraumes stark verbessert werden.

Dazu wird entweder die Vegetationsschicht im Wurzelbereich hügelartig aufgeschüttet oder durch das Auflegen von Brunnenringen, Betonfertigteilen oder Errichten einer Rabattmauer aus Ziegeln, Steinen usw. ein erhöhtes Pflanzbeet geschaffen, das auch abgetreppt werden kann. Speziell bei Tiefgaragen kann man in der obersten Geschoßdecke trogartige Vertiefungen vorsehen, um somit die Pflanzung großer Solitärbäume zu ermöglichen (siehe Zeichnung Seite 103).

Pflanzen für die intensive Dachbegrünung

Neben der einwandfreien technischen Ausführung des Dachaufbaues bildet die richtige Auswahl der Pflanzen die wichtigste Voraussetzung für eine zufriedenstellende Dachbegrünung.

Kriterien für die Pflanzenauswahl

Bei Dachgärten handelt es sich um Extremstandorte, die sich in vieler Hinsicht von Gärten auf gewachsenem Boden unterscheiden. Diese Unterschiede müssen bei der Pflanzenauswahl berücksichtigt werden, damit später böse Enttäuschungen und hohe Ausfallraten vermieden werden.

– Der stark eingeschränkte Wurzelraum stellt den Hauptunterschied zu einem natürlichen Standort dar und wirkt sich in mehrfacher Hinsicht aus:
Die Pflanzen können sich an die flachen Vegetationsschichten unterschiedlich gut anpassen, indem sie flächige Wurzelsysteme ausbilden. Dies gilt mit Einschränkungen auch für Tiefwurzler. Gehölze mit stark verzweigtem, rasch wachsendem Wurzelsystem, wie etwa Bodendecker, sind generell im Vorteil, da sie schnell den beschränkten Lebensraum erobern und langsam wachsende Pflanzen oder solche mit Anwachsschwierigkeiten, z. B. größere Solitärpflanzen, stark unterdrücken.
– Der exponierte Standort und die dünne Substratschicht verlangen von den Pflanzen eine gesteigerte Widerstandsfähigkeit gegenüber Temperaturextremen, da im Gegensatz zum gewachsenen Boden die Pufferwirkung des Unterbodens fehlt. Im Sommer liegen sowohl die Temperaturspitze als auch die Durchschnittswerte aufgrund der starken

Sonnenexposition und der Wärmerückstrahlung durch die umgebenden Mauern deutlich über den regionalen Werten am Boden. Übersteigt die Pflanzentemperatur 45 °C, so gerinnt das Eiweiß und die Pflanze stirbt ab.

Im Winter dagegen lassen der fehlende Wärmenachschub von unten durch die gute Wärmedämmung der obersten Geschoßdecke und der häufig starke Wind die Temperaturen weit unter die sonst üblichen Bodentemperaturen absinken.

Der im Winter durchgefrorene Boden kann kein Wasser mehr an die Pflanzen abgeben, wodurch sogar an sich gut winterharte Pflanzen, speziell bei starkem Wind oder hoher Sonneneinstrahlung, vertrocknen. Besonders gefährdet sind davon die immergrünen Pflanzen, da sie auch im Winter Wasser über die Blätter oder Nadeln verdunsten.

Bei einem dickerschichtigem Aufbau gefriert in der Regel die Dränschicht im Winter, abgesehen von extremen Frostperioden nicht. In der Dränschicht gespeichertes Wasser bleibt damit pflanzenverfügbar. Durch Frost verursachte Trockenschäden an immergrünen Pflanzen werden damit vermieden.

Viele Pflanzen vertragen entweder starke Hitze im Sommer oder Kälte im Winter. An beides angepaßt sind jedoch nur wenige.

– Im Gegensatz zum gewachsenen Boden unterliegt der Wurzelbereich starken kurzzeitigen Temperaturschwankungen, was zu Wachstumsstockungen, vorzeitigem Austrieb oder zum Vertrocknen führen kann.
– Schwankungen im Wasser- und Nährstoffangebot, die das Pflanzenwachstum beeinträchtigen, können durch entsprechende Pflegemaßnahmen und richtige Substratauswahl weitgehend vermieden werden.
– In den meisten Fällen ist der Dachgarten einer intensiven Sonneneinstrahlung ausgesetzt. Die starke Hitze und die aufgeheizten Stein- und Betonflächen der Umgebung lassen ein heiß-trockenes Klima entstehen, das für viele Pflanzen nicht zuträglich ist.
– Eine andauernde und hohe Windbelastung führt einerseits zu mechanischer Beschädigung von Blättern und Astwerk, andererseits steigt mit zunehmender Windgeschwindigkeit der Wasserentzug durch Transpiration. Dies kann vor allem im Winter bei durchgefrorenem Bodenaufbau die Ursache für Trockenschäden an immergrünen Gewächsen sein.

Am meisten gefährdet sind die Pflanzen direkt nach der Einsaat oder Anpflanzung. Weil sie noch nicht gut eingewurzelt sind, können sie besonders schnell vertrocknen.

Um für den speziellen Einzelfall eine richtige Pflanzenauswahl treffen zu können, müssen außer diesen allgemein gültigen Aussagen noch die mikroklimatischen Standortbedingungen genau untersucht und beachtet werden. Angrenzende Gebäude, Feuermauern, Kamine und Baumkronen lassen eine Klimasituation entstehen, die sich oft deutlich von der der Umgebung oder der von anderen Dachflächen unterscheidet und sogar zum Teil an windgeschützte, schattige, feucht-kühle Innenhöfe erinnert. Daß dort dann ganz andere Pflanzen verwendet werden können als auf den typischen, heiß-trockenen Dachflächen, ist wohl selbstverständlich.

Während man das Gewicht von niedrig wachsenden Pflanzen fast vernachlässigen kann, müssen die Belastungen durch größere Gehölze sowie die durch den Winddruck zusätzlich entstehenden Kräfte schon bei der Pflanzung bedacht werden (s. Seite 81 ff.).

Bei der Auswahl der Pflanzen müssen außerdem noch Wuchshöhe und Gestalt, Blütetermin und Blütenfarbe, Herbstfärbung und die Lichtansprüche bedacht werden. Durch den Wunsch, auch auf kleinem Raum ein möglichst hohes Maß an Abwechslung und Gartenerlebnis genießen zu können, gelten andere Gesetze als bei der herkömmlichen Gartenplanung.

Wegen der geringen Dicke der Vegetationsschicht erscheint es vorteilhaft, die Pflanzen in niedrigen und dafür eher breiten Containern heranzuziehen oder die Bildung eines möglichst flachen Wurzelballens zu fördern.

Alle diese Einzelfaktoren gilt es, bei der Gesamtplanung zu bedenken, aber erst die gute Abstimmung und Kombination aller Einzelkomponenten ermöglicht es, alle Möglichkeiten, die sich auf dem Dachstandort bieten, voll auszuschöpfen.

Die folgenden Listen mit Dachgarten-geeigneten Gehölzen und Kletterpflanzen beruhen auf Erfahrungen von Kollegen sowie auf eigenen Beobachtungen bei der Besichtigung zahlreicher Dachgärten in Wien. Sie dienen als Orientierungshilfe bei Planungsarbeiten, erheben jedoch keinerlei Anspruch auf Vollständigkeit oder absolute Gültigkeit für jeden Standort. Schließlich sind viele Pflanzen noch nicht eingehend auf ihre Eignung für Dachbegrünungen untersucht worden. Ein gewisser Mut zu Neuem und zum Experimentieren sollte bei der Anlage eines Dachgartens nicht fehlen, wobei stets gewisse Rückschläge und Verluste einkalkuliert werden müssen.

Für alle weiteren Pflanzen, die noch auf Dachflächen wachsen können wie einjährige Sommerblumen, ausdauernde Blütenstauden, Farne, Gräser sowie Zwiebelpflanzen werden hier keine Empfehlungen gegeben. Ihre Eignung hängt in erster Linie von der jeweiligen Situation ab. Es gilt, diesen Pflanzen ähnliche Bedingungen hinsichtlich Licht und Bodenverhältnissen zu geben, wie sie für den normalen Garten empfohlen werden.

Sommerblumen

Sommerblumen leben in der Regel nur eine Vegetationsperiode und müssen daher jährlich neu gepflanzt bzw. nach dem Absterben wieder entfernt werden. Als Vorteil wäre zu nennen, daß sich Fehler bei der Pflanzenauswahl nur eine Saison lang auswirken und man bei guter Sortenwahl eine ununterbrochene Blühfolge erreichen kann.

Ausdauernde Blütenstauden

Bei den ausdauernden Blütenstauden unterscheidet man zwischen

- Wald und Waldrandstauden, die normalerweise unter Gehölzen oder am Gehölzrand gedeihen. Sie verlangen ein geschütztes Bestandsklima und eignen sich daher für Dachbegrünungen nur dann, wenn ähnliche Standortbedingungen vorliegen.
- Von den sogenannten Freiflächenstauden vertragen die meisten offene, besonnte Lagen und sind daher bestens geeignet.
- Steingartenstauden vertragen zwar Sonne und Wind recht gut, benötigen jedoch ein luftiges, kühles und nährstoffarmes Bodensubstrat.
- Beetstauden scheiden in vielen Fällen aus, da viele hochgezüchtete Sorten windanfällig und anspruchsvoll in der Pflege sind.

Berberis candidula, Schneeige Berberitze, immergrüne Silber-Berberitze
- *gagnepainii* var. *lanceifolia*, Lanzen-Berberitze
- × *ottawensis* 'Superba', Große Blut-Berberitze
- *thunbergii*, Grüne Hecken-Berberitze
-- 'Atropurpurea', Blut-Berberitze
-- 'Atropurpurea Nana', Kleine Blut-Berberitze
- *vulgaris*, Gemeine Berberitze
Betula nana, Arktische Zwergbirke

Calluna vulgaris, Besenheide
Choenomeles japonica, Japanische Zierquitte, Niedrige Scheinquitte
Cornus sericea 'Flaviramea', Hartriegel
Cotoneaster adpressus, Niedrige Zwergmispel, Kissenmispel
- *dammeri*, Teppich-Zwergmispel, z.B. Sorte 'Skogholm'
- *dielsianus*, Strauchmispel
- *divaricatus*, Sparrige Zwergmispel

- *horizontalis* und Formen, Fächer-Zwergmispel
- *microphyllus* var. *cochleatus*, Gedrungene Zwergmispel
- *multiflorus*, Reichblütige Zwergmispel
- *nebrodensis* (syn. *C. tomentosus*)
- *praecox*, Felsenmispel
- *salicifolius* 'Herbstfeuer', 'Parkteppich', 'Perkeo', Weidenblättrige Strauchmispel
- *wardii* 'Herbstfeuer'
- Watereri-Hybride 'Pendula'

Cytisus × benaii, Zwergginster, duftender Kriechginster
- *decumbens*, Niederliegender Ginster, Kissenginster
- *× kewensis*, Niederliegender Elfenbeinginster
- *nigricans*, Schwarzwerdender Ginster
- *purpureus*, Purpur-Ginster
- *scoparius*, Besenginster, z.B. Sorten 'Andreanus Splendens', 'Burkwoodii'

Deutzia × lemoinei 'Boule de Neige', 'Mont Rose', Deutzie
- *× rosea*, niedrige Deutzie

Elsholzia stauntonii, Chinesische Kamminze

Erica carnea in Sorten, Schneeheide

Euonymus alata, Spindelstrauch
- *fortunei* 'Coloratus', Purpur-Kriechspindel
-- 'Kewensis', 'Kegelus', Kletter-Spindelstrauch, immergrün
-- var. *radicans*, immergrüne Kriechspindel

Forsythia × intermedia und Formen, Forsythie
- *ovata*
- *suspensa*, Hängeforsythie
-- var. *fortunei*

Genista lydia, Zwergginster, Stein-Ginster
- *radiata*, Strahlen-Ginster, Kugel-Ginster
- *tinctoria*, Färber-Ginster

Halimodendron halodendron, Salzstrauch

Hebe subalpina

Hypericum calycinum, Hartheu, Niedriges Johanniskraut

Ilex crenata 'Convexa', 'Stokes', Japanische Stechpalme

Jasminum nudiflorum, Winter-Jasmin

Kerria japonica, Ranunkelstrauch
-- 'Pleniflora', gefüllter Ranunkelstrauch

Kolkwitzia amabilis, Perlmuttstrauch

Lespedeza thunbergii, Buschklee

Ligustrum obtusifolium var. *regelianum*, Liguster

Lonicera nitida, Immergrüne Strauch-Heckenkirsche, z.B. Sorte 'Graciosa'
- *pileata*, Böschungsmyrte

Pachysandra terminalis, Schattengrün, Ysander

Perovskia abrotanoides, Blauraute, Silberstrauch

Philadelphus × lemoinei, *P. × virginalis* 'Belle Etoile', 'Erectus', 'Dame Blanche', 'Schneesturm', Sorten des Falschen Jasmins

Potentilla fruticosa var. *arbuscula*, gelbblühender Fingerstrauch
-- 'Goldteppich', 'Longcare', 'Goldfinger', 'Klondike', 'Jackmann', 'Farreri', Sorten des gelbblühenden Fingerstrauches
-- var. *mandshurica*, weißblühender Fingerstrauch
-- var. *rigida*, Fingerstrauch
- *villosa*, Glanzmispel

Prunus subhirtella in Sorten, Japanische Hängekirsche
- *tenella*, Zwergmandel
- *triloba*, Mandelbäumchen

Pyracantha coccinea 'Orange Glow', 'Red Column', Feuerdorn

Rhus glabra, Scharlachsumach

Ribes alpinum 'Schmidt', Alpenjohannisbeere
- *aureum*, Goldjohannisbeere
- *sanguineum* und Formen, Rote Johannisbeere

Rosa rugosa 'Hansa', 'Alba', 'C.F. Meyer', Sorten der Nordischen Apfelrose
- *× rugotida*, Strauchrose
- Polyantha-, -Floribunda-Hybriden, Strauchrosen; bewährte Sorten: 'Chorus', 'Lilli Marleen', 'Märchenland', 'Nirwana', 'Paprika', 'Sarabande', 'Schneewittchen', 'Snowdance', 'The Queen Elisabeth Rose'

Wildrosen: *Rosa canina*, Hundsrose; *Rosa multiflora*, Büschelrose, *Rosa rugosa*, Apfelrose u.a.

Bodendeckende Rosen:
Rosa nitida, Glanzrose
- *× paulii*
- *pimpinellifolia*, Bibernell-Rose
- *vulgaris* 'Max Graf'

Salix purpurea var. *nana*, Kugelweide
- *repens* ssp. *argentea*, Silberbruchweide
-- ssp. *rosmarinifolia*, Rosmarinweide
- *hastata* 'Wehrhahnii', Engadin-Weide

Spiraea albiflora, Weiße Zwergspiere
- *× arguta* 'Graffsheim', Spitzblättrige Zwergspiere
- -Billardii-Hybriden, Spierstrauch, verschiedene Sorten
- -Bumalda-Hybriden 'Anthony Waterer', 'Froebelii', Sorten der Roten Strauchspiere
- *nipponica*, Japanische Strauchspiere
- *thunbergii*, Zwergspiere
- *× vanhouttei*, Fiederschnittige Kranzspiere

Stephanandra incisa, Kranzspiere, z.B. Sorte 'Crispa'
- *tanakae*, Tanaka-Kranzspiere,

Symphoricarpos albus var. *laevigatus*, Schneebeere
- *× chenaultii*, Korallenbeere
-- 'Hancock', Korallenbeere

Syringa × swegiflexa, Perlen-Flieder

Amelanchier laevis, Kahle Felsenbirne
- *lamarckii*, Kupfer-Felsenbirne
- *ovalis*, Gemeine Felsenbirne

Buddleja alternifolia, Schmalblättriger Schmetterlingsstrauch
- *davidii*-Hybriden, Großblumiger Sommerflieder

Buxus sempervirens 'Angustifolius', 'Globosa', 'Handsworthiensis', 'Rotundifolia', 'Vadar Valley', Buchsbaum

Caragana arborescens 'Lorbergii', Erbsenstrauch

Choenomeles speciosa, Zierquitte

Colutea arborescens, Blasenstrauch

Cornus alba, Gemeiner Hartriegel, z.B. Sorten 'Argenteomarginata', 'Spaethii'
-- 'Sibirica', Purpur-Hartriegel
- *sanguinea*, Roter Hartriegel

Corylopsis spicata, Ähren-Scheinhasel

Corylus maxima 'Purpurea', Bluthasel

Cotinus coggygria, Perückenstrauch
-- 'Rubrifolius', 'Royal Purpur', Roter Perückenstrauch

Cotoneaster bullatus, Felsenmispel, Großblättrige Strauchmispel

Elaeagnus commutata, Silber-Ölweide
- *multiflora*
- *umbellata*
Euonymus alata, Spindelstrauch, Korkflügelstrauch
- *fortunei* 'Gracilis', Weißbunte Kriechspindel
-- var. *radicans*, Immergrüne Kriechspindel
- *hamiltoniana* var. *yedoensis*
- *planipes*, Großfrüchtiges Pfaffenhütchen
- *verrucosa*
Exochorda racemosa, Radspiere, Prunkspiere
Laburnum alpinum, Alpen-Goldregen
- × *watereri* 'Vossii', Goldregen
Ligustrum obtusifolium var. *regelianum*
- *ovalifolium*, Eiblättriger Liguster
- *vulgare*, Liguster, Rainweide, z. B. 'Atrovirens' und andere Sorten
Lonicera × *amoena* in Sorten
- *korolkowii* 'Zabelii'
- *maackii*, Mandschurische Heckenkirsche
Parrotia persica, Eisenholzbaum
Philadelphus coronarius, Falscher Jasmin, Bauern-Jasmin
-- -Virginalis-Hybriden, Gefüllter Jasmin oder Fasanenspiere
Photinia villosa, Glanzmispel
Physocarpus opulifolius, Blasenspiere

Prunus serrulata 'Kiku-shidare-sakura', Japanische Blütenkirsche
- *spinosa*, Schlehdorn
Pyracantha fortuneana 'Orange -Glow', Feuerdorn
Pyrus salicifolia, Weidenblättrige Birne
Rhodotypos scandens, Scheinkerrie
Salix daphnoides 'Pomeranica', Reifweide
- *purpurea*, Purpurweide
Sambucus nigra, Schwarzer Holunder, z. B. Sorte 'Pyramidalis'
- *racemosa*, Traubenholunder
Sorbaria aitchisonii, Hohe Fiederspiere
- *sorbifolia*, Fiederspiere
Symphoricarpos orbiculatus, Korallenbeere
Syringa josikaea, Ungarischer Flieder
- *reflexa*, Bogenflieder
Tamarix chinensis, Sommer-Tamariske
Ulmus pumila, Sibirische Ulme
Viburnum carlesii, Koreanischer Schneeball
- *farreri*, Duftender Schneeball
- *lantana* z. B. 'Pragense', Wolliger Schneeball
- *plicatum*, Gefüllter Japan-Schneeball, z.B. breitwachsende Sorte 'Mariesii'
- *rhytidophyllum*, Immergrüner Zungen-Schneeball
Weigela-Arten und Formen, Weigelie

Acer campestre, Feldahorn
- *circinatum*, Wein-Ahorn
- *ginnala*, Amur-Ahorn
- *monspessolanum*, Französischer Ahorn
- *palmatum*, Japanischer Fächerahorn
- *tataricum*, Tartaren-Ahorn
Aesculus parviflora, Strauchkastanie
Amelanchier canadensis (syn. *A. lamarckii*), Kanadische Felsenbirne
Carpinus betulus 'Columnaris', Hainbuche
Cercidiphyllum japonicum, Katsurabaum
Cornus mas, Kornelkirsche
Crataegus laevigata 'Paul's Scarlet', Zweigriffliger Weißdorn
- *monogyna*, Eingriffliger Weißdorn
- *pedicellata*, Scharlachdorn
Elaeagnus commutata, Silber-Ölweide
Euonymus europaea, Pfaffenhütchen
Koelreuteria paniculata, Blasenbaum
Malus coronaria 'Charlottae', Zierapfel
- × *purpurea* 'Eleyi' und andere Zierapfel-Sorten
- *toringo* var. *sargentii*, Zierapfel

Nothofagus antarctica, Scheinbuche
Parrotia persica, Eisenholzbaum
Prunus cerasifera, Kirschpflaume, Myrobalane
- *serrulata* 'Tai haku', Japanische Blütenkirsche
- *subhirtella* 'Fukubana' und 'Pendula', Zierkirsche
Ptelea trifoliata, Lederstrauch
Pyrus salicifolia, Weidenblättrige Birne
Quercus pubescens, Flaum-Eiche
Rhamnus catharticus, Purgier-Kreuzdorn
Salix aurita, Ohr-Weide
- *matsudana* 'Fortuosa', Zickzack-Weide
- × *smithiana*, Kübler-Weide
Sorbus aucuparia, Eberesche
-- 'Fastigiata', Säulen-Eberesche
-- -Lombarts-Hybriden,
Syringa vulgaris, Gewöhnlicher Flieder
Tamarix tetandra, Frühjahrs-Tamariske
Viburnum lantana, Wolliger Schneeball
- *opulus* 'Roseum', Gefüllter Schneeball

Celastrus orbiculatus, Baumwürger
Clematis alpina ssp. *alpina*, Alpenwaldrebe
- *maximowicziana*
- *montana*, Bergrebe
- *vitalba*, Gemeine Waldrebe
Euonymus fortunei var. *vegeta*, Kriechspindel
Fallopia aubertii, Schlingknöterich
- *baldschuanica*
Hedera helix, Efeu, in Sorten, z. B. 'Helvetica', 'Woerneri'
Humulus lupulus, Hopfen
Hydrangea anomala var. *petiolaris*, Kletterhortensie

Jasminum nudiflorum, Winterjasmin
Lonicera × *brownii*, Geißblatt
- × *heckrotii*, Duftgeißblatt
- *henryi*, Immergrünes Geißblatt
- *periclymenum*, Wald-Geißblatt
Parthenocissus quinquefolia, Wilder Wein, z.B. Sorte 'Engelmannii'
- *tricuspidata*, Sorte 'Veitchii' und Formen
Periploca graeca, Baumschlinger
Wisteria floribunda
- *sinensis*, Glycine

Niedere Nadel-gehölze	*Chamaecyparis lawsoniana* 'Minima Glauca', Blaue Scheinzypresse *Ephedra gerardiana*, Meerträubel (rasenartig wachsender Zwergstrauch) *Juniperus communis* 'Hornibrookii', 'Repanda', Kriech-wacholder – *horizontalis*, Kriechwacholder, Teppich-Wacholder – – 'Andorra Compact', Zwergwacholder – – 'Glauca', Blauer Kriechwacholder – *sabina* 'Femina', Weiblicher Sadebaum – – 'Tamariscifolia', kriechender Sadebaum, Tamarisken-Wacholder	– *squamata* 'Blue Carpet', 'Blue Star', Sorten des Blauen Zwergwacholder *Microbiota decussata*, Sibirischer Fächerwacholder *Picea abies* 'Procumbens', Teppich-Zwergfichte – – 'Nidiformis', Nest-Zwergfichte – *glauca* 'Conica', Zuckerhutfichte – *pungens* 'Glauca Procumbens', Schlanke Blaufichte *Pinus mugo* ssp. *pumilio*, Latschenkiefer – – ssp. *mugo* (nur mit Schnitt), Bergkiefer – *pumila*, Pummel-Kiefer *Taxus baccata* 'Repandens', kriechende Eibe
Mittelhohe Nadel-gehölze	*Juniperus chinensis* 'Blaauw', 'Hetzii', 'Mint Juleo', 'Plumosa', 'Pfitzeriana', Sorten des Chinesischen Wacholders – *sabina* 'Mas', Männlicher Sadebaum – *virginiana* 'Grey Owl', 'Canaertii' *Pinus cembra*, Zirbelkiefer – *leucodermis*, Schlangenhaut-Kiefer – *parviflora* 'Glauca', Blaue Mädchenkiefer	– *sylvestris* 'Wateri', 'Globosa viridis', Sorten der Gemeinen Kiefer (Föhre) *Taxus baccata*, Eibe – – Nissen's-Typen – *cuspidata* 'Nana', Zwergeibe – *media* 'Brownii', 'Densiformis', 'Hicksii', 'Hilii', Sorten der Hybrideibe
Hohe Nadelgehölze	*Pinus contorta*, Drehkiefer – *mugo*, Bergkiefer – *parviflora*, Mädchenkiefer – *sylvestris* 'Argentea Compacta'	– *uncinata*, Hakenkiefer *Taxus baccata*, Gemeine Eibe – *cuspidata* – × *media* 'Hicksii', Sorte der Hybrideibe

Gemüse auf Großstadtdächern

Eigenes Gemüse ernten bedeutet mehr als ein paar Taschen weniger vom Supermarkt nach Hause tragen zu müssen. Was gibt es für den ambitionierten Hobbygärtner beglückenderes als zu sehen, wie aus ein paar winzigen Samenkörnern zuerst ein paar Keimblätter und dann nach und nach der erste Salat, die ersten Radieschen oder die ersten Karotten wachsen. Gerade im Nutzgarten kann man auf engstem Raum Einblick in die natürlichen Kreisläufe und Zusammenhänge und Verständnis für die Natur gewinnen. Sowohl Kinder als auch Erwachsene bekommen einen neuen seelischen Zugang zum eigenen Garten und zur Natur überhaupt, wenn sie miterleben können, wie das eigene Gemüse vor der Zimmertüre wächst. Mit welchem Hochgefühl wird dann schließlich zum ersten Mal eine Mahlzeit aus selbstgezogenem Gemüse bereitet. Wer einmal den vollen, süßen Geschmack ausgereifter, frisch geernteter Tomaten kennengelernt hat oder weiß, wie intensiv frisch geerntete Gewürzkräuter schmecken, der wird nur mehr sehr ungern darauf verzichten wollen.

Viele Stadtbewohner ziehen ihr eigenes Gemüse in einem kleinen Schrebergarten, wobei die Anfahrtswege meist mehr Zeit in Anspruch nehmen als die Arbeit im Gemüsegarten. Liegt der Garten jedoch vor der eigenen Wohnung, so werden die erforderlichen Pflegearbeiten oft als angenehme Unterbrechung der Hausarbeit empfunden und ermöglichen auch Kindern oder alten Menschen eine sinnvolle und erfüllende Freizeitbeschäftigung. Die Untersuchung der Wiener Dachgärten durch das Institut für Umweltwissenschaften ergab, daß sehr viele Dachgartenbesitzer ihr eigenes Gemüse ernten und daß fast alle Gemüse- und Kräuterarten erfolgreich gezogen werden können.

Man kann auf größeren Dachgärten, die sowohl den statischen als auch den bautechnischen Erfordernissen entsprechen, Gemüsebeete wie im üblichen Hausgarten anlegen. Für sie gelten dann im wesentlichen die gleichen Regeln hinsichtlich Bodenbearbeitung, Düngung, Fruchtfolge usw. wie im gewöhnlichen Garten. Bei der Dimensionierung der Beete kann man davon ausgehen, daß bei guten Kulturvoraussetzungen auf 50 m² Fläche mit einer Gemüseernte von etwa 150 kg zu rechnen ist.

Will man einen Teil des Dachgartens in einen Gemüsegarten umwandeln, dann muß man auf Windschutz und sonnige Lage achten und gleich zu Beginn an Wasseranschlüsse, Raum für einen Kompostplatz und vielleicht an einen kleinen Schuppen für die Gartengeräte denken. Ausgezeichnete Bücher vermitteln heute einen guten Überblick über die wichtigsten

Grundsätze des biologischen Gartenbaues und ermöglichen den richtigen Einstieg.

Ist der Gemüseanbau in der Großstadt noch zu empfehlen?

Durch die starke Schwermetallbelastung der Luft insbesondere im städtischen Raum kommt es zu Anreicherungen dieser für den Menschen schädlichen Substanzen in den Dachgartensubstraten und in den Pflanzen. Die Belastungen auf dem Dach sind jedoch in jedem Falle geringer als im gewachsenen Boden der Umgebung. Sie lassen einen hobbymäßig betriebenen Gemüseanbau als durchaus vertretbar erscheinen. Die Schwermetallbelastung kann allerdings bei ungünstigen Voraussetzungen extrem hoch werden, wie Bodenuntersuchungen auf alten Berliner Grasdächern zeigten. Dazu muß man allerdings wissen, daß die sehr große Blattoberfläche von Grasflächen extrem viel Staub aus der Luft herausfiltert. Der Staub geht beim Verrotten der Vegetation ins Substrat ein. Außerdem sind die untersuchten Dachflächen schon zwischen 50 und 80 Jahre alt.

Nach den in Österreich als Standard geltenden Richtwerten von KLOKE kann ein Boden bis zu den nachfolgend angeführten Schwermetallgehalten landwirtschaftlich genutzt werden:

Der Richtwert beträgt für Blei (Pb) 100 ppm, für Cadmium (Cd) 2 ppm, für Zink (Zn) 300 ppm und für Kupfer (Cu) 10 ppm.

Biologischer Gartenbau

Dahinter verbirgt sich mehr als ein herkömmlicher Gartenbau, bei dem nur die synthetischen Spritzmittel durch natürliche Gifte und der Kunstdünger durch organische Dünger ersetzt sind. Biologisch gärtnern bedeutet dagegen viel Wissen, Sensibilität und Eingehen auf natürliche Kreisläufe. Er bedeutet Rücksichtnehmen auf die vielfältigen Beziehungen, die zwischen den Kulturpflanzen, dem Boden, sämtlichen Kulturmaßnahmen, dem Klima und allen beteiligten Lebewesen besteht. Im Mittelpunkt der Bemühungen des biologisch denkenden Gärtners steht die Erhaltung und Verbesserung der Krume durch Erhöhung des Humusanteiles, die Stärkung der natürlichen Abwehrkräfte der Pflanzen und die Förderung einer möglichst stabilen Lebensgemeinschaft.

Die wichtigsten Grundregeln sind:
- Erhöhung des Humusanteiles im Boden und die Förderung des Bodenlebens durch Zugabe von organischem Material wie Kompost, organischen Düngemitteln und diversen Bodenverbesserungsmitteln.

Dach Nr.	Gesellschaft	pH	Pb	Cd	Zn
1	*Poa compressa*-Rasen	6,8	258	2,9	240
2	*Poa compressa*-Rasen	6,9	227	5,3	191
3	Thermophyten-Gesellschaft	7,0	258	3,4	251
4	*Poa compressa*-Rasen	6,6	281	6,8	713
5	Thermophyten-Gesellschaft	6,8	430	3,7	250
6	Wüste	6,6	156	4,0	430
7	*Poa compressa*-Rasen	5,6	234	2,7	265
8	*Poa compressa*-Rasen	6,3	109	3,0	60
9	Thermophyten-Gesellschaft	6,0	244	3,2	588
10	Wüste	5,2	203	1,8	548

Schwermetallgehalte in Dachsubstraten. Angaben in ppm (nach Darius/Drepper 1984)

- Verzicht auf wasserlösliche Mineraldünger.
- Ständige Bodenbedeckung durch Mulchschicht, Einsaat von Gründüngungspflanzen oder Flächenkompostierung.
- Richtige Kompostbereitung und -verwendung.
- Flache Bodenbearbeitung; es wird nicht tief umgestochen.
- In Mischkulturen wachsen Pflanzen, die sich gegenseitig im Wachstum günstig beeinflussen, sich ergänzen oder sich gegenseitig vor Schädlingen schützen.
- Synthetische, schwer abbaubare Spritz- und Stäubemittel sind tabu. Einem Schädlingsbefall wird durch Maßnahmen vorgebeugt wie Mischkultur, Auswahl robuster und widerstandsfähiger Pflanzensorten, Verbesserung der Lebensbedingungen der natürlichen Feinde der Schädlinge.

Anbauformen auf kleinem Raum

Hier und in den folgenden Abschnitten beschreiben wir einige bewährte, aber trotzdem weitgehend unbekannte Möglichkeiten, die auch auf dem beschränkten Raum eines Dachgartens eine weitgehende Selbstversorgung mit Gemüse während der Sommermonate ermöglichen.

Gemüsekultur in Pflanzgefäßen

Platz für ein paar größere Blumentöpfe oder etwas größere Pflanztröge findet sich wohl auch auf dem kleinsten Dachgarten, und es gibt eine Reihe von Gemüsesorten, die sich auch auf diese Weise erfolgreich ziehen lassen. Geeignete Gefäße werden im entsprechenden Kapitel besprochen (s. Seite 128 f.). Wichtig in jedem Fall ist eine ausreichende Dränage sowie eine geeignete Substratzusammensetzung. Bewährt hat sich eine Mischung aus Rindenhumus, Komposterde, etwas lehmiger Gartenerde mit Zusatz von Sand und feinem Blähton oder Perlite zur Lockerung. Diese Mischung wird mit einem organischen Vorratsdünger in Form von Hornspänen, Knochenmehl, Holzasche oder entsprechendem Mischdünger sowie Bodenverbesserungsmitteln wie Urgesteinsmehl, Algenkalk usw. versehen. Bei kleinen Pflanzgefäßen oder starkwüchsigen Gemüsesorten werden zusätzliche Nährstoffe in flüssiger Form gegeben.

Beabsichtigt man, von einer Gemüsesorte viele Pflanzen anzubauen, so lohnt sich die Pflanzenanzucht aus Sämereien. Kann man wegen der beschränkten Möglichkeiten nur wenige Pflanzen einer Art ansetzen, so wird man vorzugsweise Jungpflanzen kaufen und einsetzen. Direkt eingesät werden Gemüsearten wie Radieschen, Spinat, Karotten, die dann entsprechend ausgedünnt werden müssen. Zeitliche Staffelung der Aussaat bzw. des Einpflanzens sichert eine gleichmäßige Versorgung den ganzen Sommer über. Folgende Gemüsearten sind für die Containerkultur auf kleinem Raum besonders gut geeignet:

Auberginen wachsen zwar zu großen Pflanzen heran, lassen sich aber durch Beschneiden klein halten.

Bohnen sind ideale Rankpflanzen und können bei entsprechenden Kletterhilfen zu schattenspendenden Lauben gezogen werden, die nebenbei noch eine reichliche Ernte versprechen.

Erbsen gehören ebenso wie Bohnen zur Familie der Leguminosen und lassen sich an entsprechenden Kletterhilfen ebenfalls mit gutem Erfolg ziehen.

Gurken gedeihen bei entsprechender Nährstoffversorgung und einem warmen, luftfeuchten Platz auch in Gefäßen hervorragend. Besonders geeignet sind die kleinfruchtigen Sorten.

Mit **Karotten** kann man es versuchen, sofern man ein etwas tieferes Pflanzgefäß hat. Vor allem, wenn sie jung geerntet werden, schmecken sie besonders süß und zart.

Paprika gehört mit seinen dunkelgrünen Blättern und den schönen Blüten zu den attraktivsten Gemüsepflanzen, die man auf dem Balkon anbauen kann. Bei ungünstiger Witterung kann jedoch die Ernte bescheiden ausfallen.

Von den **Salaten** sind eigentlich alle Sorten zu empfehlen, wobei vor allem auf eine der Jahreszeit entsprechende Sortenwahl zu achten ist.

Tomaten lohnen sich von allen Gemüsearten am meisten. Wer größere Gefäße zur Verfügung hat, kann ohne weiteres die üblichen Freilandsorten anpflanzen. Für kleinere Gefäße eignen sich die speziellen Züchtungen mit kleinen oder nur mittelgroßen Früchten.

Das Hügelbeet

Hat man etwas mehr Platz zur Verfügung und will man auf dieser Fläche ein Maximum an Gemüse ernten, so empfiehlt sich die etwas aufwendigere Anlage eines Hügelbeetes, das jedoch die anfänglichen Mühen durch hohe Erträge und pflegeleichte Kultur mehr als wettmacht.

Diese Spezialanbaumethode auf einem erhöhten Beet geht auf jahrehundertealte Erfahrungen in China zurück, wo man versuchte, mit geringem Arbeitsaufwand auf einer minimalen Fläche das Optimum an Ertrag herauszuholen. Der Aufbau ist einfach. Einmal angelegt kann das Hügelbeet mehrere Jahre lang verwendet werden. Auf den Erfahrungen der Chinesen baut die von den Deutschen ANDRÄ und BEBA Mitte der sechziger Jahre entwickelte Methode auf, die im folgenden kurz beschrieben werden soll.

Die Breite des Hügels beträgt an der Basis etwa 1,2 bis 1,5 m, die Länge richtet sich nach den örtlichen Gegebenheiten. Die Höhe des vorzugsweise in Nord-Süd-Richtung angelegten Hügels beträgt rund 70 cm.

Zunächst braucht das Hügelbeet die richtige Grundlage. Im Idealfall schafft man eine 20 cm tiefe Einsenkung. Dort hinein kommen als unterste, lockere Schicht grobe Pflanzenreste wie zerkleinerte Äste, grobe Stengel und Strunkstücke von Stauden, groben Gemüsepflanzen usw. Rundherum oder obendrauf gibt man als zweite Schicht ausgestochene Rasensoden, mit der Oberseite nach unten. Sind keine Rasensoden erhältlich, besteht die zweite Schicht aus Grasschnitt, Stroh und gemischten Gartenabfällen. Darüber werden einige Schaufeln Erde verteilt, gut festgetreten und dabei wird schon die Hügelform ausgebildet. Die nächste Schicht besteht aus etwa 25 cm feuchtem, gemischtem Laub, das mit Erde und Humus (oder anderen, feineren Pflanzenabfällen) abgedeckt wird. Darauf folgt eine etwa 25 cm dicke Schicht aus Kompost, mit Erde gemischt. Das fertig aufgeschichtete Beet wird zusammengeklopft und unter Umständen in den oberen Schichten zusätzlich mit organischem Düngematerial angereichert. Eine seitliche Umgrenzung mit einer Reihe Ziegel, Steine oder aufgestellten Brettern verhindert, daß der Hügel sich zu stark verbreitert.

Es empfiehlt sich, das Beet im Herbst anzulegen, da mehr Pflanzenabfälle zur Verfügung stehen, außerdem setzt sich der Hügel bis zum Frühjahr ein bißchen zusammen. Im Frühjahr sorgen die ablaufenden Rottevorgänge für eine ausgeglichenere Bodenwärme, was den zeitigen Anbau von Frühgemüsen ermöglicht. Durch den zusätzlichen Einsatz eines Folientunnels können die Gefahren durch Spätfröste verringert werden.

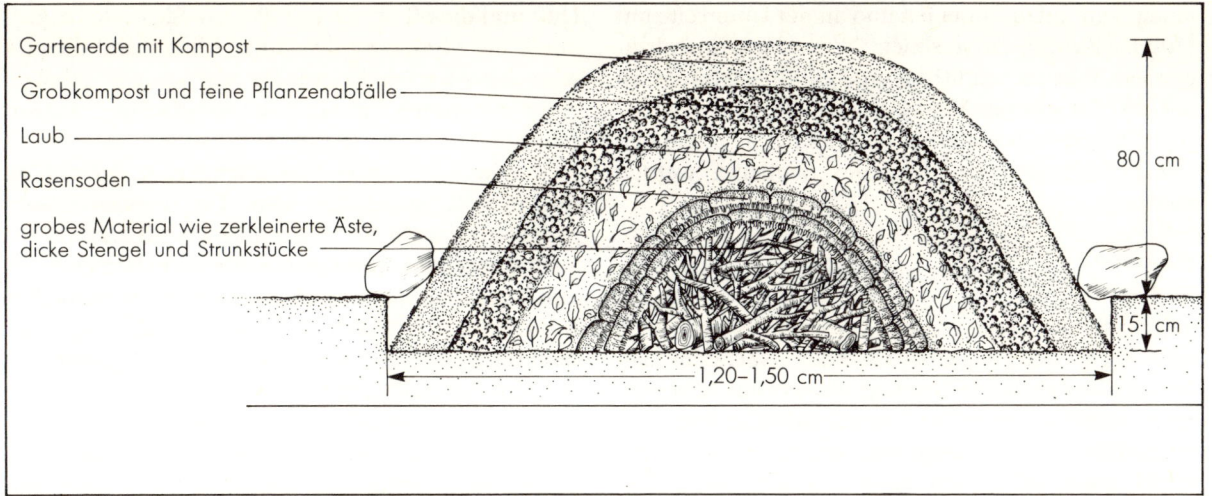

Gartenerde mit Kompost
Grobkompost und feine Pflanzenabfälle
Laub
Rasensoden
grobes Material wie zerkleinerte Äste, dicke Stengel und Strunkstücke

80 cm

15 cm

1,20–1,50 cm

Bei der Bepflanzung richtet man sich nach den Regeln des Mischkulturanbaus und pflanzt im ersten Jahr vorwiegend starkzehrende Arten. Hohe Gemüsearten wie Tomaten werden vorzugsweise auf die Spitze ds Hügelbeetes gepflanzt. An den Hügelseiten gedeihen Salate, Bohnen, Gurken usw. Im zweiten Jahr kann durch den Anbau von Leguminosen wieder zusätzlicher Luftstickstoff ins Beet eingebracht werden. Häufiges Bedecken des Beetes mit einer Mulchschicht verhindert das Abschwemmen der Erde und setzt den Feuchtigkeitsverlust durch Verdunstung herab.

Vorteile des Hügelbeetes:
– Auf kleiner Pflanzfläche werden maximale Erträge erzielt.
– Es läßt sich angenehm arbeiten, da man sich nicht so stark bücken muß.
– Die Wärmeentwicklung ermöglicht im Frühjahr einen frühen Kulturbeginn.
– Gute Wasserführung, lockeres Material und das hohe Nährstoffangebot bewirken ein gutes Gedeihen der Pflanzen.

Nachteile:
– Für die Anlage ist ein höherer Arbeitsaufwand erforderlich.
– Der Wasserbedarf ist hoch, da das Wasser schnell abrinnt.
– Falls der Hügel nicht luftig genug aufgebaut wird, kann er leicht zu faulen beginnen.

Das Hochbeet

Hat man für die Anlage eines Hügelbeetes zu wenig Platz, dann stellt das Hochbeet als Abwandlung die ideale Lösung dar. Es besteht ebenso wie das Hügelbeet aus verschiedenen Schichten organischen Materials, die jedoch nicht zu einem Hügel aufgeschüttet werden, sondern in eine große Kiste aus Brettern ge-

füllt werden. Diese müssen gut gegen Verwitterung geschützt sein, ein Fundament aus Steinen oder Ziegeln erhöht die Lebensdauer beträchtlich. Die Länge ist variabel, die Breite sollte 150 cm nicht übersteigen, damit die Fläche bequem von beiden Seiten bearbeitet werden kann, die Höhe beträgt etwa 75 cm. Gut bewährte Materialien sind außerdem Hohlblockziegel oder Bahnschwellen, bei denen eine Kunststofffolie an der Innenseite das Eindringen giftiger Imprägnierungsmittel ins Beet verhindern muß. Ein Abdecken des Hochbeetes mit Folie oder Plexiglasplatten beschleunigt das Pflanzenwachstum und verlängert die Erntesaison. Bei geschickter Staffelung der Saattermine und entsprechender Pflanzenauswahl ermöglicht es eine reiche Ernte von März bis November.

Sackkultur

Für beschränkte Platzverhältnisse hervorragend geeignet ist die Methode, große Torfballensäcke auf der

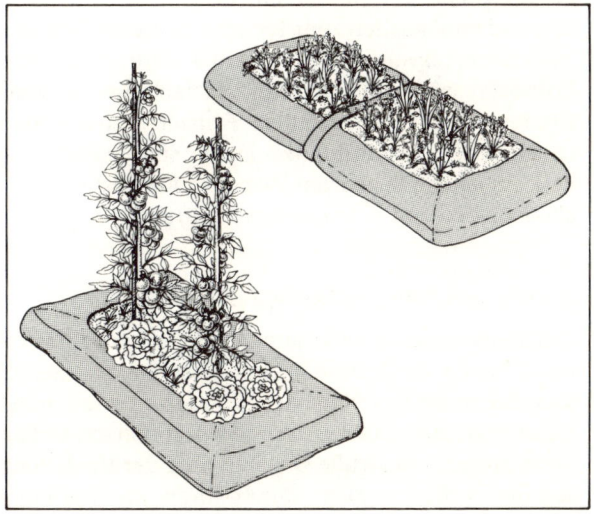

einen Seite aufzuschneiden und an der Unterseite mit Dränagelöchern zu versehen. Nach dem durchdringenden Wässern quillt das Torfkultursubstrat stark auf und fertig ist das Mini-Gemüsebeet, das beispielsweise mit zwei Tomatenstauden und einigen Salaten sowie Zwiebeln oder Karotten bepflanzt werden kann.

Kartoffeln aus der Tonne

Erdäpfel können ebenso leicht in einem Gefäß mit geschlossenen Seitenwänden, das rund 70 cm hoch und 50 cm breit ist, gezogen werden. Nachdem man für eine ausreichende Dränage gesorgt hat, füllt man das Gefäß etwa 15 cm hoch mit Substrat und legt vier Kartoffeln, mit den Augen nach oben, hinein und bedeckt diese mit 10 cm Erde. Sobald die Kartoffelpflanzen etwa 15 cm weit herausschauen, deckt man sie wiederum mit 10 cm Erde ab, wodurch sich weitere Knollen ausbilden. Man wiederholt das so lange, bis das Gefäß fast mit Substrat gefüllt ist. Die ersten Kartoffeln können geerntet werden, sobald die Blüte einsetzt. Die Haupternte erfolgt nach dem Welken der Blätter.

Geländer, Spaliere an Feuermauern und Schornsteine sind zusätzliche, senkrechte Anbauflächen. Mit Hilfe von Drähten und anderen Befestigungen können Erbsen, Stangenbohnen, Tomaten, Kürbisse und Gurken aufwärts ranken und zugleich als Sichtschutz eingesetzt werden. Man sollte im Sommer keine senkrechte Fläche unbepflanzt lassen und außerdem bedenken, daß viele dieser Pflanzen auch aus aufgehängten Gefäßen nach unten ranken können.

Ein richtig geplanter Gemüseanbau ermöglicht unter guten Voraussetzungen eine Ernte in der Zeit von April bis etwa Mitte Oktober (abgesehen von den Wintergemüsen). Frühbeete, Folientunnel sowie ein Gewächshaus verlängern die Erntesaison beträchtlich und ermöglichen zum Teil eine Ernte im Winter. Mit einigem bastlerischen Geschick kann man einen Frühbeetkasten sehr billig und einfach aus ein paar Brettern und einigen alten Fenstern zusammenbauen. Haltbarer und funktioneller sind jedoch Modelle mit einem Sockel aus Ziegeln, Doppelsteg-Plexiglasscheiben und automatischer Lüftung.

Kräuter auf dem Dachgarten

Das heiß-trockene Mikroklima und die gute Besonnung bilden ideale Voraussetzungen für das Gedeihen der meist aus südlichen Ländern stammenden Gewürzkräuter. Die meisten Gewürzpflanzen stellen nicht nur eine wertvolle Bereicherung der Küche dar, sondern erfreuen auch durch ihren aromatischen Duft und die oft attraktiven Blüten. Sie leisten zudem durch die Förderung der Nutzinsekten und die günstige Nachbarschaftswirkung auf andere Pflanzen einen wertvollen Beitrag zum biologischen Pflanzenschutz.

Es gibt keinen Balkon oder Dachgarten, der zu klein für einen Kräutergarten wäre. Die meisten Kräuter gedeihen sowohl im geschlossenen Pflanzgefäß als auch direkt im Gartenbeet. Schon in einem etwa 1 m langen Blumenkasten haben bis zu fünf verschiedene Kräuterpflanzen Platz. Der beste Standort liegt in der direkten Sonne. Zu heiß darf es allerdings auch nicht werden, das heißt unter Umständen ist ein Standort im Südosten oder Südwesten zu bevorzugen.

Auch mit Küchenkräutern lassen sich hübsche Pflanzenarrangements gestalten. Bei Kombinationen mehrerer Arten empfiehlt es sich, die ausdauernden in die Mitte zu setzen und mehrere einjährige rundum zu pflanzen. So kann man z. B. mit alten Ziegelsteinen unterschiedlich hohe Stellflächen bauen und diese dann mit verschiedenen Kräutern besetzen.

Als Pflanzgefäße eignen sich Blumentöpfe, altes Geschirr, Balkonkästen usw. Nur muß man bei stärkerwüchsigen, mehrjährigen Kräutern darauf achten, daß die Pflanzgefäße bestimmte Mindestausmaße haben, 25 cm Tiefe und Breite sollten nicht unterschritten werden, außerdem ist für eine ausreichende Dränage zu sorgen. Für schwachwüchsige Arten gut geeignet und überdies recht attraktiv sind die im Handel erhältlichen, hohen, mit seitlichen Löchern versehenen Kräutertöpfe.

Bei den Kräutern unterscheidet man zwischen ein- und mehrjährigen Pflanzen, wobei fast alle mehrjährigen auch bei uns winterhart sind. Einjährige Kräuter zieht man vorzugsweise aus Samen heran, wobei empfindliche Arten ab März auf dem Fensterbrett vorgezogen werden und nach den Eisheiligen ins Freie kommen. Robustere können ab April direkt im Freien angesät werden, wobei sie nach dem Aufgehen pikiert werden müssen. Saatbänder oder Samenteppiche, auf denen verschiedene Samen schon im richtigen Abstand befestigt sind, brauchen nur noch aufs Substrat aufgelegt und befeuchtet werden. Man erspart sich dabei das zeitraubende Vereinzeln. Mehrjährige Pflanzen bezieht man besser aus der Gärtnerei, da im Regelfall ein oder zwei Pflanzen reichen. Ausdauernde Kräuter können außerdem leicht durch Kopfstecklinge, die in sandiger Erde leicht bewurzeln, durch Teilung einer Mutterpflanze oder mittels Wurzelausläufer (z. B. Pfefferminze) vermehrt werden. Bei zu starker Düngung wachsen Kräuter zwar kräftig, entwickeln jedoch nicht ihr volles Aroma. Als Pflanzsubstrat empfiehlt sich – ihrem natürlichen Standort entsprechend – eine leichte, humose, gut

Auch auf kleinen Balkonen und Lattenrost-Dachgärten kann man in verschiedenen Pflanzgefäßen erfolgreich Obst und Gemüse kultivieren (siehe Seite 108ff.). Oben: Mischkultur im ausgedienten Waschtrog.

Links: Im Herzen Heidelbergs findet man diesen Kräutergarten auf dem Dach des Gasthofs »Zum güldenen Schaaf«. Der Wirt hat ihn zum Wohl seiner Gäste angelegt.
Rechts: Bei richtiger Sortenwahl und entsprechender Pflege ist eine reiche Ernte möglich.

So oder ähnlich stellt sich ein Stadtökologe in seinen Träumen eine Gartenlandschaft über den Dächern der Großstadt vor. Der Zeichner hat von links nach rechts folgende Details dargestellt: begrünte Rankgerüste als Sichtschutz, Anbauglashaus als Überwinterungsraum für Pflanzen und erweiterter Wohnraum, ein Hügelbeet für eine reiche Gemüseernte auf kleinster Fläche, Kompostplatz zur Abfallverwertung, Nutzung von Wind- und Sonnenenergie, Sonnensegel, Extensivbegrünungen auf schrägen oder wenig tragfähigen Dachflächen, Kleintierhaltung in Verbindung mit Gemüseanbau, Feuchtbiotop, Spalierobst, Kübelpflanzen, ein geschützter Sitzplatz mit Schattierung, eine Badewanne als Ersatz für den Swimming-pool, eine Voliere, in der an einem geschützten Platz auch Stubenvögel den Sommer verbringen können.

114

Das Anbauglashaus erlaubt die Kultur anspruchsvollerer Pflanzen und erweitert den Wohnraum. Um möglichst viel Licht und Wärme aufzufangen, sollte die Hauptglasfläche nach Süden ausgerichtet sein (siehe Seite 154).

Etwas lehmige Erde, kleinwüchsige Wasser- und Sumpfpflanzen wie etwa Zwergrohrkolben, Pfeilkraut, Sumpfvergißmeinnicht, Sumpfdotterblume oder Zwergbinsen sowie ein wasserdichtes, frostbeständiges Gefäß reichen zur Anlage eines attraktiven Mini-Feuchtbiotopes.

Die Flechten-Algen-Gesellschaft als einfachste Form der extensiven Begrünung (Mitte rechts) und Pioniermoose (oben rechts) bilden selbst auf extremen Standorten häufig die Grundlage für andere Sukzessions-Gesellschaften. Auf etwas dickeren Vegetationsschichten etablieren sich oft gemischte Moos-Gras-Kräuter-Gesellschaften (Mitte links) oder verschiedene trockenresistente Kräutergesellschaften (unten links). Zwiebelpflanzen (unten rechts) oder Grasgesellschaften (oben links) vertrocknen oberirdisch meist im Sommer, treiben aber zuverlässig wieder aus.

Links: Auf den Preßkiesdächern des alten Wiener Allgemeinen Krankenhauses entstand im Laufe der Jahrzehnte diese stabile Schnittlauch-Gesellschaft. Im Frühjahr überzieht sie weite Flächen mit einem rosavioletten Blütenteppich.
Rechts: Die Extensivbegrünung wurde auf dem Dach einer Schule angelegt.

In Kiel-Mettendorf entstand auf einer Wohnanlage diese großflächige Extensivbegrünung.

118

Planungsbeispiel für eine abwechslungsreiche Extensivbegrünung. Aufgrund der baulichen und mikroklimatischen Voraussetzungen ergeben sich für das Flachdach sechs Bepflanzungszonen. Grüne äußere, gelbe und grüne innere Zone am Kamin erhalten volle Sonne und volle Niederschläge, haben jedoch unterschiedlich dicke Vegetationsschichten (15, 4, 50 cm).

Orange und rote Zone sind zum Teil besonnt, zum Teil schattig, volle Niederschläge, 4 cm Vegetationsschicht. Die dunkelrote Zone ist schattig, liegt im Regenschatten und hat keine Vegetationsschicht, nur die vorhandene Dachbekiesung.

Zone 1 (grün): Gräser, Kräuter, Zwiebelpflanzen. Im Bild: Zwergiris, Natternkopf, Färberkamille, Klatschmohn, Flaches Rispengras, Aufrechte Trespe.

Zone 2 (gelb): Sukkulenten, Zwiebelpflanzen, Moose. Im Bild: Hauswurz, Mauerpfeffer, Weiße Fetthenne, Schnittlauch, Kugellauch.

Zone 3 (grün, Hügel): Gräser, Kräuter, Gehölze. Im Bild: Ginster, Sanddorn, Lavendel.

Zone 4 (orange): Moose, Gräser, Zwiebelpflanzen, Kräuter. Im Bild: Moose, Sandnelke.

Zone 5 (rot): Moose, Gräser, Kräuter. Im Bild: Schafschwingel, Rotes Straußgras.

Zone 6 (dunkelrot): Kletterpflanzen. Im Bild: Mauerkatze.

119

120

dränierter Erdmischung, die nicht zu nährstoffreich sein sollte. Fertige Blumenerden enthalten meist zuviel Nährstoffe und neigen aufgrund des hohen Torfanteiles leicht zum Vernässen. Oder sie nehmen, einmal ausgetrocknet, nur sehr schlecht wieder Wasser auf. Es empfiehlt sich in jedem Falle das Zumischen von Quarzsand, feinem Blähton oder Perlite, sandiger Garten- und Komposterde.

Die Pflege der Kräuter beschränkt sich auf gelegentliches Lockern des Bodens, Zurückschneiden der Triebspitzen (die selbstverständlich verwendet werden können), um ein breites, buschiges Wachstum zu erreichen, und gelegentliches, zurückhaltendes Düngen, am besten mit Kompost oder organischen Düngemitteln. Schädlingsbefall tritt selten auf, da die meisten Kräuter starke ätherische Öle enthalten, die eine abschreckende Wirkung auf Insekten haben.

Damit die mehrjährigen Kräuter gut über den Winter kommen, werden sie im Herbst zurückgeschnitten und gut mit Laub, Zweigen usw. abgedeckt. In klimatisch günstigen Gebieten können manche Kräuter im Verlauf eines Sommers zwei- bis dreimal geerntet werden. Ein zu starkes Zurückschneiden beim dritten Schnitt ist jedoch zu unterlassen, damit eine zu große Schwächung vor der Überwinterung vermieden wird.

Obsternte in luftiger Höhe

Kleinwüchsige Obstbaumformen können auf Dachgärten mit Vegetationsschichten über 50 cm Dicke genauso wie andere Bäume und Sträucher erfolgreich kultiviert werden. Für sie gelten im wesentlichen die gleichen Kulturmaßnahmen wie im herkömmlichen Garten oder auch wie für andere Gehölze im Dachgarten. Aus diesem Grund behandeln wir hier nur die speziellen Erfordernisse der Obstbaumkultur im Topf.

Während die Anfänge der Topfpflanzenkultur bis in vorchristliche Zeit zurückreichen – man denke nur an die üppig begrünten Dachterrassen im Zweistromland oder im antiken Rom –, erlebte die Obstbaumkultur im Topf erst um die Jahrhundertwende in den Schloß- und Herrschaftsgärten eine erste Hochblüte. Berühmt waren die unter Friedrich dem Großen errichteten Terrassen von Sanssouci, die neben ausgedehnten Spalierobstpflanzungen auch Topfobstkulturen aufwiesen. Mehr Verbreitung fand die Topfobstkultur, als sich einige bekannte Gartenbaubetriebe speziell mit der Aufzucht und dem Vertrieb von Topfobstbäumen beschäftigten. Den Züchtern ist es gelungen, fast alle Obstbaumsorten auf schwachwüchsigen Unterlagen zu veredeln, und heute können selbst Besitzer kleiner Balkons ihr eigenes Obst ernten.

Bei guter Pflege kann man selbst von kleinen Bäumen eine reiche Ernte erwarten. Außerdem erfreuen sie im Frühjahr das Auge mit ihrer überreichen Blütenpracht. Mit ganz wenigen Ausnahmen lassen sich alle Obstarten in geeigneten Pflanzgefäßen kultivieren. Besonders empfehlenswert sind jedoch – vor allem wegen des reichen Ertrages, der langen Lebensdauer und guten Winterfestigkeit – Apfel, Birne und Sauerkirsche. Aber auch Marillen, Weintrauben, Kiwis oder Feigen lassen sich bei entsprechender Pflege, das bedeutet in erster Linie Winterschutz, gut in Töpfen kultivieren.

Kultur

Der noch wenig mit der Anzucht von Obstbäumen vertraute Dachgartenbesitzer greift am besten auf dreijährige, bereits in der Baumschule für die Topfkultur vorgebildete Bäume zurück. Sind solche nicht erhältlich, beschafft man sich am besten einjährige, auf sehr schwachwüchsigen Unterlagen veredelte Bäume einer Markenbaumschule.

Vorkultur. Die Bewurzelung dieser einjährigen Veredelungen entspricht meist nicht den Anforderungen, die an Containerpflanzen gestellt werden. Daher werden sie im Frühjahr nach einem starken Rückschnitt aller Wurzeln auf ein vorbereitetes Beet oder in einen großen Container gepflanzt. Im Laufe des Sommers entwickelt sich ein kräftiges Feinwurzelsystem und die so vorbereiteten Bäume können im Herbst eingetopft werden.

Voraussetzung für gutes Anwachsen und baldigen Ertragsbeginn ist der richtige Rückschnitt beim Eintopfen. Alle abgetrockneten und beschädigten Wurzeln sowie zu lange Hauptwurzeln werden unter größtmöglicher Schonung der Faserwurzeln weggeschnitten. Andererseits müssen auch die oberirdischen Pflanzenteile fachgerecht gekürzt werden.

Der Standort sollte sonnig sein, wobei eine kurze Beschattung während der heißen Mittagsstunden durchaus wünschenswert erscheint. Sehr empfehlenswert ist die Spalierobstkultur, da beste Raumausnutzung und mikroklimatische Vorteile, die sich aus der Wärmespeicherung der dahinterliegenden Hausmauer ergeben, vereint werden.

Substrat. Es eignet sich eine mittelschwere, nährstoffreiche Mischung. Außerdem muß man die unterschiedlichen pH-Ansprüche beachten. Beispielsweise läßt sich folgende Mischung gut verwenden: 20 % humose Gartenerde, 25 % abgelagerte Komposterde, 10 % scharfer Sand, 20 % Rindenkompost sowie Perlite und feinkörniger Blähton. Eine entsprechende Vorratsdüngung aus Hornspänen, Knochenmehl sowie Holzasche reicht für ungefähr ein Jahr.

Kernobstarten wie Apfel und Birne bevorzugen leicht sauren, lehmigen Boden, Steinobstarten wie Pflaume, Kirsche, Pfirsich usw. hingegen eher kalkige, sandig-lehmige Mischungen.

Die Pflanzgefäße sollten einen Durchmesser von etwa 30 cm haben. Sie müssen frostbeständig und ausreichend dräniert sein. Gut geeignet sind neben glasierten Tontöpfen vor allem Holzkübel.

Bewässerung. In vielen Fällen wird es an heißen Tagen notwendig sein, zweimal intensiv zu gießen. Die Bewässerung kann mittels Gießkanne, Schlauch oder automatischen Bewässerungsmethoden wie z. B. die Tropfbewässerung erfolgen.

Da bei größeren Kübelpflanzen der Wurzelraum im Verhältnis zur Blattoberfläche relativ klein ist, muß besonders darauf geachtet werden, daß es zu keiner allzu starken Austrocknung des Wurzelballens kommt. Das kann zum Abwerfen der Früchte, zu Wachstumsstörungen oder zum Absterben der ganzen Pflanze führen.

Nährstoffversorgung. Die Verwendung einer geeigneten, humus- und nährstoffreichen Erdmischung sichert von Beginn an gute Wachstumsvoraussetzungen. Durch den Rückschnitt der Wurzeln beim Eintopfen ist die Pflanze anfänglich nur in beschränktem Maße in der Lage, Nährstoffe aus dem Boden aufzunehmen, außerdem reichen die im Substrat vorhandenen Nährstoffe fürs erste aus. Erst nach etwa einem Jahr sind zusätzliche Nährstoffe erforderlich, um ein weiterhin zufriedenstellendes Wachstum und reichlichen Fruchtansatz zu gewährleisten.

Fruchtbehang. Die auf schwachwüchsigen Unterlagen veredelten und in Gefäßen kultivierten Obstbäume neigen häufig zu einem reichen Fruchtansatz, bei dem sich nicht jede angesetzte Frucht voll entwickeln kann. Damit starke Schwankungen im jährlichen Fruchtertrag verhindert und qualitativ hochwertige Erträge erzielt werden, empfiehlt sich das gezielte Auspflücken eines Teiles der angesetzten Früchte. Außerdem würde der überreiche Fruchtansatz zu einer raschen Überalterung der Bäume führen. Im ersten Jahr sollte man bei Kernobstbäumen nur zwei Früchte belassen, im zweiten Ertragsjahr sollten es nicht mehr als sechs sein. Erst ab dem dritten Jahr kann man die Anzahl je nach Sorte weiter steigern, wobei auch später nicht mehr als 25 Früchte am Baum bleiben sollten. Kernobstbäume werfen meist durch den sogenannten Junifruchtfall viele Früchte ab. Erst danach werden die dann noch überzähligen Früchte ausgedünnt.

Schnitt und Formgebung. Man unterscheidet grundlegend zwischen dem Sommer- und dem Winterschnitt. Je nach Absicht kann der Schnitt den Ertrag fördern oder auch bremsen. Was die Erziehungsform betrifft, so bewähren sich für Steinobstbäume schmale, für Kernobstbäume breite Pyramidenformen.

Obstbaumschnitt und -formgebung bedeuten eine eigene »Wissenschaft« mit verschiedenen, zum Teil einander widersprechenden »Lehrmeinungen«, was die Sache einigermaßen schwierig macht. Genauere Angaben würden den Rahmen dieses Buches sprengen.

Winterschutz. Obwohl die meisten Kern- und Steinobstarten in unseren Breiten winterhart sind, müssen an einem so exponierten Standort wie einem Dachgarten doch spezielle Vorkehrungen für die Überwinterung getroffen werden. Ideal für empfindliche Arten wäre ein frostfreier, kühler Überwinterungsraum, wie er jedoch in den wenigsten Fällen zur Verfügung steht. Andernfalls rückt man die Container zusammen, bedeckt sie gründlich mit Rindenkompost, Zweigen, Kompostmaterial usw. und wässert sie gründlich. Während der Wintermonate ist darauf zu achten, daß die Wurzelballen nicht völlig austrocknen.

Weitere Pflege. Läßt nach einigen Jahren das Wachstum oder die Fruchtbarkeit des Baumes zu wünschen übrig oder beginnt er gar, im Sommer schon die Blätter abzuwerfen, so kann dies an einer durch übermäßiges Gießen oder zu starker Düngung versauerten Erde liegen. In diesem Fall wird das Bäumchen vorsichtig ausgetopft, die verbrauchte Erde sowie etwaige abgefaulte Wurzeln werden entfernt und die Pflanze wird in eine neue Substratmischung umgesetzt. Nach dem Umtopfen stellt man die Pflanzen nicht sofort in die pralle Sonne. Sie werden zunächst durchdringend gewässert und dann tagsüber öfters einmal überbraust. Eine andere Ursache für das Kränkeln oder sogar plötzliche Absterben von Topfbäumen kann ein überreiches Fruchten in den vergangenen Jahren sein.

Das erreichbare Höchstalter der verschiedenen Topfobstbäume wird im wesentlichen von der verwendeten Veredelungsunterlage, der dem Baum zugekommenen Pflege und der jährlichen Fruchtmenge bestimmt. Die üblichen, schwachwüchsigen Unterlagensorten altern vor allem schnell im Wurzelbereich, da sie stets nur von der Hauptwurzel und nicht von den Nebenwurzeln aus neue Wurzeln austreiben. Wenn sich die Wurzeln nicht mehr erneuern können, vergreisen die Bäume und sterben schließlich ab.

Empfehlenswerte Arten und Sorten für die Topfkultur

Baumobst

Bei der Auswahl der Jungbäume muß man neben der Eignung für die Topfkultur und für den extremen

Standort Dachgarten auch auf die Blütezeiten der Bäume achten, um eine ausreichende Befruchtung der Obstbäume zu erreichen. Die meisten Arten und Sorten sind auf Fremdbefruchtung angewiesen. Wenn sich also verschiedene Sorten gegenseitig befruchten können, setzen die Obstbäume besser Früchte an.

Apfel. Von allen Obstarten erweist sich der Apfel hinsichtlich Wuchs, Lebensdauer und Ertrag am dankbarsten und ist daher am besten für erste Erfahrungen, auch im Falle der Topfkultur, geeignet.

Sorten: 'Klarapfel', 'Roter James Grieve', 'Gravensteiner', 'Goldparmäne', 'Cox Orange', 'Berlepsch', 'Boskoop', 'Discovery', 'Idared', 'Oldenburg', 'Ontario', 'Champagner', 'Blenheim', 'Weißer Winter Calvill'.

Birne. Da Birnen sich nicht selbst befruchten können, ist darauf zu achten, daß die Pollenspender zur gleichen Zeit wie die Pollenempfänger blühen, um eine reiche Ernte zu ermöglichen.

Sorten: 'Trevoux', 'Clapps Liebling', 'Williams Christ', 'Gute Luise', 'Alexander Lukas', 'Vereinsdechant', 'Josephine von Mecheln', 'Gräfin von Paris', 'Die Butterbirne', 'Le Lectier'.

Kirsche. Sauerkirschen sind im Gegensatz zur Süßkirsche meist selbstbefruchtend, das heißt sie können als Einzelbäumchen gehalten werden.

Sorten:

Süßkirschen: 'Kassins Frühe', 'Souvenir des Charmes', 'Frühe Meckenheimer', 'Hedelfinger', 'Große Schwarze Knorpelkirsche', 'Glemser', 'Büttners Rote Knorpelkirsche'.

Sauerkirschen: 'Diemitzer Amarelle', 'Morellenfeuer', 'Schattenmorelle', 'Beutelspacher Rexelle'.

Pflaumen, Zwetschge, Mirabelle, Reneklode. Hier wählt man möglichst selbstfruchtbare Sorten aus, anderenfalls muß man auf geeignete Pollenspender achten.

Sorten:

Zwetschgen: 'Ersinger Frühzwetschge', 'Zimmers Frühzwetschge', 'Bühler Frühzwetschge', 'Italienische Zwetschge'.

Pflaumen: 'Ruth Gerstetter'.

Mirabellen: 'Nancy-Mirabelle'.

Pfirsich und Nektarine. Hier sollte man vor allem späte, steinlösende Sorten vorziehen und großen Wert auf ausreichendes Ausdünnen legen.

Sorten:

Pfirsiche: 'Alexander', 'Amsden', 'Cumberland', 'Rekord aus Alfter', 'South Haven', 'Roter Ellerstadter'.

Nektarinen: 'Humbold', 'Nectared 6', 'Sonnengold'.

Aprikosen sind wie die Pfirsiche Selbstbestäuber. Mit dem Ausdünnen sollte man bis nach dem natürlichen Fruchtfall warten und dann zwischen den restlichen Früchten etwa 10 cm Abstand lassen.

Sorten: 'Aprikose von Nancy', 'Ungarische Beste'.

Beerenobst

Rote und Weiße Johannisbeere sind selbstfruchtbar und sollten nicht in Buschform, sondern als Stämmchen gehalten werden, wobei ein mäßiger Rückschnitt der Triebe vorzunehmen ist.

Sorten:

Rote Johannisbeeren: 'Heros', 'Heinemanns Rote Spätlese'.

Weiße Johannisbeeren: 'Weiße Versailler'.

Stachelbeeren: 'Mauks Frühe Rote', 'Rote Triumphbeere', 'Maiherzog', 'Hönings Früheste', 'Gelbe Triumphbeere', 'Weiße Triumphbeere', 'Lady Delamere'.

Erdbeeren können in jedem beliebigen Pflanzgefäß kultiviert werden; es sollte nur eher flach und ausreichend groß sein, damit es auch Platz für die Ausläufer bietet. Gerade für das beschränkte Platzangebot eines Dachgartens empfiehlt sich die Kultur von Erdbeeren entweder im sogenannten Erdbeerfaß oder in der Erdbeerwand. Eine reichliche Erdbeerernte selbst auf kleinstem Raum ermöglicht das sogenannte Erdbeerfaß. In ein geeignetes Gefäß, beispielsweise ein Holzfaß, werden in die Wände Löcher mit etwa 6 cm Durchmesser gebohrt; unten wird es mit einem Was-

Das Erdbeerfaß ermöglicht eine reichliche Erdbeerernte, selbst auf kleinstem Raum. Durch die durchbrochene Wand werden die Pflanzen in das Substrat eingesetzt.

serabzugsloch versehen. Zuerst gibt man eine etwa 8 cm hohe Dränschicht aus Blähton, Schotter usw. hinein, die mit einem Vlies abgedeckt wird. Dann füllt man das Faß mit einem leichten, humosen, eher sauren Pflanzensubstrat, das im Bereich der Löcher grobfaserig sein sollte, damit es nicht herausgespült wird, wobei man gleichzeitig die Erdbeerpflanzen durch die Löcher steckt und einsetzt. Ein perforiertes, unten verschlossenes Stück Schlauch, das in der Faßmitte vom Boden bis zur Faßoberkante reicht, dient als Bewässerungshilfe, damit auch die unteren Pflanzen ausreichend mit Wasser versorgt werden. Abschließend wird die Oberfläche mit Erdbeeren bepflanzt, wobei ein Gießrand frei bleibt.

Im Fachhandel bekommt man schon fertige, praktische Erdbeerpflanztonnen aus Kunststoffgitter, die mit einer zentralen Dränage- bzw. Bewässerungsröhre in der Mitte versehen sind. Sie werden ebenso wie das Erdbeerfaß behandelt.

Die bepflanzten Gefäße sollte man in regelmäßigen Abständen drehen, damit alle Pflanzen gleich viel Licht erhalten.

Eine Abwandlung der Erdbeertonne stellt die Erdbeerwand dar, die man mit ein bißchen Geschick leicht aus rostgeschütztem Maschengitter, das um ein stabiles und imprägniertes Holz- bzw. Metallgerüst gehüllt wird, herstellen kann. Den Boden bildet eine etwa 20 cm hochgezogene Wanne mit einigen Wasserabzugslöchern, in der auch das Gestell verankert ist. Die Erdbeerwand wird nun mit einem lockeren, leicht sauren, torfreichen Substrat gefüllt und bepflanzt. Um das Anwurzeln der Pflanzen zu erleichtern, wird sie durchdringend gegossen und an einem geschützten warmen, schattigen Platz in Nord-Süd-Richtung aufgestellt.

Weintrauben eignen sich für das heiß-trockene Dachgartenklima besonders gut und können außerdem zum Beschatten von Sitzplätzen und zum Beranken von Pergolen verwendet werden. Aus Ausgangsmaterial für die Topfkultur nimmt man am besten eine drei- bis vierjährige Rebe, deren einjähriger Trieb im Frühjahr auf die untersten fünf Augen zurückgeschnitten wird.
Sorten: 'Blauer Portugieser', 'Weißer Gutedel', 'Roter Gutedel', 'Helfensteiner', 'Elbling'.

Die **Feige** zählt zu den ältesten kultivierten Fruchtgehölzen und bringt auch in unseren Breiten bei entsprechendem Rückschnitt und guter sonstiger Pflege sowie warmem, sonnigem Standort reichlich Früchte. Als nicht frostfeste Pflanze muß sie kühl und hell bei mäßiger Bewässerung überwintert werden.

Topf- und Kübelpflanzen

Pflanzen in unterschiedlichen Gefäßen bilden in vielen Fällen die einzig mögliche Form der Dachbegrünung, weil dafür keine besonderen bautechnischen Maßnahmen erforderlich sind. Sie ermöglichen eine Art Gartengestaltung sogar auf kleinstem Raum und bedeuten auch bei flächig begrünten Dachgärten eine wesentliche Ergänzung und Erweiterung der Bepflanzung. Schließlich können viele besonders attraktive Pflanzen, die in Mitteleuropa nicht winterhart sind, verwendet werden, sofern man sie frostfrei überwintert. Blühende Oleander, Myrten, Granatäpfel, Lorbeer- und Feigenbäume bringen die Atmosphäre und den Reiz mediterraner Gärten auch auf kleine Dachterrassen.

Topf- und Kübelpflanzen ziehen bedeutet nicht einfach Gartengehölze in Gefäße verpflanzen, sondern erfordert eine gewisse Kenntnis der unterschiedlichen Wachstumsbedingungen bei der Freiland- und Topfkultur und der darauf abgestimmten Kulturmaßnahmen.

Wurzelt die Pflanze direkt im Boden, steht ihr meist ein ausreichend großer Wurzelraum zur Verfügung, der höchstens durch Nachbarpflanzen eingeschränkt wird. Daraus ergeben sich eine ausgeglichene, meist ausreichende Versorgung mit Wasser und Nährstoffen sowie geringe Schwankungen der Bodentemperatur. Der Boden ist in den meisten Fällen ausreichend luft- und wasserdurchlässig, so daß stauende Nässe und Wurzelschäden kaum vorkommen. Ganz anders liegen die Voraussetzungen bei der Kultur von Pflanzen in Pflanzgefäßen.

Bei der Topfkultur steht der Pflanze nur ein beschränktes Substratvolumen als Wurzelraum zur Verfügung. Dadurch entfällt die Pufferwirkung des Bodens, wodurch sich starke Schwankungen hinsichtlich Wasserversorgung, Nährstoffangebot und Bodentemperatur ergeben, was aber nicht alle Pflanzen vertragen. Besonders ungünstig wirkt sich im Frühjahr und im Herbst der häufige Wechsel zwischen dem Auftauen am Tag und dem Gefrieren in den Nachtstunden aus. Das Einsenken von mehreren kleinen Töpfen in ein großes, mit sandiger Erde gefülltes Gefäß kann die Temperatur- und Feuchtigkeitsschwankungen beträchtlich vermindern.

Das Wurzelsystem muß durch entsprechende Kulturmaßnahmen auf den speziellen Verwendungszweck hin getrimmt werden. Mehrmaliges Umsetzen, verbunden mit einem kräftigen Rückschnitt der Hauptwurzeln, bewirkt ein kräftiges Wachstum des Feinwurzelsystems, mit dem die Pflanzen ausreichend Nährstoffe auch bei begrenztem Wurzelraum aufnehmen können.

Substrate für Kübelpflanzen

Um den Pflanzen auch bei stark verringertem Wurzelraum gute Wachstumsvoraussetzungen zu bieten, muß das Substrat Wasser und Nährstoffe gut aufnehmen und speichern können, darf nicht zum Verschlämmen und Verhärten neigen und muß den richtigen pH-Wert aufweisen. Diese Eigenschaften lassen sich nur durch Mischungen verschiedener Ausgangsmaterialien erreichen. Angaben über die für die jeweiligen Pflanzen benötigten Substrateigenschaften findet man in der entsprechenden Literatur, oder man holt Auskunft in der Baumschule ein.

Gewöhnliche Gartenerde ist nicht geeignet, da sie zu sehr verhärtet. Die heute üblicherweise angebotenen »fertigen Blumenerden« bestehen in der Regel vorwiegend aus Torf oder Rindenhumus, denen Ton und Langzeitdünger beigemengt sind. Sie sind für Dauerkulturen nur bedingt geeignet, da sie leicht austrocknen und dann nur sehr schwer wieder Wasser aufnehmen. Sie eignen sich jedoch gut als Ausgangsbasis für Substratmischungen.

Der Pflanzenliebhaber mischt sich seine Substrate meist selbst und sollte folgende Materialien immer in ausreichendem Maße vorrätig haben, mit denen er je nach Anteil der einzelnen Komponenten Substratmischungen für alle Anforderungen herstellen kann (siehe auch Seite 77 ff.).

Einheitserde ist locker, humos, torfreich und enthält häufig Langzeitdünger und Tonanteile.

Komposterde besitzt eine gute Krümelstruktur, enthält Nährstoffe und Spurenelemente und zeichnet sich durch eine gute Wasser- und Nährstoffspeicherung aus.

Lauberde ist eine leichte, nährstoff- und kalkarme, humusreiche Erde aus verrottetem Laub.

Lehmige Gartenerde stellt für größere Pflanzen einen wichtigen Zusatz dar.

Feinkörniger Blähton eignet sich zur Strukturverbesserung.

Lava erhöht die Wasserspeicherfähigkeit, bessert die Bodenstruktur und wirkt leicht alkalisch.

Perlite dient der Strukturverbesserung und der Erhöhung der Wasserspeicherfähigkeit.

Scharfer, kalkfreier Sand wird zur Strukturverbesserung beigemengt.

Styromull trägt zur Bodenlockerung bei.

Die folgenden Mischungen beruhen auf Erfahrungswerten, stellen jedoch keine allgemeinverbindlichen Rezepte dar.

Mischung für kleine Gefäße

40 % Einheitserde
20 % Komposterde
20 % Rindenhumus oder Lauberde
10 % Perlite, Lava oder feiner Blähton
10 % Sand
etwa 30 g organischer Langzeitdünger auf 10 Liter.

Mischung für große Gefäße

20 % Einheitserde
20 % Komposterde
20 % Rindenhumus oder Lauberde
20 % lehmige Erde
10 % Perlite
10 % scharfer Sand
etwa 30 g organischer Langzeitdünger auf 10 Liter.

Das Bedecken der Pflanzgefäße mit einer etwa 3 cm dicken Mulchschicht aus Lavalit usw. reduziert die Verdunstung und fördert die Schattengare.

Eine ausreichende Dränage verhindert stehende Nässe und das dadurch bedingte Abfaulen der Wurzeln oder Versauern des Substrates. Über das Abzugsloch wird eine Tonscherbe gelegt, darüber eine je nach Gefäßgröße verschieden hohe Schicht Blähtonkugeln mit 12 mm Durchmesser und darüber ein auf die Gefäßgröße zugeschnittenes synthetisches, wasserdurchlässiges Vlies, das das Einschwemmen von Substrat in die Blähtonschicht verhindert.

Kultur der Kübelpflanzen

Die **Düngung** erfolgt nach den im entsprechenden Kapitel besprochenen Grundsätzen, wobei Pflanzen, die in erster Linie wegen ihrer Blüten gezogen werden, weniger Stickstoff und dafür mehr Phosphor und Kalium erhalten sollten.

Beim Einpflanzen wird dem Substrat ein organischer oder mineralischer Langzeit-Volldünger in einer Dosierung von etwa 30 g/10 l Substrat beigemengt, der nach einer Anlaufzeit von 3 bis 4 Wochen je nach Temperatur und Wasserzugaben für rund 8 Monate ausreicht. Die dann erforderliche Nachdüngung kann entweder durch Aufstreuen oder leichtes oberflächliches Einarbeiten von neuen Langzeitdüngern, durch Einbringen von Düngekörpern wie Düngestäbchen oder Tabletten, oder durch Zugabe von Flüssigdüngern ins Gießwasser erfolgen.

Die Düngerzufuhr ist so zu bemessen, daß während der Wachstumsphase ausreichend Nährstoffe vorhanden sind, ab Mitte August bis zum zeitigen Frühjahr düngt man eher zurückhaltend, um die Pflanzen nicht zu unerwünschtem Austreiben während der Ruhephase anzuregen.

Die **Bewässerung** kann mit verschiedenen Methoden erfolgen, wobei die Gießintervalle sowie die benötigte Wassermenge von vielen Faktoren abhängen. Große Blattmasse, trockener Standort, heiße Witterung und ein poröses Pflanzgefäß bedeuten hohen Wasserbedarf. Kurze Gießintervalle ergeben sich vor allem bei kleinem Wurzelraum und schlecht wasserspeicherndem Substrat sowie den zuvor genannten Bedingungen. Kübelpflanzen sollten stets in Untertassen stehen, die das durchsickernde Wasser auffangen, welches die Pflanzen dann rasch kapillar wieder aufnehmen. Dadurch ergeben sich längere Gießintervalle, außerdem werden weniger Nährstoffe ausgespült.

Pflanzen mit gleichen Ansprüchen werden vorzugsweise **in Gruppen** in größere Pflanzgefäße zusammengesetzt, wobei Blütezeit und Farben aufeinander abgestimmt werden sollten. Dies verringert die Gießarbeit, außerdem gedeihen die Pflanzen wegen der ausgeglicheneren Wachstumsbedingungen besser.

Der fachgerechte, regelmäßige **Schnitt** ist neben ausreichender Dünge- und Wasserversorgung gerade bei Kübelpflanzen eine sehr wichtige Pflegemaßnahme. Neben dem Entfernen von alten, abgestorbenen oder unattraktiven Pflanzenteilen ist er vor allem notwendig, um auch im nächsten Jahr dichten Pflanzenwuchs, die gewünschte Form und eine üppige Blüte zu gewährleisten.

Die Pflanzen sollten nicht erst geschnitten werden, wenn sie zu groß geworden sind, denn gerade bei Jungpflanzen bildet der richtige Schnitt die wichtigste Voraussetzung für späteres, robustes, dichtes und gesundes Wachstum.

Der Schnitt erfolgt je nach Pflanze zu verschiedenen Zeiten: Bei frühjahrs- und sommerblühenden Pflanzen wie *Forsythia* oder Jasmin, die am jungen Holz blühen, schneidet man normalerweise nach der Blüte die abgeblühten Pflanzenteile weg und läßt in erster Linie das junge Holz für die nächstjährige Blüte stehen. Zugleich entfernt man zu dünne, abgestorbene oder unerwünschte Triebe.

Spätblühende Pflanzen wie Fuchsien oder *Buddleja*, die am nächstjährigen Holz blühen, schneidet man entweder nach der Blüte im Herbst oder im zeitigen Frühjahr vor dem Austrieb.

Langsamwachsende, immergrüne Pflanzen wie Buchsbaum und Eiben begnügen sich mit einem gelegentlichen Formschnitt.

Pflanzen, die nicht mit Wurzelballen oder als Topfpflanze bezogen werden, müssen nach der Pflan-

zung stark zurückgeschnitten werden, um ein gutes Anwurzeln zu sichern.

Zur **Überwinterung** werden die winterharten Kübelpflanzen an einem geschützten Platz zusammengestellt und mit Laub, Stroh oder anderen geeigneten Materialien dick zugedeckt, damit sie gegen starke Temperaturschwankungen und Austrocknen geschützt sind, wobei die immergrünen bei Bedarf an frostfreien Tagen bewässert werden. Die nicht winterharten Pflanzen werden vor den ersten Nachtfrösten hereingenommen und an einem hellen, kühlen, luftigen und frostgeschützten Platz überwintert, wobei auch in diesem Falle gelegentliche Wassergaben notwendig sind.

Geeignete Pflanzen für die Topfkultur

Viele ausdauernde Blütenstauden, ein- und zweijährige Sommerblumen sowie Gräser, Farne und Zwiebelpflanzen eignen sich bei Beachtung der Kulturbedingungen auch für die Topfkultur und sind in großer Auswahl in jeder Gärtnerei erhältlich. Seltene Arten kann man entweder von Spezialbetrieben beziehen oder aus Samen selbst heranziehen. Bei den Gehölzen gibt es eine Reihe bewährter Kübelpflanzen.

Der gärtnerisch interessierte Dachgartenbesitzer sollte jedoch auch unbedingt andere als die empfohlenen Arten ausprobieren, da es gerade auf diesem Gebiet noch nicht allzu viele Erfahrungen gibt. Häufig werden nur schwachwüchsige Sorten für die Kübelkultur empfohlen. Bei entsprechender Pflege lassen sich jedoch auch sicher starkwüchsige Pflanzen erfolgreich in Gefäßen ziehen, man denke nur an die Extremform der Bonsai-Kultur.

Vielen Zimmerpflanzen bekommt ein Sommeraufenthalt im Freien sehr gut, Voraussetzung ist allerdings ein geschützter Platz sowie langsames Gewöhnen an die Freilandbedingungen. Sie danken es mit kräftigem, gesundem Wuchs und üppiger Blüte und werden in vielen Fällen außerdem von hartnäckigen Schädlingen befreit.

Sommergrüne Laubgehölze	
Acer campestre, Feldahorn	*Corylus avellana* 'Contorta', Korkenzieherhasel
- *ginnala*, Amur-Ahorn	*Cotoneaster*, Felsenmispel in vielen Arten
- *negundo*, Eschenahorn	*Crataegus*-Arten, Weiß- und Rotdorn
- *palmatum*, Fächerahorn in vielen Formen	*Cytisus decumbens*, Kriechginster
- *platanoides* 'Globarum', Spitzahorn	*Euonymus*-Arten, Spindelstrauch
Amelanchier canadensis (syn. *A. lamarckii*), Kanadische Felsenbirne	*Fagus sylvatica* 'Purpurea pendula', Hänge-Blutbuche
Berberis-Arten, Berberitze	-- 'Rotundifolia', Rundblättrige Buche
Buddleja davidii, Schmetterlingsstrauch	*Forsythia suspensa*, Forsythie, Goldglöckchen
Choenomeles-Arten, Zierquitte	- × *intermedia*
Cornus-Arten, Hartriegel, diverse Sorten	*Genista*-Arten, Ginster
Carpinus betulus, Hainbuche	*Gleditsia*, diverse Arten und Sorten, Lederhülsenbaum
	Hibiscus syriacus, Roseneibisch

Hydrangea anomala ssp. *petiolaris*, Kletterhortensie
– *aspera* ssp. *macrophylla*, Hortensie
Hypericum hookerianum 'Hidcote', Großblumiger Johannisstrauch
– *patulum*
Jasminum nudiflorum, Winterjasmin
Kolkwitzia amabilis, Kolkwitzie, Perlmuttstrauch
Lavandula angustifolia, Lavendel
Perovskia atriplicifolia, Blauraute
Philadelphus, diverse Arten und Sorten, Pfeifenstrauch
Polyantha-Rosen, Buschrosen, diverse Sorten
Prunus cerasifera 'Myrobalane', Kirschpflaume
– *incisa*, Zierkirsche
– *subhirtella*, Zierkirsche
– *triloba*, Mandelbäumchen

Robinia pseudoacacia 'Tortuosa', Schlangenakazie
Rhus typhina, Essigbaum, Kolbensumach
Salix × *simulatrix*
Sorbus decora
– *intermedia*, Schwedische Vogelbeere
– *vilmorinii*, Strauch-Eberesche
Spiraea, diverse Arten und Sorten, Spierstrauch
Syringa × *chinensis*, chinesischer Flieder
– *microphylla*, Zwergflieder
– *vulgaris*, Flieder in vielen Sorten
Viburnum × *bodnantense*, rosa Duft-Schneeball
– *opulus*, Gemeiner Schneeball
– *plicatum* f. *tomentosum*, hoher Japanischer Schneeball

Die folgenden Rosensorten empfiehlt die Gesellschaft der Rosenfreunde für die Topfkultur.
Niedrigwachsende Sorten:
'Happy Wanderer', 'Marlene', 'Muttertag' (blutrot), 'Sarabande' (scharlachrot), 'Vatertag' (lachs-orange-ziegelrot), 'Bella Rosa', 'Frau Astrid Späth' (rosa), 'Polygold' (goldgelb) und 'Edelweiß', 'Sneprinsess' sowie 'Snow Carpet' (weiß).

Mittelhoch- bis hochwachsende Sorten:
'Andalusien', 'Gruß aus Bayern', 'Nina Weibull' (blutrot), 'Chorus', 'Montana', 'Paprika', 'Tornado' (scharlachrot), 'La Sevillana' (lachs-orange-ziegelrot), 'Märchenland', 'The Fairy', 'Yesterday', 'Bonica 82' (rosa), 'Friesia' (gelb) und 'Schneewittchen' (weiß).

Akebia quinata, Akebie, Klettergurke
Actinidia chinensis, Kiwi
Aristolochia macrophylla, Pfeifenwinde
Clematis-Hybriden, Waldrebe, großblumige Züchtungen
– *montana*, Berg-Waldrebe
– *paniculata*, Japanische Herbstwaldrebe
– *tangutica*, Tanguten-Waldrebe
– *vitalba*, Gemeine Waldrebe

– *viticella*, Italienische Waldrebe
Fallopia aubertii, Schlingknöterich
Hedera helix, Efeu
Kletterrosen, z. B. 'Flammentanz', 'New Dawn', 'Alberic Barbier', 'Dorothy Perkins', 'Ilse Krohn superior'
Lonicera-Arten, schlingende Geißblattarten
Wisteria sinensis, Glycine

Es eignen sich alle kleinwüchsigen Koniferen-Arten, die für die Intensivbegrünung empfohlen wurden (s. Seite 108), ebenso
Buxus sempervirens, Buchsbaum
Erica, Heidekraut

Ilex, Stechpalme
Rhododendron, Alpenrose, viele Sorten, braucht schattigen, geschützten Platz, saures Substrat

Abutilon-Hybriden, Samtmalve
Albizia julibrissin, Seidenbaum
Arbutus unedo, Erdbeerbaum
Aucuba japonica 'Variegata', Aukube
Callistemon citrinus, Zylinderputzer
Camellia japonica, Kamelie
Cassia corymbosa var. *plurijuga*, Gewürzrinde
Chamaerops humilis, Bergpalme
Cyperus papyrus, Papyrusgras
Eucalyptus gunnii, Eucalyptus
Datura, Stechapfel, diverse Sorten
Euonymus fortunei, immergrüne Kriechspindel, diverse Sorten
– *japonica*
Fatsia japonica, Zimmeraralie
Ficus carica, Feigenbaum
Fuchsia-Arten, Fuchsie
Hebe, Strauchveronika, diverse Arten

Hibiscus rosa-sinensis, Roseneibisch
Heliotropium arborescens, Sonnenwende
Hydrangea macrophylla, Bauernhortensie
Lantana camara, Wandelröschen
Laurus nobilis, Lorbeer
Ligustrum delavayanum, Kugel-Liguster
– *ovalifolium* 'Aureum', Gold-Liguster
Myrtus communis, Myrtenstrauch
Nandina domestica, Korallenbeere
Nerium oleander, Oleander
Pittosporum tobira, Klebsame
– – 'Nana', Zwerg-Klebsame
Plumbago auriculata, Bleiwurz
Prunus laurocerasus, Kirschlorbeer
Punica granatum, Granatapfel
Rosmarinus officinalis, Rosmarinstrauch
Viburnum tinus, Schneeball

Pflanzgefäße

Pflanzgefäße für jeden Anspruch findet man aus verschiedenen Materialien in den unterschiedlichsten Formen.

Leicht lassen sich beim Trödler oder auf Schrottplätzen ausgediente Waschtröge, alte Kannen, Schüsseln, irdene Gefäße, Waschkessel usw. aufstöbern, die man mit geringem Aufwand in geeignete Pflanzgefäße umfunktionieren kann. Bezeichnend ist der Ausspruch eines Dachgartenbesitzers: »Erst wenn ein Gefäß ein Loch bekommen hat und weggeworfen wird, dann wird es für mich als Pflanzenbehälter interessant . . .«
Jedes Gefäß hat seinen eigenen Charakter, der von der Größe, dem Material und der Form bestimmt wird, die sowohl zur Pflanze als auch zur Umgebung passen sollten. Natürlichen Materialien in gedeckten Farben, welche die Pflanzen voll zur Geltung kommen lassen, gibt man den Vorzug.

Je größer ein Pflanzgefäß ist, desto stabiler muß es sein, damit es das hohe Gewicht, den Wurzeldruck und etwaige Transporte gut aushalten kann. Das Material darf keine pflanzenschädlichen Stoffe abgeben, es muß beständig gegenüber Erde, Düngemitteln und Witterungseinflüssen sein. Poröse Materialien wie gewöhnliche Tongefäße saugen sich mit Wasser voll und frieren daher im Winter leicht auf. Sie sind deshalb als Pflanzbehälter für winterharte Pflanzen nicht geeignet.

Form und Größe müssen passend zur Pflanze gewählt werden. Zu große Gefäße führen häufig zu starkem Wurzelwachstum, wodurch das oberirdische Wachstum und die Blühwilligkeit stark reduziert werden. Zu kleine Gefäße führen zu Nährstoffmangel und oft trocknet das Substrat zu rasch aus. Pfahlwurzler brauchen tiefe Pflanzgefäße, während sich Flachwurzler in Schalen am wohlsten fühlen.

In jedem Fall muß das Gefäß ausreichende Dränageöffnungen an der Unterseite aufweisen, die mit Tonscherben usw. abgedeckt werden, damit stehende Nässe und Pflanzenschäden vermieden werden. Feine Kunststoffgitter, die über die Löcher gelegt werden, verhindern das Eindringen von Pflanzenschädlingen in die Töpfe. Darüber kommt dann eine etwa 2,5 cm dicke Schicht grober Blähton als Dränschicht, die mit einem Vlies vom Substrat getrennt wird.

Gefäße aus verschiedenen Materialien

Tongefäße wurden früher fast ausschließlich verwendet. Heute werden sie zunehmend durch Gefäße aus anderen Materialien ersetzt. Ihr hohes Gewicht sorgt für gute Standfestigkeit. Die porösen Wände verringern die Gefahr der Substratvernässung. Die Wasserverdunstung durch die Gefäßwände bewirkt jedoch einen hohen Wasserverbrauch und führt außerdem zu merklicher Abkühlung des Substrates. Werden mehrere Tontöpfe in ein großes Gefäß mit Torf oder anderen wasserhaltigen Materialien eingefüttert, saugen sie durch die Wände Feuchtigkeit an, sparen dadurch Gießarbeit und bieten den Pflanzen gleichbleibende Feuchtigkeit.

Da die Pflanzenwurzeln zwischen Topfwand und Substrat gute Bedingungen vorfinden, bildet sich häufig ein dichter Wurzelfilz entlang der Gefäßwände, während das übrige Substrat kaum durchwachsen wird. Frostempfindlichkeit, Zerbrechlichkeit und unansehnliche Salzausblühungen bzw. Algenwachstum an den Topfwänden sind weitere Nachteile.

Glasierte Tongefäße sind in vieler Hinsicht günstiger und vor allem frostfest, doch weit teurer. Der überhöhte Wasserverbrauch und die Folgeerscheinungen lassen sich bei herkömmlichen Tontöpfen stark verringern, wenn diese an der Innenseite mit geeigneten Lacken versiegelt oder mit einer Kunststoffolie ausgelegt werden, die an der Unterseite Dränageöffnungen aufweisen muß.

Tontöpfe sollte man auf jeden Fall vor dem Erstgebrauch gründlich wässern, damit pflanzenschädigende Stoffe herausgelöst werden. Vor der Wiederverwendung sind sie mit einer Desinfektionslösung aus Chinosol zu reinigen.

Pflanzgefäße aus Ton werden in unterschiedlichen Ausführungen, vom einfachen Blumentopf bis zum kunstvoll angeführten Terrakotta-Gefäß hergestellt. Es gibt sie in vielen Formen und Größen. Gute Bezugsquellen findet man vor allem in Italien.

Kunststoffbehälter werden in vielen Formen und Größen und aus unterschiedlichen Materialien angeboten, je nachdem, ob sie für eine einmalige oder eine längere Verwendung vorgesehen sind. Sie eignen sich besonders für kleine Gefäße oder für Pflanzen mit hohem Wasserverbrauch, da poröse Töpfe mit geringen Ausmaßen mehrmals am Tag gegossen werden müßten. Eine viereckige Ausführung ist günstig, wenn man die Gefäße eng aneinander stellen und Platz sparen will.

Sie sind leicht zu reinigen, auch das Umtopfen geht leicht, da sich nur selten ein dichter Wurzelfilz entlang der Topfwand bildet. Um Substratvernässungen vorzubeugen, empfehlen sich luftige Substrate und ausreichende Dränagierungen.

Gefäße aus Polypropylen oder PVC sind leicht, dünnwandig, nehmen kein Wasser auf, was den Wasserverbrauch stark reduziert, und erweisen sich bei guten Qualitäten als bruchfest und vollkommen witterungsbeständig.

Styroporgefäße sind zwar leicht, jedoch sehr brüchig und deshalb nicht zu empfehlen.

Gefäße aus Polyurethanschaum sind weitaus haltbarer und auch schon als Holzimitation zu haben, was jedoch sicher nicht jedermanns Geschmack ist.

Glasfaserverstärkte Polyestergefäße sind leicht, sehr robust, gefällig im Aussehen, allerdings recht teuer. Sie sind jedoch auch leicht selbst herzustellen oder zu reparieren. Sie werden in unterschiedlichen, meist einfachen Formen, Größen und Farben angeboten und können gut zu Gruppen zusammengestellt werden.

Pflanzenbehälter aus Eternit sind heute weit verbreitet, leichter als Beton, sehr robust und frostbeständig. Um den gesundheitsgefährdenden Asbestabrieb zu vermeiden, sollten sie jedoch mit geeigneten Lacken gestrichen werden. Mittels zugeschnittener Eternitplatten und entsprechenden Klebern lassen sich auch im Selbstbau leicht gute und für viele Verwendungszwecke geeignete Gefäße preiswert herstellen.

Pflanzgefäße aus glasfaserverstärktem, zementartigem Material werden seit kurzem in vielen Formen und unterschiedlichen Größen angeboten. Sie sind voll durchgefärbt (terakottarot und weiß), relativ leicht und vollkommen frostbeständig. Im Aussehen ist das Material kaum von Ton zu unterscheiden.

Steingefäße sind sehr dauerhaft, jedoch recht schwer und deshalb nur für Pflanzen geeignet, die lange am gleichen Standort verbleiben. Man kauft sie entweder in künstlerisch ansprechenden Formen vom Steinmetz oder besorgt sich Natursteintröge, wie sie früher als Viehtränke oder Futtertrog benutzt wurden. Meist sind sie schwer zu beschaffen und entsprechend teuer.

Poröse Tuffsteine aus der Schwäbischen Alb können mit Hammer und Meißel ausgehöhlt werden und eignen sich ebenfalls gut als Pflanzgefäße. Mit der Zeit gewinnen sie durch ihre natürliche Patina oder Moosbewuchs noch an Aussehen.

Da Natursteintröge selten werden, bleibt als Ausweg das Selbstherstellen: Eine Mischung aus einem Schubkarren feingesiebtem Torf, einem, Sack Zement und eineinhalb Schubkarren gewaschener Quarzsand wird mit Wasser angerührt und in eine vorbereitete Form gegossen, wobei ein Styroporblock den Innenkern bildet. Nach dem Erstarren sieht das Gefäß wie ein verwitterter Steintrog aus. Es muß nur noch mit einer Drahtbürste nachbearbeitet werden.

Betongefäße sind recht schwer und haltbar, doch nicht immer von gefälligem Aussehen. Man kann sie selbst anfertigen, wobei sie mit Baustahlgittermatten armiert werden müssen.

Metallgefäße. Leider lösen die Düngersalze häufig pflanzenschädigende Stoffe heraus, außerdem korrodieren die Metalle leicht. Deshalb müssen sie mit geeigneten Materialien wie Kautschuk oder Flüssigkunststoff zumindest innenseitig versiegelt oder mit einer Kunststofffolie ausgelegt werden. Gut geeignet sind beispielsweise alte kupferne Waschkessel und Kochgeschirre.

Holzgefäße zeichnen sich durch gute Isoliereigenschaften, geringes Gewicht, hohe Festigkeit und ansprechendes Aussehen aus. Sie eignen sich hervorragend für große, winterharte Kübelpflanzen, da sie frostbeständig sind und auch hohen Wurzeldrücken standhalten. Sie sollten aus widerstandsfähigen Hölzern wie Eiche oder Zeder angefertigt sein und einen Schutz gegen Fäulnis mit Mitteln der »sanften Chemie« erhalten. Auch innenseitiges Ausbrennen oder Einlassen mit geeigneten Ölen hat sich bewährt. Direkter Bodenkontakt ist durch Unterlegen von Steinen, Ziegeln oder Holzleisten zu vermeiden, um Fäulnis vorzubeugen. Runde Holzgefäße werden wie Fässer von Eisenreifen zusammengehalten; an beiden Seiten stabil angebrachte Traggriffe erleichtern den Transport wesentlich. In alten Orangerien wurden oft quadratische Holzkästen benutzt, bei denen eine oder alle Seitenwände herausgenommen werden n, um den Wurzelzustand kontrollieren zu können und das Umtopfen zu erleichtern.

Gebrauchte Fässer bekommt man für wenig Geld. Sie eignen sich – entweder ganz oder in der Mitte halbiert – ebenfalls sehr gut.

Holzgefäße können auch leicht selbst hergestellt werden und lassen sich dadurch leicht an vorgegebene Bedingungen anpassen.

Gefäße mit Vorratsbewässerung siehe Abschnitt Bewässerung, Seite 138f.

Bunt bepflanzte Hängekörbe aus verzinktem Eisendraht oder Kunststoff bepflanzt man am besten folgendermaßen: Man stellt sie über einen großen Blumentopf und kleidet sie mit großen Stücken lebendem Torfmoos, mit der grünen Seite nach außen, aus. An Stelle von Torfmoos eignet sich auch ein Kunststoffvlies oder eine Kunststofffolie, die mit Dränagelöchern versehen wird.

Anschließend wird die Ampel mit geeignetem Substrat gefüllt, bepflanzt und zum Schutz vor allzustarkem Austrocknen mit geeigneten Materialien abgedeckt.

Für die Bepflanzung eignen sich ein- oder mehrjährige Pflanzen, die hinsichtlich Blütezeit, Farbe, Wuchsform und vor allem Standortansprüchen aufeinander abgestimmt werden müssen.

Troggärten. Liebevoll gestaltete Troggärten bieten auch auf kleinstem Raum Vielfalt und ein reiches Maß an gärtnerischer Betätigung.

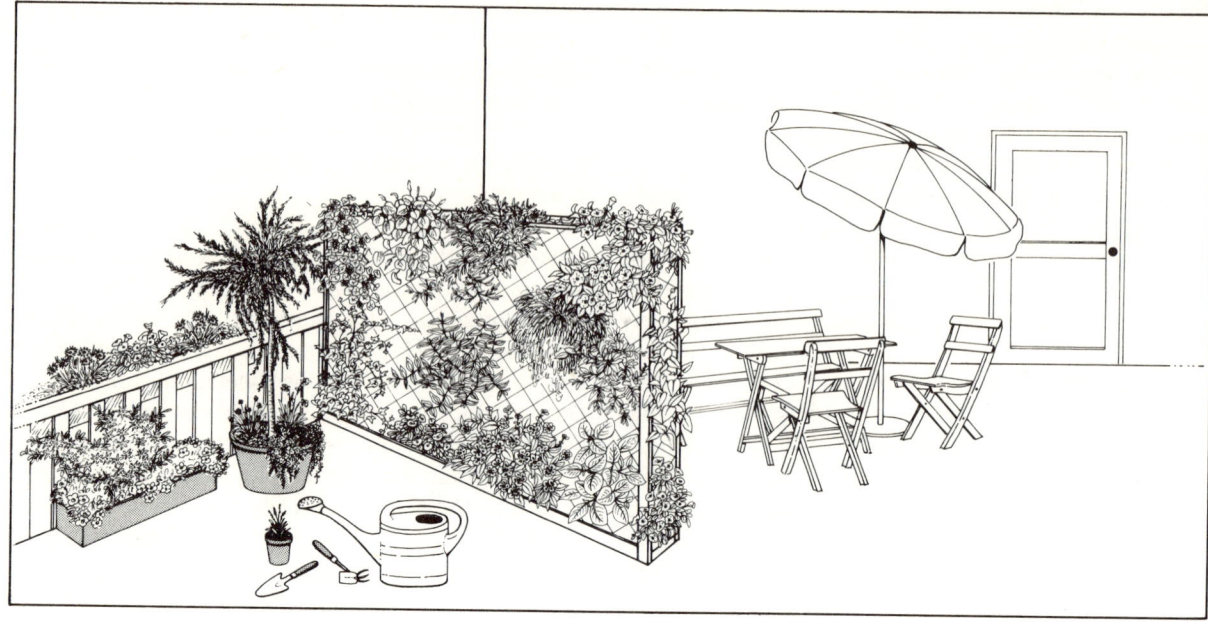

Wesentlich ist, daß man den Pflanzen Standortbedingungen schaffen kann, die den natürlichen weitgehend entsprechen, und man nur kleinwüchsige Arten mit ähnlichen Ansprüchen verwendet.

Beginnt man in den meisten Fällen mit einem breiten Artenspektrum, so bildet sich im Lauf der Zeit meist die Vorliebe zu bestimmten Pflanzengruppen heraus, auf die man sich dann spezialisiert. Miniaturnachbildungen von Mooren, Steingarten- und Heidelandschaften sowie Sammlungen von Sukkulenten, Bonsaipflanzen, Tillandsien und fleischfressenden Pflanzen eröffnen hier ein breites Betätigungsfeld für den Pflanzenliebhaber.

Pflanzwände blühen bei geschickter Pflanzenauswahl von Mai bis Oktober und eignen sich hervorragend zum Beleben kahler Wände. Sie helfen mit, Raumstrukturen zu schaffen und erlauben es, auf kleinster Fläche viele Blumen unterzubringen.

Ein stabiles, korrosionsgeschütztes Holz- oder Metallgestell wird rundherum mit Maschendrahtgeflecht überzogen. Den Boden bildet eine Kunststoffolie, die seitlich etwa 25 cm hochgezogen wird und unten mit einigen Dränagelöchern versehen ist. Die Tiefe sollte bei einseitiger Bepflanzung etwa 20 cm, bei doppelseitiger 30 bis 40 cm betragen.

Der so entstandene Drahtkorb wird nun mit einer Mischung aus Einheits- oder Komposterde, Rindenhumus und Langzeitdünger gefüllt, wobei vielfach an den Außenseiten grobes Sumpfmoos oder langfaseriger Torf verwendet wird, um ein Herausfallen des Substrates zu verhindern. Billiger, dauerhafter und einfacher ist auch in diesem Fall das Auskleiden des Drahtkorbes mit einem Kunststoffvlies.

Die Pflanzen setzt man durch das Maschengitter in das Substrat ein, das sorgfältig angedrückt und festgestopft wird. Nach dem Pflanzen wird gründlich gewässert, anschließend sollte die Pflanzwand etwa eine Woche lang an einem geschützten Platz stehen, bis die Pflanzen gut eingewurzelt sind.

Werden beide Seiten mit den gleichen Pflanzen versehen, so stellt man die Wand in Nord-Süd-Richtung auf, um gleiche Lichtverhältnisse zu gewährleisten. Ansonsten nimmt man für die sonnenabgewandte Seite andere Pflanzen als für die besonnte Front. Die erforderlichen Pflegemaßnahmen beschränken sich auf regelmäßiges Gießen und gelegentliche Düngung.

Die Pflanzen sollen hinsichtlich Blütenfarbe und Blütezeit gut aufeinander abgestimmt sein. Erdbeeren und Gewürzkräuter eignen sich vortrefflich als Ergänzung.

Bewässerung

In den meisten Gebieten Mitteleuropas reichen die natürlichen Niederschläge (z. B. in Österreich 600 bis 1500 mm/Jahr) aus, um auf gewachsenem Boden eine üppige Dauervegetation entstehen zu lassen.

Ganz andere Bedingungen gelten jedoch für den Extremstandort Dachgarten. Denn einerseits ist der Wasserverbrauch wegen der exponierten Lage – charakterisiert durch intensive Sonneneinstrahlung, häufigen Wind, Hitzespeicherung in umliegenden Gebäuden und erhöhte Lufttrockenheit – wesentlich höher als in mikroklimatisch geschützten Zonen. Andererseits kann die dünne Vegetationsschicht nicht so viel Wasser speichern wie der gewachsene Boden, bei dem durch die Kapillarwirkung noch aus tieferliegenden Schichten Wasser nachgesaugt wird.

Auf Dachflächen, die nicht zusätzlich bewässert werden, können sich längerfristig nur Pflanzengesellschaften behaupten, die an extreme Temperatur- und Feuchtigkeitsschwankungen angepaßt sind. Das Artenspektrum dieses natürlichen Bewuchses hängt von der Dicke und Zusammensetzung der Vegetationsschicht und den am jeweiligen Standort herrschenden mikroklimatischen Bedingungen ab. In vielen Fällen wird die Vegetation während längerer Trockenperioden sogar zum Großteil oberirdisch absterben und nur unterirdisch in Form von Zwiebeln, Rhizomen und ähnlichem überleben. Viele an diese Bedingungen angepaßte Pflanzengesellschaften findet man auf ungenutzten Dächern älterer Bausubstanz (siehe Kapitel »Extensive Dachbegrünung«, Seite 161 und 168 ff.), wo sie sich im Lauf der Zeit selbständig ansiedeln, und ebenso bei den künstlich geschaffenen Formen extensiver Dachbegrünung.

Will man dagegen eine üppige Vegetation mit Bäumen, Sträuchern, Blütenstauden usw. ermöglichen, ist es erforderlich, sowohl die Bewässerung als auch die einzelnen Schichten des Dachgartenaufbaues, die Düngung und die Pflanzen sorgfältig aufeinander abzustimmen.

Maßnahmen zur Senkung des Wasserverbrauches

Großflächige Dachbegrünungen haben gegenüber versiegelten Flächen wie Straßen oder herkömmlichen Dächern eine stark gesteigerte Wasserrückhaltefähigkeit und bewirken deshalb eine deutliche Verbesserung des regionalen Wasserhaushaltes. Trotzdem sollte man alle Möglichkeiten ausschöpfen, um den zusätzlichen Verbrauch von Trinkwasser für die Bewässerung von Dachbegrünungen möglichst gering zu halten, da in vielen Gegenden die hochwertigen Trinkwasserressourcen schon knapp werden.

Wertvolle Hinweise und ausgereifte Techniken, wie man mit geringstem Wasserverbrauch optimale Kulturerfolge erreichen kann, finden wir in Regionen, in denen Wasser ein knappes und daher wertvolles Gut ist. In Wüstengebieten wird das kostbare Naß meist gezielt über raffiniert angelegte Kanal- oder Schlauchsysteme zu jeder einzelnen Pflanze gebracht. Die Befeuchtung unwirtschaftlicher Flächen wird dadurch ebenso vermieden wie unnötige Verdunstungsverluste.

Einige dieser Methoden, die seit langem in heißtrockenen Gebieten angewandt werden, lassen sich – wenn auch manchmal in etwas abgewandelter Form –

auch auf Dachgärten erfolgreich einsetzen. Dazu gehören:

– Die Verwendung von Vegetationssubstraten mit hoher Wasserspeicherfähigkeit und ausreichender Schichtdicke, um viel Niederschlagswasser speichern zu können. Mit Hilfe der Bodenkolloide (kleinste Bodenteilchen zwischen 0,1 und 2 mm und sehr großer Oberfläche) und seiner vielen Hohlräume kann der Boden Wasser speichern. Die Speicherfähigkeit hängt sehr von der Bodenart und -struktur ab. Während eine 40 cm dicke, stark wasserspeichernde Vegetationsschicht pro m^2 etwa 130 l Niederschläge aufnehmen und damit der Vegetation zur Verfügung stellen kann, beträgt die Wasserrückhaltefähigkeit einer rund 10 cm dicken, schlecht wasserhaltigen Vegetationsschicht nur etwa 20 l/m^2. Im letzteren Fall muß bei gleichem Wasserbedarf der Differenzwert durch zusätzliche Bewässerung abgedeckt werden.

– Anstaubewässerung: Der Wasseranstau innerhalb der Dränschicht ermöglicht in Abhängigkeit von Dicke und Material die Speicherung von bis zu 150 l Niederschlagswasser pro m^2. Er stellt in Kombination mit gut wasserspeichernden Vegetationsschichten die effektivste und vegetationstechnisch nachhaltigste Form der Wasserbevorratung dar und ermöglicht die beste Ausnutzung der natürlichen Niederschläge.

– Durch die Beschattung einzelner Teilbereiche des Dachgartens und durch möglichst geschlossene seitliche Umgrenzung des Gartens mit Hilfe von Schilfmatten, Mauern, Hecken oder bewachsenen Rankwänden wird ein geschütztes Mikroklima angestrebt. Dadurch verringern sich die Verdunstungsverluste durch Besonnung und Wind, die Luftfeuchtigkeit wird erhöht.

– Das Bedecken der Vegetationsschicht zwischen den einzelnen Pflanzen mit Rindenkompost, gewöhnlichem Kompost, Laub, Grasschnitt oder anderem geeigneten Mulchmaterial wie z. B. Lava. Dadurch wird nicht nur die Verdunstung reduziert, sondern in vielen Fällen auch wertvoller Humus gebildet.

– Die gezielte Bewässerung einzelner Pflanzen und nur in Ausnahmefällen eine Bewässerung durch Regner, da bei dieser Bewässerungsform erstens viel Wasser durch den Wind weggetragen wird und zweitens eine gezielte und dosierte Bewässerung einzelner Pflanzen nicht möglich ist.

– Einzeln aufgestellte Tontöpfe verdunsten große Wassermengen durch die Topfwände. Bis zu zwei Drittel des Gießwassers lassen sich einsparen, wenn man die Töpfe in die Vegetationsschicht einsenkt, mehrere Töpfe in einem größeren Pflanzgefäß zusammenstellt und die Zwischenräume mit wasserhaltefähigem Material ausfüttert, einzeln stehende Tontöpfe mit Kunststoffolien auskleidet oder Pflanzgefäße aus anderen Materialien verwendet.

– Auch die richtige Auswahl der Pflanzen und eine geschickte Gesamtplanung des Gartens können zur Verringerung des Wasserbedarfs beitragen.

Die sogenannte Bodengare und die lockere Oberschicht dürfen durch das Bewässern nicht zerstört werden, außerdem sollte man den Boden nach heftigen Regenfällen wieder oberflächlich lockern. Durch

das Lockern wird die Kapillarwirkung unterbrochen, über die sonst ständig Wasser von unten nachgesaugt und verdunstet wird.

Damit sich großflächige Dachbegrünungen vom ökologischen Standpunkt her vertreten lassen, muß der zusätzliche Wasserverbrauch für ihre Bewässerung so gering wie möglich gehalten werden. Man sollte daher, soweit es möglich ist, natürliche Niederschläge verwenden. Dies kann einerseits durch das Sammeln von Regenwasser, andererseits durch eine möglichst große Speicherung der Niederschläge im Dachaufbau geschehen.

Die Wasseraufnahmefähigkeit und das Wasserrückhaltevermögen werden durch die Zusammensetzung und die Dicke der wasserspeichernden Schichten bestimmt. Man unterscheidet zwischen einschichtiger und mehrschichtiger Wasserspeicherung.

Bei der *einschichtigen* Wasserspeicherung erfolgt die Bevorratung ausschließlich in der Vegetationsschicht, wobei die wasserspeichernden Stoffe in die Vegetationsschicht eingemischt oder im Falle vorgefertigter Vegetationsplatten in diese eingebunden sind.

Die heute bevorzugte *mehrschichtige* Wasserspeicherung bevorratet das Wasser in einer entsprechenden Vegetationsschicht und durch das Einbringen wasserspeichernder Stoffe zusätzlich in den darunterliegenden Schichten oder auch durch Wasseranstau in der Dränschicht.

Wann wieviel gießen?

Nur in begrenztem Umfang ist es möglich, allgemeingültige Aussagen über den Wasserverbrauch bzw. über die Gießintervalle zu machen, da sehr viele Faktoren miteinwirken. Der aufmerksame Gartenbesitzer sammelt im Lauf der Zeit seine eigenen Erfahrungen und weiß bald, wann er wieviel gießen muß. Genaues und häufiges Beobachten der einzelnen Pflanzen erscheint vor allem in der Anfangsphase unbedingt notwendig, um Verlusten vorzubeugen.

Während des Wachstums brauchen die Pflanzen mehr Wasser als während der Ruhezeit. In dieser Zeit sollte man nur darauf achten, daß das Substrat nicht völlig austrocknet. Große Exemplare mit viel Blattmasse verdunsten weitaus mehr Wasser als kleinwüchsige Pflanzen mit wenig Blättern oder Pflanzen mit besonderer Morphologie wie z.B. eine ledrige Haut oder die Wasserspeicherorgane der sukkulenten Gewächse. Pflanzen, die im Verhältnis zu ihrer Größe in einen kleinen Topf eingepflanzt sind, brauchen öfter Wasser als solche mit großem Wurzelballen. Bei Tongefäßen muß man die starke Verdunstung durch die Topfwände mitberücksichtigen. Unterschiede ergeben sich auch, je nachdem ob die Töpfe frei, oder ob sie in die Erde eingesenkt wurden, ob das Substrat Wasser gut speichert, ob die Pflanze in der Sonne oder an einem schattigen Standort steht. Auch die Beschaffenheit des jeweiligen Mikroklimas und vieles mehr spielen mit.

Wenn das Wasser aus den Blättern verdunstet, so wird durch die feinen Pflanzengefäße Wasser aus dem Wurzelbereich dochtartig nachgesaugt. Reicht die Saugspannung der Pflanze nicht mehr aus, um dem Boden weiteres Wasser zu entziehen, so schließen sich die Spaltöffnungen der Blätter so weit wie möglich, um die Verdunstung einzuschränken. Während sukkulente Pflanzen, die an extreme Trockenperioden gut angepaßt sind, die Verdunstung fast auf Null reduzieren können, verdunsten andere Pflanzen auch bei geschlossenen Spaltöffnungen noch Wasser durch die wasserdurchlässige Haut. Verdunstet eine Pflanze mehr Wasser, als sie über die Wurzeln nachsaugen kann, verlieren die Pflanzenzellen ihre Spannung. Der Wassermangel zeigt sich bei vielen Arten durch Erschlaffen der Pflanze, Hängenlassen oder Einrollen der Blätter. Auch ein Abwerfen der Blätter oder Vergilben kann ein Zeichen von Wassermangel sein. Ist der Wurzelballen schon so stark ausgetrocknet, dann empfiehlt es sich, das ganze Pflanzengefäß in einen mit Wasser gefüllten Topf so lange hineinzustellen, bis keine Luftblasen mehr aufsteigen. Bei manchen Pflanzen, beispielsweise den Farnen, kommt dann jedoch auch ein rasches intensives Wässern zu spät. So weit sollte man es nach Möglichkeit nicht kommen lassen. Der erfahrene Gärtner kennt mehrere Anzeichen, die ihm die Notwendigkeit zum Wässern rechtzeitig anzeigen:

– Das Substrat fühlt sich trocken an bzw. sieht hell und trocken aus.
– Die Töpfe sind wesentlich leichter als im durchfeuchteten Zustand; sie klingen hell, wenn man daran klopft.
– Die Pflanzen machen einen schlappen Eindruck und beginnen zu welken, zu vergilben und im Extremfall Blätter abzuwerfen.

Während Wassermangel bei den meisten Pflanzen rasch zum Vertrocknen und Eingehen der Pflanze führt, bewirkt das Gegenteil davon – eine dauernde Vernässung des Wurzelballens infolge zu häufigen Wässerns, schlechter Dränage oder schlecht strukturiertem Substrat - längerfristig ebenfalls Schäden wie z. B. Wachstumsstörungen bis hin zur Fäulnis. Wegen zu viel Wasser gehen mehr Topfpflanzen kaputt als wegen Wassermangel.

Man erkennt zu stark gegossene Pflanzen an herabhängenden und vergilbenden Blättern sowie an dem meist völlig abgestorbenen Wurzelwerk. Es entsteht der Eindruck, die Pflanze wäre vertrocknet, was indirekt auch stimmt, denn durch die ständige Vernässung erhalten die Wurzeln nicht mehr genug Sauerstoff und sterben ab, womit die Pflanze nicht mehr in der Lage ist, genug Wasser aufzunehmen. Außerdem verändert sich das Substrat – es versauert.

Die beste Tageszeit zum Bewässern ist der Morgen, weil dann das Wasser nicht gleich wie beim Gießen während der heißen Tageszeit oberflächlich verdunstet, sondern in die Vegetationsschicht eindringt. Zu starkes Bewässern am Abend kann während der Übergangszeit zu allzu starker Abkühlung führen.

Sprühen oder Beregnen während der heißen Tageszeit ist zu unterlassen. Einerseits weil dabei den Pflanzen eine feuchte Atmosphäre vorgetäuscht wird und sie daher ihre Spaltöffnungen erweitern, was zu hohem Wasserverbrauch führt, anderseits wirken die Tropfen wie Sammellinsen und bewirken Blattverbrennungen. Als wesentlich effektiver als das häufige kurzzeitige Beregnen größerer Flächen erweist sich das durchdringende, gezielte Wässern einzelner Pflanzen, weil dadurch einerseits das Aufkommen von Unkraut zwischen den Pflanzen stark reduziert

wird, anderseits wegen der gezielten, intensiven Wassergaben das Wasser tief in die Bodenschichten eindringen und die Wurzeln der Pflanzen erreichen kann. Eine Spatenprobe zeigt deutlich, daß bei kurzzeitigem öfteren Bewässern nur die oberste Bodenschicht durchfeuchtet wird, während ein länger anhaltender Regen oder eben eine gezielte Bewässerung auch tieferliegende Bodenschichten erreichen.

Abgesehen von empfindlichen Pflanzenarten wie Farnen oder Jungpflanzen sollte auch bei Topf- und Kübelpflanzen das Substrat zwischen den Wassergaben bis zu einem gewissen Grad austrocknen, um wieder locker und luftdurchlässig zu werden, damit dem Versauern und Absterben der Wurzeln vorgebeugt wird. Dafür wird danach kräftig gegossen.

Regen- oder Leitungswasser?

Die Verwendung von Regenwasser

Trotz hoher Luftverschmutzung und der sich daraus ergebenden Belastung des Regenwassers eignet es sich auch im städtischen Bereich nach wie vor als empfehlenswertes Gießwasser. Einerseits ist es kalkfrei, was bei vielen Pflanzenarten Voraussetzung für eine erfolgreiche Dauerkultur ist, da viele Pflanzen kalkfreie Substrate bevorzugen. Anderseits wird durch die Regenwassernutzung der Verbrauch wertvollen Trinkwassers stark reduziert.

Alte Badewannen, billige Kunststoffässer oder preiswerte, gebrauchte Holzfässer eignen sich hervorragend zur Wasserbevorratung. Regenwasser kann übrigens lange aufbewahrt werden, ohne daß es seine Eigenschaften verändert. Während das Regenwasser, besonders während der Heizperiode, anfänglich meist von schmutzig-grauer Farbe ist und häufig sogar Ölspuren von den Dachflächen herunterwäscht, bessert sich die Wasserqualität nach etwa einer halben Stunde starker Niederschläge bedeutend, so daß man mit dem Auffangen eine Weile warten sollte.

Der automatische Regenwasserabscheider, eine einfache Vorrichtung, ermöglicht auch in Abwesenheit des Gartenbesitzers ein Ablaufenlassen des ersten schmutzigen Niederschlagswassers und läßt das saubere Wasser in die Vorratsbehälter fließen. Unterhalb der eigentlichen Dachrinne befindet sich ein etwa 1,20 m langes Stück Dachrinne, welches drehbar so gelagert ist, daß es im Normalfall zum Regenwasserablauf hin geneigt ist. Am kürzeren Dachrinnenstück ist eine Kunststoffflasche befestigt, in die oben ein $\frac{1}{2}$ Zoll dicker Schlauch einmündet, dessen oberes Ende an die drehbare Dachrinne angeschlossen ist. Aus einem kleinen Loch am Boden der Flasche führt ein dünner Schlauch zum Regenwasserablauf.

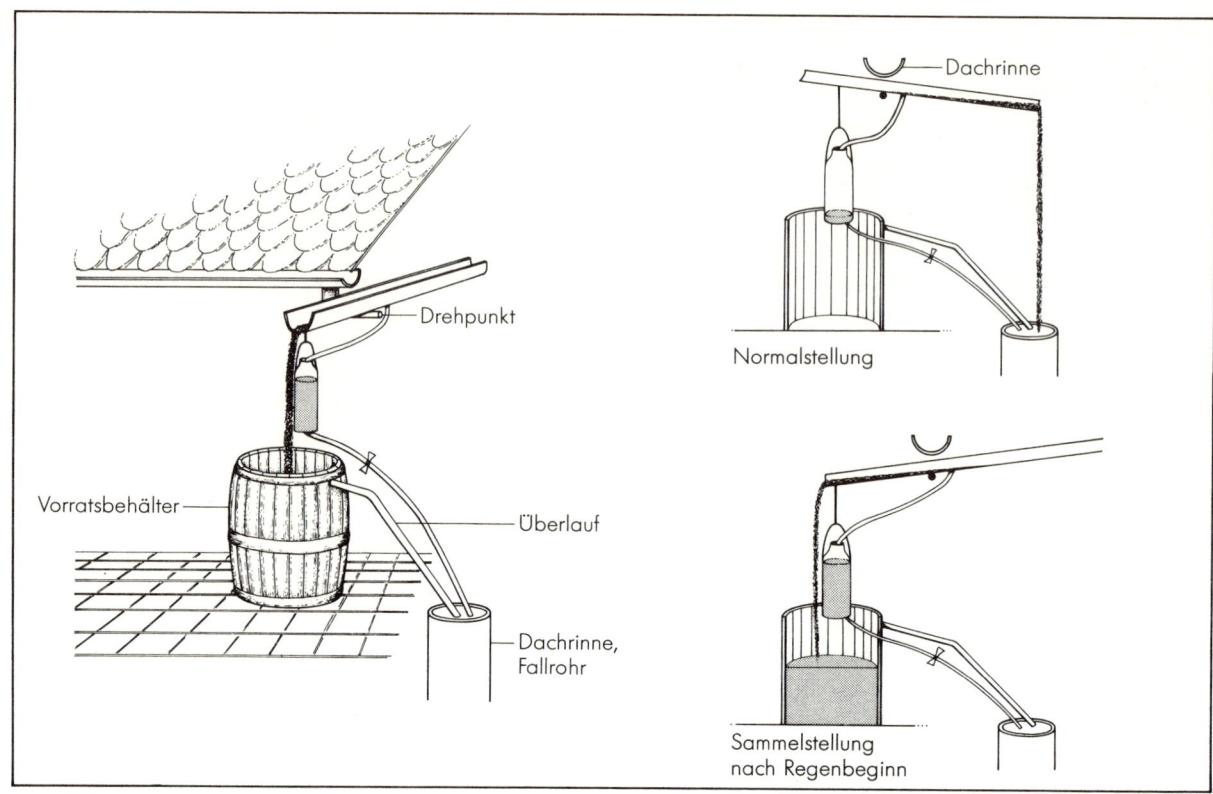

Beginnt es zu regnen, läuft das erste, verschmutzte Regenwasser über die nach rechts geneigte Dachrinne so lange in den Wasserablauf, bis sich die Kunststofffflasche mit Wasser gefüllt hat. Durch das erhöhte Gewicht kippt die Dachrinne nach links und das inzwischen saubere Regenwasser rinnt in die Vorratstonne. Nach dem Regen tropft das Wasser wieder aus der Kunststofffflasche heraus und die Rinne kippt in ihre Ausgangsposition zurück.

Die Verwendung von Leitungswasser

Normalerweise reicht das Regenwasser auch bei Ausnützung aller sich anbietenden Sammelmöglichkeiten nicht zur alleinigen Bewässerung des Dachgartens aus. Man wird sich deshalb darauf beschränken, vor allem kalkfeindliche Topfpflanzen damit zu gießen bzw. zu besprühen. Für die flächige Bewässerung oder zum Gießen großer, weniger empfindlicher Kübelpflanzen wird man – solange keine gesonderten Nutzwasserleitungsnetze zur Verfügungs stehen – nach wie vor auf das Leitungswasser zurückgreifen müssen. Leitungswasser eignet sich in vielen Fällen aus mehreren Gründen nur bedingt als Gießwasser, und zwar vor allem wegen des häufig hohen Kalkgehaltes, der Chlorbeigaben sowie der oft ungünstig niedrigen Temperatur.

Wird längerfristig mit stark kalkhaltigem Wasser gegossen, verändert sich der pH-Wert des Substrates, was im weiteren Verlauf zu Pflanzenschäden führt. Ein Beispiel soll dies verdeutlichen: Azaleen schätzen saure Substrate (pH-Wert 4 bis 4,5). Wird eine Azalee nur für etwa 5 Monate mit einem immer noch relativ kalkarmen Wasser von 11 °DH gegossen, so steigt der pH-Wert im Topf auf etwa pH 6, einen für Azaleen bereits problematischen Bereich.

Zu sehr kalkhaltiges Substrat behindert außerdem die Aufnahme von diversen Spurenelementen wie Eisen, was zu Chloroseerscheinungen mit Aufhellungen der Blätter führt. Beim Gießen mit hartem Wasser sammeln sich die Kalksalze verstärkt in den oberen Zentimetern des Substrates – ein Auswechseln dieser oberen Schicht und Auffüllen mit torfhaltigem, saurem Substrat ist in diesem Fall anzuraten. Liegt der Härtegrad des Gießwassers über 10 °DH (entspricht 100 mg CaO/l Wasser), so sollte man Maßnahmen zur Reduzierung des Kalkgehaltes vorsehen. Auskunft über den Härtegrad erteilt das zuständige Wasserwerk.

Bei der Angabe des Härtegrades (Einheit DH = Deutsche Härtegrade) unterscheidet man zwischen der temporären Härte in Form von $Ca(HCO_3)_2$ und der permanenten Härte in Form von $CaCO_3$. Die temporäre Härte kann man durch Abkochen des Wassers stark reduzieren, weil $CaCO_3$ als sogenannter Kesselstein ausfällt und CO_2 entweicht. Die permanente Härte läßt sich durch Abkochen nicht verringern.

134

Zur Verringerung des Kalkgehaltes bieten sich verschiedene Möglichkeiten an:

Mischbettverfahren. Das reinste Wasser liefert das sogenannte Mischbettverfahren, bei dem saure Kationen- und basische Anionen-Tauscherharze kombiniert sind. Wegen der hohen Kosten wird dieses Verfahren jedoch nur im Einzelfall Anwendung finden. Das daraus gewonnene Wasser eignet sich zwar gut für Orchideen und Bromelien, für andere Topfpflanzen sollte es in entsprechendem Verhältnis mit Leitungswasser versetzt werden.

Saurer Kationenaustauscher. Die billigste Möglichkeit zur Reduktion der Wasserhärte und zur Herstellung von gutem Gießwasser ist die Verwendung eines sauren Kationenaustauschers, den man selbst regenerieren kann, indem man ihn mit verdünnter Salzsäure durchspült. Anschließend muß er so lange mit Wasser gereinigt werden, bis eine Prüfung mit Hilfe von 1% Silbernitratlösung keine Trübung mehr ergibt. Das derart gewonnene Wasser ist sauer und muß durch entsprechende Zugabe von Leitungswasser vor der Verwendung neutralisiert werden, wobei es eine Resthärte in Form von Gips behält.

Nicht zu empfehlen sind die herkömmlichen, zumeist im Haushalt verwendeten Entkalkungsanlagen, die neutrale Kationenaustauscher enthalten. In diesem Falle werden nämlich bloß die Härtebildner (Kalzium- und Magnesiumionen) durch Natriumionen ersetzt, die für die Pflanzen ebenfalls schädlich sind.

Reduzierung der Wasserhärte mit Hilfe von Torf. Werden nur geringere Mengen kalkarmen Gießwassers benötigt, so kann man das Leitungswasser entweder durch eine dicke Torfschicht rinnen lassen. Oder man hängt ein wasserdurchlässiges Säckchen mit Torf gefüllt über Nacht in den Wasserbehälter, wobei die Torffüllungen von Zeit zu Zeit auszutauschen sind. Als Faustregel gilt: 1 g Torf senkt die Härte von 1 l Wasser um 1 °DH.

Enthärtung mit Chemikalien. Zur Enthärtung eignen sich verschiedene Chemikalien wie z.B. »Aglukon«, »Hydral-pH-Tabletten«, »Aquisal«. Dabei werden Kalk und ähnliche Inhaltsstoffe als unlösliche Verbindungen aus dem Wasser ausgefällt. Sie setzen sich am Gefäßboden ab, wonach man das überstehende Wasser vorsichtig entnehmen kann.

Saure Zuschlagstoffe im Substratgemisch. Eine weitere Möglichkeit, hartes Wasser bis zu einem gewissen Grad abzupuffern, ist das reichliche Beimengen saurer Zuschlagstoffe in die Substratgemische. Solche sind z.B. Torf, Rindenkompost und sauer reagierende Mineraldünger wie z.B. Superphosphat oder schwefelsaurer Ammoniak.

Chlor entweicht übrigens von selbst aus dem Leitungswasser, wenn das Wasser längere Zeit steht.

Bewässerungsmöglichkeiten

Zur Versorgung der Vegetation mit zusätzlichem Wasser bieten sich verschiedene Formen der Bewässerung an, die von der Gießkanne bis hin zur vollautomatisch gesteuerten Anlage reichen. Die einzelnen Möglichkeiten lassen sich auch untereinander kombinieren.

Bewässerung mit Gießkanne oder Gartenschlauch

Obwohl heute schon sehr ausgereifte und kostengünstige Alternativen angeboten werden, ziehen erstaunlich viele Dachgartenbesitzer diese traditionellen Bewässerungsmethoden vor. Für Menschen, die sich gerne mit ihrem Garten beschäftigen, bedeutet das Gießen mit der Kanne oder dem Schlauch mehr als bloß Wasser zu den Pflanzen bringen: es bildet einen Teil der liebevollen Betreuung und oft den entspannenden Ausklang eines Sommerabends. Und es gibt für wirkliche Gartenliebhaber kaum etwas beglückenderes, als eine aufmerksame Runde durch ihr grünes Paradies zu machen, Veränderungen festzustellen, neue Blüten zu entdecken, ein paar notwendige kleine Handgriffe zu machen und nebenbei zu gießen. Für solche Gartenbesitzer werden automatische Bewässerungssysteme höchstens für die Urlaubszeit interessant, doch findet sich in den meisten Fällen ein hilfreicher Freund oder Nachbar, der die Versorgung des Gartens übernimmt.

Es empfiehlt sich, das Gießwasser nicht direkt aus der Leitung, sondern aus einem Wasserbecken zu entnehmen, da es dort bereits vorgewärmt ist und auch ein Teil des Chlors entweichen konnte.

Der Markt bietet heute sowohl gute Kunststoffkannen, die sich durch niedriges Gewicht auszeichnen, als auch die traditionellen Metallkannen an. Wichtig ist eine funktionsfähige, feine Brause und eine ausreichende Größe der Kanne.

Bei der Bewässerung mit dem Schlauch bewähren sich mehrere, mit Schnellkupplungen versehene Anzapfstellen. Dadurch kommt man mit relativ geringen Schlauchlängen aus. Es gibt sowohl aus Messing als auch aus Kunststoff bewährte, zuverlässige Modelle. Der Schlauch sollte auch bei niedrigen Temperaturen flexibel bleiben, UV-beständig sein und mindestens 10 bar Wasserdruck aushalten. Für kleine Gärten reichen die leichteren Halbzollquerschnitte, für größere wird man sich vielleicht für Querschnitte von $\frac{3}{4}$ Zoll entscheiden. Auch in diesem Fall ist eine feine Brause mit dennoch hohem Wasserdurchfluß die beste Möglichkeit. Man sollte die Brause auch abdrehen können, damit man nicht immer zum Wasserhahn gehen muß.

Vorteile:
- Diese billigste Möglichkeit ist überall im nachhinein installierbar.
- Sie ermöglicht eine gezielte Bewässerung, dadurch ergibt sich ein relativ geringer Wasserverbrauch.

Nachteile:
- Die Methode ist sehr arbeitsintensiv und kann nicht automatisiert werden.
- Spritzt man bei starker Sonne, kann es zu Blattverbrennungen kommen.

Beregnung mit mobilen oder eingebauten Regnern

Eine gute Beregnung ahmt den natürlichen Landregen mit feinen Tropfen nach, zu heftige Beregnung kann zur Verschlämmung des Oberbodens führen. Keinesfalls soll jedoch die Wasseraufnahmefähigkeit des Bodens überschritten werden, damit unnötiger Wasserverbrauch und Auswaschung von Nährstoffen verhindert werden.

Man unterscheidet im wesentlichen zwischen mobilen Regnern und dem stationären Einbau von Versenkregnern.

Mobile Regner werden per Hand verstellt und meist direkt über einen Schlauch mit dem Leitungsnetz verbunden. Bei größeren Gärten erweisen sich mehrere Zapfstellen als vorteilhaft, wobei $3/4$-Zoll-Anschlüsse in jedem Fall genügen. Mobile Regner sind kostengünstig in der Anschaffung und flexibel im Einsatz, erfordern jedoch einen gewissen Bedienungsaufwand.

Für kleine Flächen nimmt man entweder die als Viereckregner arbeitenden Schwenkregner oder die kreisförmig arbeitenden Standregner – je nach örtlichen Gegebenheiten. Der Wasserverbrauch liegt bei etwa 0,2 bis 2 m³ pro Stunde, manche Geräte lassen sich durch Bereichswähler an die herrschenden Gegebenheiten anpassen. Für größere Flächen nimmt man vorzugsweise die als Kreis- oder Sektorenregner arbeitenden Drehstrahlregner, die im Verband mit überschneidenden Bereichen aufgestellt werden.

Fest installierte Beregnungssysteme. Hier unterscheidet man zwischen Versenkregnern und Versenkdüsen, die beide unterirdisch eingebaut werden und über ein fix verlegtes Leitungsnetz mit Wasser versorgt werden. Sie erfordern zwar höhere Installationskosten, sind jedoch weniger arbeitsintensiv. Sie erlauben daneben bei guter Anpassung der Anlage in Kombination mit einem Steuergerät eine vollautomatische Bewässerung des Gartens, wenn auch mit ziemlich hohem Wasserverbrauch.

Bei der Installierung des Bewässerungssystems muß auf die endgültige Form der Bepflanzung Rücksicht genommen werden, damit auch später alle Gartenbereiche erfaßt werden. Die Regner oder Düsen müssen flächendeckend verteilt werden, das heißt die beregneten Flächen müssen sich unter Berücksichtigung der Windverhältnisse überschneiden.

Die Beregnung ist besonders für größere Anlagen empfehlenswert. Verschiedene Düsen erlauben eine Anpassung der Wurfweite, der Spritzwinkel sowie des Wasserdurchflusses an die jeweiligen Gegebenheiten. Bei manchen Modellen lassen sich außerdem unterschiedliche Sektorenwinkel einstellen.

- Versenkregner befinden sich in Ruhestellung unter dem Niveau und stören deshalb nicht bei Arbeiten wie z.B. dem Rasenmähen. Sobald die Wasserzuleitung unter Druck gesetzt wird, werden sie automatisch etwa 10 cm aus dem Boden ausgefahren. Sie arbeiten als bewegliche Kreis- oder Sektorenregner mit Wurfweiten zwischen 6 und 25 m bei einem Wasserverbrauch von 0,6 bis 10 m³/h.
- Versenkdüsen sind bei kleineren Flächen vorzuziehen, da sie geringere Wurfweiten, eine feinere Wasserverteilung und einen niedrigeren Wasserverbrauch, nämlich 0,1 bis 1,3 m³/h, aufweisen. Dies entspricht einer Beregnungsdichte von 20 bis 65 mm Niederschlag pro Stunde. Die Versenkdüsen bewegen sich nicht.

Die vorwiegend unterirdisch verlegten Wasserversorgungsleitungen werden zumeist aus PVC- oder PAE-Rohren hergestellt. Beide Materialien sind preiswert, robust und lassen sich durch Verwendung vorgefertigter Verbindungsstücke leicht verlegen. Metallleitungen verwendet man nur bei außerordentlichen Bodenverhältnissen oder bei zu erwartenden hohen Druckbelastungen. Sollen die Zuleitungen oberirdisch verlegt werden, müssen sie UV-stabilisiert sein.

Um Frostschäden zuverlässig auszuschließen, empfiehlt sich ein Entleeren der Beregnungsanlage vor dem Winter. Dafür muß am tiefsten Punkt ein Sickerschacht mit einem Auslaufhahn vorgesehen sein.

Vorteile:
- Mobile Regner können jederzeit leicht installiert werden. Sie stellen die preisgünstigste automatische Bewässerungsmethode dar.

Nachteile:
- Hoher Wasserverbrauch, da leicht auch angrenzende Flächen wie Hauswände, Fenster oder Balkone mitberegnet werden.
- Teile des Gartens liegen oft im Regenschatten höherer Gehölze und können nur schlecht beregnet werden.
- Diese Bewässerungsform kann den unterschiedlichen Wasserbedarf verschiedener Pflanzen kaum berücksichtigen. Flache Beete verschlämmen, während große Gehölze noch nicht ausreichend mit Wasser versorgt sind.

– Fest installierte Beregnungssysteme lassen sich nicht überall einsetzen.

Tröpfchenbewässerung

Bei dieser Bewässerungsart werden die mit speziellen Wasseraustrittsöffnungen versehenen Kunststoffschläuche in Abständen von 60 bis 120 cm innerhalb der Vegetationsschicht knapp über der Dränschicht verlegt. Sie durchfeuchten kapillar den angrenzenden Boden. Die Schläuche können auch oberflächig direkt zu den einzelnen Pflanzen hin verlegt werden. Werden sie mit der Zeit überwachsen, fallen sie kaum mehr auf. Bei oberflächiger Verlegung steigt der Wasserverbrauch allerdings aufgrund der höheren Verdunstungsverluste.

Die Vorläufer des Tropfschlauches waren die Sicker- oder Sprühschläuche, die entweder aus wasserdurchlässigem Vlies bestanden oder das Wasser über Bohrungen austreten ließen. Mit der Länge des Schlauches und dem gleichzeitig abnehmenden Wasserdruck verringerte sich am Schlauchende die Wasseraustrittsmenge, so daß das Wasser nicht mehr gleichmäßig verteilt wurde. Kalkablagerungen und Schmutzpartikel verstopften häufig die Bohrungen, wodurch die Funktion stark beeinträchtigt wurde.

Die Tropfdüsen moderner Tropfschläuche hingegen sind mit einer Membran versehen, die das Verkalken und Verschmutzen durch Selbstreinigung verhindern. Die selbstregulierenden Tropfer ermöglichen eine gleichmäßige Wasserabgabe von etwa 2 l/h auch bei größeren Schlauchlängen, gleichgültig ob das Gelände fällt oder steigt. Sie garantieren damit eine hohe Zuverlässigkeit. Schwarze, lichtundurchlässige Schläuche verhindern die Algenbildung im Innern. Sie sind beständig gegen Huminsäuren, Frost, Düngemittel und auch mechanisch robust. Variable Tropferabstände erlauben eine genaue Anpassung an den unterschiedlichen Wasserbedarf. Bei größeren Bäumen empfiehlt sich eine Ringleitung um den Wurzelballen. Ebenso wie bei den Versenkregneranlagen sollte auch bei der Tröpfchenbewässerung vor Frostbeginn das Wasser abgelassen werden, um ein Auffrieren zuverlässig zu verhindern.

Die Wasserzufuhr wird entweder per Hand oder mittels Magnetventil und vorgeschalteter Steuereinheit automatisch geregelt. Statt der Tropfer können auch Mikroschläuche an die Wasserleitung angeschlossen werden, um einzelne Blumentöpfe mit Wasser zu versorgen.

Einfache Steckverbindungen und montagefreundliche Einzelkomponenten erlauben eine Verlegung dieser Systeme durch den Dachgartenbesitzer, wobei die meisten Herstellerfirmen bei der Erstellung eines Bewässerungsschemas beratend zur Seite stehen.

Die Steuerung erfolgt für die unter freiem Himmel liegenden Flächen getrennt von den teilweise überdachten oder geschützten Vegetationsflächen, um eine bedarfsgerechte Wasserversorgung zu ermöglichen. Über die Schläuche können auch Düngergaben verabreicht werden.

Eine spezielle Variante der Tröpfchenbewässerung stellt das Unterflur-Bewässerungssystem von Heibiflor dar. Innerhalb der Vegetationsschicht werden Tropfschläuche verlegt, die von Dränagerohren umhüllt sind. Diese liegen auf einer Bewässerungsmatte aus synthetischem Material, die einerseits ein hohes Wasserspeichervermögen hat ($7 l/m^2$), und andererseits für eine gleichmäßige Wasserverteilung sorgt.

Vorteile:
– Geringer Wasserverbrauch, da sehr gezielt bewässert werden kann.
– Es ergibt sich eine gleichmäßige Feuchtigkeitsverteilung innerhalb der bewässerten Bereiche im Boden.
– Die großen Poren der Vegetationsschicht bleiben immer gut durchlüftet, da das Wasser kapillar über die kleinen Poren transportiert wird (im Gegensatz zur Wasserzufuhr von oben).
– Die gezielte, gut dosierbare Bewässerung vermeidet übermäßiges Ausspülen von Nährstoffen aus dem Substrat.
– Die Verdunstungsverluste bleiben niedrig.
– Wegen geringer Frischwasserzufuhr erhalten die Pflanzen keinen Kälteschock.
– Ein Aufenthalt im Garten wird durch die Bewässerung nicht beeinträchtigt.
– Die relativ geringe Wassermenge von etwa 2 l/h pro Düse verhindert Verschlämmung und Bodenverkrustung.

Nachteile:
– Bei Defekt oder Verstopfung der unterirdischen Komponenten des Bewässerungssystems sind die Reparaturen teuer und kompliziert.

Anstaubewässerung

Flachdächer bieten gute Voraussetzungen für diese Bewässerungsart: Die Dachhaut als wasserdichte Absperrung ist bereits vorhanden und muß bei flächigen Begrünungen ohnedies noch zusätzlich an den Rändern hochgezogen werden, so daß eine Art Wanne entsteht. In diese Wanne wird dann der übliche Dachgartenaufbau mit Dränschicht, Filtervlies und Vegetationsschicht eingebaut.

Bei der Anstaubewässerung wird innerhalb der Dränschicht der Wasserstand mittels Schwimmern und Ventilen innerhalb eines gewissen Schwankungsbereiches gehalten. Der höchste Stand liegt immer einige Zentimeter unterhalb der Dränschicht-Oberkante.

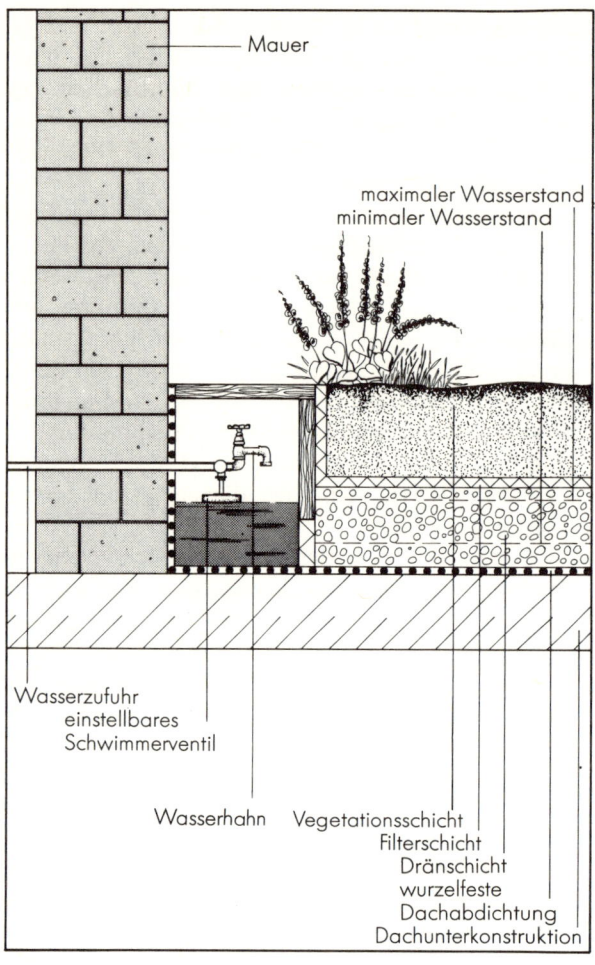

Flachdächer bieten gute Voraussetzungen für die Anstaubewässerung. Aus der Dränschicht steigt das Wasser kapillar in die Vegetationsschicht hoch. Der Wasserstand muß immer einige Zentimeter unterhalb der Dränschicht-Oberkante liegen, um Vernässungen zu vermeiden.

Mauer

maximaler Wasserstand
minimaler Wasserstand

Wasserzufuhr
einstellbares
Schwimmerventil

Wasserhahn   Vegetationsschicht
              Filterschicht
              Dränschicht
              wurzelfeste
              Dachabdichtung
              Dachunterkonstruktion

Pflanzgefäß mit Wasserbevorratung. Mit Hilfe eines Vlieses wird das Wasser aus dem unteren Teil in das Substrat gesaugt.

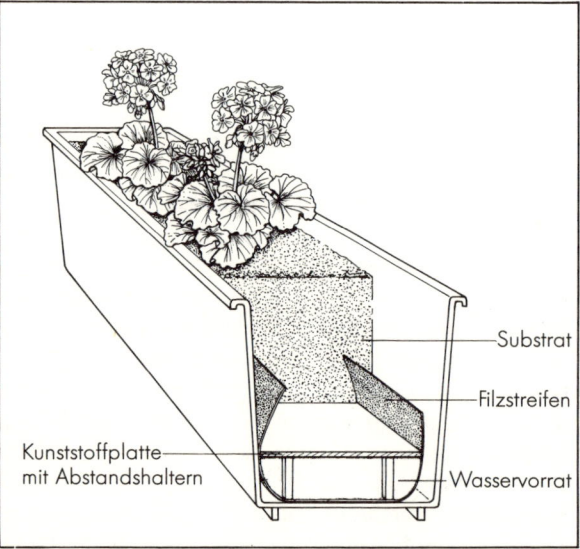

Substrat

Filzstreifen

Kunststoffplatte
mit Abstandshaltern

Wasservorrat

Unmittelbarer Kontakt von Vegetationsschicht und Wasser würde zu einer dauernden Vernässung des Substrates führen. Das Wasser steigt durch die höhere

Saugspannung der Vegetationsschicht kapillar innerhalb der Dränschicht hoch und in die Vegetationsschicht hinein.

Für ein einwandfreies Funktionieren müssen einerseits die einzelnen Schichten gut aufeinander abgestimmt werden, andererseits muß ein absolut waagerechter Einbau garantiert sein.

Im Winter benötigen die Pflanzen weniger Wasser. Damit ihre Wurzeln nicht vernässen, muß der Wasserstand dann tiefer eingestellt werden.

Vorteile:

– Es wird eine kontinuierliche Versorgung der Vegetation mit Wasser gewährleistet.
– Die Methode läßt sich leicht automatisieren.
– Die gute Wasserbevorratung ermöglicht die beste Ausnützung der natürlichen Niederschläge.
– Geringer Wasserverbrauch: Gegenüber einer oberirdischen Bewässerung lassen sich im Jahr, je nach Klima und Pflanzenart, zwischen 100 und 600 l/m² Wasser einsparen.
– Eine kontinuierliche Nährstoffzufuhr über die Bewässerung ist möglich.
– Die Nährstoffauswaschung bleibt gering, solange der Wasserstand nicht durch hohe Niederschläge bis über den Überlauf ansteigt.

Nachteile:

– Der unterschiedlich hohe Wasserbedarf einzelner Pflanzen kann nicht berücksichtigt werden.
– Der ständige Wasseranstau bedeutet eine hohe Gewichtsbelastung und kann zu bauphysikalischen beziehungsweise baubiologischen Problemen führen.

Halbautomatische Bewässerung von Pflanzgefäßen

Nicht nur flächige Dachbegrünungen, sondern auch einzelne Pflanzgefäße – vom Blumentopf über das Balkonkistchen bis zum Großpflanzencontainer – lassen sich auf mehrere Arten automatisch bewässern. Dies bedeutet eine beträchtliche Verringerung der Gießarbeit und ermöglicht außerdem ein längeres Alleinelassen des Dachgartens. Der Wassernachschub und der Wasserbedarf müssen sorgfältig aufeinander abgestimmt werden. Längeres Ausprobieren und genaues Beobachten der Pflanzen vor dem ersten Urlaub erspart so manche bittere Enttäuschung beim Heimkommen.

Bei den meisten Modellen wird das Wasser über Baumwolldochte, Filzstreifen usw., die mit einem Ende in der Erde, mit dem anderen in einem Wasservorratsgefäß stecken, kapillar nachgesaugt. Länge und Dicke der Dochte und Wasserbedarf müssen sorgfältig aufeinander abgestimmt sein. Nach demselben Prinzip funktionieren die im Handel erhältlichen, jedoch recht teuren Tonkegel, die über Kunststoffschläuche mit dem Wasserreservoir verbunden sind. Die Pflanzgefäße sind vorher immer fest zu gießen, da bei trockenem Substrat die Kapillarwirkung nicht ausreicht, um Wasser nachzusaugen. Eine einfache Selbstbaumöglichkeit zeigt die Abbildung auf Seite 138 unten. Wem es an handwerklichem Geschick oder Zeit zum Basteln fehlt, kann auf die im Handel erhältlichen, halbautomatisch bewässerten Gefäße z. B. von Optima oder Riviera zurückgreifen, bei denen das in der Dränschicht bevorratete Wasser wie bei der Anstaubewässerung kapillar in die Substratschicht gesaugt wird.

Die Hygroeinsätze der Firma Plantener bestehen unten aus einer geschlossenen Wasserwanne, die den Wasservorrat enthält. Die saugfähigen Hygroplatten stehen unten im Wasser, ummanteln das Pflanzsubstrat und geben das Wasser kapillar an dieses ab. Die Hygroeinsätze werden in Übertöpfe aus Holz, Porzellan, Ton usw. gestellt und ermöglichen eine automatische Wasserversorgung für etwa 8 bis 14 Tage.

Für Großpflanzen wurde das nach demselben Prinzip arbeitende »Baumkorb-System« entwickelt, welches in drei Standardgrößen angeboten wird: sechseckig mit 1,6 m Querschnitt oder quadratisch 1,20 × 1,20 m oder 1,50 m × 1,50 m bei 80 oder 90 cm Höhe. Auch Sondergrößen sind erhältlich. Der Wasservorrat beträgt bis zu 400 l und reicht damit für etwa 14 Tage.

Eine weitere, sehr bewährte Methode ist das Umsetzen der Pflanze mitsamt dem vorhandenen Wurzelballen in einen mit Lavakies oder ähnlichem gefüllten wasserdichten Übertopf ohne Wasserabzugsloch. Die Pflanzen sind damit in einem luftigen Wasserpolster eingebettet und entnehmen dem Speichermaterial Wasser nach Bedarf. Der ausgeglichene Wasser- und Lufthaushalt bewirkt ein hervorragendes Pflanzenwachstum, außerdem betragen die Gießintervalle je nach Wasserverbrauch der Pflanze und gespeicherter Wassermenge etwa ein bis drei Wochen.

Steuerung der Wasserzufuhr

Die Steuerung der Wasserzufuhr erfolgt bei allen Bewässerungssystemen entweder manuell, mittels Zeitschaltuhr oder über elektronisch gesteuerte Regelgeräte.

Bei einer **manuellen Steuerung** erspart sich der Gartenbesitzer mit einer installierten Bewässerungsanlage zwar die Gießarbeit, er muß allerdings auf das rechtzeitige Ein- und Abschalten der Anlage achten.

Eine Steuerung **mittels Zeitschaltuhr** ermöglicht hingegen vorübergehend ein selbständiges Bewässern des Gartens. Man sollte die Bewässerungsdauer auf jeden Fall auf den zusätzlichen Wasserbedarf wäh-

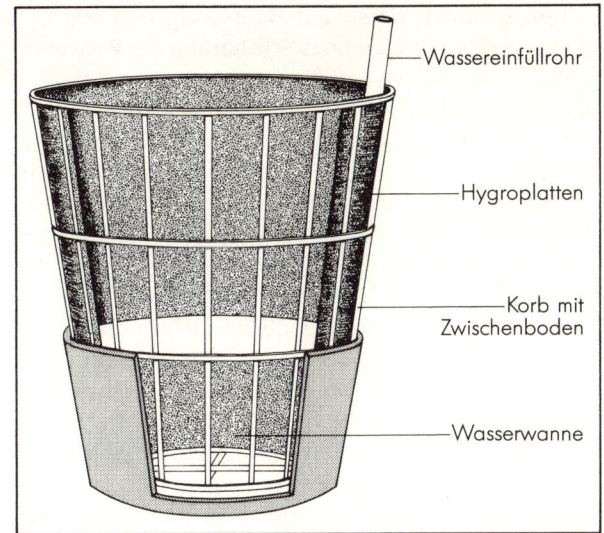

Die Hygroeinsätze der Firma Plantener besitzen eine geschlossene Wasserwanne, die den Wasservorrat enthält. Saugfähige Hygroplatten stellen die Verbindung zwischen Wasservorrat und Pflanzsubstrat her und geben das Wasser kapillar ab. Der Hygroeinsatz wird in passende Übertöpfe gestellt.

rend einer Trockenperiode abstimmen. Bei längerer Abwesenheit ist diese Methode jedoch wegen der unzureichenden Anpassung der Wassergaben an die jeweiligen Erfordernisse nicht geeignet.

Erst die Verwendung eines **elektronischen Steuergerätes** ermöglicht längerfristig eine zufriedenstellende automatische Bewässerung. Ein zentrales Regelgerät verarbeitet die Informationen aus den Bodenfeuchtefühlern, die in verschiedenen Gartenbereichen installiert sind, und eventuell zusätzlich installierten Re-

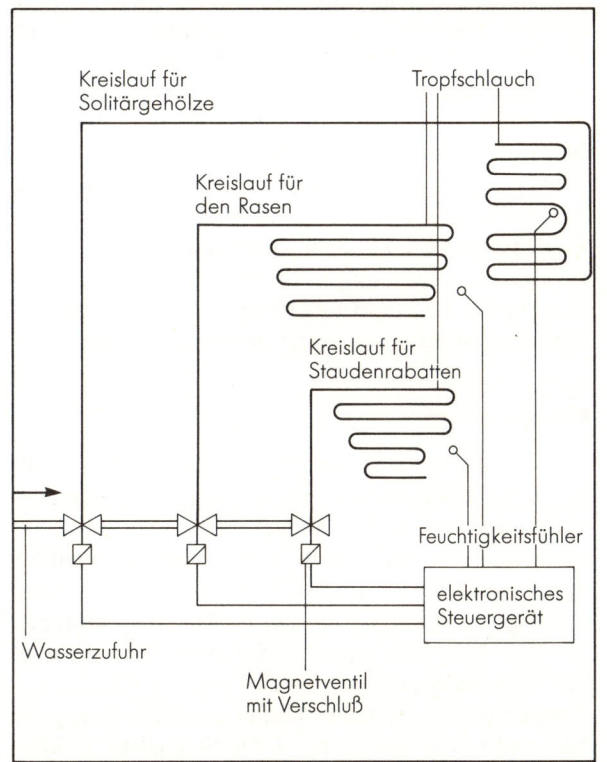

Schematische Darstellung einer automatisch gesteuerten Tröpfchenbewässerung mit drei Bewässerungskreisläufen und drei Feuchtigkeitsfühlern. Das Schaltsystem berücksichtigt den unterschiedlichen Wasserbedarf der einzelnen Bereiche.

genmeßgeräten. Es steuert dann aufgrund des ihm eingegebenen Programmes selbständig die Wasserzufuhr zum jeweiligen Bewässerungssystem.

Die Bodenfühler arbeiten häufig nach dem Prinzip einer künstlichen Wurzelspitze. Das heißt sie reagieren auf die unterschiedliche Saugspannung, die erforderlich ist, um dem Boden Wasser zu entziehen. Steigt diese über einen bestimmten vorgegebenen Wert an, so wird die Bewässerung eingeschaltet.

Andere Geräte benützen die je nach Feuchtigkeitsgehalt des Bodens unterschiedliche elektrische Leitfähigkeit zur Steuerung der Bewässerungsautomatik.

Bei größeren Gärten oder Bereichen mit sehr unterschiedlichem Wasserbedarf empfiehlt sich das Unterteilen der Bewässerungsanlage in mehrere Abschnitte und das Installieren mehrerer Feuchtefühler, um die Bewässerung möglichst optimal an die unterschiedlichen Erfordernisse anzupassen.

Düngung

Die Pflanzen entziehen während des Wachstums dem Boden Nährstoffe, vor allem Stickstoff, Phosphor und Kalium, sowie in kleinen Mengen eine Vielzahl von Spurenelementen wie Magnesium, Eisen, Kupfer, Molybdän, Bor, Mangan, Zink, Silizium usw. Im natürlichen Kreislauf werden dem Boden die entnommenen Nährstoffe und Spurenelemente aus abgestorbenen und von Mikroorganismen abgebauten organischen Substanzen und zersetzten Mineralen wieder zugeführt. Überall dort, wo die Pflanzen zu einer gesunden Entwicklung mehr Nährstoffe benötigen, als im Boden vorhanden sind, müssen diese künstlich in Form von Düngemitteln zugeführt werden.

Richtige Düngung bedeutet gerade bei Dachbegrünungen eine der Hauptvoraussetzungen für ein zufriedenstellendes Pflanzenwachstum, weil das Substratvolumen stark eingeschränkt ist. Außerdem werden durch die standortbedingten Faktoren andere Wachstumsvoraussetzungen negativ beeinflußt.

Düngerformen

Man unterscheidet zwischen Einzelnährstoffen, kombinierten Düngemitteln, die ein ausgewogenes Verhältnis der drei Hauptnährstoffe aufweisen, und Volldüngern, die außerdem noch andere wichtige Spurenelemente beinhalten. Letztere werden vorwiegend für die Hydrokultur oder für Dachbegrünungen mit Substratschichten aus Schaumstoffflocken oder auf Steinwollebasis verwendet.

Spezialdünger sind entweder auf die Ansprüche ganz bestimmter Pflanzengruppen wie Bromelien, Sukku-

lenten, Rosen, Koniferen usw. abgestimmt, für Spezialzwecke wie die Förderung des vegetativen Wachstums und der Blütenbildung gedacht, oder für bestimmte Kulturverfahren wie die Hydrokultur vorgesehen.

Das im Dünger vorhandene Verhältnis von Stickstoff, Phosphor und Kalium wird durch drei Ziffern, getrennt mit Doppelpunkten, angegeben. So bedeutet ein Düngerverhältnis von 6:4:6 sechs Teile Stickstoff (N), vier Teile Phosphor (P_2O_5) und sechs Teile Kalium (K_2O).

Die Nährstoffe können den Pflanzen in unterschiedlicher Form verabreicht werden. Körnige oder mehlige Düngemittel werden entweder oberflächlich in den Boden eingearbeitet oder mit dem Pflanzsubstrat vermischt. Sie wirken langsamer und halten länger an als die Flüssigdünger, die dem Gießwasser in geringen Konzentrationen beigegeben werden, jedoch wiederum leicht ausgespült werden.

Eine ebenfalls langanhaltende, milde Nährstoffzufuhr ermöglichen die sogenannten Düngekörper, die in Form von Zäpfchen, Tabletten oder Kugeln ins Substrat gesteckt werden. Besonders rasch wirken spezielle Blattdünger, die in flüssiger Form direkt über die Blätter aufgenommen werden.

Vor und nach dem Düngen sollten die Pflanzen gewässert werden, um Wurzelverbrennungen zu verhindern. Die erforderlichen Nährstoffe und Spurenelemente können sowohl in mineralischer Form oder als organische Dünger verabreicht werden.

Mineralische Dünger

Hier handelt es sich um wasserlösliche Salze, die direkt von den Pflanzen aufgenommen oder in geringen Mengen vom Boden gespeichert werden. Sie tragen nicht zur Humusbildung bei und führen bei längerer Anwendung zu erhöhten, oft schädlichen Salzkonzentrationen im Boden.

Herkömmliche mineralische Dünger werden rasch von den Pflanzen aufgenommen und nur zu einem geringen Teil im Boden gespeichert. Dies führt dazu, daß die Pflanzen auch mehr Nährstoffe aufnehmen können, als ihnen zuträglich ist. Die Folge davon sind Überdüngungserscheinungen.

Die richtige Versorgung der Pflanzen mit Nährstoffen bedeutet einen schwierigen Balanceakt zwischen Überdüngung und Unterversorgung. Da die mineralischen Dünger gut wasserlöslich sind, werden sie leicht aus dem Boden ins Grundwasser ausgespült, von wo sie in die Oberflächengewässer gelangen. Dort bewirkt die Nährstoffzufuhr ein übermäßiges Wachstum der Wasserpflanzen, die schließlich absterben und durch die Fäulnisprodukte die Gewässer stark belasten.

Mineralische Dünger sind unter verschiedenen Handelsbezeichnungen erhältlich, können jedoch auch leicht selbst hergestellt werden, indem man beispielsweise 250 g Ammonium-Sulfat, 100 g Kalium-Sulfat und 125 g Kalzium-Superphosphat, 80 g Magnesium-Sulfat und 10 g Eisen-Sulfat vermengt. 15 g dieser Mischung mit 5 l Wasser verdünnt geben einen ausgezeichneten Flüssigdünger.

Mineralische Langzeitdünger sind im wesentlichen herkömmliche Düngesalze, die von einer Kunststoffhülle umgeben sind, durch welche die Nährstoffe nur langsam an den Boden abgegeben werden. Die Nährstoffabgabe hängt dabei von der Bodenfeuchte und der Bodentemperatur ab.

Langzeitdünger gibt es mit unterschiedlicher Wirkungsdauer. Sie versorgen die Pflanzen neben den Hauptnährstoffen auch mit den wichtigsten Spurenelementen. Die Vorteile der Langzeitdünger sind der verringerte Arbeitsaufwand, der hohe Wirkungsgrad, die kontinuierliche Nährstoffversorgung der Pflanzen, die gute Dosierbarkeit und die verringerte Auswaschung in den Wasserkreislauf.

Sie eignen sich besonders gut für die Versorgung von Kübel- und Topfpflanzen, aber auch für Freilandkulturen und werden entweder dem Substrat beigemischt, oberflächlich aufgestreut oder eingearbeitet. Sie sind unter Bezeichnungen wie »Osmocote«, »Vitamon«, »Plantosan«, »Triabon« oder »Nitrophoska permanent« erhältlich. Die Dosierung beträgt etwa 50 g/m² bzw. 2 kg/m³.

Organisch-mineralische Dünger sind organische Stoffe wie Torf, Rindenhumus usw., die mit Mineraldüngern versehen sind.

Organische Dünger

Sie bestehen aus pflanzlichen oder tierischen Stoffen und werden im Gegensatz zu den Mineraldüngern von den Pflanzen nicht direkt aufgenommen. Sie müssen zuerst von den Bodenlebewesen verarbeitet und in eine pflanzenverfügbare Form umgewandelt werden. Dabei regen sie das Bodenleben an, verbessern die Bodenstruktur und tragen zur Humusbildung bei. Da sie schwer wasserlöslich sind, werden sie kaum ins Grundwasser ausgewaschen, außerdem ist die Gefahr von Überdüngung sehr gering.

1. Pflanzliche Düngestoffe

Tresterkomposte werden aus Preßrückständen von Weintrauben seit etwa 15 Jahren mit großem Erfolg hergestellt und eingesetzt. Sie weisen einen relativ geringen Nährstoffgehalt auf, liefern jedoch vorzügliche Ausgangssubstanzen für die Humusbildung. Sie werden entweder in frisch-feuchter Form oder getrocknet verwendet.

Rizinusschrot entsteht aus Preßrückständen der Rizinusbohnen, aus denen man Öle für medizinische oder technische Zwecke gewinnt. Diese Preßrückstände werden geschrotet und ergeben ein ausgezeichnetes Düngemittel.

Rindenkompost weist zwar einen relativ geringen Nährstoffgehalt auf, leistet jedoch einen guten Beitrag zur Lüftung und Lockerung fester Böden und zur Humusbildung. Er läßt sich auch gut mit anderen Materialien wie Tresterkompost mischen. **Algenextrakte** werden meist aus braunen Blattalgen hergestellt und zeichnen sich durch einen hohen Nährstoff- und Spurenelementengehalt aus. Diese Nährstoffe und Spurenelemente können von den Blättern und Wurzeln höherer Pflanzen unmittelbar aufgenommen werden. Die unter Bezeichnungen wie »Polymaris« oder »Algifert« im Handel erhältlichen Produkte können sowohl als Gießmittel als auch als Blattsprühmittel verwendet werden und wirken rasch.

2. Tierische Stoffe

Dungstoffe sind seit kurzem auch als fertig abgepackte Sackware erhältlich, wenngleich die Beschaffung direkt beim Bauern wesentlich billiger kommt. Die getrockneten Exkremente wären an sich überaus empfehlenswerte Düngematerialien. Wegen der Gefahr von Rückständen (Metaboliten, Antibiotika) aus den Massentierhaltungen sollte man sie jedoch *nicht im Gemüsegarten* einsetzen.

Angeboten werden vor allem der sehr teure Peru-Guano, der aus dem Dung von Seevögeln an der peruanischen und neufundländischen Küste gewonnen wird, sowie Geflügel- bzw. Rindermist aus Massentierhaltungen.

Dachgartenbesitzer können unter Umständen gerade in der Stadt leicht Taubenmist organisieren, der sich gut zu Jauche verarbeiten läßt.

Substanzen vom Tier werden vor allem als Blutmehl, Hornprodukte und Knochendünger angeboten.

Blutmehl weist einen hohen Stickstoffgehalt auf und eignet sich gut zur Herstellung von Düngebrühen oder als Beimischung zum Substrat.

Hornmehl hat wie die übrigen Hornprodukte ebenfalls einen hohen Stickstoffanteil und kann als rasch wirksamer Stickstofflieferant direkt in die Erde eingehackt oder diversen Substraten beigemischt werden.

Horngries oder Hornspäne sind nicht so rasch wirksam, können ebenfalls entweder direkt in den Boden eingebracht oder als Vorratsdünger für Kübelpflanzen der Erde beigemengt werden.

Hornprodukte eignen sich auch als Stickstoffträger bei der Kompostierung von stark kohlenstoffhaltigem Material.

Knochendünger weisen geringe Stickstoffmengen, jedoch hohe Phosporanteile in Form organisch aufgebauter Kalziumphosphate auf.

Die aus Klarschlämmen bzw. Müllkomposten hergestellten Düngemittel sind wegen der Gefahr von schädlichen Rückständen nicht zu empfehlen.

3. Organische Mischdünger

Als Kombinationen der zuvor erwähnten Einzeldünger sind sie in ihrer Zusammensetzung auf jeweils bestimmte Anforderungen abgestimmt. Es gibt sie im Handel unter Bezeichnungen wie »Hornosa«, »Oscorna« usw. in vielfältiger Form. Häufig enthalten sie neben den Hauptnährstoffen noch eine Reihe wertvoller Spurenelemente.

4. Jauchen

Sowohl tierische als auch pflanzliche Düngemittel können mit Wasser angesetzt werden und als rasch wirksame Dünger oder zur Abwehr von Schädlings- und Pilzbefall eingesetzt werden. Ausgangsstoffe wie Tiermist, Hornmehl, Brennesseln, Beinwell oder gemischte Kräuter werden in entsprechender Menge (9 bis 10 kg auf 100 l Wasser) am besten mit Regenwasser in einem Kunststoff- oder Holzbottich angesetzt und an einem sonnigen Platz aufgestellt. Einmal am Tag sollte die Jauche umgerührt werden, um Sauerstoff einzubringen. Ein paar Hände voll Gesteinsmehl verhindern eine allzustarke Geruchsentwicklung. Nach etwa 2 Wochen nimmt die Jauche eine dunkle Farbe an und ist gebrauchsfertig. Man verwende sie nie pur, sondern auf 1:10 bis 1:20 verdünnt.

5. Kompost

Richtige Kompostierung bedeutet die Umwandlung organischer Materialien – in unserem Fall in erster Linie Haus- und Gartenabfälle – in nährstoff- und humusreiche Komposterde. Sie dient als bestes Ausgangsmaterial für fast alle Pflanzkulturen. Das bedeutet einerseits die Verringerung des städtischen Hausmülls und andererseits die Versorgung des Gartens mit vorzüglicher Pflanzenerde. Kompostierung ist weit mehr als bloßes Übereinanderschichten von organischen Materialien und es gilt, gewisse Grundregeln einzuhalten, um zufriedenstellende Ergebnisse zu erzielen.

Kompostierung

Der Komposthaufen ist ein lebender Organismus. Er enthält Kleintiere wie Bakterien, Pilze, Mikroorganismen und bekanntlich auch Regenwürmer. Alle finden im Komposthaufen ideale Lebensbedingungen vor,

nämlich Wärme, Futter und Feuchtigkeit, und arbeiten mit an der Umwandlung der Abfälle in Humus. Dies geschieht in gleicher Weise wie in der obersten Humusschicht im Wald.

Dieser Rotteprozeß muß sorgsam gelenkt werden, damit er einen harmonischen Verlauf nimmt und nicht zum Fäulnisprozeß mit unangenehmen Begleiterscheinungen wird. Ein richtig angelegter Komposthaufen entwickelt keinen unangenehmen Geruch und zieht auch keine Fliegen an.

Unter Humus versteht man die schwer abbaubaren Reste organischer Substanzen im Boden, die sehr kompliziert aufgebaut sind und Ionen (Salze) binden können. Besonders wertvoll sind die sogenannten Ton-Humus-Komplexe, die aus Humus und Tonmineralien bestehen und sich durch besonders gute Krümelstruktur, Wasserhaltefähigkeit und Adsorptionsvermögen für Nährstoffe auszeichnen. Sie finden sich vor allem im Kot von Regenwürmern, die dadurch neben der Bodenlockerung noch eine weitere wichtige Funktion erfüllen.

Grundregeln für die Kompostierung

- Das Material muß locker und luftdurchlässig aufgeschichtet werden.
- Es darf weder zu naß noch zu trocken sein, sondern so feucht, daß Wasser beim Zusammendrücken nicht heraustropft. Bei trockenem Wetter wird befeuchtet und bei starkem Regen abgedeckt.
- Je kleinteiliger und abwechslungsreicher die eingebrachten Materialien, desto rascher die Umsetzung zur Komposterde. Der Komposthaufen soll neben möglichst unterschiedlichen organischen Substanzen lehmige Erde enthalten, um ein ausgewogenes Nährstoffverhältnis und eine ausreichende Bildung von Ton-Humus-Komplexen zu erreichen. Dicke Schichten von Grasschnitt oder Laub können sich zu sehr zusammenballen und zu faulen beginnen. Unkräuter oder samentragende Pflanzenteile kommen in die Mitte des Haufens, wo die Temperaturen so hoch sind, daß sie zersetzt werden.
- Das Kohlenstoff: Stickstoff-(C-N-)Verhältnis muß ausgewogen sein. Die für die stoffliche Umsetzung notwendigen Mikroorganismen benötigen ausreichend Stickstoff, um die meist kohlenstoffhaltigen organischen Materialien abbauen zu können. Das optimale Verhältnis beträgt 30 C:1 N. Kompostiert man Materialien mit besonders hohem Kohlenstoffgehalt wie Heu oder Laub oder holzreiches Material, muß man zusätzlichen Stickstoff in Form von tierischem Mist, Hornspänen oder Brennesseljauche zugeben.
- Der Kompostplatz sollte nicht in der Sonne liegen und Kontakt zum gewachsenen Boden haben,

damit Kleinlebewesen aus dem Boden aufsteigen und sich nach der Verrottung wiederum zurückziehen können. Auf dem Dach, wo der Bodenkontakt fehlt, bringt man in den Komposthaufen Komposterde, die viele Kleinlebewesen enthält, Kompostwürmer und diverse Zusatzpräparate ein.

Verschiedene Kompostzusätze fördern die Rotte:

Kompoststarter enthalten die für eine gute Verrottung benötigten Enzyme und Bakterien, die sich im Komposthaufen rasch vermehren.

Düngezusatzpräparate wie Schafgarbe, Kamille, Brennessel, Eichenrinde, Löwenzahnpräparate liefern wertvolle Spurenelemente.

Kalk. Besteht das Ausgangsmaterial vorwiegend aus Küchenabfällen, Gras usw., ist die Zugabe von etwa 3 kg Branntkalk je m³ erforderlich. Tierischer Dung hingegen verträgt keine Kalkzugaben.

Urgesteinsmehl. Durch die Zugabe von Urgesteinsmehl wird die Bildung der wertvollen Ton-Humus-Komplexe gefördert, die für eine gute Bodenstruktur und für den Wasserhaushalt unumgänglich sind (2 kg/m³).

Holzasche ist wegen ihres hohen Anteils an Kalium als Zuschlagstoff ebenfalls empfehlenswert (4 kg/m³).

Ansetzen des Komposthaufens

Als unterste Schicht gibt man am besten lockeres Material wie Stengel, zerkleinerte Zweige, kleinere Äste, um stauende Nässe zu vermeiden. Darüber kommt eine erste, rund 20 cm hohe Schicht aus gemischten organischen Abfällen. Darüber streut man ein paar Hände voll stickstoffhaltigem organischen Düngematerial wie Hornspäne (5 kg/m³) oder Blutmehl, sowie Algenkalk (3 kg/m³) oder kohlensauren Kalk und ein wenig Steinmehl (1 kg/m³). Darüber kommt eine dünne Schicht lehmiger Gartenerde oder Komposterde. Dann folgt die nächste Schicht mit organischen Abfällen ... Ist der nach oben hin immer schmäler werdende Hügel etwa 1,5 m hoch, wird er mit einer Schicht Gras, Stroh, alten Jutesäcken, Schilfmatten, perforierten Kunststoffolien oder ähnlichem abgedeckt. Im Inneren entstehen durch dieArbeit der Mikroorganismen bald Temperaturen um 70°.

Größere Komposthaufen werden nach etwa 3 Wochen umgesetzt, um die äußersten Schichten nach innen zu bringen und so eine gleichmäßigere Rotte zu erreichen. Von Zeit zu Zeit sollte man in das Innere des Haufens sehen, um sich vom richtigen Ablauf des Rotteprozesses zu überzeugen. Der Fachmann erkennt die jeweilige Rottephase anhand der vorherrschenden Organismen. Je nach Rottedauer weist der Kompost unterschiedliche Eigenschaften auf.

Bräunlichen Frischkompost gewinnt man nach dem ersten Rottestadium, also nach 2 bis 3 Monaten. Er lebt im Boden weiter und weist einen hohen Anteil an nicht abgebauten organischen Substanzen auf. Er wird vor allem zu robusten, stark zehrenden Pflanzen gegeben und kann als Mulchschicht aufgebracht werden.

Reifkompost erhält man nach 6 bis 9 Monaten. Er riecht nach Waldboden, weist eine krümelige Struktur auf und enthält kaum mehr Regenwürmer. Er enthält weniger Nährstoffe als Frischkompost und eignet sich besonders gut für salzempfindliche Pflanzen. Kompost wird oberflächlich eingearbeitet, nicht untergegraben.

Laubkompost. Hervorragende Blumenerde für Topfpflanzen erhält man, indem man Laub unter Zugabe von Erde, Tonmineralien und Stickstoff kompostiert.

Kompostierung auf dem Dach

Wer keinen Platz für einen Komposthaufen auf dem Dach hat, der kann auch in Kisten oder verschiedenen anderen Behältern, sogar in perforierten Kunststoffsäcken kompostieren.

Kompostsilos aus Holz, Metall, Eternit oder Beton, die man auch leicht selbst herstellen kann, helfen Ordnung am Kompostplatz zu halten. Sie brauchen wenig Platz und begünstigen durch eine gezielte Luftzufuhr den Rotteprozeß. Die Seitenwände bestehen aus Einzelteilen, die man je nach Bedarf von unten nach oben übereinander aufsetzen kann.

Die Komposttonne bildet eine Art Klimakammer. Der Verrottungsprozeß setzt schnell ein, so daß eine 200 l Tonne monatlich bis zu 400 l organisches Material aufnehmen und verarbeiten kann.

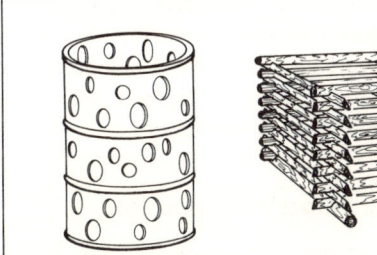 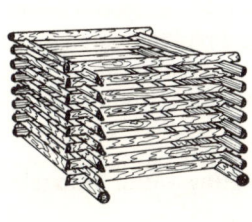  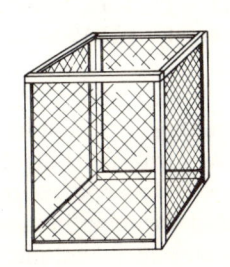

Kompostsilos ermöglichen auf kleinstem Raum die Umwandlung organischer Haus- und Gartenabfälle in wertvolle Komposterde und können leicht selbst hergestellt werden.

Der Thermokomposter, ein innen isolierter Behälter mit Belüftungsschlitzen, ermöglicht durch die erhöhte Innentemperatur eine rasche Verrottung sogar in der kalten Jahreszeit.

Wann wieviel düngen?

Die optimale Nährstoffversorgung von Pflanzen bedarf großer Erfahrung und aufmerksamer Beobachtung.

Der Nährstoffbedarf hängt von vielen Faktoren ab wie der Art der Bepflanzung, der Substratzusammensetzung und Wasserversorgung, dem Mikroklima, den Erwartungen und Anforderungen des Gartenbenutzers an die Pflanzenentwicklung usw. Allgemein gültige Aussagen können daher kaum gemacht werden. Treten Mangelerscheinungen oder Wachstumsstörungen auf, die keine anderen Ursachen haben, so wird *dosiert* gedüngt. Es gilt die Regel: So wenig wie möglich, so viel als nötig.

Bei den rasch wirkenden Flüssigdüngern oder herkömmlichen mineralischen Düngern besteht die große Gefahr der Pflanzenschädigung durch Überdüngung. Im Zweifelsfall sollte man eher Zurückhaltung üben. Häufigere geringe Düngegaben sind günstiger als seltene, konzentrierte Düngerstöße.

Die Häufigkeit, mit der die Düngergaben erfolgen sollte, hängt stark von der Art der verwendeten Nährstoffe ab, ob man langanhaltende Langzeit- oder organische Dünger oder schnell, aber nur kurz wirkende Flüssigdünger oder herkömmliche Mineraldünger verwendet. Die Dosierung erfolgt nach den auf den Verpackungen angegebenen Mengen, die als Höchstwerte anzusehen sind.

Auf flächig begrünten Dächern darf der Gehalt an Nährstoffen nicht zu hoch sein und sich keinesfalls an den Werten für die üblichen Kultursubstrate in Baumschulcontainern oder Balkonkästen orientieren. Bei diesen sind aufgrund des kleinen Wurzelraumes relativ hohe Nährstoffkonzentrationen üblich.

Bei der Herstellung von Dachbegrünungs-Substraten sollten folgende nach den Verbandsmethoden des VdLUFA ermittelten Werte nicht überschritten werden: 80 bis 120 mg N7, 120 bis 180 mg P_2O_5, 180 bis 270 mg K_2O, 1,5 g lösliche Salze jeweils pro Liter Substrat, der pH-Wert ($CaCl_2$) sollte zwischen 5,5 und 6,5 liegen.

Zur laufenden Nährstoffversorgung von Pflanzen bei Verwendung von Kultursubstraten sollten je Liter Substrat nicht mehr als 30 mg N, 25 mg P_2O_5 und 40 mg K_2O direkt pflanzenverfügbar sein. Diese Mengen sind bei empfindlichen Pflanzungen auf die Hälfte zu reduzieren, um Überdüngungsschäden zu vermeiden. Höhere Nährstoffmengen sind möglich, wenn sie auf Vorrat gegeben werden, also im Verlauf eines längeren Zeitraumes aufgelöst und verfügbar werden (PENNINGSFELD 1974).

Bei Intensivbegrünungen sind für die erforderlichen laufenden Düngegaben organische Dünger vorzuziehen, damit das Bodenleben gefördert und die Humusbildung angeregt wird.

Für Vegetationsschichten aus Steinwolle oder Schaumstoff eignen sich auch mineralische Langzeitdünger in ähnlicher Dosierung.

Frei wurzelnde Bäume und Sträucher düngt man üblicherweise im Frühjahr und nach dem Laubfall, wobei die Dünger oberflächlich eingearbeitet werden, Blütenstauden im zeitigen Frühjahr, Gemüsekulturen vor und während der Wachstumsphase, Kübelpflanzen im zeitigen Frühjahr. Gemüsekulturen erhalten ausreichend Kompost und eine organische Vorratsdüngung. Zusätzlich können noch rasch wirksame organische Nährstoffe wie diverse Jauchen gegeben werden.

Extensivbegrünungen dürfen nicht mit zusätzlichen Nährstoffen versorgt werden, da sich sonst ein nicht beabsichtigtes starkes Wachstum einstellt und die Vegetation ihren typischen Charakter verliert.

Bei Pflanzen mit stark begrenztem Wurzelraum wie Topf- oder Kübelpflanzen erhält das Substrat beim Einpflanzen bzw. Umtopfen eine ausreichende Menge langsam und lange wirkender Düngestoffe. Bei Erdkultur genügen im wesentlichen Gaben der drei Hauptnährstoffe, bei erdeloser Kultur müssen auch Spurenelemente beigegeben werden.

Sind nach gewisser Zeit die Nährstoffe verbraucht, müssen sie durch Düngegaben ersetzt werden. Man kann entweder die obersten Substratschichten mit neuen, langsamwirkenden Düngern anreichern, Düngekörper hineingeben oder die Pflanzen durch Beimengen von Nährstoffen ins Gießwasser versorgen. Starkwüchsige Pflanzen mit beschränktem Wurzelraum oder Pflanzen, die schon lange im gleichen Substrat wurzeln, müssen in regelmäßigen Abständen mit Dünger versorgt werden, während langsamwüchsige Pflanzen kaum zusätzliche Nährstoffe benötigen.

Nach dem Umtopfen wird fürs erste überhaupt nicht gedüngt, ebenso nicht in der Ruhezeit, bei kranken Pflanzen oder ausgetrocknetem Wurzelballen. Ausdauernde Pflanzen versorgt man nur bis August mit zusätzlichen Nährstoffen, um ein Vergeilen während der dunklen Wintermonate zu verhindern.

Überdüngungs- und Mangelerscheinungen

Richtige Düngerdosierung ist von entscheidender Bedeutung für ein gutes Pflanzenwachstum. Die Angaben über die Dosierung können nur als Richtwerte verstanden werden, da der Bedarf an zusätzlichen Nährstoffen von vielen Faktoren wie Wurzelraum, Mikroklima, Bodenzusammensetzung, Art und Größe der Pflanzen und vieles mehr bestimmt wird. Erhalten die Pflanzen zu wenig Nährstoffe, so geht das Wachstum stark zurück, Pflanzenteile verfärben sich oder sterben ab. Schlechtes Gedeihen kann jedoch auch viele andere Ursachen haben. Typische Überdüngungserscheinungen sind das Vergeilen der Pflanzen, die Verschlechterung des Aromas und des Geschmacks sowie eine schlechte Lagerfähigkeit von Obst und Gemüse.

Bei zu hohen Düngerkonzentrationen im Boden steigt der Salzgehalt im Substrat über die Salzkonzentration des Pflanzenzellsaftes, wodurch die Pflanzen kein Wasser mehr aufnehmen können oder es ihnen sogar entzogen wird. Wurzelverbrennungen und Pflanzenschäden sind die Folge.

Falsche und übertriebene Düngung führt neben einer starken Beeinträchtigung des Bodenlebens auch zur starken Anreicherung von Nitrat in Gemüse und Obst, welches im menschlichen Organismus zum gesundheitsgefährdenden Nitrit umgewandelt wird.

Stickstoff brauchen die Pflanzen zur Eiweißbildung, also für ihr Wachstum und das Erzeugen von Blattgrün.

Bei Stickstoffüberdüngung vergeilen die Pflanzen und werden krankheitsanfällig. Die Blüten- und Fruchtansätze sind zugunsten übersteigerter Blattentwicklung gehemmt.

Stickstoffmangel zeigt sich im Gelb-, Rot- oder Blaßwerden der Blätter und schlechtem Wachstum. Organische Stickstoffdünger: Hornspäne und -mehl, Blutmehl, Schaf- und Ziegenmist, Gründüngungspflanzen. Mineralische Stickstoffdünger: Harnstoff, Ammoniak, Kalkammonsalpeter.

Phosphor ist vor allem für eine gute Blüten- und Fruchtbildung notwendig, außerdem begünstigt Phosphor das Wurzelwachstum.

Phosphorüberdüngung kann zu erheblichen Wachstumsstörungen führen, weil dadurch andere Nährstoffe und Spurenelemente wie Eisen und Kupfer nicht mehr ausreichend aufgenommen werden.

Phosphormangel führt zu schlechter Wurzelausbildung, rötlich-braunen Blattverfärbungen, erhöhter Frostempfindlichkeit, schlechter Haltbarkeit von Obst und Gemüse und zu spröden Blatträndern. Organische Phosphordünger: Knochenmehl, Tiermehl und Geflügelmist.

Mineralische Phosphordünger: Superphosphat und das langsam wirkende Thomasphosphat.

Kalium festigt das Gewebe, macht die Pflanzen widerstandsfähig, steigert die Assimilation und wird in erster Linie für ein gutes Wurzel- bzw. Knollenwachstum benötigt. Kalium hemmt die Wasserabgabe der Pflanzen und macht sie widerstandsfähiger gegen Trockenheit.

Düngemittel	organische Substanz	Stick-stoff	Phosphor-säure	Kali	Kalk	Magne-sium
Rizinusschrot	75	5	2,5	1,5		
Rindenkompost	50	0,06	0,005	0,05	0,6	
Grünalgen-Pulver-Konzentrat	60	0,9	0,14	1,9	1,2	1,0
Brennesseljauche						
10 %iger Ansatz	0,15	0,07	0,003	0,021	0,026	
Trockensubstanz	50	23,3	1,07	7	8,76	2,6
Holzasche, Fichte	–	–	5,9	11,5	44,9	
Guano, Peru	50	6	12	2	12	1
Hühnermist, trocken	30–70	3–4	3–5	2–3	7–14	1–3
Rinderdung,						
trocken, Cal.	45	1,6	1,5	4,2	4,1	
Pferde-, Schafdünger						
Mischung, tr., Fr.	84	4,5	0,8	2,6	2,9	0,3
Tiermehl	70	8	12–32	phosphorsaurer Kalk		
Blutmehl	60–70	12	1,5	0,8	1	
Borsten	80	11				
Federn	75	12				
Hornmehl	65–75	10–12				
Hornspäne	85–90	14				
Knochenmehl,						
gedämpft	30	4–5	18–22	0,2	27	
Thomasmehl	–	–	16–20	–	45–50	reichlich Spuren-elemente
Kalimagnesia	–	–	–	25	–	5–8
Mischdünger						
Oscorna-Animalin	60	6	9	1		

Zusammensetzung organischer Dünger (abgeändert nach Heynitz/Merckens 1980), alle Angaben in Prozent

Kaliüberschuß zeigt sich in Wachstumsstörungen und zieht oft einen Magnesium- und Kalkmangel nach sich. Diese Stoffe müssen dann zusätzlich gegeben werden.

Kalimangel bewirkt, daß Blätter schlaff werden, führt zu verminderter Haltbarkeit und zu Chlorosen sowie zum Absterben der Pflanzen.

Organische Kaliumdünger: Holzasche, Algenprodukte, Geflügel-, Rinder- und Schweinemist.

Mineralische Kaliumdünger: Kalimagnesia.

Kalzium ist weniger Nährstoff als Stützelement der Pflanzen und ist am Ionenaustausch beteiligt. Es regt das Bodenleben an und festigt die Krümelstruktur.

Eisen wird zur Bildung des Blattgrüns benötigt. Eisenmangel ist an den gelben verfärbten Blättern erkennbar und entsteht leicht, wenn das Substrat zu kalkhaltig oder das Gießwasser zu hart ist. Die Pflanze kann dann das im Boden vorhandene Eisen schlecht aufnehmen.

Eisenmangel kann durch Spritzungen mit Eisengelaten, z.B. Fetrilon, behoben werden.

Schädlingsbekämpfung und Pflanzenschutz

In der vom Menschen weitgehend unbeeinflußten naturbelassenen Umwelt leben unzählige Arten von Tieren und Pflanzen in einem weitgehend ausgewogenen natürlichen Gleichgewicht, das um so stabiler ist, desto artenreicher der jeweilige Lebensraum ist. Gelingt es einer Art, sich aufgrund geänderter Umweltbedingungen über ein gewisses Maß hinaus zu vermehren, dann finden auch ihre natürlichen Feinde plötzlich einen reich gedeckten Tisch vor, vermehren sich stärker als sonst, und greifen dadurch wieder regulierend ein.

Die Natur kennt die Begriffe Schädlinge und Nützlinge nicht, denn alle Lebewesen haben ihre Funktion und füllen aufgrund ihrer Anpassung an bestimmte Umweltbedingungen eine spezielle Nische aus. Erst durch massive Eingriffe des Menschen in die natürlichen Ökosysteme, z.B. durch die moderne Land- und Forstwirtschaft wurden dramatische ökologische Veränderungen eingeleitet. In den ausgeräumten Kultursteppen, in denen auch noch die letzten Baum- und Buschgruppen sowie der kleinste Tümpel entfernt werden, finden viele Tiere weder Nahrung noch Unterschlupf und wandern ab. Die natürliche Nahrungskette wird unterbrochen und es kommt zum Überhandnehmen weniger Arten, die nun kaum noch natürliche Feinde haben bzw. sich gut an die geänderten Umweltbedingungen anpassen können.

Stehen die Lebens- und Freßgewohnheiten dieser Lebewesen im Gegensatz zu den Interessen der Menschen, werden sie gemeinhin als Schädlinge bezeichnet und entsprechend bekämpft.

Ein Großteil der heute verwendeten Zier- und Nutzpflanzen unterscheidet sich infolge jahrelanger Züchtungen in Richtung Ertragssteigerung und schönere Blüten stark von den ursprünglichen Formen. Diese Vorteile auf der einen Seite wurden jedoch mit erhöhter Anfälligkeit gegenüber Krankheiten und Schädlingen erkauft und erfordern einen hohen Pflegeaufwand. Die Gültigkeit dieser Aussagen reicht vom großflächigen Nutzpflanzenanbau bis zum sterilen Hausgarten in der heute weit verbreiteten Form, der meist aus einem relativ eingeengten Sortiment von nicht standortangepaßten, hochgezüchteten Pflanzensorten besteht.

Diese künstlichen Bedingungen erfordern heute vielfältige Maßnahmen, um die Pflanzenschädlinge unter Kontrolle halten zu können. Die moderne Chemie hat viele hochwirksame Biozide entwickelt – Musterbeispiel DDT –, mit denen man aufgrund der anfänglichen durchschlagenden Erfolge glaubte, das Problem in den Griff bekommen zu haben. Doch die Ernüchterung kam bekanntlich bald. Der Mensch kann einen chemischen Krieg gegen die sogenannten Schädlinge auf lange Sicht nicht gewinnen und muß nach anderen, ökologisch sinnvollen und unbedenklichen Maßnahmen suchen. Ein wichtiger Schritt zur Minimierung des Pestizideinsatzes besteht im sogenannten **integrierten Pflanzenschutz**, der ein gewisses Schadensausmaß in Kauf nimmt, und nur wenn dieses überschritten wird, gezielt lokal mit rasch abbaubaren Pflanzenschutzmitteln eingreift. Ein Endziel sollte jedoch sein, ohne Gifte auszukommen.

Biologischer Pflanzenschutz

Der biologische Pflanzenschutz fördert in erster Linie die natürlichen Begrenzungsfaktoren der Kulturschädlinge, indem er die Lebensbedingungen der Nützlinge verbessert. Der vorausschauende Gärtner bevorzugt robuste, angepaßte Sorten und greift nur dann mit anderen, weitgehend natürlichen Methoden regulierend ein, wenn sich die Schädlinge trotzdem über ein gewisses Maß hinaus vermehren. Wichtige Voraussetzung dafür ist allerdings, über die Biologie der potentiellen Schädlinge und ihre Bedeutung im Ökosystem Bescheid zu wissen.

Biologischer Land- und Gartenbau bedeutet nicht, alles sich selbst zu überlassen. Vielmehr werden vorbeugende Maßnahmen getroffen, um Pflanzenschäden zu verhindern. Erst in zweiter Linie steht die Symptombekämpfung mit angemessenen natürlichen Mitteln. Der Bio-Gärtner stellt zuerst die Frage, war um der Apfelbaum Schorf hat und versucht, die Ursachen zu bekämpfen. Er greift erst, wenn dies nichts mehr nützt, zu anderen Mitteln.

Erfolgreiche und gezielte Maßnahmen zur wirksamen Bekämpfung von Pflanzenschäden setzen zuerst einmal das richtige Erkennen der jeweiligen Schadensursachen voraus. Die richtige Diagnose ist Grundvoraussetzung für eine erfolgreiche Therapie.

Verfahren und Möglichkeiten zur Schädlingsbekämpfung

Es würde den Rahmen des Buches sprengen, wollte man versuchen, detaillierte Angaben zur wirksamen Bekämpfung der häufigsten Schädlinge zu machen. Wir wollen nur kurz auf die verschiedenen Möglichkeiten hinweisen.

Vorbeugende Maßnahmen zur Förderung der Pflanzengesundheit sind

- Gutes, bewährtes, robustes und nicht zu hochgezüchtetes Pflanzen- bzw. Saatgutmaterial verwenden.
- Einhaltung der richtigen Pflanz- und Saattermine, da diese oft eng mit dem Wachstum bzw. Vermehrungsrhythmus der Schadinsekten verknüpft sind.
- Optimale Wachstumsvoraussetzungen für die Pflanzen schaffen, das heißt richtige Standortbedingungen, richtiges Substrat, entsprechende Düngung und Bodenpflege, gute Wasserversorgung, richtiger Pflanzschnitt.
- Auf die Verträglichkeit mit den Nachbarschaftspflanzen achten bzw. geeignete Misch- und Zwischenkulturen anstreben.
- Auf entsprechende Pflanzenhygiene und bewährte Fruchtfolgen achten. Dazu gehört rechtzeitiges Entfernen kranker Pflanzen, abgestorbener Pflanzenteile und Isolieren von Pflanzen mit Schädlingsbefall.
- Gezielter Einsatz von Repellent-Pflanzen. Das sind Pflanzen, die durch Ausscheiden gewisser Stoffe abwehrend gegen Schädlinge und bestimmte Krankheiten wirken.
- Vorbeugende Mittel zur Kräftigung der Pflanzen und zur Erhöhung der natürlichen Widerstandskraft einsetzen. Die Wirkungen dieser Mittel scheinen von vielen Umständen beeinflußt zu sein, so daß wir hier nur einige Anregungen geben können (s. Tabelle).
- Förderung von Nützlingen. Viele Schädlinge haben natürliche Feinde, und in einem intakten Ökosystem stellt sich langfristig ein Gleichgewicht zwischen Nützlingen und Schädlingen ein. Für so kleine, isolierte Bereiche wie einen Dachgarten wird ein solch ausgewogener Zustand nur sehr begrenzt zu erreichen sein. Trotzdem sollte man

Abwehrpflanzen und ihre Wirkungen

Pflanze	Wirkung
Basilikum	vertreibt Fliegen
Beifuß	wehrt Kohlweißlinge ab
Bohnenkraut	schützt Buschbohnen vor schwarzen Läusen
Dill	wehrt Kohlweißlinge ab
Farnkraut (Wurmfarn und Adlerfarn)	wehrt Schnecken und Ameisen ab
Kaiserkrone	vertreibt Wühlmäuse durch den starken Geruch der Zwiebeln
Kapuzinerkresse	wehrt Raupen, Schnecken und Läuse ab
Knoblauch	allgemein bakterizid und fungizid; vorbeugend gegen Pilzerkrankungen
Lavendel	wehrt Ameisen, Läuse und Motten ab
Meerrettich	wehrt Kartoffelkäfer ab
Pfefferminze	wehrt Kohlweißlinge und Erdflöhe ab
Rainfarn	wehrt Ameisen ab
Ringelblume	wehrt Wurzelälchen ab
Salbei	wehrt Kohlweißlinge, Möhrenfliegen, Raupen und Schnecken ab
Schnittlauch	wehrt Mehltau ab
Senf	wehrt Raupen und Schnecken ab
Studentenblumen (Tagetes)	zur Nematodenabwehr bzw. -beseitigung
Thymian	wehrt Kohlweißlinge und Schnecken ab
Tomaten	wehren Kohlweißlinge ab
Wermut	wehrt Erdflöhe und Säulchenrost ab
Wolfsmilch	vertreibt Wühlmäuse
Ysop	wehrt Läuse, Raupen und Schnecken ab
Zwiebel	wehrt Möhrenfliegen, Raupen und Schnecken ab

durch Schaffung günstiger Voraussetzungen versuchen, möglichst viele Nützlinge anzulocken. Als wichtigste Maßnahmen sind zu nennen: Stehenlassen oder bewußtes Anpflanzen von Wildkräutern als Nahrungspflanzen für viele Nutzinsekten, Schaffung von Nistmöglichkeiten für Vögel, Gewährung von Unterschlupf für Käfer und nützliche Insekten sowie geringer Einsatz giftiger Pflanzenschutzmittel.

- Zu den mechanischen Abwehrmitteln zählen Vogelnetze – an Vogelscheuchen gewöhnen sich die Vögel schnell –, Schneckenzäune sowie Schneckenfallen wie z. B. ebenerdig eingegrabene, mit Bier gefüllte Becher. Schnecken kann man auch durch Eingrenzen der Kulturen mit Algenkalk oder scharfem Quarzsand erfolgreich abhalten. Leimringe halten Schädlinge ab, die den Baumstamm hinaufklettern. Ebenfalls können Fanggürtel aus Wellpappe um die Stämme gewickelt werden. Darin suchen viele Schadinsekten Unterschlupf.

Von Zeit zu Zeit wird er abgenommen und mit den Schädlingen verbrannt. Wespen lassen sich in mit Zuckerlösung gefüllten, aufgehängten Flaschen fangen. Ein paar Tropfen Essig verhindern, daß gleichzeitig auch Bienen angelockt bzw. gefangen werden. Eine Kirschfliegenfalle besteht aus einer Leimfolie und lockt die Insekten mit fluoreszierendem Gelb an.

Kommt es trotz der zuvor erwähnten vorbeugenden Maßnahmen zu einem ernsthaften Schädlingsbefall, dann muß man als erstes feststellen, um welche Pflanzenschädlinge es sich handelt, wieviele Pflanzen davon schon betroffen sind und diese wenn möglich von den anderen isolieren.

Die anschließende Bekämpfung der Schädlinge kann auf mehrere, unter Umständen auch kombinierte Methoden erfolgen.

Mechanische Methoden wie Abduschen der Pflanzen, Abwischen oder Einsammeln der Schädlinge führen meist nur bei Pflanzen mit glatten, großen Blättern zum Ziel.

Bei kleinblättrigen oder sehr großen Pflanzen bleiben zu viele Schädlinge zurück. Trotzdem läßt sich auch bei diesen durch regelmäßiges Entfernen der Schädlingsbefall klein halten. Das Abduschen sollte entweder mit kaltem oder mit auf 45° angewärmtem Wasser erfolgen, da viele Schädlinge schon durch den Temperaturschock eingehen.

Pilzkrankheiten können durch sorgfältiges, rechtzeitiges Ausschneiden der erkrankten Teile erfolgreich bekämpft werden.

Unter **biotechnischen Verfahren** versteht man den gezielten Einsatz von chemischen Stoffen, akustischen oder optischen Signalen, welche die Schädlinge nicht töten, sondern bei diesen gewisse Reaktionen und Reize auslösen, welche die Verbreitung unterbinden.

- Fraßhemmstoffe besitzen für viele Schädlinge einen unangenehmen Geruch, der sie abschreckt oder vertreibt. So meiden Kohlweißlingsraupen den Geruch von Tomatenpflanzen, die Möhrenfliege den der Zwiebel und die Zwiebelfliege den von Möhren.
- Duftstoffe spielen heute im modernen biologischen Pflanzenschutz bereits eine große Rolle. Man verwendet Sexualduftstoffe, um Männchen in Fallen zu locken oder von den Weibchen fernzuhalten. Andere Duftstoffe stören die Orientierung oder bewirken das Auflösen einer Insektengemeinschaft. Man kennt außerdem Substanzen, die in den Stoffwechsel der Schädlinge eingreifen oder gewisse Entwicklungsstadien stören.

Nützlingseinsatz. Viele Insekten ernähren sich direkt von anderen Insekten. Andere legen ihre Eier in Tiere ab, die dann von den geschlüpften Larven parasitiert werden.

Es werden heute bereits zahlreiche natürliche Freßfeinde von Pflanzenschädlingen gezüchtet. Sie sind im Handel erhältlich. Das Aussetzen der natürlichen Gegenspieler bringt die besten Erfolge in relativ abgegrenzten Kulturen wie z.B. in Gewächshäusern. Da die Raubinsekten nicht in der Lage sind, pflanzliches Futter aufzunehmen, wandern sie ab oder gehen ein, wenn sie die Schadinsekten vernichtet haben.

Gute Erfolge lassen sich heute bereits mit folgenden natürlichen Gegenspielern erreichen: Raubmilben gegen Spinnmilben, Schlupfwespen gegen Mottenschildläuse, räuberische Gallmücken gegen Blattläuse.

Obwohl diese Methoden in erster Linie für Gewächshäuser gedacht sind, lassen sie sich doch auch mit gewissen Erfolgen in abgegrenzten Freilandsituationen verwenden.

Natürlich vorkommende Feinde von Schadinsekten sind bei uns in erster Linie die Marienkäfer und deren Larven, die sich ebenso wie die Schwebfliegen von Blattläusen ernähren. Goldauge, Schlupfwespe und manche Spinnenarten sind andere natürlich vorkommende Blattlausfeinde. Außerdem ernähren sich viele Laufkäferarten von Würmern, Insekten oder Schnecken und tragen zum natürlichen Gleichgewicht bei.

Pflanzliche Schädlingsbekämpfungsmittel werden aus Naturprodukten hergestellt. Sie sind in der Regel rasch abbaubar, wirken als Kontaktgifte und haben eine auf wenige Schädlinge abgestimmte Giftwirkung.

Bei biologischen Pilzbekämpfungsmitteln handelt es sich weitgehend um Präparate aus Wasserglas oder um Substanzen auf Kupfer- oder Schwefelbasis. Hohe Schwefelkonzentrationen können auch Nützlinge schädigen, während zu viel Kupfer den Boden belastet.

Aus einer Reihe von Pflanzen lassen sich wirkungsvolle, aber schonende Pflanzenschutzmittel herstellen. Die Tabelle auf den Seiten 149 bis 152 stellt bewährte pflanzliche und nicht-pflanzliche, aber biologisch abbaubare Abwehrmittel zusammen. Die Herstellung des Pflanzenschutzmittels, seine Anwendung und Wirkung sind dabei kurz umrissen. Oft beruht die Wirkung auf einer Stärkung der Pflanze.

| Name und Anwendungsform | Rezept | Anwendung der Pflanzenschutzmittel | | | Wirkung |
		Zeitpunkt	Ort	Konzentration	
Acker-schachtelhalm *(Equisetum arvense)* Brühe	ganze Pflanze ohne Wurzel 1 kg/10 l Wasser (frisch) 150 g/10 l Wasser (getrocknet) bei Sonne, vormittags, 3 × an sich folgenden Tagen evtl. mit 0,5–1 % Wasserglas	ganzjährig regelmäßig	Boden	1:5	gegen Bodenpilzerkrankungen
		Vorknospenspritzung und mehrmals im Sommer und Frühling	auf Pflanze	1:5	gegen Echten und Falschen Mehltau, Monilia, Rost, Schorf, Kräuselkrankheit des Pfirsichs, Blattfleckenkrankheit der Tomate
Jauche	mit 0,3 % Schmierseife	ganzjährig	auf Pflanze	1:5	gegen Blattläuse, Spinnmilben (Rote Spinne)
	mit Brennesseljauche	ganzjährig	Boden	1:5	als Pflanzenstärkung
Baldrian *(Valeriana officinalis)* Extrakt	Blüte zu Saft gepreßt 1 Tropfen Extrakt/1 l Wasser, 5 Min. rühren	Frühjahr	auf Obstblüten, Blumen	unverdünnt	fördert Blüten- und Fruchtbildung, Frostschutz (fein versprühen am Nachmittag vor erwarteter Frostnacht)
Beinwell *(Symphytum officinalis)* Jauche, Brühe, Tee	ganze Pflanze ohne Wurzel 1 kg/10 l Wasser (frisch) 100–150 g/10 l Wasser (getrocknet)		siehe Brennessel	1:20	bei Kalimangel als Kompostbeigabe, pflanzenstärkend; gut für Tomaten
Brennessel *(Urtica dioica, U. urens)* vergorene Jauche	ganze Pflanze ohne Wurzel ungefähr 1 kg/10 l Wasser (frisch) 200 g/10 l Wasser (getrocknet) Jauche mit verschiedenen Kräutern, z. B. Beinwell, Schachtelhalm vermischen	ganzjährig	auf Pflanze	1:10	Wachstumsförderung, Setzlinge angießen, Wurzelbad, Saatrillen ausgießen, gegen Krautfäule; insektenabwehrend
		ganzjährig vor Knospenaufbruch	Boden Triebe	1:10 1:20	Wachstumsförderung gegen Blattchlorose
			Topfpflanzen Wurzelbad (samt Topf)	1:10	gegen Welken, Kaltwasserauszug gegen Blattläuse
		ganzjährig	Kompost	unverdünnt	fördert Verrottung
gärende Jauche	auf 1 l Jauche 1/2 l Schachtelhalmbrühe	vor Blatt- und Blütenbildung	auf Triebe und Blätter	1:50	Pflanzenstärkung; gegen Blattläuse, Spinnmilbe (Rote Spinne)
Kaltwasserauszug	1 kg/10 l Wasser 12 Std. stehen lassen	ganzjährig	auf Triebe und Blätter	unverdünnt	gegen Blattläuse
Farnkraut Wurmfarn *(Dryopteris filix-mas)* **Adlerfarn** *(Pterilium aquilinum)* Jauche	Blätter 1 kg/10 l Wasser (frisch) 100 g/10 l Wasser (getrocknet)	Winterspritzung	auf Pflanze, vor allem Obstbäume	unverdünnt	gegen Schild- und Blutläuse
		Vorfrühling ganzjährig	auf Pflanze auf Pflanze, Boden	1:10 unverdünnt	gegen Blattläuse gegen Schnecken; bei Kalimangel als Kompostbeigabe
Extrakt	5 g grobpulvrig/ 1/2 l Regenwasser in Flasche ansetzen und verkorken	ganzjährig	Stamm, Äste, Triebe	unverdünnt	gegen Blutlaus (Herde abbürsten)

149

Name und Anwendungsform	Rezept	Anwendung der Pflanzenschutzmittel			Wirkung
		Zeitpunkt	Ort	Konzentration	
Kamille *(Chamomilla recutita)* Tee, Brühe	Blüte 50 g getrocknet/ 10 l Wasser	Sommer	auf Pflanze	unverdünnt	Pflanzenstärkung, Saatbeize, Kompostbeigabe
Knoblauch (auch Zwiebel) *(Allium sativum, A. cepa)* Tee, Auszug, Jauche	Knollen gehackt 75 g/10 l Wasser	Anfang Mai 3x im Abstand von 3 Tagen; nach Ernte wiederholen	auf Pflanze, Boden	unverdünnt	gegen Erdbeermilben, Milben, Blattläuse, Pilzkrankheiten
Spritzmittel	150 g Knoblauch feinegehackt, 2 Teelöffel Parafin, 24 Std. einweichen 100 g Schmierseife in 10 l Wasser auflösen, alles gut mischen, filtrieren	bei Befall	auf Pflanze, Wurzel	unverdünnt	gegen Bakterienkrankheiten und als Insektenbekämpfungsmittel
Löwenzahn *(Taraxacum officinale)* Jauche	blühende Pflanze samt Wurzel trocknen 1,5–2 kg/10 l Wasser (frisch) 150–200 g/10 l Wasser (getrocknet)	Frühjahr Herbst	auf Pflanze Boden	unverdünnt unverdünnt	Wachstumsförderung, Kompostbeigabe
Meerrettich *(Cochlearia armoracia)* Tee	Blätter und Wurzeln 300 g/10 l Wasser	während der Blüte	in die Blüte	unverdünnt	gegen Monilia
Quassia Brühe *(Quassia amara)*	150 g Quassia/2 l Wasser evtl. mit 250 g Schmierseife in 10 l Wasser verdünnt	Frühjahr bis Herbst nur gezielt bei akutem Befall einsetzen	auf Pflanze	gegen Blattläuse und andere Insekten	
Rainfarn *(Tanacetum vulgare)*	Kraut und Blüte	ganzjährig	auf Pflanze	1:2	gegen Insekten, Ameisen, Erdraupen, Blatt- und Wurzelläuse
Tee	300 g/10 l Wasser (frisch) 30 g/10 l Wasser (getrocknet)	Frühjahr	auf Pflanze	1:2	gegen Brombeer- und Erdbeermilbe
Brühe	mit Brennesseln vermischt	Herbst zur Flugzeit	auf Pflanze	1:2	gegen Kohlweißling, Apfelwickler
Rhabarber *(Rheum rhabarbarum)* Tee	Blätter 500 g/3 l Wasser		auf Pflanze	unverdünnt	gegen Lauchmotte, Bohnenblattlaus
Schachtelhalm *(Equisetum arvense)* Brühe Jauche	1 kg frisches Kraut mit Brennesseln vermischt oder 150 g getrocknetes Kraut	Frühjahr bis Spätsommer	auf Pflanze	1:5	Stärkung der Pflanzen
Tomate *(Lycopersicon lycopersicum)* Auszug	Sprosse/Blätter 2 Handvoll gut zerstampfen, in 2 l Wasser 2 Std. ziehen lassen	zur Flugzeit alle 2 Tage	auf Pflanze	unverdünnt	gegen Raupen und Schmetterlinge des Kohlweißlings

Name und An-wendungsform	Rezept	Anwendung der Pflanzenschutzmittel Zeitpunkt	Ort	Konzentra-tion	Wirkung
Wermut *(Artemesia absinthum)* Jauche	Kraut und Blüte 300 g/10 l Wasser (frisch) 30 g/10 l Wasser (getrock-net) evtl. 1 % Wasserglas beimischen	Frühjahr	auf Pflanze	unverdünnt	gegen Ameisen, Raupen, Blatt-läuse, Säulchenrost an Johan-nisbeere
Tee		Frühjahr Herbst	auf Pflanze	unverdünnt	gegen Brombeer- und Erdbeer-milbe
Brühe		zur Flugzeit	auf Pflanze	unverdünnt	gegen Kohlweißling, Apfelwik-kler
Zwiebel, Knoblauch *(Allium cepa, A. sativum)* einzeln oder gemischt	Schalen/Blätter ungefähr 500 g/10 l Wasser (frisch) 200 g/10 l Wasser (getrock-net)	bei Befall	Boden, Baumschei-ben	1:10	wirkt kräftigend, gegen Pilzer-krankungen z. B. bei Erdbeere und Kartoffel
vergorene Jauche		Flugzeit	auf Pflanze	unverdünnt	gegen Möhrenfliege

Rezepte, Anwendung und Wirkung von pflanzlichen Schädlingsbekämp-fungsmitteln (ab-geändert nach Schmid/Henggeler 1984) (Fortsetzung)

Name und An-wendungsform	Rezept	Anwendung der Pflanzenschutzmittel Zeitpunkt	Ort	Konzentra-tion	Wirkung
Alaun	40 g Alaun in kochendem Wasser auflösen, mit 10 l Wasser verdünnen	ganzjährig, bei starkem Befall	auf Boden, auf Pflanze	unverdünnt	gegen Schnecken, Blattläuse und Raupen
Kalium-Permanganat	3 g/10 l Wasser	ganzjährig	Wurzeln von Topfpflanzen, Samen	unverdünnt	desinfizierende Beize; pilzhem-mend
Lehm Anstrich	in Schachtelhalm-Farn-krautbrühe Lehm einbrök-keln, etwas Kuhdung, eine Handvoll Stein oder Kies-mehl gut durchrühren bis flüssig aber glatt, 24 Std. stehen lassen, vor Ge-brauch aufrühren, absieben	Herbst, noch besser im Frühling	Baumstamm Äste	unverdünnt 5 x verdünnt	heilt Wunden, bewirkt gesunde Rinde; gegen Baumkrebs, stei-gert Fruchtbarkeit
Magermilch Molke Spritzung	1 l/1 l Wasser gut mischen frisch, unpasteurisiert	jede Woche 1x, in 1. Wachs-tumshälfte	auf Pflanze	unverdünnt	gegen Pilzkrankheiten, gewisse Viruskrankheiten der Tomate, Blattläuse
Schmierseifen Lösungen	150–300 g Schmierseife/ 10 l Wasser in heißem Wasser auflösen	ganzjährig	auf Pflanze	unverdünnt	gegen Blattläuse
	40 g Schmierseife mit 1/8 l Petrolium in heißem Wasser gut vermischen (milchige Farbe), 25 l kaltes Wasser beigeben, gut mischen	vor Frucht-bildung	auf Pflanze	unverdünnt	gegen Blattläuse, Schildläuse, Spinnmilben (Rote Spinne)
	100–300 g Schmierseife, 1/2 l denaturierter Spiritus, 1 El Kalk 1 El Salz 10 l Wasser, gut verrühren	bei starkem Befall	auf Pflanze	unverdünnt	gegen Raupen

Rezepte, Anwendung und Wirkung von nicht-pflanz-lichen Schädlings-bekämpfungs-mitteln (nach Schmid/Henggeler 1984)

Name und An-wendungsform	Rezept	Anwendung der Pflanzenschutzmittel			Wirkung
		Zeitpunkt	Ort	Konzentration	
Schwefelleber Hepar sulfuris	20–40 g/10 l Wasser evtl. Seife als Haftmittel beigeben dann nur 20 g/10 l	Winterspritzung	auf Pflanze	unverdünnt	gegen Pilzkrankheiten; Vorsicht bei schwefelempfindlichen Obstsorten; nicht bei praller Sonne spritzen!
Schwefelsaure Tonerde	200 g Schwefelsaure Tonerde pulverisiert in 1 l Wasser gelöst vor Gebrauch mit Reisigbesen in 9 l Wasser einrühren	bei Befall	Bäume und Sträucher	unverdünnt	gegen Schildläuse, Weiße Fliege
Theobald'sche Lösung	5 kg 60 % Kali in 40 l Wasser lösen 5 kg gebrannten Kalk in 40 l Wasser lösen 0,5 – 1 l Wasserglas in 20 l Wasser lösen Kalkmilch durch Siebtuch in die Kalilösung geben, dann Wasserglas dazu mischen zur Rindenpflege 3–5 kg Bentonit beigeben	im Nachwinter bis zum Schwellen der Knospen	auf Bäume	unverdünnt	gegen überwinternde Larven, Insekten, Eigelege, auch Flechten und Moos
Wasserglas		Winter- und Sommerspritzung	Obstbäume	Lösung 0,5–2%	vorbeugend gegen Pilzbefall
			Obstbäume		

Wasserflächen auf dem Dach

Wasserflächen üben einen besonderen Reiz aus und gelten schon seit jeher als besonders attraktives und interessantes Element in der Gartengestaltung.

Bei uns ist das Interesse an künstlich angelegten Feuchtbiotopen in den letzten Jahren im Zusammenhang mit der Aufwertung der Naturgartenidee und der Innenhofbegrünung stark gestiegen. Schließlich bildet auch ein noch so kleiner Tümpel eine vielfältige Lebensgemeinschaft, die sich weitgehend im natürlichen Gleichgewicht halten kann.

Gerade für den üblicherweise heiß-trockenen Extremstandort Dach kann eine geschickt angelegte Wasserfläche eine wertvolle Bereicherung sein und zum Lieblingsplatz der Bewohner werden. In seiner Umgebung ist es speziell an heißen Sommertagen deutlich kühler als in der Umgebung und die ruhige Wasserfläche ist ein idealer Platz, um schnell die Hektik und Probleme des Alltags zu vergessen. Es ist nur schwer möglich, auf einer kleinen Fläche mehr an Erlebniswert und Naturkontakt zu vermitteln als an einem kleinen Teich – wie viele Großstadtbewohner haben noch nie eine Kaulquappe, eine Libelle oder einen Wasserkäfer gesehen, und was gibt es für Kinder beglückenderes, als im eigenen Garten mit Wasser, Schlamm und Sand zu spielen.

Anlage eines Feuchtbiotopes

Die Ausführung und die Größe, vor allem aber die Tiefe richten sich in erster Linie nach den vorhandenen Möglichkeiten, wobei statische Überlegungen im Vordergrund stehen. Kleine, flache Wasserbecken lassen sich wohl auf fast jedem Dach entlang tragender Bauteile verwirklichen. Beim Anlegen eines größeren Teiches wird man wohl um aufwendige bauliche Maßnahmen wie Stahlbetonunterzüge nicht herumkommen. – Technisch machbar ist jedoch fast alles.

Das Spektrum der Möglichkeiten reicht von beim Trödler erstandenen, ausgedienten irdenen Waschbecken, hölzernen Wäschebottichen und alten Badewannen über rund 50 l fassende, flache Eternitschalen und Kunststoffbautröge bis zu den in vielen Größen und unterschiedlichen Formen angebotenen Kunststoffteichbecken und dem maßgefertigten Folienteich.

Eine preiswerte und leicht selbst herzustellende Möglichkeit ist die Verwendung von Betonbrunnenringen, die nur noch mit einem wasserdichten Boden versehen werden müssen. Die steile Uferzone wirkt allerdings ästhetisch nicht befriedigend und läßt den Tümpel zu einer Falle für viele Kleinlebewesen werden, die nicht mehr herausklettern können.

Beim Durchfrieren werden Becken mit steilen Seitenwänden leicht vom Eis gesprengt, flach geneigte Seitenwände oder kälteelastische Materialien verhindern dies. Bei kleinen Wasserbehältern setzt man die Pflanzen vorzugsweise in Kunststoffkörbe, die mit einem Vlies ausgelegt werden und mit Substrat gefüllt sind. Diese können leicht zu Pflegearbeiten oder zur Überwinterung herausgenommen werden. Den unterschiedlichen Ansprüchen der Pflanzen hinsichtlich Wassertiefe kann man durch Aufstellen der Pflanzkörbe auf versenkte Steine oder Ziegel Genüge tun.

Garten- und Landschaftsbaubetriebe bieten fertige Kunststoffbecken an. Sie werden bis zum Rand eingesenkt, wobei sie nahtlos in einen geschickt gestalteten Uferbereich übergehen sollten.

Mit Hilfe der heute von vielen Herstellern angebotenen Kunststoffteichfolien läßt sich mit einigem Geschick leicht ein Folienteich selber anlegen. Die Folien werden entweder nach Maß angefertigt oder in Rollenform geliefert und an Ort und Stelle verschweißt. Viele der beschriebenen wurzelfesten Dachabdichtungsbahnen eignen sich auch gut als Teichfolien, da beide den gleichen Anforderungen genügen müssen. Es ist aber besonders darauf zu achten, daß keine giftigen Substanzen an das Wasser abgegeben werden. Die Nähte werden meist mit Hilfe von Quellschweißmitteln oder Heißluft verbunden. Heißluftschweißgeräte können von vielen einschlägigen Firmen geliehen werden.

Der Folienteich im Eigenbau stellt die billigste und zugleich beste Lösung dar. Ein Teil des Ufers sollte flach verlaufen, damit Tieren der Ein- und Ausstieg erleichtert wird, ein Teil mit geringer Wassertiefe wird als Sumpfzone ausgebildet. Im Randbereich wird die Folie senkrecht hochgezogen und nach dem Setzen des Uferbereiches flach abgeschnitten. Verschiedene Wassertiefen kommen den unterschiedlichen Ansprüchen von Pflanzen und Tieren entgegen.

Der fertiggestellte Teich wird nun mit einer etwa 10 cm dicken Schicht grobem Schotter gefüllt. Dort, wo man Pflanzen einsetzt, gibt man ein bißchen lehmige Erde, mit Torf und Sand vermischt, dazu. Der Teich darf auf keinen Fall mit viel nährstoffreicher Erde gefüllt werden, da sonst das Algenwachstum explodiert und die anderen Pflanzen überwuchert. Die Pflanzen können aber auch gut in durchlöcherten Kunststoffgefäßen gehalten werden. In diesem Fall darf das Substrat etwas nährstoffreicher sein, es kann Lehm, Torf, Gartenerde, ein bißchen

Kompost oder Teichschlamm aus der Uferzone enthalten.

Geeignete Pflanzen

Für die Bepflanzung unterscheidet man drei verschiedene Teichzonen mit unterschiedlichen Standortbedingungen:

– Die Randzone um den Teich herum wird gelegentlich durch übertretendes Wasser oder kapillar angesaugtes Wasser durchfeuchtet. Für die Bepflanzung eignen sich winterharte Bambusarten, diverse Ziergräser, Bärenklau, Frauenmantel, Blutweiderich und viele andere.

– Ein flacher Sumpfteil, der ständig durchfeuchtet ist, kann mit Binsen, Seggen, Pfeilkraut, Froschlöffel, Sumpfdotterblumen, Sumpfschachtelhalm, Sumpfschwertlilien, Zwergrohrkolben, Bitterklee oder Sumpfcalla bepflanzt werden.

– Geeignete Pflanzen für die eigentliche Wasserzone sind Wasserpest, Froschbiß, Seerosen, Teichrosen, Seekanne, Krebsschere und viele mehr.

Viele Baumschulen bieten heute ein breites Sortiment an Wasser- und Sumpfpflanzen an.

Tiere im Dachgartenteich

Wer eine artenreiche Kleinlebewelt erhalten will, verzichtet besser auf Fische, da diese die meisten anderen Wassertiere als willkommene Nahrung annehmen. Wasserinsekten wie Libellen, Wasserwanzen oder Schwimmkäfer können selbst in der Großstadt zuwandern. Andere Kleinlebewesen bekommt man am besten, indem man mit einem feinmaschigen Netz Plankton und kleine Wassertiere einfängt oder die Bodenschicht mit Schlammproben aus natürlichen Gewässern belebt.

Amphibienhaltung ist nur dann zu empfehlen, wenn die Tiere aus dem Dachgarten sicher nicht entweichen können. Dann kann Frosch- oder Krötenlaich eingesammelt werden, aus dem sich bald Kaulquappen und Froschlurche entwickeln. Auch Molche lassen sich unter günstigen Voraussetzungen einbürgern.

Pflege

Hat sich die Lebensgemeinschaft im Teich einmal eingespielt, bedarf es fast keiner Pflege mehr. Diese beschränkt sich auf gelegentliches Entfernen abgestorbener Pflanzenteile oder auf das Ausdünnen starkwüchsiger Pflanzen.

Übermäßigem Algenwachstum beugt man durch ein nährstoffarmes Pflanzensubstrat vor. Nehmen sie ein-

Ihren natürlichen
Bedürfnissen ent-
sprechend werden
Wasserpflanzen mit
Hilfe von Podesten
unterschiedlich tief
in das Becken ein-
gesenkt.

mal doch überhand, so ist das Einbringen von Wasserlinsen eine wirksame natürliche Bekämpfungsmöglichkeit. Diese kleinen Schwimmpflanzen bedecken bald die ganze Wasserfläche und entziehen den Algen das Licht. Darüber hinaus gibt es noch eine ganze Reihe geeigneter Chemikalien zur Algenbekämpfung.

Auch die Überwinterungsmaßnahmen erfordern kaum Arbeit: Viele Pflanzen und auch manche Wassertiere wie Schnecken und Dauerstadien von Wasserkleintieren halten ein Durchfrieren im Winter aus und können deshalb auch in kleinen, flachen Becken im Freien überwintern. Bei anspruchsvolleren Geschöpfen wie Fischen, Amphibien oder empfindlichen Pflanzen muß dafür gesorgt werden, daß das Gewässer nicht ganz durchfriert, was durch eine ausreichende Wassertiefe von rund 100 cm erreicht wird. Oder man deckt den Teich mit Styroporplatten, die mit Luftlöchern versehen sind, ab. Bei sehr seichten Gewässern oder kleinen freistehenden Becken wird das Wasser abgelassen, die Lebewesen werden herausgenommen und an einem kühlen Platz überwintert, wobei die Pflanzen durchaus dunkel stehen können. Das Becken wird gereinigt und im Frühjahr wiederum neu gefüllt.

Das sonnenbeheizte Anbauglashaus

Eine verglaste Veranda bedeutet einen harmonischen Übergang von der Wohnung in den Dachgarten und eröffnet außerdem vielfältige Nutzungsmöglichkeiten. Diese reichen vom hellen, mit Pflanzen geschmackvoll ausgestatteten Eßplatz bis zum Gewächshaus, in dem der Pflanzenfreund ideale Bedin-

gungen für die Kultur anspruchsvoller Pflanzen schaffen kann.

Für geschickte Bastler bedeutet der Selbstbau einer Glasveranda bzw. eines Gewächshauses kein unüberwindliches Hindernis. Die Errichtung kommt so wesentlich billiger und kann besonders sorgfältig und liebevoll ausgeführt werden. Moderne Materialien wie Polyester, Silikonkautschuk, hervorragende Klebstoffe sowie eine umfangreiche Fachliteratur erleichtern die Arbeit beträchtlich.

Bevor man mit der Detailplanung beginnt, muß man sich über die zukünftige Verwendung im klaren sein, denn von dieser hängen viele Details ab. Will man nur einen hellen, zusätzlichen Wohnraum mit guten Voraussetzungen für Zimmerpflanzen? Oder soll die Veranda ein Gewächshaus für anspruchsvolle Pflanzen werden, wird sie im Winter zusätzlich beheizt oder nicht?

Die Hauptglasfläche wird nach Süden ausgerichtet, um möglichst viel Licht und Sonnenwärme einzufangen. Große Fensterflächen stellen die wohl bekannteste Form der passiven Solarnutzung dar, indem sie die kurzwelligen Sonnenstrahlen hereinlassen, die dann im Gebäudeinneren von dunklen Oberflächen absorbiert und in langwellige Wärmestrahlen umgewandelt werden. Diese werden von den Glasscheiben zurückgehalten. Jeder hat schon erlebt, wie in einem Pkw an einem sonnigen, kalten Wintertag die Temperatur auf über 20 ° ansteigen kann, oder auch wie sich ein sonnenseitig gelegenes Zimmer hinter einer großen Glasscheibe rasch erwärmt. Nichts anderes macht man sich beim Bau eines Solargewächshauses zunutze.

Bei guter Planung und sorgfältiger Ausführung reicht die Sonnenenergie aus, um während der Übergangszeit ohne zusätzliche Beheizung die Veranda ausreichend zu erwärmen. Selbst an kalten, sonnigen Wintertagen steigen die Temperaturen über Mittag bis auf über 20 °C an, während sie in kalten Nächten bis auf 3 °C sinken können. Um ein weiteres Absinken der Temperatur zuverlässig zu vermeiden, installiert man einen thermostatisch gesteuerten Heizlüfter als Frostwächter. Damit wird das Gewächshaus zum idealen Überwinterungsraum für nicht frostharte Kübelpflanzen wie Oleander, Myrte, Lorbeer und eignet sich hervorragend für die Kultur von Sukkulenten, einigen Bromelien und Orchideen sowie anderen Kalthauspflanzen. Steigt die Temperatur im zeitigen Frühjahr an, dann bietet sich das Gewächshaus zur Anzucht von Gemüsepflanzen oder zum Anbau von Gemüse an und ermöglicht dadurch eine wesentliche Ausdehnung der eigenen Gemüseernte.

Auch viele Tierarten, die den Sommer in einer ruhigen Ecke des Dachgartens verbringen, können im

Gewächshaus überwintern. Aquarienfreunde finden die sonst seltenen Temperaturvoraussetzungen für interessante Kaltwasseraquarien, die mit einheimischen Tieren und Pflanzen versehen werden und bei richtiger »Einrichtung« auch ohne technische Hilfsmittel wie Pumpen, Filter oder Zusatzheizung einwandfrei funktionieren.

Will man das Gewächshaus auch im Winter als vollwertigen, zusätzlichen Wohnraum benutzen, dann muß man es zusätzlich beheizen, wobei es am kostengünstigsten an die zentrale Versorgung angeschlossen wird.

Im folgenden gehen wir kurz auf einige wichtige planerische und konstruktive Details ein. Genauere Angaben kann man der Fachliteratur entnehmen.

Für ein im Winter als Kalthaus vorgesehenes Gewächshaus hat sich ein Bautyp bestens bewährt, bei dem die Nordseite und eventuell die West- oder Ostwand nicht aus transparenten Materialien besteht. Diese Flächen werden statt dessen direkt an eine Hausmauer, oder noch besser an einen warmen Kamin angebaut, damit die winterlichen Wärmeverluste möglichst niedrig bleiben und eventuell von dort sogar ein bißchen zusätzliche Wärme kommt. Die Dachfläche sollte zu etwa 50% transparent sein, die andere Hälfte aus gut wärmedämmendem Material bestehen. Dadurch erreicht man im Sommer eine gewisse Schattierung und verhindert eine zu starke Überhitzung, im Winter werden die Wärmeverluste reduziert.

Die transparenten Flächen werden in jedem Fall aus zweischeibigem Isolierglas hergestellt, denn bei einfacher Verglasung sinken die Wintertemperaturen zu stark ab. Glas ist zwar schwerer und ein wenig teurer als Plexiglas oder Polykarbonat, wird jedoch nicht so leicht zerkratzt oder trübe.

Die tragende Konstruktion des Gewächshauses kann entweder aus Metall oder Holz bestehen, wobei Metallkonstruktionen aufwendiger herzustellen sind und meist schlechtere Isolierwerte aufweisen. Bei Holzkonstruktionen sollte man auf wasserfest verleimte Holzbinderkonstruktionen aus langlebigen Hölzern zurückgreifen, die ausreichend gegen Feuchtigkeit und UV-Strahlung geschützt werden müssen. Stehende Nässe muß durch konstruktive Maßnahmen vermieden werden, um ein Abfaulen zu verhindern.

Sowohl in der Dachfläche als auch in Bodennähe sind Lüftungsklappen vorzusehen – vorzugsweise automatisch temperaturgesteuert –, damit eine sommerliche Überhitzung vermieden und für ausreichenden Luftaustausch gesorgt wird.

Um im Winter möglichst viel Sonnenenergie zu speichern bzw. im Sommer ein zu rasches Aufheizen zu

Querschnitt durch ein Anbauglashaus.

13 Doppelstegplexiglas-Lüftungsklappen
12 Wärmegedämmte Dachkonstruktion
11 Solarpanel zur Stromversorgung des Ventilators
10 Ventilator
9 Isolierverglasung
8 Wasserkanister als Wärmespeicher
7 Aquarien als Wärmespeicher
6 Ziegelboden als Wärmespeicher
5 untere Lüftungsklappe
4 Wärmeisolierung gegen kaltes Erdreich
3 leichtes Fundament
2 Gründachaufbau
1 angrenzender Kamin

vermeiden, baut man möglichst viel schweres Material – vorzugsweise mit Wasser gefüllte Kanister, Flaschen, Aquarien oder Steine und anderes – ins Gewächshaus ein. Diese Speicherelemente nehmen viel Wärme auf und geben sie nur langsam wieder ab. Sie reduzieren damit die Temperaturschwankungen und sorgen für ein ausgeglichenes Innenklima.

Gut bewährt sich auch ein temperaturgesteuerter Ventilator, der für ausreichende Luftzirkulation und gute Wärmeverteilung sorgt. Im Winter saugt er an der höchsten Stelle des Glashauses die warme Luft ab, und bläst sie unten an den Wärmespeicherelementen vorbei, damit diese möglichst viel Sonnenwärme aufnehmen können. Während der Übergangszeit, wenn die Temperatur im Gewächshaus über der Temperatur der dahinterliegenden Räume liegt, kann der Luftkreislauf abgeändert werden, so daß die warme Gewächshausluft durch die Wohnung zirkuliert. In jedem Fall sollten unten, an der Gewächshaus-Außenwand, Zuluftklappen angebracht werden.

Für den Fußboden eignen sich massive, wasserfeste Materialien, am besten Klinkerziegel, die ein ungestörtes Hantieren mit Wasser und Erde ermöglichen und ein hohes Wärmespeichervermögen besitzen.

Wenn sich das Anbaugewächshaus nicht im Eigenbau verwirklichen läßt, so kann man auf eines der heute in großer Zahl angebotenen Wintergartensysteme zurückgreifen, die sich an fast alle vorgegebenen baulichen Situationen anpassen lassen, jedoch um einiges teurer sind.

Tierhaltung auf dem Dach

Grundsätzlich eignen sich Gärten am Dach genau so gut zur Tierhaltung wie Gärten zu »ebener Erde« und für viele Tiere genügt schon ein kleiner geschützter Platz. Trotzdem ist die Tierhaltung auf dem Dach heute noch eher selten. Die Ursachen liegen zum Teil sicher in der ungeklärten rechtlichen Frage, ob das in vielen Häusern gültige Tierhalteverbot auch für die Dachgärten gilt. Außerdem errichten manche Bevölkerungsschichten ihre Dachgärten vorwiegend zu Repräsentationszwecken und die Besitzer haben weder Zeit noch Ambitionen für die Tierhaltung. Originelle und überaus liebevoll gestaltete Tierbehausungen findet man häufig auf improvisierten Selbstbau-Dachgärten, die im Lauf der Jahre zur Lieblingsbeschäftigung der Besitzer geworden sind.

Während meiner ausgedehnten Untersuchung der Wiener Dachgärten hatte ich mich zwar schon an so manche Überraschung gewöhnt, und war auf fast alles gefaßt. Einen Esel, zwei Ziegen und einen Teich mit Enten auf einem Dachgarten im vierten Stock anzutreffen, damit hatte ich allerdings nicht gerechnet. Die Besitzer hielten diese Menagerie auf dem Dach einer Autogarage mehrere Jahre lang, bis ihnen dann doch die Arbeit zuviel wurde und sie die Tiere schweren Herzens wieder abgaben . . .

Bei guter Planung bietet auch ein kleiner Dachgarten gute Voraussetzungen zur Tierhaltung. Durch Ausnutzung vorgegebener Strukturen wie Feuermauern, Kamine oder durch geschickt gewählte Bepflanzung, Anbringen von Sonnensegeln, Schilfmatten usw. lassen sich wind- und sonnengeschützte Plätze schaffen, die den Tieren günstige Lebensbedingungen bieten. Für viele Tiere kann ein Teil des Futters auf dem Dachgarten gezogen werden, und es steht somit jederzeit frisch und in ausreichender Menge zur Verfügung. Der Tiermist hingegen stellt eine wertvolle Ergänzung für die Kompost- und Düngewirtschaft dar.

Werden Tiere frei gehalten, so müssen Vorkehrungen getroffen werden, die ein Entkommen aus dem Garten und die Absturzgefahr verhindern. Für viele Tiere bedeutet ein Sommeraufenthalt im Freien vor allem wegen der UV-Bestrahlung eine Verbesserung der Lebensbedingungen und fördert ihre Widerstandskraft.

Volieren lassen sich mit etwas Geschick leicht aus Maschengitter, welches über ein Gestell aus dünnen, gegen Witterungseinflüsse geschützten Metallteilen gespannt wird, selbst herstellen. Robuste Vogelarten können ganzjährig, Stubenvögel während der warmen Jahreszeit darin wohnen. Besonders günstig erweist sich eine Kombination von Außen- und Innenraumvoliere, bei der sich die Vögel bei ungünstigen Witterungsverhältnissen in das Gebäudeinnere zurückziehen können. Gut geeignet sind diverse Finkenvögel, Sittiche, Papageien sowie Zwerghühner und – wenn eine kleine Wasserfläche zur Verfügung steht – auch Enten.

Richtig angelegte Freilandterrarien mit genug Unterschlupfmöglichkeiten in Form von Steinlegmauern, knorrigen Ästen sowie kleinen Wasserflächen ermöglichen die Haltung von Eidechsen, Schildkröten oder verschiedenen Reptilien.

Bei der Anlage von größeren Wasserflächen oder Großaquarien müssen die baustatischen Gegebenheiten beachtet werden, am besten werden diese über tragenden Bauteilen errichtet.

Kleinsäuger wie Kaninchen, Meerschweinchen, Hamster können teilweise frei gehalten werden, müssen aber ebenso wie die meisten Vögel und Reptilien im Haus überwintern.

Manche Arten können jedoch mit entsprechendem Kälteschutz auch den Winter über im Freien bleiben. Gewächshäuser bringen auch für die Tierhaltung beste Voraussetzungen und können von vielen Arten ganzjährig bewohnt werden.

Tierhaltung kann zu einer faszinierenden und lehrreichen Beschäftigung werden, die gerade dem Großstadtbewohner wieder einen neuen, anschaulichen Zugang zur Natur ermöglicht.

Anspruchsvolle Intensivbegrünungen

Malerische, phantasievolle Gärten mit Bäumen und Buschgruppen, farbenprächtigen Blütenstauden, bunten Hecken, abwechslungsreich gestalteten Feuchtbiotopen bis hin zum Obst- und Gemüsegarten lassen sich hoch über den lauten Straßen der Großstädte anlegen. Sofern man die besprochenen Möglichkeiten ausschöpft, die sich heute bieten, um aus einem grauen, monotonen Dach einen vollwertigen Erholungsraum zu schaffen. Was auf dem Dach alles möglich ist, beweisen am besten die Beispiele, bei denen man sich in einen verträumten alten, halbverwilderten Park oder Hinterhof hineinversetzt fühlt. Andere Dachgärten wiederum vermitteln das Gefühl, als befände man sich inmitten eines lichten Laubwaldes, wo das dichte Blätterdach kaum mehr ein Stück vom Himmel durchscheinen läßt.

Trotz der im Vergleich zu den im Kapitel über einfache improvisierte Dachbegrünungen vorgestellten billigen Lösungen hohen Errichtungskosten sollte man sich doch immer vor Augen halten, welche Verbesserung der innerstädtischen Lebensqualität ein eigener Garten bedeutet, wieviel Geld, Zeit und Nerven sich einsparen lassen, wenn man am Wochenende daheim bleiben kann und nicht eingekeilt in endlosen Autoschlangen ins Grüne oder ins Ferienhaus flüchten muß.

Entwicklung und Wandlung eines Dachgartens

Der Wiener Architekt EGON FRIDINGER erkannte schon vor rund 60 Jahren alle Vorteile begrünter Dachflächen und trat mit verschiedenen Veröffentlichungen auch für die Verwirklichung dieser Idee ein. Sein Garten entstand im Jahre 1931 auf einer vorhandenen Dachterrasse im fünften Stock eines Wohnhauses im dritten Wiener Gemeindebezirk.

Egon Fridinger (1933) schreibt dazu: »Der Großstadtmensch, der verurteilt ist, fast das ganze Jahr in den Mauern seiner Stadt zu verbringen, vermißt wohl am schmerzlichsten den belebenden Kontakt mit der Natur, dem nie versiegenden Quell der Erfrischung, wie er sich dem glücklicheren Landbewohner in unerschöpflicher Fülle darbietet.

In jeder Großstadt sind eine Unmenge von neueren Büro-, Geschäfts- und Wohnhäusern mit ebenen Dächern, meist Preßkiesdächern (das ist Dachpappe in mehrfachen Lagen geteert, mit Bekiesung) gedeckt. Von der Sonne beschienen, strahlt ein solches Dach eine erstaunliche Hitze aus und trägt so seinen Großteil dazu bei, daß die Großstadtluft, zumal im Sommer, so unerträglich empfunden wird und gesundheitsschädlich wirkt.

Durch Schaffung von Dachgärten würden nicht nur Sonne und Luft für verqualmte Großstädterlungen gewonnen, sondern auch der große Vorteil einer zusammenhängenden Erdschüttung, nämlich die wesentliche Milderung der so schädlichen Temperaturextreme, zugunsten des Deckungsmaterials genutzt.

Ein Dachgarten in der Großstadt kann ein kleines Paradies sein, welches man nur ungern verläßt.

Der Grundriß bei der Anlage eines Dachgartens kann von wesentlicher Bedeutung für die Entwicklung und Schönheit desselben werden. Die Wechselwirkung Mensch – Natur, sei es auch nur auf dem kleinen Areal eines Dachgartens, kann ein Quell der Entspannung und Erquickung sein, schon wegen der sauerstoff-reicheren Luft und des ästhetischen Anblicks der Pflanzen. Außerdem kann man jederzeit zum Himmel aufblicken.

Auf einem Dachgarten genügen wenige Quadratmeter Rasen, um den Eindruck eines »richtigen« Gartens hervorzurufen.«

Die im Fridinger-Garten vorhandene Deckenkonstruktion war zwar nicht im Hinblick auf einen Dachgarten errichtet worden, bot jedoch durch ihre besondere Bauart nahezu optimale Voraussetzungen. Denn über einer Traversen-Ziegelkappen-Decke befand sich im Abstand von etwa 25 cm eine Stahlbeton-Decke. Diesem Umstand ist es wohl zu verdanken, daß sich bis heute keine wesentlichen Bauschäden eingestellt haben. Obwohl die damals zusätzlich ausgeführten Isolierungsarbeiten mit Dachpappe und Bitumen im Hinblick auf Durchwurzelung nach heutigen Erkenntnissen völlig unzureichend waren.

Ein Teil der etwa 30 m² großen Terrassenfläche wurde mit einem Plattenbelag versehen, während der Rest eine etwa 10 cm hohe Erdschüttung als Vegetationsschicht für den Rasen erhielt. Im seitlichen Bereich zwischen den Brüstungsmauern und einer aufgemauerten Ziegelrollschar wurden 35 cm Erde eingefüllt und alles wie folgt bepflanzt:

die Hauswand, Windschutzwand, Kaminpfeiler und die Ostbrüstung mit Wildem Wein; die Westseite mit Rhododendron, dazwischen Gladiolen und Lilien, am Innenrand mit alpinen Polstergewächsen;

die Kaminseite hinter dem Wasserbecken mit Flieder, Goldregen, Akelei, Herzlilien und Farnkraut; die Ostseite mit Halbstammrosen, dazwischen Margeriten, am Innenrand mit Bartnelken und Glockenblumen;

die Erdwanne mit Sonnenblumen, Chrysanthemum, Kornblumen, Kapuzinerkresse und einer Birke;

das Wasserbecken mit Zypergras, Binsen, Pfeilkraut und Sumpfschwertlilien.

Zur Reinhaltung des Wassers wurden rote Posthornschnecken eingesetzt. Zwei bis drei Aquariumfische (Karauschenarten) halten sich im Becken bis in den Winter ohne besondere Fütterung.

Das Wasserbecken hat einen Springbrunnen und Kiesgrund (Zinkblechwanne in Ziegelfassung), die Erdwanne ist versenkt, in Fensterparapethöhe gibt es ein anschließendes Kakteengärtchen als Ergänzung der Anlage (nach FRIDINGER 1933).

Der ursprünglich als zögernder Versuch gedachte Dachgarten entwickelte sich im Lauf der Jahre zu einem »Grünen Wunder« über den Dächern mit einer vielfältigen Tier- und Pflanzenwelt, von dem man sich am besten aus den Aufzeichnungen seiner Besitzerin ein Bild machen kann. Sie berichtet von

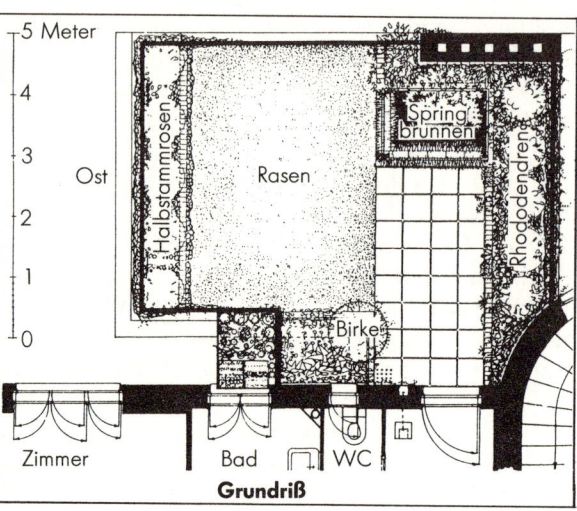

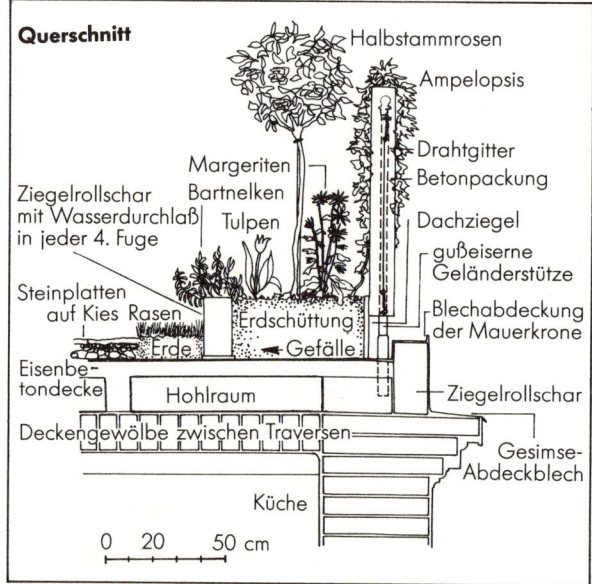

Im Jahr 1931 entstand der Dachgarten von Egon Fridinger. Die beiden Originalzeichnungen des Architekten zeigen den Garten in der Aufsicht und im Querschnitt. Mehrere Lagen Dachpappe mit einer Bitumenabdeckung bilden die untersten Schichten des Dachaufbaus. Wasserbecken und Springbrunnen werden über Druckrohre versorgt, die in der Kiesschicht verlegt sind.

dem Wiesenduft, der oft nach einem Frühlingsregen die Luft erfüllte. Die verschiedensten Insekten umschwirrten die abends angezündete Lampe und der Dachgarten war die Kinderstube der Jungvögel von Blau- und Kohlmeisen und Grünlingen. Kleiber kletterten zwischen den Ranken des Wilden Weines die Ziegelmauer eines Kamins auf und ab. Spechte kamen mit ihren leuchtendroten Käppchen, um sich Käfer aus den Baumrinden zu hämmern. Jahr für Jahr kündeten Schwalben den Frühling an.

Schmetterlinge umschaukelten in Mengen den blühenden *Buddleja*-Strauch, im Volksmund »Schmet-

terlingsstrauch« genannt. Häufig kamen Ordensbänder, Pfauenaugen, »Füchse« und die könglichen Segelfalter. Selten waren Zitronenfalter zu sehen, Kohlweißlinge fast nie. Täglich umschwirrten Taubenschwänzchen die blühenden Oleander, sich niemals niederlassend. Libellen bewiesen ihre Gegenwart durch ihre im Wasserbecken herumzuckenden Larven. Eine Grille zirpte in ihrem Winkel des Dachgartens. Ab und zu schreckten Fledermäuse den Gast. Andere Mitbewohner waren zur Obstbaumblütezeit die Bienen, sonst noch Marien-, selten Maikäfer. Ameisen, Mauerasseln, Nacktschnecken, Tausendfüßler, Blattläuse aller Farben und Regenwürmer.

Inzwischen hat sich viel geändert, umliegende Grünflächen wurden verbetoniert, und die meisten großen Bäume in den Höfen der Nachbarhäuser gefällt, von denen manche mit ihren Kronen bis zum Dachgarten heraufreichten. Es ist schon lange her, daß eine Schmetterlingspuppe vom Dachgarten ins Haus kam und sich im Frühjahr zu einem herrlichen Segelfalter entwickelte. Bis auf wenige Regenwürmer und ein immerwiederkehrendes Amsel- und ein Ringeltaubenpaar verschwand alles Tierleben. Auch der Garten ist spürbar gealtert, der Wiesenduft verflogen.

Noch harren die im Lauf der Jahrzehnte kräftig gewordenen Gleditsien (Stammumfang 65 cm) und der Wacholder, welcher eine Höhe von 5 bis 6 m erreicht, aus. Die etwa 45 Jahre alten Pfirsichbäume tragen immerhin noch je 20 bis 25 kg Früchte jährlich.

Trotz des hervorragenden Gesamteindruckes haben sich doch im Lauf der Zeit aufgrund gewisser Planungsmängel und der damals noch unzureichenden technischen Möglichkeiten gewisse Probleme ergeben. Die Bäume sind mit starken Drähten untereinander und gegen die Hausmauer hin verspannt. Dies geschah aus einer ewigen Angst vor dem Durchrosten, vor Sturm und vor dem Absturzen eines Baumes. Darum sieht auch der zurückgeschnittene Wacholder seltsam aus: Er wirkt wie eine Karikatur seiner Artverwandten zu ebener Erde. Die Gleditsien müssen jeden zweiten Winter von allen Kronenästen befreit werden, weil ihre Standsicherheit nicht mehr gewährleistet ist. Der Rasen wird jährlich neu angelegt, abgeschwemmter Humus ergänzt. Alles wird mehrmals jährlich intensiv gedüngt und meist zweimal täglich gegossen, weil die dünne Humusdecke durch Sonne und Windeinflüsse sehr leicht austrocknet.

Der Planer und Besitzer ist 1970 verstorben, seither widmet die Witwe Fridinger ihre gesamte Freizeit der Betreuung des Gartens und genießt das grüne Paradies über den Dächern (siehe Abbildungen Seite 92 und 93).

Extensive Dachbegrünung

Die Verwirklichung jedes einzelnen Dachgartens bedeutet eine deutliche Verbesserung der Wohnsituation für den Benutzer. Das Ziel sollte jedoch eine möglichst flächendeckende Begrünung der monotonen, naturfeindlichen städtischen Dachlandschaft sein. Erst ein engmaschiges Netz von grünen Dächern bringt alle Vorteile der Naturdächer voll zur Geltung. Diese Forderung läßt sich allerdings nur mit billigen, wartungsfreien und im Hinblick auf bestehende Gebäude auch leichtgewichtigen Begrünungsformen verwirklichen. Dabei wird die auf vielen Flachdächern zum Schutz der Dachhaut vor UV-Einstrahlung, anderen Witterungseinflüssen sowie mechanischen Beschädigungen aufgebrachte Kiesschicht durch eine flächige Dachbegrünung ersetzt. Die Dachbegrünung übernimmt die Funktion der Kiesschicht und bedeutet unter Umständen sogar eine Gewichtsreduktion (siehe Kapitel Lastannahmen, Seite 82 f.). Nur großflächig zusammenhängende Dachbegrünungen bedeuten einen nennenswerten Rückgewinn wertvoller Naturflächen im innerstädtischen Bereich.

Intensivbegrünungen sind hinsichtlich Pflanzenauswahl und gestalterischen Möglichkeiten fast mit üblichen Gartenbegrünungen vergleichbar, wie diese müssen sie auch regelmäßig gepflegt werden. Bei extensiven Dachbegrünungen müssen im Gegensatz dazu die Bepflanzung, der Schichtaufbau und der Standort so aufeinander abgestimmt sein, daß sich die gewünschte Vegetationsform auf Dauer ohne Pflege und Wartungsarbeiten erhalten kann. Die Versorgung der Pflanzen erfolgt nur über natürliche Kreisläufe.

Allgemeine Gesichtspunkte

Extensive Dachbegrünungen sind charakterisiert durch

- flächige, meist niedrige Vegetationsformen, die in der Lage sind, eine ausdauernde, geschlossene Pflanzendecke zu bilden.
- Die Pflanzen müssen extreme Trockenperioden wie auch periodische Vernässungen überstehen können, wobei sie zum Teil oberirdisch absterben, sich

jedoch durch Selbstaussaat oder unterirdisch überlebende Pflanzenteile wieder regenerieren können.
- Die Pflege beschränkt sich auf Zusatzbewässerung während der Anwuchsphase und Entfernen etwaiger unerwünschter Pflanzenarten (z.B. Jungbäume beim Grasdach).
- Dünnschichtigen, möglichst leichten Schichtaufbau.
- Niedrige Herstellungskosten, die nicht wesentlich höher liegen sollen als diejenigen von herkömmlichen Dachkonstruktionen (siehe Gewichts- und Kostenvergleich Seite 160).

Die Kosten für Extensivbegrünungen liegen unterschiedlich hoch und werden in erster Linie von den Arbeitskosten beim Aufbringen der Vegetationsschicht sowie der Art der Vegetationsaufbringung (z.B. Ballenpflanzen oder Sämereien) bestimmt.

Extensivbegrünungen können auf nahezu allen flachen Dachflächen sowie auf geneigten Flächen bis zu etwa 45° angelegt werden, wobei sich bei Schrägdachbegrünungen in den meisten Fällen ein völlig neuer Dachaufbau empfiehlt, da wegen des raschen Wasserabflusses Vegetationsstärken von 10 bis 16 cm erforderlich sind.

Funktionen der extensiven Dachbegrünung

Extensiv begrünte Dachflächen sind keine Gartenanlagen, die in erster Linie für die direkte menschliche Nutzung gedacht sind. Sie können jedoch trotz ihrer kargen, niedrig bleibenden Vegetation und des dünnen Schichtaufbaues eine Vielzahl wichtiger Funktionen erfüllen:

- Stadtökologische Vorteile ergeben sich durch Verbesserung der Luftqualität, verringerte Hitzeabstrahlung, Temperaturreduktion im Sommer sowie erhöhtes Wasserrückhaltevermögen.
Ein ganz wesentlicher Aspekt liegt außerdem in der Schaffung wertvoller Ökozellen für eine Vielzahl der besonders gefährdeten Tier- und Pflanzenarten von Trockenstandorten. Sie siedeln sich im Lauf der Zeit auf diesen naturbelassenen Flächen an, die der Mensch selten betritt.
- Extensiv begrünte Dachflächen bewirken eine Reihe von Vorteilen für das betreffende Gebäude:

herkömmlicher Flachdachaufbau

Schicht	Gewicht pro m²	Preis je m² inklusive Mehrwertsteuer
Bekiesung, 8 cm hoch	128 kg	110 ÖS (einschließlich Aufbringungskosten)
Dachabdichtung	*¹	90 ÖS (nur Materialkosten)*²
Summe	128 kg	200 ÖS

extensiv begrüntes Flachdach

Schicht		
Vegetation	4 kg	
Variante 1: Ausstreuen von *Sedum*-Sprossen und Sämereien		60 ÖS (inklusive Fixieren)
Variante 2: Bepflanzung		450 ÖS
Vegetationsschicht, 5 cm dick		
Variante 1: Schüttsubstrat	50 kg	110 ÖS
Variante 2: Schaumstoffplatte	30 kg	430 ÖS
Drän- bzw. Filterschicht bei Schüttsubstrat	1–10 kg	30–130 ÖS
wurzelfeste Dachabdichtung	*¹	ab 140 ÖS (nur Materialpreis)*²
Summe		
Variante 1	55–65 kg	340–440 ÖS
Variante 2	35 kg	1020 ÖS

*¹ Gewicht wird nicht berücksichtigt, da es bei begrünter und unbegrünter Variante gleich ist
*² Verlegekosten sind für beide Varianten gleich, d.h. sie werden nicht berücksichtigt

Geringere Aufheizung der Räume im Sommer durch Beschattung, Verdunstungskühlung, zusätzliche Wärmedämmwirkung und erhöhte thermische Trägheit.
Verringerung der Wärmeverluste im Winter durch zusätzliche Wärmedämmung.
Erhöhte Lebensdauer der Dachkonstruktion durch eine deutliche Minderung der Temperaturschwankungen.
– Sie verbessern den optischen Eindruck einsehbarer Dachflächen.

Natürliche Beispiele

Einfachste Formen der Extensivbegrünung wie die nur wenige Millimeter dicken Flechten-Algen-Gesellschaften können sich bei entsprechenden mikroklimatischen Voraussetzungen wie teilweiser Beschattung und etwas erhöhter Luftfeuchtigkeit selbst auf nackten Betonflächen etablieren. Gute Beispiele dafür findet man auch auf Mauerkronen oder Betonpfeilern von Gartenzäunen.
Kaum anspruchsvoller sind diverse Moose, denen schon die geringe Wasserspeicherkapazität von Dachziegeln, Eternit- oder Schindelplatten oder dünnster Humusschichten etwa in Dachrinnen oder auf geschotterten Dachflächen zum Überleben ausreicht. Bei günstigem Mikroklima können sich auf nahezu erdelosem Untergrund sogar dicke, immer-grüne, flächige Moospolster entwickeln. Sukkulente Pflanzen wie *Sedum*- oder *Sempervivum*-Gesellschaften benötigen zwar geringe Substratanteile, um einen Anfangsbestand zu bilden, wachsen jedoch im Lauf der Zeit zu dicken Pflanzenpolstern heran.
Von den meisten Stadtbewohnern unbemerkt haben sich im Laufe der Jahre viele Flachdachflächen – vorwiegend von alten Preßkies- oder Holzzementdächern – selbständig begrünt. Sie stellen mit ihrer Pflanzenvielfalt wohl den besten Beweis dafür dar, daß eine dünnschichtige Dachbegrünung ohne jede Pflegemaßnahme durchaus realisierbar ist. Die Holzzementdächer wurden Mitte des 19. Jahrhunderts entwickelt. Sie wurden stets leicht geneigt ausgeführt. Die Schalung ruhte auf einer stabilen Dachstuhlkonstruktion und war mit mehreren Lagen Teerpappe gegen Niederschläge geschützt. Eine etwa 15 cm starke Kiesschüttung mit Sand- und Lehmkomponenten schützte die Dachhaut vor Witterungseinflüssen und gegen Brandgefahr.
Auf alten Preßkiesdächern bildeten feinste Staubpartikel, die sich zwischen der Bekiesung ansammelten, die Voraussetzungen für die ersten Pionierpflanzen, die ihrerseits wiederum durch erhöhte Staubbindung und Humusbildung beim Verrotten die Wachstumsbedingungen für die nächste Generation verbesserten. Im Lauf der Zeit entstanden auch auf diesen Dachformen stabile Vegetationsformen, die an die extremen Bedingungen angepaßt waren.

Die Vegetation besteht vorwiegend aus *Poa compressa*-Gesellschaften, diversen *Sedum*- und Laucharten, einigen Kräutern sowie verschiedenen Moosen. In schattigen Zonen, beispielsweise hinter Schornsteinen oder im Schatten von Feuermauern findet man hin und wieder auch kleine Bäume mit rund 5 cm Stammdurchmesser, vor allem Weiden und Birken. Im Frühjahr bedecken farbenprächtige Blütenteppiche die alten Dachlandschaften, während der heißen Sommermonate sind große Teile der Vegetation oberirdisch abgestorben und überleben nur in Form unterirdischer Rhizome oder Zwiebeln. Sie treiben aber in feuchteren Jahreszeiten neu aus.

Genaue Untersuchungen und Bestandsaufnahmen dieser alten, selbstbegrünten Dachflächen könnten wertvolle Anregungen für zukünftige Dachbegrünungen liefern.

Traditionelle Bauweisen mit extensiv begrünten Dächern wurden ab Seite 10 beschrieben.

Formen der Extensivbegrünung

Je dicker der Grünaufbau und je größer die Blattoberfläche der Vegetation ist, desto besser werden die meisten Funktionen erfüllt. Man unterscheidet im wesentlichen zwischen

– extrem dünnschichtigen Moosbegrünungen, deren Bedeutung fast ausschließlich in der Verbesserung des optischen Eindruckes sowie einer Art Pionierrolle für andere, nachfolgende Vegetationsformen liegt.

Sie können ohne besonderen Unterbau direkt auf dünne Lava- oder Holzzementvorsatzschichten aufgebracht oder in Form von Moosmatten sogar über bestehende Dachflächen gebreitet werden. Diese vorkultivierten, mit Substrat verfüllten Nylonschlingmatten sind etwa 2 cm dick und werden meist über einer Spinnvliesmatte, die zur zusätzlichen Wasserspeicherung und Dränage dient, verlegt (siehe auch Seite 163 f.).

– dünnschichtigen Begrünungen mit sukkulenten Pflanzen (*Sedum-Sempervivum*-Gesellschaften) oder diversen Zwiebelpflanzen. Für diese Vegetationsformen eignen sich sowohl substratverfüllte Nylonschlingmatten als auch Vegetationsplatten aus Schaumstoff oder Steinwolle ab 3 cm Dicke oder entsprechende Schüttsubstrate. Um Vernässungen vorzubeugen und zugleich die Wasserspeicherfähigkeit zu erhöhen, bewährt sich auch in diesem Fall das Aufbringen einer Dränschicht.

– dickerschichtige Mischbegrünungen mit Gras-Kraut-Zwiebelpflanzen-Vegetation. In diesem Fall muß der Gründachaufbau auf den vergleichsweise

Kiesauflage, Schichtdicke in cm	<5	5–10	10–12	>12
Sedum spurium	●	◀		
Sedum acre	●	◀	○	
Sedum sexangulare	●	◀	○	
Poa bulbosa	○	●		
Erodium cicutarium	○	◀		
Bromus tectorum	○	●	○	
Eragrostis minor	○	◀	○	
Conyza canadensis	○	◀	○	○
Medicago lupulina	○	◀	◀	○
Cardaminopsis arenosa	○	◀	◀	○
Setaria viridis	○	◀	●	
Taraxacum officinale		○	●	○
Sonchus oleraceus		○	◀	○
Echium vulgare		○	◀	○
Bromus hordeaceus ssp. *hordeaceus* (syn. *B. mollis*)		◀	◀	
Potentilla argentea		○	◀	○
Rumex thyrsiflorus			○	◀
Poa palustris		○	●	○
Allium schoenoprasum		○	●	◀
Poa angustifolia		○	●	●
Poa compressa		○	◀	●
Plantago lanceolata		○	●	◀
Artemisia vulgaris				◀
Cirsium arvense				◀

● potentiell bestandsbildend
◀ Auftreten in Mischbeständen
○ hier nur vereinzelt vorkommend

hohen Wasserbedarf abgestimmt sein. Für waagerechte Dachflächen sollte die Vegetationsschicht bei Verwendung von Vegetationsplatten nicht unter 5 cm, bei Verwendung von Schüttsubstrat nicht unter 12 cm dick dimensioniert werden, wobei auch eine Kombination aus untenliegenden Vegetationsplatten mit darüberliegendem Substrat möglich ist. Außer bei entsprechender Dachneigung empfiehlt sich auch beim dickerschichtigen Aufbau das Aufbringen einer Dränschicht, um Substratvernässungen zu vermeiden.

Der Schichtaufbau von extensiven Dachbegrünungen

Um die Hauptanforderungen, die an extensive Dachbegrünungsformen gestellt werden, zu erfüllen, nämlich dauerhafte flächige und leichte Vegetationsformen auf Extremstandorten ohne Pflegemaßnahmen zu ermöglichen, müssen die einzelnen Schichten, die Bepflanzung und die Standortbedingungen sorgfältig aufeinander abgestimmt werden. Bei flachen Dach-

161

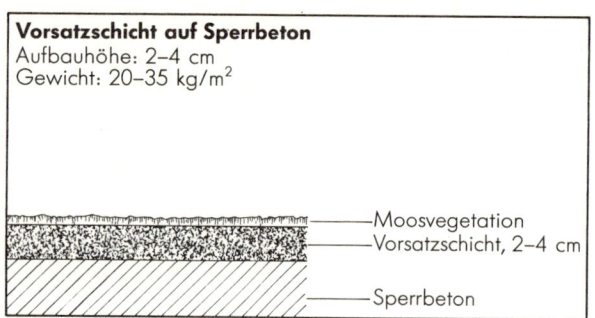

Vorsatzschicht auf Sperrbeton
Aufbauhöhe: 2–4 cm
Gewicht: 20–35 kg/m²

—Moosvegetation
—Vorsatzschicht, 2–4 cm
—Sperrbeton

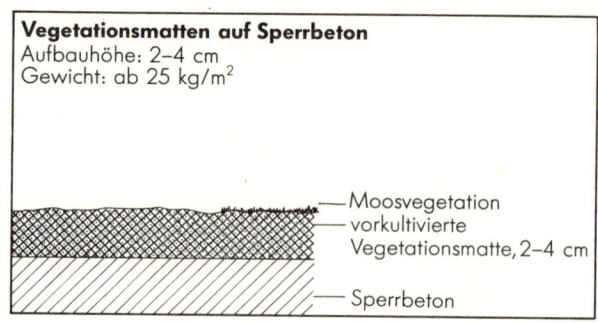

Vegetationsmatten auf Sperrbeton
Aufbauhöhe: 2–4 cm
Gewicht: ab 25 kg/m²

—Moosvegetation
—vorkultivierte Vegetationsmatte, 2–4 cm
—Sperrbeton

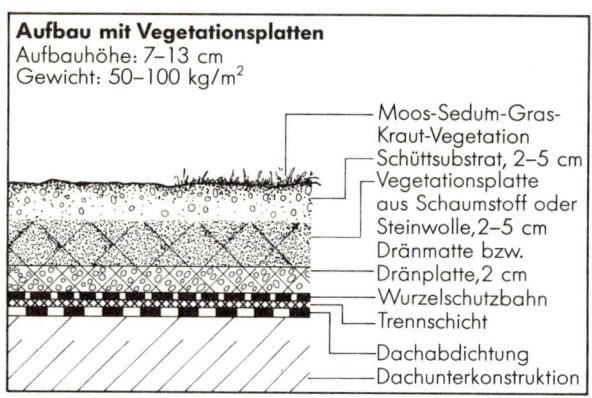

Aufbau mit Vegetationsplatten
Aufbauhöhe: 7–13 cm
Gewicht: 50–100 kg/m²

—Moos-Sedum-Gras-Kraut-Vegetation
—Schüttsubstrat, 2–5 cm
—Vegetationsplatte aus Schaumstoff oder Steinwolle, 2–5 cm
—Dränmatte bzw. Dränplatte, 2 cm
—Wurzelschutzbahn
—Trennschicht
—Dachabdichtung
—Dachunterkonstruktion

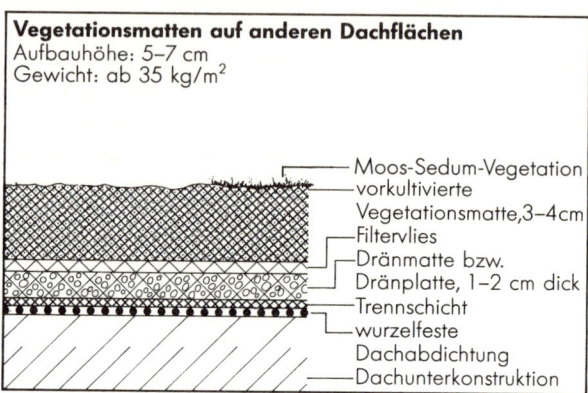

Vegetationsmatten auf anderen Dachflächen
Aufbauhöhe: 5–7 cm
Gewicht: ab 35 kg/m²

—Moos-Sedum-Vegetation
—vorkultivierte Vegetationsmatte, 3–4 cm
—Filtervlies
—Dränmatte bzw. Dränplatte, 1–2 cm dick
—Trennschicht
—wurzelfeste Dachabdichtung
—Dachunterkonstruktion

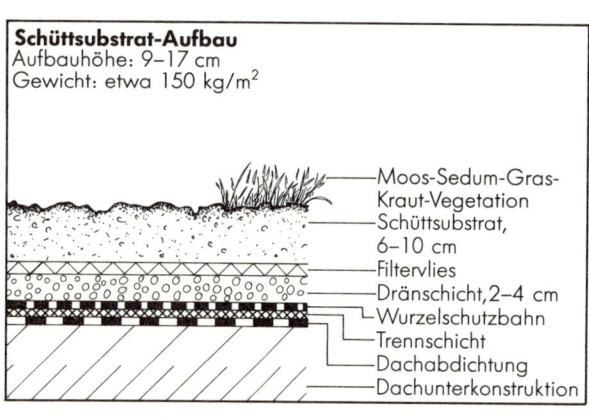

Schüttsubstrat-Aufbau
Aufbauhöhe: 9–17 cm
Gewicht: etwa 150 kg/m²

—Moos-Sedum-Gras-Kraut-Vegetation
—Schüttsubstrat, 6–10 cm
—Filtervlies
—Dränschicht, 2–4 cm
—Wurzelschutzbahn
—Trennschicht
—Dachabdichtung
—Dachunterkonstruktion

neigungen besteht der Gründachaufbau in der Regel ebenso wie bei den Intensivbegrünungsformen aus einer dünnen Vegetationsschicht, einem Filtervlies, einer dünnen Dränschicht, der Wurzelschutzschicht sowie etwaigen Trenn- und Gleitschichten. Bei Schrägdachbegrünungen oder gut dränenden Vegetationsschichten entfallen wegen des ohnedies zügigen Wasserablaufes die Dränschichten. Die Schichten für flächige Begrünungsformen wurden ausführlich im entsprechenden Kapitel (ab Seite 40) besprochen. Auf die speziellen Anforderungen für Extensivbegrünungen wird im folgenden näher eingegangen.

Die Schubsicherung

Bei Dachneigungen ab etwa 20° müssen Schubsicherungen vorgesehen werden, um ein Abrut-

schen des Substrates oder der Vegetation zu verhindern.
Man unterscheidet dabei:
– Schubsicherungen unter der Dachhaut aus Rund- oder Kantholz,
– Schubsicherungen über der Dachhaut mittels Rasterkonstruktion aus Holzlatten, Baustahlmatten, Kunststoffnetzen, Kunststoffgewebe-Matten (z.B. Propex/Amocca), Vliesen oder Verkrallungsgeweben wie z.B. Enkamat.

Die Wurzelschutzschicht (siehe auch Dachabdichtung Seite 49 ff.)

Um Bauschäden zuverlässig auszuschließen, sollte in jedem Fall auch beim Anlegen ganz dünnschichtiger Grünaufbauten auf den bestehenden Dachaufbau eine Wurzelschutzschicht verlegt werden. Die Gefahr der Durchwurzelung droht dabei weniger von der vorgesehenen Vegetation, die zumeist nicht sehr aggressive Wurzeln hat, sondern von spontan aufkommendem Fremdbewuchs wurzelaggressiver Pflanzen wie Quecken, Disteln, Birken oder Weiden.
Die Tatsache, daß viele der natürlich begrünten Dachflächen auch nach mehr als 80 Jahren noch in gutem Bauzustand sind, obwohl damals keinerlei Vorkehrungen gegen Wurzelschäden getroffen wurden, darf nicht zu dem Schluß führen, es gehe auch ohne Durchwurzelungsschutz. Die damals vorwiegend verwendeten Teerpappen enthalten viele pflan-

zentoxische Substanzen und erweisen sich daher ohnedies weitgehend als wurzelfest.

Die Dränschicht (siehe auch Dränschicht Seite 59 ff.)

Um Substratvernässungen und Wurzelfäulnis speziell während der Übergangszeit zu vermeiden, wird bei den meisten Extensivbegrünungen eine Dränschicht vorgesehen. Dränschichten können entfallen bei

- Vorsatzvegetationsschichten aus Lavakies, Schlacke, Holzelement und ähnlichem,
- Verlegung dünnschichtiger Vegetationsmatten,
- Vegetationsplatten mit dazwischen angeordneten dränenden Kiesstreifen,
- geneigten Dachflächen,
- gut dränenden, korngestuften Vegetationsschichten.

Materialien für die Dränschicht

Die Dränschicht kann aus Schüttbaustoffen, Dränplatten, Dränpaletten oder Dränmatten hergestellt werden, wobei in jedem Fall zwischen der Vegetationsschicht und der Dränschicht eine Filterschicht einzubauen ist.

Aufbau aus Schüttbaustoffen. Die vielfältigen, dafür in Frage kommenden Materialien erlauben einen differenzierten Aufbau und ermöglichen eine gute Abstimmung zwischen Vegetation, Vegetationsschicht und Dränschicht. Die Dicke beträgt etwa 3 bis 5 cm.

Als Materialien haben sich offenporige, wasseraufnehmende Materialien wie Bims, Lava, gebrochener Blähton oder Blähschiefer bewährt, die sich durch guten Wasserabfluß bei gleichzeitiger Wasserrückhaltefähigkeit auszeichnen.

Mit der Entwicklung spezieller Vegetationsschichten für Extensivbegrünungen zeichnet sich deutlich eine Tendenz zur Verringerung der Dränschichtdicke ab, wobei man immer mehr zu **Fadengeflecht- oder Schaumstoff-Dränbahnen** übergeht. Diese dünnen und leichten Bahnen erlauben bei gleicher Gesamtdicke oder gleichem Gewicht des Grünaufbaues eine Erhöhung der Vegetationsschichtdicke und verbessern dadurch die Wachstumsbedingungen für die Vegetation.

Die Vegetationsschicht

Vegetationsschichten für Extensivbegrünungen unterscheiden sich in ihren Eigenschaften teilweise deutlich von Substraten für Intensivbegrünungen (siehe auch Seite 63 ff.). Im folgenden werden die geforderten Eigenschaften charakterisiert.

Grundlegende Anforderungen

Ausgeglichener Wasser- und Lufthaushalt. Um die Feuchtigkeitsschwankungen innerhalb der dünnen Vegetationsschicht möglichst gering zu halten, muß diese einerseits viel Wasser aufnehmen und speichern können, andererseits jedoch auch über eine ausreichende Wasserdurchlässigkeit verfügen, um Vernässungen zu vermeiden. Die Vegetationsschicht muß daher über ein hohes Porenvolumen mit einem günstig abgestimmten Verhältnis zwischen Grob-, Mittel- und Feinporen verfügen.

Böden und Substrate speichern das Wasser in engen Poren mit unterschiedlicher Saugspannung. Je geringer die Saugspannung ist, desto schneller wird es von den Pflanzen verbraucht und die Reserven werden erschöpft. Ist die Saugspannung jedoch höher, nimmt der Wasserverbrauch durch die Pflanzen ab und die Reserven halten länger vor. Ein beträchtlicher Teil des gespeicherten Wassers wird jedoch mit so großer Saugspannung gehalten, daß es die meisten Pflanzen nicht mehr aufnehmen können. Dieser Wasseranteil – auch Totwasseranteil genannt – kann zum Teil über 30 % der Wasserspeicherung betragen und darf bei Bemessung der Wasserspeicherkapazität nicht mitberücksichtigt werden. Besonders schwierig ist es, für bestimmte Pflanzengesellschaften die nutzbare Wasserkapazität in allgemein gültigen Daten anzugeben, weil viele Faktoren mit hineinspielen.

Langfristige Strukturstabilität. Die Substratbestandteile sollen ihre Eigenschaften auch langfristig beibehalten und keinem allzustarken Abbau unterliegen. Bei Substraten mit hohen organischen Anteilen und hoher, mikrobiologischer Aktivität wie Rindenhumus oder Torf, muß mit starken Strukturveränderungen gerechnet werden.

Die Substratmischung soll so beschaffen sein, daß sich eine lockere und zugleich möglichst verwendungssichere Oberfläche ausbilden kann.

Beständigkeit gegen Materialverlust. Da bei Extensivbegrünungen die Vegetationsschicht nur wenige cm dick ist, muß die Zusammensetzung so beschaffen sein, daß die geringen Substratmengen nicht vom Wind weggetragen oder vom Regen abgeschwemmt werden, bevor sie durch die Pflanzenwurzeln ausreichend verfestigt sind. Ein weiterer Volumenverlust durch Setzung oder Abbau der organischen Bestandteile des Substrates (vor allem bei Substraten mit hohem Tonanteil wie Einheitserde) soll vermieden werden. Durch starkes Verdichten beim Aufbringen der Schicht können Materialverluste verringert bzw. ausgeglichen werden. Vegetationsschichten auf Schaumstoff-, Steinwoll- oder mineralischer Basis zeichnen sich durch sehr geringen Materialabbau aus.

Geringe organische Anteile. Der dünnschichtige Bodenaufbau kann bereits innerhalb einer Vegetationsperiode vollständig durchwurzelt sein. Damit Atmungskonkurrenz gegenüber Mikrofauna und Flora sowie zu starke Strukturveränderungen und Materialabbau verhindert werden, sollten die Substrate weitgehend aus anorganischen Materialien bestehen. Zumindest sollten sie ein ausreichendes mineralisches Korngerüst aufweisen.

Gute Wasseraufnahme nach Austrocknung. Nach Ab- oder Austrocknen soll sich das Substrat gut wiederbenetzen.

Geringer Nährstoffgehalt. Das Substrat sollte einen geringen Nährstoff- und vor allem Stickstoffgehalt aufweisen, um eine natürliche Entwicklung der an sich an magere Standorte angepaßten Pflanzen zu ermöglichen. Zu hoher Stickstoffgehalt bewirkt einen unnatürlich mastigen und üppigen Wuchs, der einerseits unerwünschte Pflegemaßnahmen wie z. B. Grasschnitt erfordert, andererseits den Wasserbedarf wegen der starken Blattproduktion deutlich erhöht und die Gefahr von Trockenschäden ansteigen läßt. Außerdem erleichtern weitgehend ungedüngte Substratmischungen das Anwurzeln der Pflanzen, da es bei Bodentrockenheit kaum zu Wurzelverbrennungen durch überhöhten Nährsalzgehalt kommt. Die Versorgung mit Kalium und Magnesium wird durch eine mineralstofffreie Substratzusammensetzung gesichert.

Neutraler pH-Wert. Die artenreichsten Pflanzengesellschaften stellen sich auf trocken-warmen Standorten bei neutralen bis basischen Böden ein.

Deshalb sind Substratmischungen mit neutralen oder leicht basischen Bodenreaktionen zu bevorzugen.

Gewöhnlicher Oberboden erfüllt diese Anforderungen nur unzureichend und kann deshalb nur als Bestandteil der Vegetationsschicht verwendet werden.

Aufbau der Vegetationsschicht

Nach der Art der Herstellung lassen sich folgende Varianten des Aufbaues von Vegetationsschichten unterscheiden.

Vorsatzschichten. Das Aufbringen von Vorsatzschichten aus grobem Lavakies, Schlacken, Holzzement und ähnlichem auf Betonflächen in einer Stärke von etwa 3 cm ermöglicht ohne weiteren Schichtaufbau bescheidene Begrünungsformen. Die offenporigen Materialien können in den Poren und durch die rauhe Oberfläche geringe Wasser-, Nährstoff- und Staubmengen festhalten. Diese erlauben bei günstigen mikroklimatischen Voraussetzungen eine dauerhafte Moos-*Sedum*-Vegetation. Zur Initialbegrünung werden mineralische und organische Trägersubstanzen mit geringen Nährstoffmengen, Haftmitteln,

Moosen, Algen und Sproßteilen versehen und mit Wasser verdünnt. Diese Flüssigkeit wird auf die rauhe Vorsatzschicht aufgespritzt und ermöglicht eine rasche, stabile und flächige Begrünung von schrägen oder unzugänglichen Dachflächen.

Vegetationsplatten. Die aus offenporigen Schaumstoffflocken oder Steinwolle hergestellten Vegetationsplatten finden besonders wegen ihres geringen Gewichtes, der ausreichenden Wasserspeicherfähigkeit (rund 45 %vol) und der guten Materialbeständigkeit auch für extensive Dachbegrünungsformen Verwendung. Sie können auch leicht an schrägen Dachflächen angebracht werden.

Da Extensivbegrünungen auf dieser Basis mit einem Minimalgewicht von etwa 35 kg/m² wesentlich leichter sind als die üblicherweise aufgebrachte, 5 bis 8 cm starke Schotterschicht (80 bis 130 kg/m²) kann diese Begrünungsform von der Gewichtsbelastung her auf *jeder Dachfläche* aufgebracht werden.

Bei Extensivbegrünungen übernehmen die Vegetationsplatten in der Regel die Funktion der Vegetations-, Wasserspeicher- und Dränschicht. Wegen der hohen Wasserrückhaltefähigkeit kann es jedoch im Winterhalbjahr zu anhaltender Staunässe und während der Übergangszeit zum Abfaulen des Wurzelbereiches kommen. Um dies zu vermeiden, ist in Abhängigkeit von der Dachneigung und der Zusammensetzung der Vegetation für den jeweiligen Einzelfall gesondert zu entscheiden, ob nicht zusätzlich eine dünne Dränschicht verlegt werden soll.

Die Platten werden liefertrocken verlegt und nach dem Einbau durchdringend gewässert, da sie sonst leicht vom Wind weggetragen werden. Sie werden meist mit einer dünnen Schüttsubstratschicht überdeckt, um ein wirtschaftliches Einbringen der Vegetation (Sprossen ausstreuen, Einsaat, Pflanzung) zu ermöglichen. Dies senkt die Kosten für den Bodenaufbau, da das Schüttsubstrat weit billiger als die Platten kommt. Außerdem sind die Platten dadurch gegen Windabheben gesichert (siehe auch Seite 75 f.).

Aufbau aus Schüttstoffen. Diese Variante stellt aufgrund der Vielzahl der geeigneten Materialien die differenzierteste und anpassungsfähigste Form dar. Je nach Standortvoraussetzungen, der gewünschten Pflanzenzusammensetzung und den Vorstellungen über etwaige zusätzliche Pflegemaßnahmen gilt es, eine optimale Kombination der in Frage kommenden Substratkomponenten zu finden (einzelne Substratkomponenten siehe Seite 74 und 76 ff.).

Man unterscheidet im wesentlichen zwischen

– Substratmischungen aus natürlichen Oberböden. In diesem Fall werden sandige, natürliche Oberböden durch Zugaben von mineralischen Gerüstbaustoffen abgemagert und durch organische Zuschlagstoffe in ihrem Wasser-Luft-Haushalt verbessert.

Vom Einsatz lehmiger Böden oder Lößböden als Grundlage muß abgeraten werden, da diese trotz hoher Mineralstoffzumischung beim Austrocknen zum Verhärten neigen und das Pflanzenwachstum stark behindern. Die Wasserspeicherkapazität ist auch deutlich geringer als bei Substraten auf Torf- oder Rindenbasis.

Um Inkrustationen in Dachabläufen zu verhindern, sollte man Stoffe, aus denen Kalk in Lösung geht, ebenfalls vermeiden.

Diese Variante ist wohl die billigste Lösung, ihre Eignung hängt jedoch stark von der Zusammensetzung des verwendeten Oberbodens ab, außerdem weist sie ein hohes spezifisches Gewicht auf.

– Substratmischungen mit hohem organischem Anteil. Fertig angebotene Dachgartensubstrate, die in erster Linie für Intensivbegrünungen gedacht sind, bestehen in hohem Maß aus Torf oder Rindenhumus. Substrate auf Torfbasis sind wegen der schlechten Wiederbenetzbarkeit, der Anfälligkeit für Windverfrachtung im trockenen Zustand und aufgrund ökologischer Vorbehalte abzulehnen. Rindenhumussubstrate eignen sich gut als Ausgangsbasis, doch müssen sie durch Zugabe von gerüstbildenden Stoffen, wie Lava, Blähton, Sand, den Erfordernissen der Extensivbegrünung angepaßt werden, was die Struktur und den geforderten geringen Nährstoffanteil betrifft. Beide organischen Materialien zeichnen sich durch gute Raumstruktur und gute Wasserspeicherfähigkeit aus.

– Substratmischungen aus überwiegend porigen mineralischen Stoffen entsprechen in besonderem Maße den an die Vegetationsschicht gestellten Anforderungen. Es werden vor allem offenporige, mineralische Gerüstbaustoffe wie Schlacken, Lava und Bims mit Rindenhumus, Ton oder Tonmineralien vermischt. Hohe Gefügestabilität, gute Wasserspeicherung und Wiederbenetzbarkeit nach Trockenperioden zeichnen diese Mischungen aus.

Aufgrund der vielen Anforderungen, die an Substrate für Extensivbegrünungen gestellt werden, ist kaum zu erwarten, daß ein Material alle geforderten Eigenschaften aufweist. Die vielen als Substratkomponenten geeigneten Materialien ermöglichen jedoch eine Vielzahl von unterschiedlichen Substratmischungen, die für den jeweiligen Einzelfall optimiert werden können. Die Tabelle auf Seite 166 führt verschiedene Substratgemische auf. Sie dient der Veranschaulichung von möglichen Ausführungen und als Anhaltspunkt für den jeweiligen Anwendungsfall.

Vegetationsmatten. Um das Substrat beim dünnschichtigen Extensivaufbau zu stabilisieren, wird es bei dieser Bauweise in eine Polyamid-Fadengeflecht- bzw. Schlingmatte, welche unterseits vlieskaschiert (200 bis 300 g/m²) ist, gefüllt und bepflanzt. Im Hinblick auf die anfänglich notwendigen Pflegemaßnahmen hat sich die Vorkultivierung der Matten in einem Gärtnereibetrieb bis zu einem etwa 50%igen Deckungsgrad als günstig erwiesen, was etwa nach 8 Monaten erreicht ist.

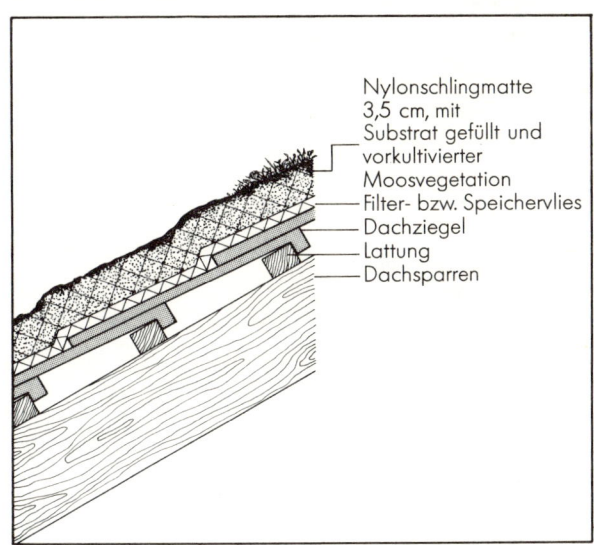

Nylonschlingmatte 3,5 cm, mit Substrat gefüllt und vorkultivierter Moosvegetation
Filter- bzw. Speichervlies
Dachziegel
Lattung
Dachsparren

Vorkultivierte Moosmatten können direkt auf bestehende Schrägdächer verlegt werden.

Die Pflanzenwurzeln, die auch durch das unterseitige Vlies wachsen, stabilisieren die Substratmischung so gut, daß die bewachsene Matte in gerolltem Zustand großflächig transportiert werden kann und auf der Baustelle nurmehr aufgelegt werden muß.

Bei dieser Bauweise kann nach der Verlegung weitgehend auf Fertigstellungs-Pflegemaßnahmen verzichtet werden.

Die Vegetationsmatten können direkt auf vorhandene Dachflächen verlegt werden, wobei zu beachten ist, daß

– der Zustand der bestehenden Dachabdichtung einwandfrei ist,

– unter Umständen ein Teil der Bekiesung abgetragen werden muß, um die vorgegebenen Lastreserven einzuhalten,

– bei Dachabdichtungen aus Normalbitumen eine Wurzelschutzschicht mit Trennlage zu verlegen ist. Bei anderen hochwertigen Dachabdichtungsmaterialien kann auf eine spezielle Wurzelschutzschicht verzichtet werden, da sich auf den dünnen Matten kaum wurzelaggressive Pflanzen behaupten können. Fremdaufwuchs sollte ohnedies wie üblich regelmäßig entfernt werden.

Beim Einbau werden die Matten aufgerollt und die überstehenden Vliesunterlagen miteinander verklebt. Da die Matten hohe Zugkräfte auffangen können,

Substrat	Preisklasse*¹	Dachauflast bei 6 cm Substratdicke und Wassersättigung in kg
50 %vol Floradur (Fertigsubstrat auf Torfbasis) 50 %vol Liapor, Körnung 0–4 mm	1–2	47
60 %vol Liapor 4–8 mm 25 %vol Liapor 0–4 mm 10 %vol Vermiculite 5 %vol Calciumbentonit	3	39
50 % Liapor 4–8 mm 25 % Liapor 0–4 mm 15 % Bentonit 10 % Vermiculite	4	rd. 48
40 % Bimskies 0–8 mm 20 % Untergrundlehm 20 % Weißtorf 20 % Brechsand 0–3 mm	2	rd. 74
30 % Untergrundlehm 20 % Liapor 0–4 mm 20 % Brechsand 0–3 mm 10 % Hygropor 20 % Perlit 0–2 mm	3	rd. 82
70 % Einheitserde 30 % Blähton 2 kg Basaltmehl/m³	2	48
40 % Oberboden 10 % Sand 10 % Kalksplitt 10 % Weißtorf 30 % Blähton	1–2	82
30 % Lava 40 % Löß 30 % Rindenkompost	2	96

Substrat	Preisklasse*¹	Dachauflast bei 6 cm Substratdicke und Wassersättigung in kg
50 % sandiger Oberboden 30 % Hygromix*² 20 % Lavalit	1–2	99
50 % sandig-humoser Oberboden 25 % Blähton 20 % Lava 5 % Bentonit	1–2	85
100 %vol Hygromix*²	1	91
Schaumstoffmatte	4	57
70 %vol Einheitserde (Patzer) 30 %vol Lavalit 2–8 mm 1 kg Plantosan/m³	2	54
70 %vol Einheitserde (Patzer) 30 %vol Blähton 1 kg Plantosan/m³ 2 kg Basaltmehl/m³	2	51

Alle Materialien sollten in erdfeuchtem Zustand gemischt werden. Da die Substratpreise stark von Abnahmemenge sowie der Bezugsmöglichkeit abhängen, sind vier Preisklassen angegeben.

*¹ Einteilung in Preisklassen:
  1 = 40– 80 DM/m³   3 = 160–300 DM/m³
  2 = 80–160 DM/m³   4 = über 300 DM/m³
*² Hygromix-Dachsubstrat ist ein auf der Basis von Ölschieferschlacken, Harttorf/Magerkohle und Tonmineralien zusammengesetztes, industriell hergestelltes Substrat, speziell für Extensivbegrünungen.

genügt auch bei steileren Dachneigungen eine Befestigung mittels Klemmschiene.

Vorkultivierte Vegetationsmatten aus Stroh-/Kokos-Gewebe oder Baumwoll-Recyclingmatten mit dünner Substratverfüllung befinden sich im Experimentierstadium.

Pflanzen für die extensive Dachbegrünung

Kriterien für die Pflanzenauswahl

Die Pflanzen müssen am Standort Dach an der Grenze ihrer Belastungsfähigkeit überleben können. Extreme Temperaturschwankungen, Trockenheit, Nässe, fehlende Verbindung zum gewachsenen Boden, stark eingeschränkter Wurzelraum, Wind, Lufttrockenheit und Immissionen schaffen Lebensbedingungen, die weitaus härter sind als an den meisten natürlichen Standorten.

Damit eine richtige Pflanzenauswahl getroffen werden kann, müssen die Aufgaben, welche die Vegetation erfüllen soll, klar definiert werden. Kriterien sind hier beispielsweise die Blütenfarbe und Blütezeit, die Frage, ob die Pflanzen immergrün sein sollen, die Höhe der Vegetation, die Pflanzengestalt, die Bodenbedeckung und andere. Werden an die Vegetationsdecke bestimmte Anforderungen hinsichtlich der Pflanzenzusammensetzung gestellt, so müssen anhaltende Sukzessionsprozesse, die über ein gewisses Maß hinausgehen, vermieden werden. Ideal erscheint die Etablierung einer Klimaxgesellschaft (Endgesellschaft), die als Reaktion auf die gegebenen Umweltbedingungen nur noch geringen Schwankungen in ihrer Zusammensetzung unterliegt.

Auch die Bedingungen, unter denen diese gewünschte Bepflanzung gedeihen soll, müssen möglichst genau analysiert werden. Beschattung durch umgebende Gebäude, Wärmeabstrahlung von Mauerflächen, standortspezifische Windverhältnisse sowie teilweises Abhalten von Niederschlägen durch Dachvorsprünge und ähnliches können mikroklimatische Verhältnisse ergeben, die deutlich vom regionalen Klima abweichen. Je besser diese beiden Vorgaben miteinander zur Deckung gebracht und bei der Planung berücksichtigt werden, mit desto weniger Pflegeaufwand wird die Vegetation auf Dauer den gewünschten Anforderungen entsprechen können.

Natürliche Vorbilder und Anregungen für Extensivbegrünungen bieten viele Vegetationsausbildungen auf natürlichen Extremstandorten wie die Trockenrasen- oder Steppenvegetation. Besonders wertvolle und praxisspezifische Hinweise ergeben auch genaue Untersuchungen von Spontanvegetationsformen auf alten Steinplatten-, Schindel-, Ziegel- und Kiesdächern, die sich unter den vorherrschenden Bedingungen im Laufe der Jahre entwickelt haben und dort beständig sind. Das Spektrum reicht von extrem dünnschichtigen Vermoosungen über Moos-*Sedum*-Gesellschaften bis hin zu den Gras- und Kräutervegetationen, wie sie beispielsweise in Berlin und Wien auf den bis zu 80 Jahre alten Holzzement- und Preßkiesdächern entstanden sind (vgl. Tabelle Seite 161).

Ein wichtiger Aspekt bei der Pflanzenauswahl ist neben Standorteignung und Erfüllung der erwünschten Funktionen die Fähigkeit der Arterhaltung und Vermehrung. Samenbildende Pflanzen sollten ergänzt werden mit solchen, die sich vegetativ über Ausläufer, Tochterpflanzen, Brutknospen oder Sproßteilung vermehren.

Kleinwüchsige Pflanzen mit geringer Blattoberfläche werden bevorzugt, da sie wenig Wasser verdunsten.

Eine weitere Forderung sind vertretbare Saatgut- bzw. Pflanzenkosten.

Nicht geeignet sind Florenelemente aus dem Hochgebirge sowie Pflanzen trockener Standorte, die sich während extremer Trockenperioden nur wegen besonders tiefer Wurzelsysteme dort halten können, wie z. B. Sanddorn oder Tamariske, da der Wurzelraum bei extensiv begrünten Dächern stark eingeengt ist.

Je näher die Grenze der absoluten Lebensfeindlichkeit für höhere Landpflanzen liegt, desto speziellere Anpassungsformen bilden diese Pflanzen aus, um überdauern zu können. Pflanzen auf heiß-trockenen, nährstoff- und humusarmen Standorten haben im Lauf der Evolution Eigenschaften entwickelt, die das Überleben auch bei extremem Wassermangel sichern. Sie werden als *xeromorph* bezeichnet und können vielfältige Ausprägungen haben. Wasserspeicherung in besonderen Zellen wie z. B. bei sukkulenten Pflanzen kann sowohl in unter- als auch in oberirdischen Pflanzenteilen geschehen. Die Verdunstung wird durch dicke Zellwände, Wachsschichten, Behaarung oder Schuppen reduziert. Mechanismen wie Abwerfen oder Einrollen der Blätter oder Absterben aller oberirdischen Pflanzenteile dienen ebenfalls der Anpassung an diese schwierigen Lebensbedingungen. Andere Pflanzen bilden während der Trockenperioden rasch Samen aus, um in dieser Form zu überleben. Oder sie trennen sich von Sproßteilen, die sich bei den nächsten Niederschlägen wiederum neu bewurzeln, um ihren eigenen Wasserhaushalt zu verbessern. Viele dieser Pflanzenspezialisten bilden im Rahmen der Anpassung Standortvarietäten aus, die besonders gut an die jeweiligen Bedingungen angepaßt sind.

Diese kurzen Ausführungen können nur andeuten, welch ausgeklügeltes und differenziertes Instrumentarium die Natur entwickelt hat, um einer Vegetation auch unter schwierigsten Bedingungen das Überleben zu ermöglichen.

Zusammenfassend läßt sich sagen, daß nur solche Pflanzen zu verwenden sind, die

- möglichst strahlungsverträglich sind und hohe Temperaturen vertragen,
- zugleich jedoch über eine hohe Frosthärte verfügen und eine tiefe Winterruhe einhalten,
- verträglich gegenüber zeitweiser Vernässung sind,
- ausgesprochen dürreresistent sind,
- mit geringem Wurzelraum auskommen,
- geringe Ansprüche an die Nährstoffversorgung stellen,

Pflanzengesellschaft	Anforderung an						Substrat-stärke
	Lichtstandort		Wasserspeicherung		Nährstoffe		
	sonnig	schattig	gering	höher	gering	höher	
1. Moosgesellschaften	+	+	+	−	+	−	1– 3 cm
2. Moos-*Sedum*-Grasgesellschaften	+	+	+	−	+	−	3– 6 cm
3. *Sedum*-Grasgesellschaften	+	−	+	−	+	−	4– 8 cm
4. Grasgesellschaften	+	−	−	+	+	−	6–10 cm
5. Gras-Krautgesellschaften	+	−	−	+	−	+	8–12 cm
6. Gras-Kraut-Gehölzgesellschaften	+	+	−	+	+	+	mind. 15 cm

Pflanzengesellschaften auf extensiv begrünten Dächern in Abhängigkeit von Substrateigenschaften und Mikroklima (nach Krupka 1984)

- regenerationsfähig, bestandsvital und bestandsstabil sind.

Grundsätzlich sollte man sich die Pflanzen für die extensive Dachbegrünung in der Gärtnerei besorgen und nie aus der Natur entnehmen.

Viele Pflanzen des heutigen Gärtnereiangebotes sind nicht für die Extensivbegrünung geeignet, da sie alle auf eine Verwendung unter optimalen Standortbedingungen hin gezüchtet wurden. Angestrebt werden stark wachsende, üppig blühende Formen, die in vielen Fällen nicht einmal mehr eigene Samen produzieren. Aber auch Wildpflanzen, die unter den üblichen optimierten Kulturbedingungen gezüchtet werden, lassen in ihrer Robustheit nach und müssen sich erst wieder langsam an die schwierigen Verhältnisse auf dem Dachstandort anpassen. Dies bedingt vor allem in der Startphase hohe Ausfallquoten. Viele der in den Tabellen angeführten Wildpflanzenarten befinden sich nicht in gärtnerischer Kultur und sind daher nur sehr schwer aufzutreiben.

Die Pflanzenzusammensetzung von Extensivbegrünungen verhält sich nicht stabil, sie verändert sich ständig. Diese Veränderung hängt von den Witterungsschwankungen innerhalb des Jahres ab. Über Jahre hinweg jedoch verändert sich die Leistungsfähigkeit des gesamten Aufbaues und damit die Vegetation. Diese kann sich vermindern, z. B. wenn das Substrat zu viele rasch abbaubare, organische Substanzen enthält. Sie kann sich jedoch auch durch Zunahme der organischen Substanz aus der Umsetzung abgestorbener Pflanzenteile und durch Staubsedimentation erhöhen. Mit der Zeit stellen sich Mikroorganismen wie Pilze, Schleimpilze und Bakterien ein, die sich positiv auf die Wasser- und Nährstoffversorgung auswirken. Die Pflanzen, die sich an die geänderten Bedingungen weniger gut anpassen können, werden schließlich von anpassungsfähigeren Arten verdrängt, so daß sich schließlich eine angepaßte und stabilisierte Lebensgemeinschaft etabliert.

Pflanzengesellschaften für Extensivbegrünungen

Je nach mikroklimatischen Voraussetzungen und Vegetationsschicht bilden sich im wesentlichen sechs verschiedene Pflanzengesellschaften aus, an denen man sich bei der Pflanzenauswahl für den Einzelfall orientieren kann (siehe Tabelle Seite 167).

Durch Aufbringen unterschiedlich dicker Vegetationsschichten, die sich vielleicht auch noch in ihrer Zusammensetzung unterscheiden, kann die Artenvielfalt auf dem Gründach stark erhöht werden, da sich dann mehrere der genannten Pflanzengesellschaften auf einer Dachfläche etablieren können.

Moose

Entgegen der verbreiteten Ansicht, daß Moose nur an schattigen, feuchten Waldstandorten vorkommen, sind viele Arten sogar besonders gut in der Lage, auf heiß-trockenen Extremstandorten zu überleben. Die Überlebensstrategie der Moose ist denen vieler anderer Pflanzen unter schwierigen Bedingungen weit überlegen, denn sie nehmen das benötigte Wasser nicht über Wurzelsaugkraft und Turgordruck auf, sondern versorgen sich damit passiv wie Quellkörper, wozu schon eine höhere Luftfeuchtigkeit ausreicht. Sie können fast nicht vertrocknen und besiedeln häufig in Kombination mit Flechten und Algen extreme Standorte. Sie eignen sich daher besonders gut für sehr dünnschichtige Extensivbegrünungsformen wie z. B. die Vorsatzschichtbegrünung auf 2 cm dicken, porösen mineralischen Oberflächen. Dort werden sie meist durch Anspritzen aufgebracht. Moose blühen zwar nicht, wechseln aber durch die verschiedenfarbigen Sporenkapseln die Farben von Gelb, Braun über Rot bis hin zu dunklem Schwarzgrün und ergeben dadurch einen besonderen Reiz.

Sukkulente Pflanzen

Sukkulente Pflanzen werden im wesentlichen durch die Arten *Sedum*, *Sempervivum* und *Jovibarba* repräsentiert, von denen allerdings sehr viele Varietäten bekannt sind, die sich hinsichtlich Wuchsformen, Blütezeit und Farbe stark voneinander unterscheiden.

Zwiebelpflanzen

Sie blühen meist im Mai-Juni und ziehen im Sommer das Laub ein.

Gräser und Kräuter

Obwohl nicht so anpassungsfähig und robust wie die sukkulenten Arten und die Zwiebelpflanzen, ist doch auch eine Reihe Gräser und Kräuter für Extensivbegrünungen mit dickerer Vegetationsschicht geeignet. Extreme Hitze- und Trockenperioden können den Bestand zwar deutlich verringern, dennoch empfiehlt sich das Ansiedeln solcher Pflanzen, da sie speziell während der Blütezeit die Vegetation deutlich beleben.

Gehölze

Bei Vegetationsschichtdicken ab 20 cm können je nach mikroklimatischer Situation auch einige Gehölze angepflanzt werden.

Barbula convoluta, Haarzahnmoos
Brachythecium rutabulum, Krücken-Kegelmoos
Bryum argenteum, Silber-Birnmoos
– *capillare*, Haar-Birnmoos
Camptothecium sericeum, Echtes Goldmoos
Ceratodon purpureus, Purpur- oder Hornzahnmoos

Cladonia coniocraea
Grimmia pulvinata, Polster-Kissenmoos
Hypnum cupressiforme, Zypressen-Schlafmoos
Schistidium apocarpum, Gemeines Spaltmoos
Syntrichia ruralis, Erd-Bartmoos
Tortella tortuosa, Echtes Kräuselmoos

Jovibarba (syn. *Diopogon*) wird in der Praxis vielfach zu *Sempervivum* gezählt
– *hirta*, Fransenhauswurz
– *sobolifera*, Sand-Fransenhauswurz

Sedum-Arten blühen in verschiedenen Farben: weiß, gelb, rot. Die Blüte erscheint von Juni bis August.
Sedum acre, Scharfer Mauerpfeffer
– *album*, weiße Fetthenne
– *ewersii*, Himalaya-Fetthenne
– *floriferum* ‘Weihenstephaner Gold’
– *hispanicum*, Spanischer Mauerpfeffer
– *kamtschaticum* ‘Variegata’
– *kamtschaticum* var. *middendorffianum*
– *krajinae*
– *laconicum*
– *murale*
– *reflexum*, Felsen-Fetthenne
– *sexangulare* ‘Weiße Tatra’, Milder Mauerpfeffer
– *spurium*, Kaukasus-Fetthenne in Sorten, ‘Album Superbum’, ‘Roseum’, dunkellaubig: ‘Erdblut’, ‘Schorbser Blut’, sehr dunkel: ‘Atropurpureum’, ‘Fuldaglut’, ‘Purpurteppich’

Sempervivum arachnoideum var. *bryoides*
– *ballsii*
– *barbulatum*
– *caucasicum*
– *dolomiticum*
– *fauconnettii* in Sorten, ‘Flavipilum’, ‘Pseudofuckii’, ‘Alpha’, ‘Beta’, ‘Gamma’, ‘Jubilee’, ‘Silberkarneol’, ‘Zirkon’
– *grandiflorum* ‘Aldebaran’ und ‘Beteigeuze’
– *kosaninii*
– *marmoreum* (syn. *S. rubicundum*) ‘Mahagonistern’, ‘Schlehanii’ und ‘Pseudoornatum’
– *octopodes*
– *ossetiense*
– *pittonii*
– *tectorum* in Sorten, ‘Robustum’, ‘Minutum’, ‘Pyrenaicum’ und ‘Glaucum’; Hybriden: ‘Nocturno’, ‘Bernstein’, ‘Malby II’
– *zeleborii*

Reichen die Wachstumsbedingungen für Gräser und krautige Pflanzen aus, dann sind *Jovibarba*- und *Sempervivum*-Arten dem Konkurrenzdruck auf Dauer schlecht gewachsen.

Allium flavum, Gelber Lauch
– *schoenoprasum*, Schnittlauch
– *sphaerocephalon*, Kugellauch

Iris germanica, Deutsche Schwertlilie, Barbata-Elatior-Gruppe (8 bis 15 cm), Barbata-Nana-Gruppe, diverse Sorten
– *graminea*, Gras-Schwertlilie
– *pumila*, Zwergiris

Agrostis capillaris, Straußgras
Brachypodium pinnatum, Fieder-Zwenke
Briza media, Zittergras
Bromus erectus, Aufrechte Trespe
– *tectorum*, Dach-Trespe
Carex buchananii, Fuchsrote Segge
– *digitata*, Finger-Segge
– *flacca*, Blaugrüne Segge
– *humilis*, Erd-Segge
– *montana*, Berg-Segge
– *umbrosa*, Schatten-Segge
Dactylis glomerata, Wiesen-Knäuelgras
Festuca glauca, Blauschwingel
– *ovina*, Schaf-Schwingel
– *mairei*, Atlas-Schwingel

– – *ovina* ssp. *tenuifolia*
– *punctoria*, Stachel-Schwingel
– *rubra*, div. Sorten, Roter Schwingel
– *rupicaprina*, Gemsen-Schwingel
– *scoparia*, Bärenfell-Schwingel
– *vivipara*
Helictotrichon sempervirens, Wiesenhafer
Koeleria glauca, Schillergras
Melica ciliata, Perlgras
Poa annua, Einjähriges Rispengras
– *bulbosa*, Knolliges Rispengras
– *compressa*, Plattährengras, Flaches Rispengras
– *pratensis*, verschiedene Sorten, Wiesen-Rispengras
Sesleria albicans, Blaugras
Stipa pennata, Federgras

Kräuter für die extensive Dachbegrünung, Substratstärke ab 6 cm	*Achillea tomentosa*
	Aethionema grandiflorum, Steintäschel
	Alyssum makrafin
	– moellendorfianum
	– montanum, Berg-Steinkraut
	Anaphalis margaritacea, Perlpfötchen
	Antennaria dioica 'Tomentosa', Katzenpfötchen

Kräuter für die extensive Dachbegrünung, Substratstärke ab 6 cm

Achillea tomentosa
Aethionema grandiflorum, Steintäschel
Alyssum makrafin
– moellendorfianum
– montanum, Berg-Steinkraut
Anaphalis margaritacea, Perlpfötchen
Antennaria dioica 'Tomentosa', Katzenpfötchen
Anthemis tinctoria, Färberkamille
Anthericum liliago, Traubige Graslilie
– ramosum, Ästige Graslilie
Arenaria serpyllifolia, Sandkraut
Armeria, arenaria, Wegerich- oder Breitblättrige Grasnelke
Artemisia pseudoarmeria
Aster linosyris, Gold-Aster
Calamintha acinos, ein- und zweijährig, Steinquendel
Campanula rotundifolia, Rundblättrige Glockenblume
Capsella bursa-pastoris, Hirtentäschel
Carlina vulgaris, Golddistel
Cerastium arvense, Acker-Hornkraut
– tomentosum var. *columnae*
Chrysanthemum haradjanii
– leucanthemum, Weiße Wucherblume
Dianthus arenarius, Sand-Federnelke
– carthusianorum, Karthäusernelke
Echium vulgare, Natternkopf
Erodium cicutarium, Reiherschnabel
Euphorbia capitulata
– cyparissias, Zypressen-Wolfsmilch
– myrsinites, Walzen-Wolfsmilch
Fragaria viridis, Knackbeere, Hügel-Erdbeere
Geranium dalmaticum
– pusillum, Kleiner Storchschnabel
– robertianum, ein- und zweijährig, Ruprechtskraut, Stinkender Storchschnabel
– sanguineum, Blutroter Storchschnabel

Globularia punctata, Gewöhnliche Kugelblume
– cordifolia, Herzblättrige Kugelblume
Helianthemum apenninum, Apenninen-Sonnenröschen
– nummularium, Gewöhnliches Sonnenröschen
Hieracium pilosella, Kleines Habichtskraut
– × rubrum, Rotes Habichtskraut
Limonium vulgare, Strandnelke
Linaria vulgaris, Leinkraut
Lychnis coronaria, Kranz-Lichtnelke
Medicago lupulina, Hopfenklee
Mesembryanthemum onthome
Origanum laevigatum, Dost
– vulgare, Gewöhnlicher Dost
Papaver rhoeas, Klatschmohn
Paronychia kapela, Mauermiere
Petrorhagia saxifraga syn. *Tunica saxifraga*, Felsennelke
Plantago major, Großer Wegerich
Portulaca oleracea, ein- und zweijährig
Potentilla argentea, Silber-Fingerkraut
– neumannicana, Frühlings-Fingerkraut
Prunella grandiflora, Große Brunelle
Pulsatilla vulgaris, Kuhschelle, Küchenschelle
Ranunculus bulbosus, Knolliger Hahnenfuß
Salvia pratensis, Wiesen-Salbei
Sanguisorba minor, Kleiner Wiesenknopf
Saponaria ocymoides, Kleines Seifenkraut
Satureja montana, Winter-Bohnenkraut
Sisyrinchium graminifolium, Grasschwerte
Stachys byzantina, Woll-Ziest
Taraxacum officinale, Löwenzahn
Teucrium botrys, Trauben-Gamander
– chamaedrys, Edel-Gamander
– montanum, Berg-Gamander
– praecox
Thymus serpyllum, Thymian
Trifolium repens, Weiß-Klee

Kräuter für die extensive Dachbegrünung, Substratstärke 8 bis 15 cm

Achillea clypeolata
– millefolium, Schafgarbe
Anemone sylvestris, Wald-Windröschen
Anthyllis montana, Berg-Wundklee
Aster amellus, Bergaster
Calaminthea nepeta, Steinquendel
Dryas octopetala, Silberwurz
Duchesnea indica, Indische Erdbeere
Euphorbia polychroma
– seguieriana ssp. *niciciana*
Filipendula vulgaris, Mädesüß
Hippocrepis comosa, Hufeisenklee

Lavandula angustifolia, Lavendel
Malva moschata, Moschus-Malve
Matricaria oreades, Mutterkraut
Oenothera missouriensis, Missouri-Nachtkerze
Onosma alborosea, Lotwurz
Papaver burseri ssp. *alpinum*, Alpen-Mohn
– nudicaule, Island-Mohn
Scabiosa lucida, Glänzende Skabiose
Scutellaria alpina, Alpen-Helmkraut
Teucrium montanum , Berg-Gamander
– pyrenaicum
Veronica spicata, Ähriger Ehrenpreis

Gehölze für die extensive Dachbegrünung

Buxus sempervirens, Buchs
Cytisus decumbens, Kissen-Ginster
– nigricans, Geißklee
– purpureus, Purpur-Ginster
Genista tinctoria, Färberginster
Ilex crenata in Sorten, Stechpalme
– × meserveae-Formen
Juniperus communis in Sorten, Gemeiner Wacholder
– horizontalis in Sorten, Teppich-Wacholder

– sabina, Sadebaum
Prunus pumila, Sandkirsche
– tenella
Salix grahamii
– purpurea, Purpurweide
– repens, Kriechweide
– – ssp. rosmarinifolia, Kriechende Rosmarinweide
– waldsteiniana, Bäumchen-Weide

Schling- und Kletterpflanzen

Abschließend folgt eine Möglichkeit, mit der kahle Dachflächen rasch, pflegeleicht, ohne große zusätzliche Gewichtsbelastung und ohne Gefährdung der Dachkonstruktion begrünt werden können.

Kletter- und Schlingpflanzen, die entweder im gewachsenen Boden oder in Pflanztrögen wurzeln, überwinden Höhenunterschiede bis zu 20 m und sind imstande, innerhalb kurzer Zeit nicht nur eintönige Wände, sondern auch Dachflächen mit einem dichten grünen Pelz zu überziehen. Dieser wirkt im Sommer durch die Beschattung temperaturmildernd und ist auch sonst in der Lage, fast alle Funktionen der anderen Dachbegrünungsformen zu leisten. Kletterpflanzen können ohne Hilfseinrichtungen die Wände emporwachsen, Schlingpflanzen benötigen Kletterhilfen in Form von Gitternetzen, Baustahlmatten und ähnlichem. Die von Anfang an schnellstwüchsige Art ist *Fallopia aubertii* (Schlingknöterich), nach einer längeren Einwurzelperiode außerdem *Celastrus orbuculatus* (Baumwürger) und *Clematis vitalba* (Waldrebe).

Möglichkeiten der Vegetationsausbringung

Für die speziellen Erfordernisse bei Extensivbegrünungen bieten sich verschiedene Möglichkeiten der Vegetationsausbringung an. Sie eignen sich jeweils unterschiedlich gut für verschiedene Pflanzen und Standortvoraussetzungen und weichen auch hinsichtlich der Kosten deutlich voneinander ab. Je nach Verfahren sind die anteiligen Kosten des Saat- und Pflanzmaterials, der Ausbringung und der damit verbundenen Pflege bei der Fertigung unterschiedlich hoch.

Anspritzbegrünung. Bei dieser Form der Extensivbegrünung wird auf die wurzelfeste Dachabdichtung mit einem Gebläsezug zunächst eine 6 bis 10 cm dicke Wasserspeicher- bzw. Vegetationsschicht aus vorzugsweise offenporigen mineralischen Materialien wie Blähschiefer, Lava oder gebrochenem Blähton gespritzt. Darauf wird dann mit dem gleichen Verfahren eine 1 bis 2 cm starke Nähr- und Wachstumsschicht aufgebracht. Diese setzt sich zusammen aus organischen Komponenten wie Zellulose als Bindemittel, Komposten und Torf, langsam und schnell wirksamen Düngestoffen sowie Bodenerschließungsmitteln in Form von Bakterienkulturen mit einem Nährboden aus Natrium-Alginaten. Dazu kommen Sprossen von verschiedenen *Sedum*-Arten und Saatgut geeigneter Pflanzen. Der beigemengte Kleber auf Dispersions- oder Bitumenbasis muß pflanzenverträglich sein und dient zur Fixierung des Pflanzenmaterials während der Startphase. Diese Komponenten werden an Ort und Stelle zu einem homogenen Gemisch verrührt, wobei sich die Zusammensetzung je nach Standortbedingungen ändert. Die aufgespritzte Masse bindet relativ rasch ab und bedarf in der Regel keiner weiteren Pflege. Dieses Verfahren eignet sich vor allem für die rasche und preiswerte Begrünung großer zusammenhängender Dachflächen.

Auflegen vorkultivierter Begrünungsmatten. Die etwa 3 cm dicken Begrünungsmatten bestehen aus einem unterseitig vlieskaschierten Polyamid-Schling-

gewebe, das mit geeignetem Substrat verfüllt ist. Darin werden geeignete Pflanzen vorkultiviert. Das Substrat wird durch das Schlinggewebe und die Pflanzenwurzeln so verfestigt, daß die Matten großflächig aufgerollt und verlegt werden können. Der Vorteil dieses Verfahrens besteht in der raschen Begrünung größerer Flächen, der geringen Fertigstellungspflege sowie der Eignung auch für geneigte Dachflächen. Dieses Verfahren läßt sich für Moos- und Moos-*Sedum*-Gesellschaften einsetzen.

Auflegen von Rollrasen oder Rasensoden. Die mit speziellen Grassorten unter praxisnahen Bedingungen vorkultivierten Rollrasen oder Rasensoden können mit Nylonschlinggewebe verfestigt sein, damit bei geneigten Flächen eine größere Stabilität erreicht wird. Auch bei dieser Form der Begrünung ist kaum eine Fertigstellungspflege erforderlich. Wichtig erscheint es allerdings, keine herkömmlichen Rollrasen zu verwenden, da diese auf optimale Kulturbedingungen hin gezüchtet wurden.

Aussaat. Samen- und Sprossenaussaat stellen die beiden billigsten Möglichkeiten der Vegetationsausbringung dar, wenngleich ein höheres Risiko während der Startphase durch Verwehung und Austrocknung sowie eine längerfristige, aufwendigere Fertigstellungspflege zu bedenken sind. Zu beachten ist ferner, daß das Saatgut häufig nicht an den Standort angepaßt ist. Daher können sich Vegetationsverschiebungen ergeben. Das Saatgut wird entweder per Hand ausgebracht und oberflächig eingehackt oder mittels Naßaussaatverfahren mit klebenden und mulchenden Stoffen zusammen ausgebracht. Das Verfahren eignet sich für *Sedum*-Gras-, Gras-, Gras-Kraut- und Gras-Kraut-Gehölzgesellschaften.

Kombinierte Begrünung. Bei dieser bewährten Form wird ein Raster aus Rollrasen oder begrünten Vegetationsmatten zur Stabilisierung der Substratschicht verlegt. In die leeren Flächen werden geeignete Sämereien eingestreut.

Ausstreuen von Sproßteilen. Das Verfahren ist im wesentlichen auf sukkulente Pflanzen beschränkt, bedeutet hier jedoch eine bewährte und billige Methode. Das Sprossenmaterial darf nicht von überdüngten, mastigen Pflanzen stammen, die Länge der einzelnen Sprossen soll mindestens 2,5 cm betragen. Die Ausbringungsmenge pro m^2 beträgt rund 50 Triebstücke. Flaches Abdecken der Pflanzenteile mit Mulchmaterial oder Substrat erleichtert die Startphase, künstliche Bewässerung ist kaum notwendig. Eine Kombination von Ansaat und Sprossensaat ist in den meisten Fällen sinnvoll, damit eine vielfältigere Vegetation etabliert wird.

Pflanzung. Durch Pflanzung läßt sich die größte Artenvielfalt etablieren, allerdings muß man mit starken

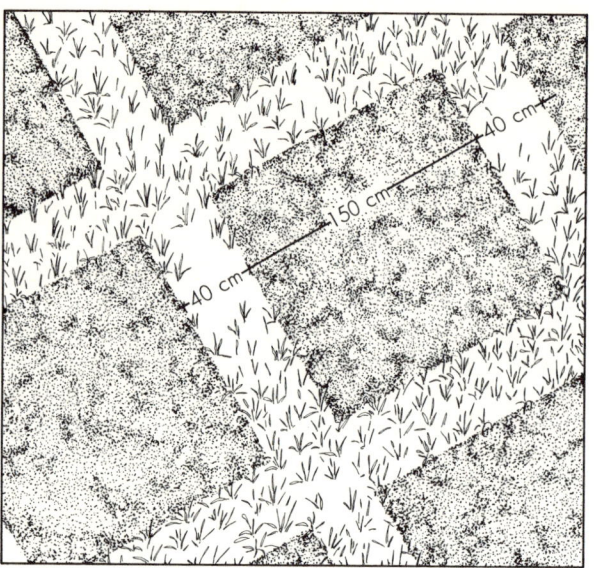

Bei der Rasterbegrünung werden Dachflächen mit vorkultivierten Vegetationsstreifen befestigt. In die Quadrate zwischen diesen Flächen werden geeignete Sämereien ins Substrat eingestreut.

Ausfällen rechnen. Es stellt die teuerste Art der Vegetationsaufbringung dar und ist eigentlich nur in Kombination mit Ansaat oder Sprossenaussaat zu vertreten. Die Pflanzen müssen mit flachem Ballen in magerem Substrat vorkultiviert werden, damit sie sich für die flachen Vegetationsschichten eignen. Die Gärtnereien führen in ihrem Angebot noch wenige geeignete Wildpflanzen. Dieses Verfahren eignet sich für *Sedum*-Gras-, Gras-, Gras-Kraut- und Gras-Kraut-Gehölzgesellschaften.

Beste Ausbringungszeit für alle Verfahren ist das Frühjahr oder der zeitige Herbst.

Pflege- und Wartungsarbeiten

Definitionsgemäß stellt die Extensivbegrünung eine Vegetationsform dar, die sich selbst erhalten kann. Nur sehr wenige Pflege- und Wartungsarbeiten sind deshalb erforderlich. In der Startphase muß bei trockenen Witterungsverhältnissen zusätzlich bewässert werden, bis sich die Vegetation entsprechend etabliert hat, was sich jedoch unter Umständen über eine volle Vegetationsperiode erstrecken kann, um wesentliche Ausfälle und Erosionsschäden zu vermeiden. Unter Umständen bewährt sich auch ein leichtes Schattieren der Fläche.

Im weiteren Verlauf beschränken sich die Pflegearbeiten auf:

- Entfernen von Fremdgehölzaufwuchs mindestens alle zwei Jahre, obwohl die Gehölze durch die ungünstigen Wachstumsbedingungen nur kleinwüchsig bleiben. Wegen ihrer im Vergleich zu den typischen Extensivbegrünungspflanzen aggressiven Wurzeln gefärden sie unter Umständen die Dachabdichtung.

- Kontrolle und Reinigung vorhandener Dachabläufe.
- Eventuelles Zurückdrängen einzelner Pflanzenarten, die zu stark expandieren, damit das gewünschte Erscheinungsbild gewahrt bleibt.

Nicht erlaubt sind hingegen:
- Düngung jeglicher Art,
- Bodenlockerungsarbeiten,
- Nachpflanzen standortfremder Pflanzenarten,
- Entfernen von Samenständen,
- regelmäßige Wasserversorgung, Anstaubewässerung sowie Wasserbevorratung in Wasserspeicherplatten, da sich durch die günstige Wasserversorgung das Pflanzenspektrum oder die Wuchsformen der Pflanzen atypisch verändern. Die längere Substratdurchfeuchtung würde Pflanzen aufkommen lassen, die einerseits die eher langsamwüchsige Vegetation des Trockenstandortes überwuchern würden, andererseits jedoch während längerer Trokkenperioden nicht überlebensfähig wären.
- Mähschnitte vernichten viele Pflanzen, verhindern Selbstaussaat, Standortanpassung und natürliche Kreisläufe. Entspricht das Saatgut oder die Anfangsbepflanzung den Standortbedingungen nur unzureichend, dann können anfänglich zwei Mähvorgänge im Jahr das Überleben standortangepaßter Untergräser und Kräuter sichern. Durch Entfernen des Schnittgutes wird außerdem der Nährstoffgehalt in der Vegetationsschicht reduziert.

Planung von Extensivbegrünungen

Noch immer herrscht auch in Fachkreisen die Meinung vor, Extensivbegrünungen seien langweilige, eintönige Vegetationsformen, die kaum einer Planung bedürfen. Beide Ansichten sind Trugschlüsse. Auch sehr dünnschichtige Grünaufbauten können ein abwechslungsreiches, buntes Bild mit einer vielfältigen Vegetation bieten, die sich jedoch nur bei sorgfältiger Planung langfristig verwirklichen läßt.

Extensive Dachbegrünungen sind Lebensformen, die oft hart an der Grenze der Überlebensfähigkeit bestehen müssen und die schon auf kleinste Veränderungen dramatisch reagieren. Die Planung fällt gerade hier in einen sehr sensiblen Bereich. Sowohl die Ansprüche, die an die Begrünung gestellt werden, als auch technische Vorgaben sowie exakte mikroklimatische Untersuchungen der speziellen Dachfläche müssen aufeinander abgestimmt werden. Die folgenden Fragen müssen gründlich untersucht und bei der Planung berücksichtigt werden, will man das geplante Bepflanzungsschema dauerhaft ohne aufwendige Pflegemaßnahmen verwirklichen.

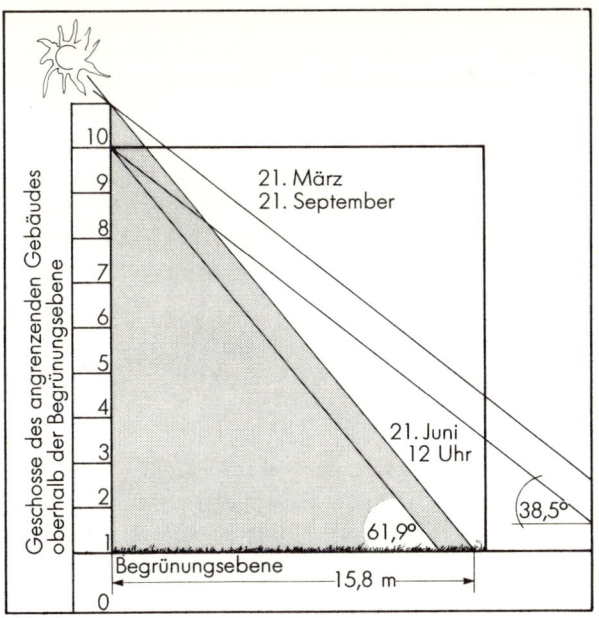

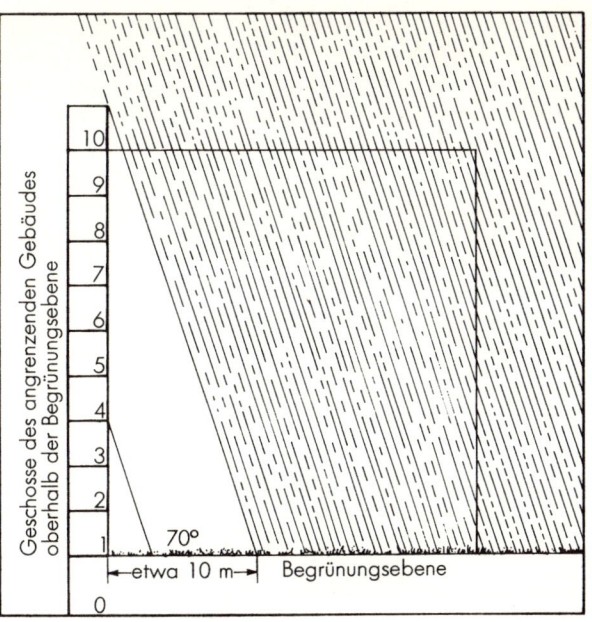

Schema zur Ermittlung von Regenschatten bei Westniederschlag (rechts) und Schema zur Ermittlung der Beschattung (links). (Abgeändert nach Krupka 1985)

Anforderungen an die Vegetation:
- Ist eine flächige Begrünung während der gesamten Vegetationsperiode gefordert oder wird ein teilweises Vertrocknen oder Einziehen während extremer Trockenperioden akzeptiert?
- Genügt flächiges Grün oder erwartet man eine abwechslungsreiche, zeitlich gestaffelte Blüte?
- Werden flache oder höherwüchsige Vegetationsformen gewünscht?
- Welches Mindestmaß an Pflegemaßnahmen ist möglich?

Bautechnische Vorgaben:
- Welche zusätzliche Belastung der Dachfläche ist möglich?
- Welche Dachabdichtung ist vorhanden?
- Wie stark ist das Dach geneigt?
- Erlaubt die Dachausbildung eine flächige Begrünung? Ist eine Taupunktverschiebung zu erwarten?
- Wird die Dachentwässerung durch den Grünaufbau nicht behindert?

Mikroklimatische Bedingungen:
- Wie liegen die Besonnungs- und Beschattungsverhältnisse?
- Welche Windverhältnisse und Turbulenzen sind zu erwarten?
- Wohin fallen Regenschatten oder wo tritt eine Niederschlagsverwirbelung auf?
- Welches örtliche Klima herrscht vor?
- Wie liegt die Dachfläche?
- Kommt Wasser von angrenzenden Dachflächen?

Trotz dieser vielen Vorgaben bieten sich für den jeweiligen Einzelfall immer noch überraschend viele Bepflanzungsmöglichkeiten an, die in den meisten Fällen abwechslungsreiche, ökologisch vielschichtige Vegetationsformen ermöglichen.

Grasdächer als Sonderform der Extensivbegrünung

Seit Jahrhunderten haben sich Grasdächer sowohl in heiß-trockenen als auch feucht-kühlen Ländern als Form angepaßter, klimagerechter Bauweisen bewährt. Sie erfreuen sich seit einigen Jahren auch in Mitteleuropa steigender Beliebtheit. Die traditionellen skandinavischen Grasdächer bestanden aus dem tragenden Dachstuhl und der darauf befestigten Dachschalung aus unbesäumten Brettern, die mit mehreren Lagen Birkenrinde abgedeckt waren. Die Birkenrinde ist aufgrund des hohen Gerbsäuregehaltes sehr langlebig. Sie übernahm dadurch die Funktion der Dachabdichtung. Über der Rinde wurden in der Regel zwei Lagen Grassoden aufgebracht, die untere mit der Grasnarbe zur Rinde hin, die darüberliegende mit der Grasnarbe nach oben. Im Laufe der Zeit wurden beide Lagen voll durchwurzelt und dadurch stabilisiert. Längs der Traufe bildeten starke Holzbalken, die mit einer vorgelagerten Dränage und mit Entwässerungsschlitzen versehen waren, die Schubsicherung. Die Vegetationsschicht wurde gegen Sturm und Abwehen am Rand mit großen Steinen befestigt.

Die Erfahrungen mit skandinavischen Grasdächern lassen sich wegen der völlig anderen klimatischen Bedingungen und des wesentlich dickerschichtigen traditionellen Dachaufbaues nur mit Einschränkungen auf Mitteleuropa und die modernen Bauweisen übertragen. Außerdem weist die Mehrzahl dieser »Grasdächer« eine Vegetation auf, die in erster Linie aus Moosen, Flechten, sukkulenten Pflanzen und nur zum geringen Teil aus Gräsern und Kräutern besteht, wobei die Artenzusammensetzung bei Nord- oder

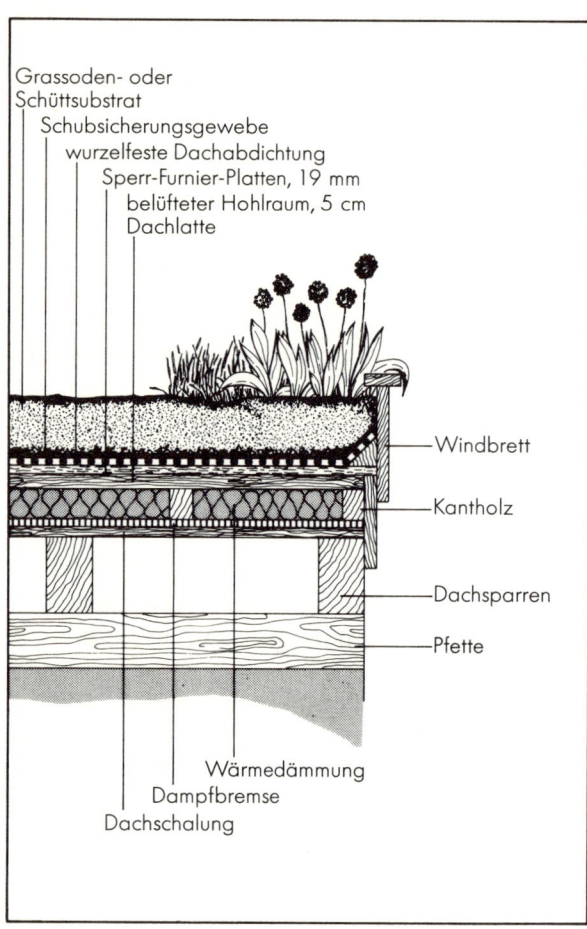

Aufbau eines modernen Grasdaches.

Grassoden- oder
Schüttsubstrat
Schubsicherungsgewebe
wurzelfeste Dachabdichtung
Sperr-Furnier-Platten, 19 mm
belüfteter Hohlraum, 5 cm
Dachlatte

Windbrett

Kantholz

Dachsparren

Pfette

Wärmedämmung
Dampfbremse
Dachschalung

Südexposition der Bestandsfläche sehr unterschiedlich ist (vgl. auch Seite 11 f.).

Moderne Grasdächer stellen eine Sonderform der Extensivbegrünung dar, da sie wegen der hohen Wasserverdunstung der Vegetation eine mindestens 14 bis 18 cm dicke, schwere Vegetationsschicht mit ausreichender Wasserspeicherkapazität benötigen. Trotzdem müssen sie bei größeren Dachneigungen während extremer Trockenperioden zusätzlich bewässert werden, will man ein oberirdisches Absterben der Vegetation verhindern. Sie entsprechen daher nicht voll den Ansprüchen, die an Extensivbegrünungen gestellt werden. Dort wird ja ein möglichst leichter, dünnschichtiger Aufbau und eine dauerhafte Begrünung ohne notwendige Pflegemaßnahmen gefordert.

Der Aufbau moderner Grasdächer entspricht im wesentlichen dem der übrigen Extensivbegrünungsfor-

men. Wegen des raschen Wasserabflusses entfällt bei höheren Dachneigungen die Dränschicht, dafür müssen Schubschwellen zur Stabilisierung eingebaut werden, oder die Vegetationsschicht wird durch Einlegen von Krallmatten armiert. Je steiler die Dachneigung ist, desto mehr erhöht sich der bauliche Aufwand. Daher gelten heute Dachneigungen mit 35° als vernünftige Obergrenze, obgleich Versuchsdächer mit 50° Neigung schon erfolgreich begrünt wurden.

Systeme für die extensive Dachbegrünung

Im folgenden stellen wir verschiedene, derzeit auf dem Markt erhältliche Systeme für Extensivbegrünungen vor, die im wesentlichen von den gleichen Herstellern wie die Systeme für Intensivbegrünungen angeboten werden. Die Adressen der Herstellerfirmen und die Vertriebsquellen für die Bundesrepublik Deutschland, für Österreich und die Schweiz finden sich im Anhang ab Seite 184.

Bauder Dachbegrünungssysteme

Hersteller: Bauder
Extensivbegrünung mit Schüttsubstrataufbau
Einsatzbereich: Nicht ständig benutzte Dachflächen von 0 bis 5° Neigung, auf denen eine leichte, pflegearme Begrünung erwünscht ist. Gut für nachträglichen Einbau geeignet. Die Verlegung kann komplett durch den Dachdecker erfolgen
Aufbau:
7 Vegetationsschicht: Bauder Fertigsubstrat
6 Trennschicht: Trennfolie PE 02
5 Abdichtungsoberlage und Durchwurzelungsschutz: Bauder Pflanzschwarte
4 Untere Abdichtungslage: Flexschwarte K5E talkumiert
3 Wärmedämmung: Thermotekt V-F
2 Dampfbremse: Jubitekt Super AL
1 Voranstrich: Burkolit V

Über den Bauder Standard-Dachaufbau (Schichten 1 bis 6, siehe auch Seite 86) wird ein auf die extensive Bepflanzung abgestimmtes Fertigsubstrat in einer Höhe von etwa 10 cm aufgebracht. Es besteht zu 100% aus offenporigen mineralischen Stoffen mit einer ausgewogenen Kornabstufung zwischen 2 und 8 mm, Wasserspeicherung (35 l/m²). Es erfüllt die Funktionen von Vegetations-, Filter- und Dränschicht. Es zeichnet sich durch gute Trittstabilität, gute Durchwurzelbarkeit und geringen organischen Abbau aus.

174

Bepflanzung: Das Substrat beinhaltet auf Wunsch schon eine nach speziellen Kriterien der Extensivbegrünung zusammengestellte Saatmischung aus niedrig wachsenden Gräsern, Kräutern und Blütenstauden und einen für die Startphase ausreichenden Langzeitdünger. Bei Substrat ohne Saatgut kann die Vegetation durch Saat, Pflanzung oder Ausstreuen von Sproßteilen aufgebracht werden.

Lieferform: 60-l-Säcke Fertigsubstrat mit oder ohne Saatgut und Langzeitdünger; Big Bags, 1,5 m³; Silozug (50 m³), auf Wunsch direkt auf das Dach geblasen

Aufbauhöhe: Etwa 10 cm

Belastung durch Grünaufbau: Im wassergesättigten Zustand 65 bis 80 kg/m²

Grünaufbau mit Substratmatte

Einsatzbereich: Extensive, pflegeleichte, nicht benutzbare Begrünungsform auf flachen bis leicht geneigten Dächern mit geringer Tragfähigkeit; ermöglicht eine einfache und rasche Dachbegrünung.

Aufbau: Über den Bauder Standard-Dachaufbau (Schichten 1 bis 6, siehe Seite 86) wird eine 6 cm starke Substratmatte aus offenzelligem Verbundschaum, 100 × 100 cm, als Wachstumsgrundlage für die darüberliegenden Rasensoden oder den Rollrasen verlegt. Die ausgewogene Porenstruktur der Matte bedingt gute Wasserspeicher- und Dräneigenschaften. Die Matte kann daher die Funktion der Vegetations-, Filter- und Dränschicht voll übernehmen. Im Hinblick auf die extensive Begrünungsform enthält sie keine Nährstoffe. Die Wasserspeicherkapazität liegt bei 35 l/m².

Bepflanzung: Speziell auf die Erfordernisse extensiver Begrünungsformen abgestimmte Grassorten werden in Form von Rollrasen 1,25/2,5 m × 40 cm, etwa 2 cm dick) oder Rasenziegeln verlegt. Andere geeignete Pflanzen können zusätzlich eingesetzt werden.

Aufbauhöhe: 8 cm

Belastung durch Grünaufbau: Im wassergesättigten Zustand rund 65 kg/m²

Blumenhügel Dachbegrünungssystem Biotop

Hersteller: Blumenhügel-Systeme

Einsatzbereich: Das komplette Dachabdichtungs- und Begrünungssystem eignet sich für die Begrünung waagrechter und geneigter Flächen bestehender oder neu zu errichtender Gebäude mit unterschiedlichsten Dachformen und Neigungen bis 45°. Über 70% der Biotopdächer werden zur Sanierung bekiester Flachdachflächen eingebaut. Je nach Tragfähigkeit der Dachkonstruktion können bei unterschiedlich dicken Vegetationsschichten sowohl pflegeleichte extensive

(Grasdächer, Moos-*Sedum*-Gesellschaften usw.) als auch vielfältige intensive Vegetationsformen gepflanzt werden. Das System Biotop wird als Umkehrdach oder herkömmliches Warmdach ausgeführt.

Das Blumenhügeldach nach dem Umkehrprinzip mit diffusionsoffenem Aufbau ist hinsichtlich des Diffusionswiderstandes so ausgelegt, daß eine Tauwasserbildung unterhalb der Dachabdichtung zuverlässig vermieden wird. Es ist daher für Holz- und andere korrosionsgefährdete Dachkonstruktionen geeignet.

Aufbau:

10 Vegetationsschicht: Die Substratmischung wird aus ungedüngtem mineralischem Oberboden und verschiedenen Zuschlagstoffen wie Schotter oder Lavalit hergestellt, wobei die Zusammensetzung auf die jeweilige Bepflanzung und Schichtdicke abgestimmt wird.
   Die Stärke der Vegetationsschicht liegt für extensive Flachdachbegrünungen bei minimal 3 bis 4 cm; die Standarddicke für geneigte Dachflächen beträgt etwa 8 bis 10 cm, für intensive Vegetationsformen 20 cm bis 100 cm. Gewicht: 18,5 kg/m² je cm Einbaustärke

5–9 Die Blumenhügel-Sicherheitsmatte bildet das eigentliche Kernstück des Systems und besteht aus einer 2,08 m breiten, ausrollbaren fünfschichtigen Matte, die lose über die Dichtungs- und Dämmlagen verlegt und miteinander verklammert wird.
   Die fünf Funktionsschichten sind miteinander verschweißt und bestehen aus:

9 Spezial-Krallgewebe zur scherfesten Stabilisierung der Vegetationsschicht

8 Kunststoffvlies als Wasserspeicher- und Verteilungsschicht

7 Hochzugfeste Kunststoffgittergewebe-Armierung als Perforationsschutz und zur Lastabtragung von Horizontalkräften aus der Vegetationsschicht.

6 Kunststoffvlies als Wasserspeicher-, Filter -und Verteilungsschicht

5 Vorgepreßtes Krallgewebe als hohlraumreiche Flächendränage
   Die Schichten 5–9 sind insgesamt 3 cm stark

4 Wärmedämmung: Beim Umkehrdach kommen nur Wärmedämmstoffe mit geschlossener Zellstruktur in Frage. Bei herkömmlichen Warmdächern werden Polystyrol-Dämmstoffe eingesetzt

3 Wurzelfeste Dachabdichtung: ECB-Dichtungsbahn

2 Schutz- und Trennschicht: Unterhalb der Dichtungsbahn wird zum Ausgleich von Unebenheiten eine Schutz- und Trennlage aus unterschiedlichen Materialien verlegt (Bitumenschweißbahn, Stapelfaservliese usw.)

1 Dachunterkonstruktion

Varianten:
– Blumenhügel-Biotop ohne Kerndämmung
  Einsatzbereiche: Über Kaltdach-, Warmdach-Sanierung, Hallen, Tiefgaragen, Bauten im Landschaftsschutz, Landwirtschaft, Wohnbau, Dachwiese für private Nutzung
– Blumenhügel-Biotop mit Kerndämmung als Umkehrdach
  Einsatzbereiche: Wohn-, Industrie-, Verwaltungs-Gewerbebau, Dachwiese für private Nutzung
– Blumenhügel-Biotop mit Kerndämmung als Duo-Dach

Dachbegrünungssystem Biotop von Blumenhügel.

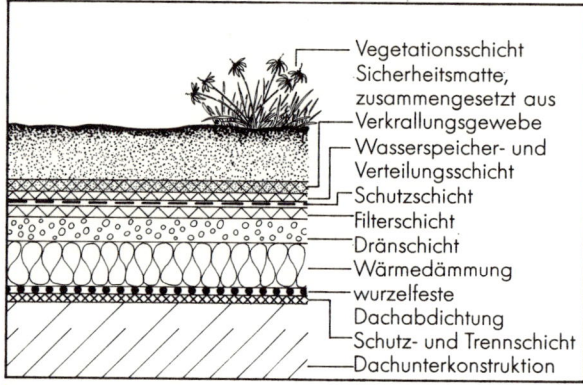

Vegetationsschicht
Sicherheitsmatte, zusammengesetzt aus Verkrallungsgewebe
Wasserspeicher- und Verteilungsschicht
Schutzschicht
Filterschicht
Dränschicht
Wärmedämmung
wurzelfeste Dachabdichtung
Schutz- und Trennschicht
Dachunterkonstruktion

Grasdachsystem Flachdach von Brinkmann.

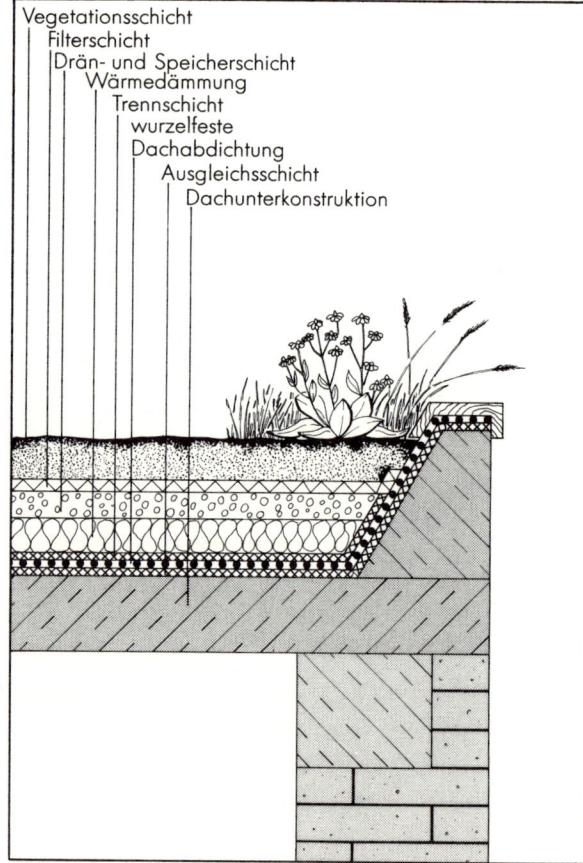

Vegetationsschicht
Filterschicht
Drän- und Speicherschicht
Wärmedämmung
Trennschicht
wurzelfeste Dachabdichtung
Ausgleichsschicht
Dachunterkonstruktion

Einsatzbereiche: Wohn-, Industrie-, Verwaltungs-Gewerbebau, Dachwiese für private Nutzung
Bepflanzung: Je nach Dachneigung, Dicke und Zusammensetzung der Vegetationsschicht und Pflegeaufwand können sowohl extensive Vegetationsformen als auch intensive, abwechslungsreiche Bepflanzungen verwirklicht werden. Für Extensivbegrünungen bietet die Firma speziell geeignete Samenmischungen (50 verschiedene Sorten) an, andere Pflanzen müssen von Gärtnereien bezogen werden
Aufbauhöhe: Zwischen 10 (extensiv) und 100 cm (intensiv)
Belastung durch Grünaufbau: Extensivbegrünungen ab 70 kg/m², Grasdächer 150 bis 180 kg/m²

Brinkmann Grasdachsysteme

Hersteller: Brinkmann
Die Firma bietet drei verschiedene Grasdachsysteme für Dachneigungen von 0 bis 50° an. Die Systeme werden als Selbstbaupakete mit genauen Anleitungen angeboten. Größere oder schwierigere Dachflächen können kostengünstig in Zusammenarbeit mit Fachleuten der Firma durchgeführt werden

Grasdachsystem Flachdach

Einsatzbereich: Auf jedes herkömmliche Flachdach bei entsprechender Tragfähigkeit auch zur Sanierung undichter Flachdächer geeignet
Aufbau:
8 Vegetationsschicht: Sie wird in verschiedenen Mischungsverhältnissen und Stärken aufgebracht und besteht aus Mutterboden (meist von der Baustelle), Blähton und Bentonit. Sie wird unter Umständen mit Sand und Lehm aufbereitet und kann als Sackware oder in loser Schüttung bezogen werden
7 Filterschicht: Bestehend aus wasserdurchlässigem Textilvlies
6 Drän- und Speicherschicht: Blähton, Körnung 8 bis 16 mm
5 Wärmedämmung: Aus extrudierten Polystyrol-Platten von 3 bis 12 cm Dicke
4 Trennschicht: Kunststoffvlies
3 Wurzelfeste Dachabdichtung »herbatect«. Das etwa 1,2 mm starke, beidseitig kunststoffbeschichtete, hochreißfeste Trevira-Gewebe kann bis zu einer Größe von 800 m² vorgefertigt werden
2 Ausgleichsschicht: Diese besteht aus steppnadelfreiem Spezialgewebe und wird überlappend auf der Unterkonstruktion verlegt
1 Dachunterkonstruktion
Bepflanzung: Sie setzt sich zusammen aus trockenresistenten, niedrig bleibenden Wildkräutern und Gräsern, die regenerationsfähig sind und geringe Pflege

erfordern. Die Pflanzen können entweder als Rollrasen oder als Saatgut geliefert werden
Aufbauhöhe: Mit der Dränschicht etwa 19 cm
Belastung durch Grünaufbau: Je nach Substratzusammensetzung etwa 195 kg/m²

Grasdachsystem für Schrägdächer

Einsatzbereich: Es kann auf jede herkömmliche Warm- oder Kaltdachkonstruktion von 5 bis 20° Dachneigung bei ausreichender Tragfähigkeit aufgebracht werden. Die Dachunterkonstruktion sollte aus einer auf die Sparren aufgebrachten, oberseitig sägerauhen Holzdielung bestehen
Aufbau:
6 Vegetationsschicht: Siehe Grasdachsystem Flachdach
5 Wärmedämmung: Ein Grasdach ist ein natürliches, wärmegedämmtes Umkehrdach. Die Wärmedämmung kann jedoch durch Auflegen von Stufenfalzplatten aus extrudiertem Polystyrol in 3 bis 12 cm Stärke noch erhöht werden
2–4 Trennschicht, wurzelfeste Dachabdichtung, Ausgleichsschicht: Wie beim Grasdachsystem Flachdach
1 Dachunterkonstruktion
Bepflanzung: Mischung aus speziellen, dürreresistenten, sehr regenerationsfähigen Gräsern und Wildkräutern
Aufbauhöhe: Ohne zusätzliche Dachdämmung etwa 16 cm
Belastung durch Grünaufbau: Wassergesättigt rund 155 kg/m²

Grasdachsystem für Steildächer

Einsatzbereich: Für Steildächer mit 20 bis 50° Neigung
Aufbau:
7 Vegetationsschicht: Wie bei den anderen Brinkmann-Systemen
6 Substratarmierungsmatte: Sie wird oberhalb der Schubschwellen im Substrataufbau verlegt. Sie verhindert Auswaschungen und stabilisiert in der Anwuchsphase den Systemaufbau
5 Zusätzliche Wärmedämmung: Besteht aus extrudierten Polystyrolplatten, 3 bis 12 cm dick
3, 4 Ausgleichsschicht, wurzelfeste Dachabdichtung: Wie bei den anderen Brinkmann-Systemen
2 Schubschwellen: Um bei großen Dachneigungen ein Abrutschen des Aufbaues zu verhindern, werden parallel zu den Traufen auf die Dachschalung Schubschwellen aus Holz befestigt, wodurch außerdem bei Steildächern natürliche Wasseranstauungen entstehen
1 Dachunterkonstruktion

Grasdachsystem für Schrägdächer von Brinkmann.

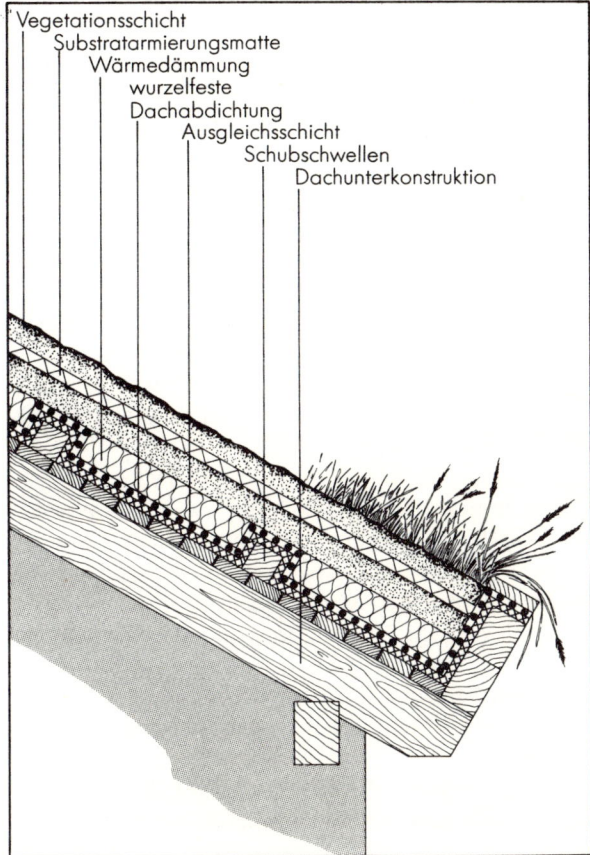

Grasdachsystem für Steildächer von Brinkmann.

Bepflanzung: Trockenresistenter Rollrasen, der bei sehr steilen Dächern durch Holznägel fixiert wird. Seit kurzem gibt es Erosionsschutzmatten mit eingewebten Sämereien aus Kokos, Stroh und Jutegewebe
Aufbauhöhe: 16 cm
Belastung durch Grünaufbau: Wassergesättigt etwa 155 kg/m²

Grasdachsystem von Minke.

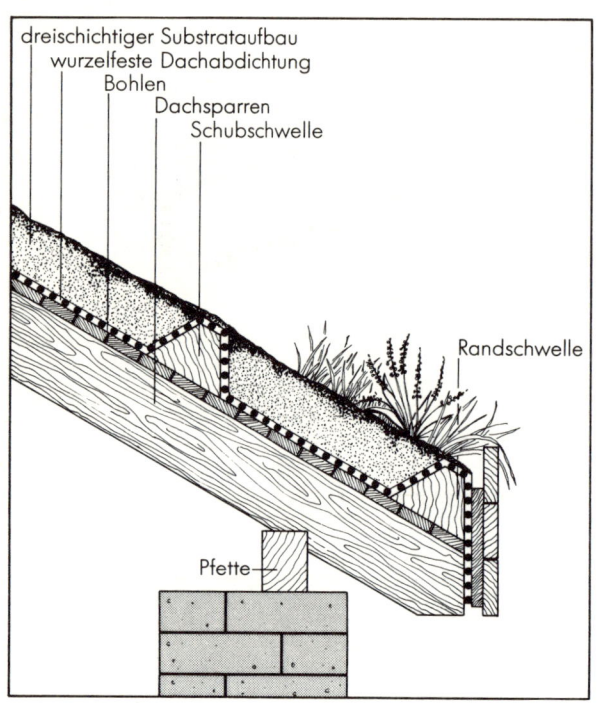

dreischichtiger Substrataufbau
wurzelfeste Dachabdichtung
Bohlen
Dachsparren
Schubschwelle

Randschwelle

Pfette

Minke Grasdachsystem

Hersteller: Minke
Einsatzbereich: Das Minke-Grasdach kann direkt auf die vorhandenen Dachunterkonstruktionen wie Holzschalung, Beton usw. verlegt werden. Für Dachneigungen von 0° (in diesem Falle wird eine zusätzliche Dränschicht eingebaut) bis zu etwa 35° geeignet. Je nach System und Neigung werden Schubschwellen eingebaut.
Aufbau:
5 Vegetationsschicht: Mischung von Blähton unterschiedlicher Körnung und Mutterboden. Sie ist frei von Kunststoffpartikeln und wird je nach Dachneigung unterschiedlich aufgebaut.
Flach geneigte Dächer: dreischichtiger Aufbau, bestehend aus
– oberer Schicht mit Nährboden
– mittlerer Schicht, dient vorwiegend der Wurzelbelüftung
– unterer Schicht, besitzt vorwiegend Dränwirkung
Bei steileren Dächern entfällt die untere Schicht.
Häufig wird auch Fertigsubstrat GSM 23 mit

hohem Wasserrückhaltevermögen verwendet, das in »big bags« (flexible Transportbehälter mit 0,3 m³ Volumen, die mit Kran hochgezogen werden) geliefert wird und sich gut für steile Dächer eignet. Das Fertigsubstrat GSM 55 ist wegen der stärkeren Dränwirkung im Gegensatz dazu für flache Dachneigungen vorgesehen. Die Substratschicht ist in der Regel etwa 10 bis 15 cm hoch und wiegt einschließlich Fertigrasen zwischen 100 und 160 kg/m²
4 Wärmedämmung: Ohne zusätzliche Wärmedämmung läßt sich bei 15 cm Leichtsubstrat und einem Wildgräserpolster von 15 bis 30 cm Höhe ein k-Wert von 0,6 W/m²K erreichen. Ist eine zusätzliche Wärmedämmung erforderlich, so verwendet man geschlossenporige Hartschaumplatten, die je nach Dachkonstruktion über- oder unterhalb der Dachhaut verlegt werden
3 Schutzschicht: Beim Einbau einer zusätzlichen Wärmedämmung wird ein Schutzvlies aus Polyesterfasern zwischen Dachhaut und Wärmedämmung verlegt
2 Wurzelfeste Dachabdichtung: Die früher verwendete Dachhaut »herbatect 1600« wurde inzwischen durch »Pewatect« und »Intertherm« ersetzt. Es handelt sich dabei um ein PVC-beschichtetes Polyester-Gittergewebe, welches bis zu einer Größe von 400 m² firmenseitig maßgerecht verschweißt wird. Durch spezielle Faltenlegetechnik kann die Dachhaut auch für kuppelförmige und unregelmäßig gekrümmte Dächer verwendet werden
1 Dachunterkonstruktion
Bepflanzung: Die an die extremen Standortbedingungen angepaßte Vegetation aus dürreresistenten und frostharten Wildgräsern und Wildkräutern wird entweder ausgesät oder als Rollrasen verlegt. Außerdem wird eine »Wildgräser-Wildkräuter-Matte GSM« angeboten, die bei 1 m Breite bis zu 20 m lang geliefert werden kann. Sie enthält eine dreidimensionale Armierung und kann daher auch auf Steildächern sehr einfach und schnell montiert werden. Wegen der hohen Zugfestigkeit und der Verlegung in voller Dachlänge ist ein Abrutschen der Vegetation bei richtiger Montage ausgeschlossen, wodurch auch bei Neigungen über 30° keine Schubschwellen mehr erforderlich sind.
Der »Sedum-Moos-Teppich GSM« ist ähnlich aufgebaut, kann auch ohne Substrat verlegt werden; etwa 2 cm dick, Gewicht in nassem Zustand etwa 30 kg/m²
Aufbauhöhe: 10 bis 18 cm
Belastung durch Grünaufbau: Je nach Variante 385 bis 180 kg/m²

Nora Dachbegrünungssysteme

Hersteller: Freudenberg

Die Firma Freudenberg bietet drei Varianten zur Extensivbegrünung an, die sich hinsichtlich Vegetationsschicht und Bepflanzung voneinander unterscheiden. Alle werden auf dem gleichen Unterbau aufgebaut.

Extensivbegrünung mit Begrünungsmatten

Einsatzbereich: Diese einfache und leichte Dachbegrünungsform eignet sich vor allem für Dachflächen mit geringster Belastbarkeit, auch im Rahmen von Dachsanierungen. Sie wird bei Vegetationsdicken zwischen 5 und 8 cm als Standardtyp für Extensivbegrünungen, bei Schichtstärken von 9 bis 15 cm als Grasdachbegrünung ausgeführt.

Aufbau:

6 Vegetationsschicht: Eine mit Substrat verfüllte Nylonschlingmatte mit vorkultivierten Pflanzen wird in 1 bis 2 m breiten Bahnen über der Dränagematte aufgerollt

3–5 Filter-, Schutz-, Dränschicht: Nora-Schutz- und Dränbahn aus Polyethylen-Schaumstoffflocken mit Filtervlies

2 Dachabdichtung: Wurzelfeste Nora-Dachabdichtung aus EPDM

1 Dachunterkonstruktion

Extensivbegrünung mit Schüttsubstrat

Einsatzbereich: Bei Vegetationsschichten zwischen 5 und 8 cm für Extensivbegrünungen, bei Schichtstärken zwischen 9 und 15 cm als Grasdachbegrünung

Aufbau:

6 Vegetationsschicht: Die Basis dafür bildet Hochmoortorf, der mit verschiedenen Zuschlagstoffen versetzt und den speziellen Erfordernissen angepaßt wird (Tongranulat, offenporige Leichtlava, Körnung 4 bis 8 mm, Kalksplitt). Das Substrat weist 40 bis 50% Festsubstanz auf, die Wasserkapazität liegt bei 40%, die Luftkapazität bei 20%. Es enthält eine mittelhohe Aufdüngung.

3–5 Filter-, Schutz- und Dränschicht: Nora Schutz- und Dränbahn

2 Wurzelschutzbahn bzw. Dachabdichtung

1 Dachunterkonstruktion

Bepflanzung: In Abhängigkeit von der Substratdicke; bei dünnen Schichten Moose, sukkulente Pflanzen, Zwiebelpflanzen, Gräser, Kräuter, Kleingehölze

Aufbauhöhe: 8 bis 18 cm

Belastung durch Grünaufbau: 80 bis 160 kg/m²

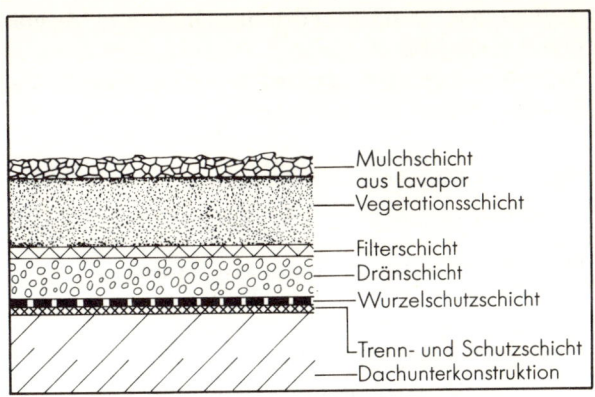

Optima Extensivbegrünung. Siehe auch Dachaufbau der Intensivbegrünung auf Seite 98.

Mulchschicht aus Lavapor
Vegetationsschicht
Filterschicht
Dränschicht
Wurzelschutzschicht
Trenn- und Schutzschicht
Dachunterkonstruktion

Optima Extensiv-Dachbegrünungssystem

Hersteller: Optima

Einsatzbereich: Flächige, pflegeleichte Begrünung von Dachflächen mit geringer Tragfähigkeit und Neigungen von 0° bis etwa 30°; ab 20° sind Schubschwellen erforderlich, um ein Abrutschen zu verhindern

Aufbau:

Die angebotenen Systemvarianten unterscheiden sich ausschließlich durch unterschiedliche Vegetations- und Dränschichtdicken, die jeweils verschiedene Vegetationsformen ermöglichen.

7 Mulchschicht: Sie besteht aus mineralischen Schüttbaustoffen, wird etwa 1 cm hoch nach dem Pflanzen oder der Ansaat aufgebracht, schützt besonders bei niedrigen Erdschichten vor Windverwehung und zu starkem Austrocknen

6 Vegetationsschicht: Besteht wie die Optima-Dauererde für intensive Begrünungen aus Torf, Lößton, Tonmineralien, porösen Zuschlagstoffen und einem erhöhten Anteil von mineralischen Gerüstbaustoffen und wird auf die jeweilige Bepflanzung unter Berücksichtigung der örtlichen Gegebenheiten abgestimmt. Die Dicke liegt je nach Art der gewünschten Bepflanzung zwischen 4 und 7 cm.

5 Filterschicht: Polypropylen-Mischvlies.

4 Dränschicht: Sie besteht aus Blähton/Blähschiefer mit geringem Salz- und Kalkgehalt. Die Dicke der Dränschicht hängt von der Vegetationsschicht, der Bepflanzung und der Art der Be- und Entwässerung ab und beträgt 3 bis 9 cm.

3 Wurzelschutzschicht: Aus Weich-PVC, bei nicht wurzelfesten Dachabdichtungsbahnen

2 Trenn- und Schutzschicht: Polypropylen-Mischvlies

1 Dachunterkonstruktion

Bepflanzung: Speziell auf die Gegebenheiten abgestimmte Pflanzen, Aussaaten und vorkultivierte Vegetationsmatten.

Aufbauhöhe: Je nach Dicke der Drän- und Vegetationsschicht 8 bis 14 cm
Belastung durch Grünaufbau: Je nach Stärke der Vegetationsschicht 80 bis 140 kg/m²

Plantener Dachbegrünungssysteme

Hersteller: Plantener

Flächenbegrünung im Anspritzverfahren

Einsatzbereich: Für Flächen ab 1000 m²
Aufbau:
6 Vegetationsschicht: Gemisch aus Steinwollflocken, Saatgut, Bindemittel und organischem Dünger, das mittels Hydroseeder in einer Dicke von 7,5 cm auf das Trenn- und Filtervlies aufgespritzt wird. Die Anspritzdecke kann zugunsten der Dränschicht dünner gehalten werden, dadurch ergeben sich geringere Kosten
5 Filterschicht: Kunststoffvlies
4 Dränschicht: 2 cm Lavadur 8/16
3 Schutzschicht: Polyethylenvlies
2 Wurzelschutzschicht: 1,2 mm dick, aus Alkorplan oder Alkorflex, wird über nicht wurzelfeste Dachabdichtungen gelegt
1 Dachunterkonstruktion
Bepflanzung: Samengemische entweder nur von geeigneten Grassorten oder kombiniert mit Wildblumensämereien

Extensive Dachbegrünung von Plastoplan re-natur.

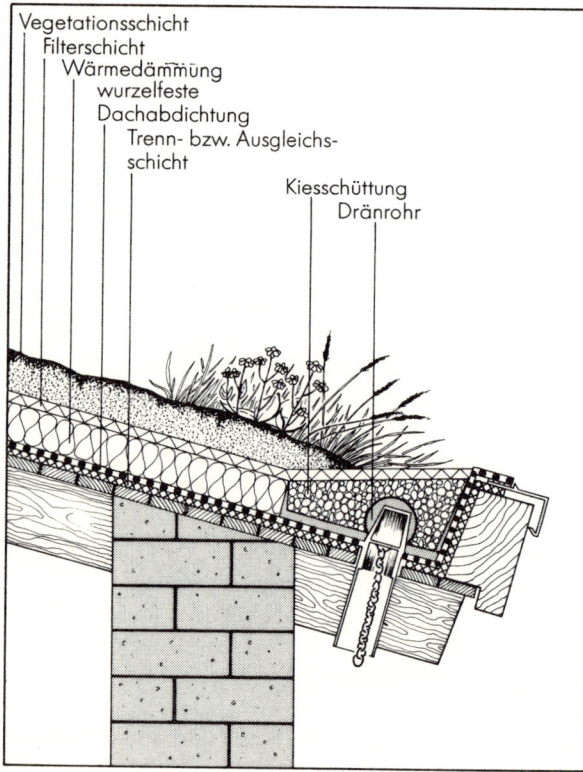

Aufbauhöhe: Ab 6 cm
Belastung durch Grünaufbau: Ab 50 kg/m²

Flächenbegrünung mit Fertigrasen

Einsatzbereich: Flachdächer, insbesondere für Sanierungen und Tiefgaragen, Schrägdächer bis 30°
Aufbau:
6 Vegetationsschicht: Plantener-Steinwoll-Rasenmatten, 4 cm dick, 90 × 60 cm, Material wie bei Intensivbegrünung (s. S. 99), Gewicht 170 kg/m³
5 Filterschicht: Wie zuvor beschrieben
4 Dränschicht: 2 cm Lavapor, Körnung 8 bis 16 mm
3 Schutzschicht: Wie zuvor beschrieben
2 Wurzelschutzschicht: Wie zuvor beschrieben
1 Dachunterkonstruktion
Bepflanzung: Rollrasen oder Rasensoden mit besonderer Gräserzusammensetzung
Aufbauhöhe: Etwa 7 cm
Belastung durch Grünaufbau: Rund 60 kg/m²

Plastoplan-Komponenten für extensive Dachbegrünungen

Hersteller: Plastoplan re-natur
Einsatzbereich: Die Firma Plastoplan bietet Komponenten für extensive Dachbegrünungen und speziell auf das jeweilige Dachbegrünungsprojekt bezogene Beratung an. Sie versteht sich nicht als Systemanbieter, der für die unterschiedlichsten Anforderungen ein einheitliches Begrünungssystem anbietet, sondern ist bestrebt, eine auf die jeweiligen Verhältnisse und Anforderungen abgestimmte Individuallösung anzubieten.

Geeignet für Dachneigungen bis 15° ohne Schubschwellen, bis 45° mit Schubschwellen. Dachneigungen mit 50° wurden erst im Kurzversuch erprobt, solche mit 45° sind seit 2 Jahren in Versuch.
Aufbau:
6 Vegetationsschicht. Je nach Bepflanzung und Dachneigung werden Substratzusammensetzungen vorgeschlagen, die jedoch vom Bauherrn beigestellt werden müssen. Es sind meist sandige Böden, mit Blähton gemischt
5 Filterschicht: Plastoplan Geovlies aus 3 mm Polyester liegt über der Wärmedämmung als Rieselschutz
4 Wärmedämmung: Aus extrudiertem Polystyrolschaum
3 Wurzelfeste Dachabdichtung: »Öko-Dachabdichtung« für bestehende Dächer; aus 1 mm Weich-PVC als Plane vorgefertigt; wird über bestehende, nicht wurzelfeste Dachhaut aufgebracht, für Neubauten: 1,2 mm Weich-PVC, Polyester gewebearmiert

180

2 Trenn- bzw. Ausgleichsschicht aus Polyestervlies
1 Dachunterkonstruktion

Bepflanzung: Für die jeweiligen Ansprüche werden Bepflanzungsvorschläge ausgearbeitet. Angeboten werden diverse Trockenstauden sowie Trockenrasensaat und *Sedum*-Sprossen

Aufbauhöhe: Je nach statischen Voraussetzungen 3 bis 30 cm

Belastung durch Grünaufbau: Von 50 bis 300 kg/m²

Technoflor Extensivbegrünungssystem

Hersteller: Technoflor

Einsatzbereich: Dünnschichtige Extensivbegrünungen auf flachen und geneigten Dächern bis 30°, wo besonders geringes Gewicht erwünscht ist. Je nach Dicke der Vegetationsschicht ist *Sedum*-Begrünung, Magerrasen-Variante oder Grasdach möglich

Aufbau: Hauptkomponente des Dachbegrünungssystems ist die Technoflor Vegetationsplatte, die aufgrund ihrer speziellen Eigenschaften die Funktion der Vegetations-, Wasserspeicher-, Filter- und Dränschicht übernimmt

3 Vegetations-, Filter- und Dränschicht: Technoflor Vegetationsplatte. Sie besteht aus elastisch gebundenen, offenporigen Polyurethan-Schaumstoffflocken, die mit Langzeitdüngemitteln, Mineralstoffen und Tonmineralien angereichert sind. Das hohe Porenvolumen (etwa 95%) ermöglicht eine intensive Durchwurzelung des Substrates, so daß geringe Substratdicken ausreichen. Die Feinporen sorgen für eine langfristige Wasserspeicherung (etwa 45%vol), während die Grobporen eine ausreichende Dränwirkung garantieren. Durch den guten Luft-Wasser-Haushalt und das ausgewogene Nährstoffangebot gedeihen Pflanzen mit unterschiedlichen Ansprüchen. Alle Substratanteile sind elastisch in die Platte eingebunden und können nicht ausgeschwemmt werden. Die Platten sind im Format 100 × 100 cm, 3 bis 20 cm dick, erhältlich. Gewicht trocken 130 kg/m³.

Bei Standardbauweisen werden die Vegetationsplatten mit auf den Verwendungszweck abgestimmten Schüttsubstraten überdeckt, um die Aussaat zu erleichtern und die Kosten zu reduzieren

2 Wurzelschutzschicht: Ist keine wurzelfeste Dachabdichtung einschließlich Wärmedämmung vorhanden, so wird zum Schutz vor Durchwurzelung eine Wurzelschutzbahn aus Weich-PVC über die bestehende Dachabdichtung gebreitet

1 Dachunterkonstruktion
 – Minimalvariante für *Sedum*-Begrünung: 3 cm Technoflorplatte mit unterseitiger Profilierung zur stärkeren Wasserableitung und Belüftung, darüber 2 cm Erdüberdeckung, nutzbare Was-

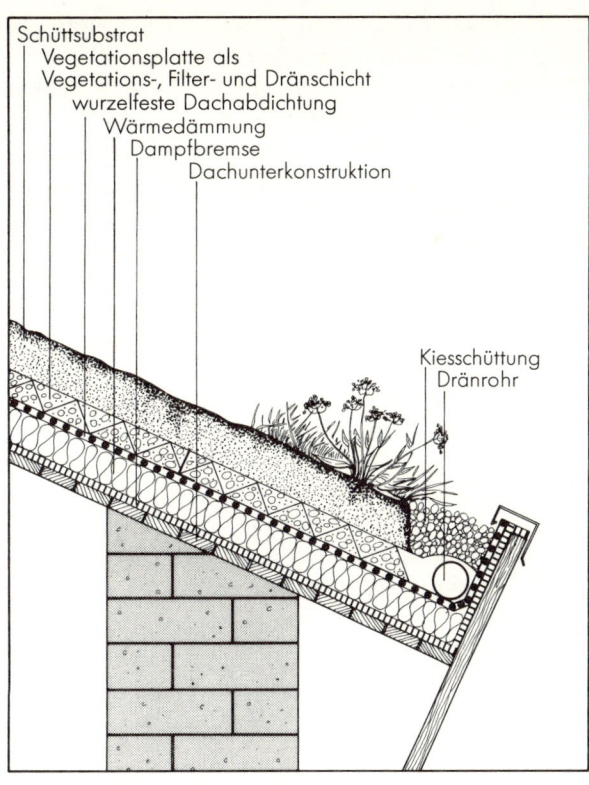

Schüttsubstrat
Vegetationsplatte als
Vegetations-, Filter- und Dränschicht
wurzelfeste Dachabdichtung
Wärmedämmung
Dampfbremse
Dachunterkonstruktion

Kiesschüttung
Dränrohr

serspeicherkapazität etwa 15 l/m², *Sedum*-Sprossenaussaat (40 g/m²)
 – Magerrasenvariante: 3 cm Technoflorplatte mit unterseitiger Profilierung, 5 cm Substratschüttung, pflanzenverfügbare Wasserspeicherung 35 l/m², Aussaat und *Sedum*-Sprossenaussaat
 – Grasdach oder Wiesenaufbau: 5 cm Technoflorplatten ohne unterseitige Profilierung, 5 cm Erdsubstrat, 60 l/m² pflanzenverfügbare Wasserspeicherung, Aussaat

Bepflanzung: Die Firma arbeitet Bepflanzungsvorschläge aus. Die Pflanzen bzw. Sämereien können über Technoflor oder andere einschlägige Firmen bezogen werden

Xero-Flor Systeme für Extensivbegrünungen

Hersteller: Grün-Dach-Vertrieb
Angeboten wird eine Vielzahl von Extensivbegrünungsverfahren, von dünnschichtigen Moosmatten bis hin zum Grasdach, sowohl für flache als auch geneigte Dachflächen

Standard-Dachaufbau

Aufbau: Der Systemaufbau ist für alle Varianten ähnlich. Er unterscheidet sich nur hinsichtlich der Vegetationsschichten, der Vegetation und der Dränschicht, die bei Schrägdachbegrünungen entfällt. Je

181

nach Anforderungen und Gegebenheiten kann der übrige Schichtaufbau auch variiert werden

5 Vegetationsschicht: Basis dafür ist das Extensiv-Substrat »Xero-terr« aus Lavakomponenten, Rindenhumus, Tonmehl, Edelbrechsand, das bei besonders niedrigen Vegetationsschichten mittels Nylonschlingmatten armiert oder stabilisiert wird

4 Filter-, Schutz- und Dränschicht: Sie besteht aus einer synthetischen Spinnvliesmatte mit rippenförmiger Ausbildung der Mattenunterseite

3 Wurzelschutzschicht: Wurzelschutzbahn aus Weich-PVC, 0,8 mm dick

2 Trennschicht: Wird nur im Bedarfsfall eingesetzt

1 Dachunterkonstruktion

Xero-Flor Moosmatten-Begrünung

Einsatzbereich: Dünnschichtige Leichtbauweise für flache und geneigte Dächer, besonders für eine nachträgliche Begrünung geeignet

Aufbau:

5 Vegetationsschicht: Aus »Xero-terr«, mittels Nylonschlingmatte armiert, 1,8 cm dick

1–4 Wie zuvor beschrieben

Bepflanzung: Trockenresistente Dachmoose, *Sedum*- und Zwiebelgewächse, in der Startphase auch Trockengräser

Aufbauhöhe: Etwa 3 cm

Belastung durch Grünaufbau: 35 kg/m²

Xero-Flor Moos- und Kräutermatten-Begrünung.

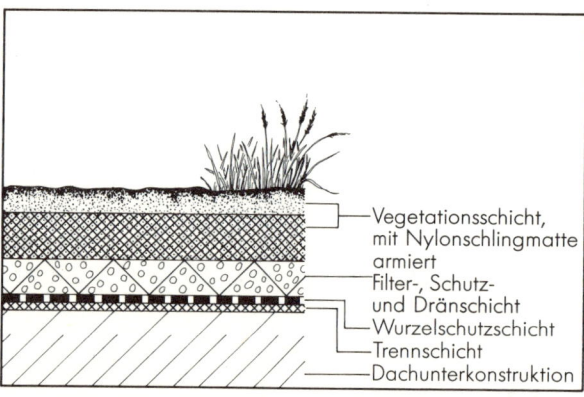

Vegetationsschicht, mit Nylonschlingmatte armiert
Filter-, Schutz- und Dränschicht
Wurzelschutzschicht
Trennschicht
Dachunterkonstruktion

Xero-Flor Moos- und Kräutermatten-Begrünung

Einsatzbereich: Geneigte und flache Dachflächen. Wegen des geringen Gewichtes auch gut für eine nachträgliche Begrünung geeignet

Aufbau:

5 Vegetationsschicht: Aus »Xero-terr«, mit Nylonschlingmatte armiert, 3,5 cm stark

1–4 Wie zuvor beschrieben

Bepflanzung: Trockenresistente Moose, *Allium*- und *Sedum*-Arten, trockenresistente Gräser und Kräuter

Aufbauhöhe: 4,5 cm

Belastung durch Grünaufbau: 63 kg/m²

Xero-Flor Duo Moos/ Duo Moos-Kräuter-Begrünung

Einsatzbereich: Die dünnschichtige Leichtbauweise eignet sich für flache und geneigte Dächer, wo durch den Grünaufbau eine besonders hohe Wärmedämmung erreicht werden soll

Aufbau:

5 Vegetations- bzw. Wärmedämmschicht: Wärmedämmelemente aus Polystyrol, 60 mm dick, werden fest mit den zuvor beschriebenen Moos- bzw. Moos-Kräutermatten verbunden. Diese Sandwich-Schicht wird in eigenen Anzuchtbetrieben vorkultiviert

1–4 Wie zuvor beschrieben

Bepflanzung: Wie bei Moosmatten bzw. Moos-Kräutermatten

Aufbauhöhe: Moos-Duo 7 cm, Moos-Kräuter-Duo 10 cm

Belastung durch Grünaufbau: Bei Duo-Moos 38 kg/m², bei Duo-Moos-Kräuter 66 kg/m²

Xero-Flor Grasdach

Einsatzbereich: Flache und geneigte Dächer

Aufbau:

5 Vegetationsschicht: Aus Extensivsubstrat »Xero-terr«, 8 cm stark sowie 2 cm substratgefüllte Nylonschlingmatte

1–4 Wie zuvor beschrieben

Bepflanzung: Trockenresistente Gräser, Kräuter und *Sedum*-Arten werden auf 2 cm starken, mit Nylonschlingmatten stabilisiertem »Xero-terr«-Substrat vorkultiviert und auf die Vegetationsschicht gelegt

Aufbauhöhe: 12 cm

Belastung durch Grünaufbau: 166 kg/m²

Xero-Flor Dachwiese

Einsatzbereich: Flache Dachflächen, wegen des höheren Gewichtes vorwiegend für Dachneubauten gedacht

Aufbau:

5 Vegetationsschicht: 10 cm »Xero-terr«-Auflage

1–4 Wie zuvor beschrieben

Bepflanzung: Ansaat von trockenresistenten Gräsern und Kräutern, *Sedum*-Sprossen-Ansaat. Die Dachfläche wird anschließend mit Bindemitteln vor Erosion geschützt

Aufbauhöhe: 12 cm

Belastung durch Grünaufbau: 167 kg/m²

Xero-Flor Bergwiese

Einsatzbereich: Flache Dachflächen, vorwiegend auf Dachneubauten

Aufbau:

5 Vegetationsschicht: 14 cm »Xero-terr«

1–4 Wie zuvor beschrieben

Bepflanzung: Moose, *Allium-* und *Sedum*-Pflanzen; Gräser und Kräuter werden ausgesät oder durch Sprossenansaat aufgebracht. Zusätzlich können speziell vorkultivierte Flachballenstauden gepflanzt werden

Aufbauhöhe: 16 cm

Belastung durch Grünaufbau: 232 kg/m^2

Xero-Flor Trockengarten

Einsatzbereich: Flache Dachflächen auf bestehenden und neu anzulegenden Dächern

Aufbau:

5 Vegetationsschicht: Fertigsubstrat »Xero-terr«, 6 bis 16 cm dick

1–4 Wie zuvor beschrieben

Bepflanzung: Sprossenaussaat bei *Sedum*, speziell vorkultivierte Flachballenstauden, Gräser und Gehölze

Aufbauhöhe: 8 bis 16 cm

Belastung durch Grünaufbau: 103 bis 265 kg

Zinco-System Floraterra

Hersteller: Zinco

Zinco bietet drei verschiedene Dachbegrünungssysteme an, wobei die Systeme Floradrain und Flora-therm für intensive und extensive Begrünungen geeignet sind, während das Floraterra-System ausschließlich für Extensivbegrünungen gedacht ist

Einsatzbereich: Extensivbegrünungen, mit Schubschwellen bis 30 ° Neigung

Aufbau: Auf dem standardisierten Zinco Wurzelschutz-Systemaufbau (vgl. Systeme für die intensive Dachbegrünung, Seite 100 f.) wird der Floraterra Aufbau verlegt

7 Vegetationsschicht: Dachgartenerde auf der Basis von Rindenkompost, Blähschiefer und Ton. Bei stärkerer Dachneigung wird die Vegetationsschicht mit einem grobmaschigen Jutegewebe abgedeckt

6 Filterschicht: Aus Fasermaterial

5 Dränschicht: Das Floraterra-Element wird verfüllt mit gebrochenem Blähton oder Blähschiefer

4 Floraterra-Elemente aus Hartschaum:
Typ 50: 48 × 48 × 12 cm, Füllvermögen 12,5 l, Gewicht 175 g/Element
Typ 70: 67 × 67 × 12 cm, Füllvermögen 23 l, Gewicht 450 g/Element

1–3 Zinco-Wurzelschutz-Systemaufbau

Aufbauhöhe: 12 cm

Bepflanzung: Zinco bietet geeignetes Saatgut, *Sedum*-Sprossen und Flachballenstauden an. Die Elemente können auch fertig bezogen werden

Belastung durch Grünaufbau: Ab 55 kg/m^2

Bezugsquellen

Komponenten für den Gründach-Aufbau

Hersteller	Vertrieb	Produkt	Preis (ohne Verlegung und Mehrwertsteuer)
Vegetationsplatten			
Technoflor, D-5603 Wülfrath	Technoflor, D-5603 Wülfrath	Technoflor Schaumstoffplatten, 3–20 cm dick	pro cm Dicke 7 DM/m²
Plantener, D-8050 Fürstenfeldbruck	Plantener, D-8050 Fürstenfeldbruck	Grodan Steinwollmatten z.B. 10 cm dick	38 DM/m²
Hartmeyer, CH-2024 St. Aubin	Haberkorn, A-1070 Wien	Varioflor Schaumstoffplatten, 5 cm dick	45 DM/m²
Bauder GmbH & Co, D-7000 Stuttgart 31	Bauder GmbH & Co, D-7000 Stuttgart 31	Bauder Verbundschaummatte, 6 cm dick	48,80 DM/m²
Dränbahnen, -platten			
Enka AG, D-5600 Wuppertal	Enka AG, D-5600 Wuppertal Ö: Enka, A-1010 Wien	Enkadrain, 20 mm	110–125 ÖS/m²
Oltmanns GmbH, D-2905 Jeddeloh 1		Drän- und Filtermatte Erolan	*
Carl Freudenberg, D-6940 Weinheim	Bezza, D-7434 Riederich	Nora Schutz- und Dränbahn	15 DM/m²
Bauder GmbH & Co, D-7000 Stuttgart 31	Bauder GmbH & Co, D-7000 Stuttgart 31	Bauder Dränplatte	*
Fränkische Rohrwerke D-8729 Königsberg	Fränkische Rohrwerke, D-8729 Königsberg	Porodränplatte, 6,5 cm dick	13,80 DM/m²
Wasserspeicherplatten			
Bauder GmbH & Co, D-7000 Stuttgart 31	Bauder GmbH & Co, D-7000 Stuttgart 31	Bauder Wasserspeicherplatte, 8 cm dick	22,70 DM/m²
Fränkische Rohrwerke, D-8729 Königsberg	Fränkische Rohrwerke, D-8729 Königsberg	Aquadur, 10 cm dick	21 DM/m²
Erosionsschutzmatten/Verkrallungsgewebe			
Enka AG, D-5600 Wuppertal	Enka AG, D-5600 Wuppertal Ö: Enka, A-1010 Wien	Enkamat 10 mm 20 mm	42–55 ÖS/m² 65–80 ÖS/m²
Vliese			
Fränkische Rohrwerke, D-8729 Königsberg	Fränkische Rohrwerke, D-8729 Königsberg	Lutraflor	2,75 DM/m²
Chemie Linz, A-4021 Linz	Chemie Linz, A-4021 Linz	Polyfelt	15–20 ÖS/m²
Novoflor, A-4021 Linz	Novoflor, A-4021 Linz	Hydrofelt	77 ÖS/m²

Hersteller	Vertrieb	Produkt	Preis (ohne Verlegung und Mehrwertsteuer)
Wurzelverankerungsgewebe			
Fränkische Rohrwerke, D-8729 Königsberg	Fränkische Rohrwerke, D-8729 Königsberg	Novolen	3,80 DM/m²

* Preise werden nur für den konkreten Einzelfall bekannt gegeben.

Wurzelfeste Dachabdichtungsbahnen oder Wurzelschutzfolien

(Wurzelschutzfolien können nicht allein als Dachdichtung verwendet werden.)
Einteilung der Preisklassen: 1 ≙ 10–15 DM/m², 2 ≙ 15–20 DM/m², 3 ≙ 20–25 DM/m², 4 ≙ > 25 DM/m²; jeweils ohne Verlegung und Mehrwertsteuer

Hersteller	Vertrieb	Produkt	Preisklasse
Dichtungsbahnen auf Bitumenbasis			
Bauder GmbH & Co, D-7000 Stuttgart 31	BRD: Bauder GmbH & Co, D-7000 Stuttgart 31 Ö: Bauder GmbH, A-4034 Linz CH: über Bauder BRD	Bauder Pflanzschwarte, Bauder Flexschwarte K 5 E	2–3
Asphalti Breitner, I-05100 Terni	BRD: Bezza Spezialbaustoff GmbH, D-7401 Pliezhausen Ö, CH: über Bezza, BRD	Bezapol-Cu 4	4
Imper Italia, I-10148 Turin	BRD: Fesel Dachbaustoffe, D-2000 Hamburg 6 Ö: Bautenschutz Kunstharztechnik GmbH & Co KG, A-1061 Wien CH: Bezug über Imper Italia, I-Turin	Paralon NT 4, Paralon 77 Vapobar 3	2 1
Thermoplastische Dachbahnen			
ECB-Bahnen			
Niederberg Chemie GmbH, D-4133 Neukirchen	Niederberg Chemie GmbH, D-4133 Neukirchen Ö: Matijevics, A-2340 Mödling CH: Vibak Bau, CH-8902 Odorf/Zürich	Carbofol	2
Odenwald Chemie GmbH, D-6901 Schönau, Heidelberg	BRD: Odenwald Chemie GmbH, D-6901 Schönau/Heidelberg Ö: BVG Baubedarf Vertriebsgesellschaft mbH, A-2331 Vosendorf CH: Lander Trading AG, CH-6330 Cham	O.C.-Plan 2000 G	2
Niederberg Chemie GmbH, D-4133 Neukirchen	BRD: Niederberg Chemie GmbH, D-4133 Neukirchen	Organat Dachbahn	1
PVC-Bahnen			
	BRD: Brinkmann GmbH, D-3430 Unterrieden Ö und CH: über Deutschland	Herbatect Plane Rollenware	4 3
Interplastic, A-4600 Wels	Ö: Interplastic, A-4600 Wels	Intertherm T/TG	1–2

Hersteller	Vertrieb	Produkt	Preisklasse
Dynamit Nobel, D-5210 Troisdorf	BRD: alle Optima-Vertragsfirmen Ö: Dynamit Nobel, A-1010 Wien, und alle Optima-Vertragsfirmen CH: alle Optima-Vertragsfirmen	Optima Wurzelschutzbahn	1
	BRD: Minke, D-3500 Kassel Ö: Firma Brauchl, A-1090 Wien CH: Pichler & Co, CH-3074 Muri	Pewatect	*
	BRD: Plastoplan re Natur GmbH, D-2355 Ruhwinkel Ö: Biotop GmbH, A-3400 Weidlingsbach CH: Plastoplan re Natur, CH-4502 Solothurn	Plastoplan Ökodachdichtung Plane Rollenware	4 3–4
Braas & Co GmbH, D-6370 Oberursel	BRD: Braas & Co GmbH, D-6370 Oberursel Ö: Slavonia GmbH, A-1113 Wien CH: Tonet AG, Aarau-Olten, CH-4657 Dulliken	Rhenovol C-Folie	2
Sarna Kunststoff AG, CH-6060 Sarnen	BRD: Sarna Kunststoff GmbH, D-8011 Kirchheim Ö: Haberkorn, A-1070 Wien CH: Sarna Kunststoff AG, CH-6060 Sarnen	Sarnafil-G, Sarnafil-S	variiert je nach Stärke: 2–4
Sika AG, CH-8048 Zürich	BRD: Segment Nord: (ab Frankfurt) Ruppenthal GmbH, D-6350 Bad Nauheim 3 Segment Süd: Karl Held GmbH, D-7129 Brackenheim Ö: Sika Plastiment GmbH, A-1210 Wien CH: Sika AG, Flexible Waterproofing, CH-8048 Zürich	Sikaplan PVC D Sikaplan PVC G Sikaplan PVC VG Sikaplan PVC DFB	1–2 2–3 2 4
Grünau GmbH, D-6450 Hanau	BRD: Grünau GmbH, D-6450 Hanau Ö: Fa. Schubert, A-3412 Klosterneuburg CH: Bau Chemie AG, CH-4009 Basel	Wolfin IB-Dachdichtung Wurzelschutzbahn	3–4 1

Dichtungsbahnen auf Kautschukbasis (Elastomere)

Hersteller	Vertrieb	Produkt	Preisklasse
Pirelli, D-6128 Hoechst	BRD: Veith Pirelli AG, D-6128 Höchst und Müllensiefen GmbH, D-4630 Bochum Ö: Euphalt, A-4020 Linz CH: Piremat AG, CH-3074 Bern	nach Maß gefertigte Dichtungsbahn	4
Carl Freudenberg, D-6940 Weinheim	BRD: Carl Freudenberg, D-6940 Weinheim Ö: Interplastik GmbH, A-4600 Wels CH: E. Braendle AG, CH-8450 Dietlikon	Nora Doppelschutzbahn	4

*Preise werden nur für den konkreten Einzelfall bekannt gegeben

Hersteller	Vertrieb	Produkt	Preisklasse
Phoenix AG, D-2100 Hamburg 90	BRD: Phoenix AG, D-2100 Hamburg 90 Ö: Bitumen- und Baustoffindu- strie Bäumler GmbH & Co KG, A-6020 Innsbruck CH: Subit Dachbaustoffe Hans Tschanz, CH-8500 Frauenfeld	Resistit G Perfekt E Resitrix	*

Systeme für die intensive Dachbegrünung

Einteilung der Preisklassen: 1 ≙ 40–90 DM/m², 2 ≙ 90–150 DM/m², 3 ≙ > 150 DM/m². Die Preise beziehen sich – falls nicht anders angegeben – auf eine Ausführung ohne Bepflanzung.

Hersteller	Vertrieb	Produkt	Preisklasse

Bauder GmbH & Co,
D-7000 Stuttgart 31
	BRD: Bauder GmbH & Co,
	D-7000 Stuttgart 31
	Ö: Bauder GmbH & Co,
	A-4034 Linz-Wegscheid
	CH: über Bauder BRD
		Bauder Pflanzbaukasten-System für
		mobile Dachbegrünungen
		  Stärke 19 cm
		  38 cm
		  57 cm
		Bauder Wasserspeicherplatten-System
		  14 cm
		  35 cm
		Bauder Dränplattensystem
		  15 cm
		  30 cm
			
			2
			3
			3
			
			2
			3
			
			2
			3

Blumenhügel-Systeme,
D-6458 Rodenbach 2
	derzeit nur über die BRD-Zen-
	trale Rodenbach 2
		System Plaza (ohne Wärmedämmung)
		  15–100 cm
		System Biotop
		  20–100 cm
			
			2
			
			2

Brecht GmbH & Co KG,
D-7257 Ditzingen
	BRD: Brecht GmbH & Co KG,
	D-7257 Ditzingen
		Brecht Pflanzkastensystem
		  19,38 cm
		Brecht Humusdachsystem
		  15–40 cm
			
			2
			
			2

Fränkische Rohrwerke Gebr. Kirchner GmbH, D-8729 Königsberg	BRD: Baustoffgroßhandel Gar- ten- und Landschaftsbau	Fränkisches Dachbegrünungssystem 37–60 cm	 1–2
Niederländische Rasenkul- turen Strodthoff und Be- hrens, D-2833 Groß-Ippener	BRD: Grün-Dach Vertrieb GmbH, D-3501 Niestetal Ö: Heibiflor, Vogelsanggasse 34a, A-1050 Wien	Hygro Care System 8,14 cm	 1
Carl Freudenberg, Freudenberg Bausysteme, D-6940 Weinheim	BRD: Carl Freudenberg D-6940 Weinheim Ö: Interplastic-Werk GmbH A-4600 Wels CH: E. Braendle AG, CH-8305 Dietlikon	Nora Dachbegrünungssystem (nur Wurzelschutz und Dränbahn) 3 cm	 1

Optima,
D-2084 Rellingen/
D-7428 Göggingen
	BRD: Optima-Zentrale Süd: Wil-
	helm Harzmann GmbH & Co
	KG, D-7482 Göggingen
	Optima-Zentrale Nord:
	Aktual Bauteile und Umwelt-
	schutz Systeme GmbH & Co
	KG, D-2084 Rellingen
	Ö: Herbert Eipeldauer III,
	A-1130 Wien
		Optima Intensivbegrünungssysteme
		  14 cm
		  19 cm
		  über 35 cm
			
			*
			1–2

* Preise werden nur für den konkreten Einzelfall bekannt gegeben.

Hersteller	Vertrieb	Produkt	Preisklasse
Plantener, D-8080 Fürstenfeldbruck	BRD, Ö, CH: Plantener, D-8080 Fürstenfeldbruck	Plantener Intensivbegrünungssystem 9–23 cm	1–2
Technoflor, D-5603 Wülfrath	BRD: Technoflor, D-5603 Wülfrath	Technoflor Begrünungssystem ab 20 cm	*
Zinco GmbH, D-7440 Nürtingen	BRD: Zinco GmbH, D-7440 Nürtingen	System Floradrain FD 40 ab 25 cm	2
	Ö: MbB GmbH, A-4310 Mauthausen	FD 60	2–3
	CH: Bugmann, CH-4104 Oberwil	System Floratherm TH 65	2–3
		TH 100	2–3

Die Firmen bieten außerdem noch andere Produkte wie Bewässerungssysteme, Pflanzgefäße, Pflanzen usw. an.

Systeme für die extensive Dachbegrünung

Einteilung der Preisklassen siehe Systeme für die intensive Dachbegrünung.

Hersteller	Vertrieb	Produkt	Preisklasse
Bauder GmbH & Co, D-7000 Stuttgart 31	Bauder GmbH & Co, D-7000 Stuttgart 31	Extensivbegrünung mit Schüttsubstrataufbau (inkl. Basisaufbau)	3
		Grünaufbau mit Substratmatte (inkl. Basisaufbau)	3
Blumenhügel-Systeme, D-6458 Rodenbach 2	BRD: Blumenhügel-Systeme, D-6458 Rodenbach 2 Ö und CH: zur Zeit noch über BRD	System Biotop	2
Brinkmann GmbH, D-3430 Unterrieden	BRD, Ö und CH: alle Brinkmann GmbH, D-3430 Unterrieden	Brinkmann Grasdachsystem, Flachdach	*
		Brinkmann Grasdachsystem für Schrägdächer	*
		Brinkmann Grasdachsystem für Steildächer	*
Carl Freudenberg, D-6940 Weineim	BRD: Carl Freudenberg, D-6940 Weinheim Ö: Interplastic-Werk GmbH A-4600 Wels CH: Braendle AG, CH-8305 Dietlikon	Nora Extensivbegrünung mit Begrünungsmatten (Preis bezieht sich auf Nora Schutz-Dränagebahn und Nora Wurzelschutzbahn)	1
		Nora Extensivbegrünung mit Schüttsubstrat	
Minke, D-3500 Kassel	BRD: verschiedene Lizenznehmer, Auskunft: Minke, D-3500 Kassel Ö: Brauchl, A-1090 Wien CH: Pichler & Co, CH-3074 Muri	Minke Grasdach-System	2
Optima-Zentrale Süd, Wilhelm Harzmann GmbH & Co KG, D-7482 Krauchenwies 3 – Göggingen Optima-Zentrale Nord, D-2084 Rellingen	BRD: Optima-Zentrale Süd, D-7482 Krauchenwies Optima-Zentrale Nord, D-2084 Rellingen Ö: Herbert Eipeldauer III, A-1130 Wien	Optima Extensiv Dachbegrünungssystem	1
Plantener, D-8080 Fürstenfeldbruck	BRD: Plantener, D-8080 Fürstenfeldbruck	Plantener Flächenbegrünung mit Fertigrasen	1
		Plantener Flächenbegrünung im Anspritzverfahren	1

* Preise werden nur im konkreten Einzelfall bekannt gegeben.

Hersteller	Vertrieb	Produkt	Preisklasse
Plastoplan re-natur, D-2355 Ruhwinkel	BRD: Plastoplan re-natur GmbH, D-2355 Ruhwinkel Ö: Biotop GmbH, A-3400 Klosterneuburg CH: Plastoplan re Natur, CH-4502 Solothurn	Plastoplan-Komponenten für extensive Dachbegrünungen (beinhaltet Vlies, Wurzelschutzbahn, Preis für Sedum-Begrünung)	1
Technoflor, D-5603 Wülfrath	BRD: Technoflor-Deutschland GmbH, D-5603 Wülfrath Ö: Steinhauer, Garten- und Landschaftsgestaltung, A-1040 Wien	Technoflor Extensivbegrünungssystem mit Schaumstoffvegetationsplatten	1
Grün-Dach-Vertrieb GmbH D-3501 Niestetal 1	BRD: Grün-Dach-Vertrieb GmbH, D-3501 Niesetal 1 Lutewa, D-7520 Bruchsal Ö: Heibiflor Gesellschaft für Begrünungen mbH, A-1050 Wien	Xero-Flor Moosmatte (inkl. Vegetation) Xero-Flor Moos- und Kräutermatte (inkl. Vegetation) Xero-Flor Duo Moos/Duo Moor-Kräuter (inkl. Vegetation) Xero-Flor Grasdach Xero-Flor Dachwiese Xero-Flor Bergwiese Xero-Flor Trockengarten	1 2 2 1–2 1 1 1
Zinco GmbH, D-7440 Nürtingen	BRD: Zinco GmbH, D-7440 Nürtingen Ö: MdB GmbH, A-4310 Mauthausen CH: Bugmann, CH-4104 Oberwil	System Floraterra	1–2

Anspritzbegrünungen

Brecht GmbH & Co KG, D-7257 Ditzingen
Plantener GmbH, D-8080 Fürstenfeldbruck, Am Tonwerk 1
Hydrogreen, A-1190 Wien, Hutweidengasse 5
Danner, A-4040 Linz
Alle Anspritzbegrünungen entsprechen der Preisklasse 1 der Systeme für die intensive bzw. extensive Dachbegrünung.

Baumverankerungssysteme

Baubedarf Vertriebsgesellschaft mbH, Leopold-Mandl-Gasse 5, A-2331 Vösendorf (UNI Baumkorb-System)
Sepp Kratochwill, Neuwaldeggerstraße 27, A-1170 Wien (Baumankersystem Kratochwill)

Bewässerungssysteme

Benckiser, Hellwagstraße 31, A-1200 Wien
Dietzel GmbH, Bräuhausgasse 63, A-1053 Wien
Feco GmbH, D-2121 Deutsch Evern
Grünanlagen GmbH, Holzhausenstraße 18, D-5020 Frechen
Heibiflor GmbH, Vogelsanggasse 34a, A-1050 Wien
Kilcher GmbH, A-6805 Feldkirch
Günter Ortmann, Uhlandstraße 31a, D-4010 Hilden (Dochte und Matten aus Glasfaser für automatische Pflanzgefäßbewässerung)
Perrot GmbH, D-7260 Calw
Prochaska & Cie, Frachtenbahnhof Süd, 9. Straße, A-1100 Wien

Biologischer Pflanzenschutz

Aeroxon GmbH, D-7050 Waiblingen
F. Brenner GmbH, A-3390 Melk
Ernst-Otto Cohrs, Postfach 1165, D-2720 Rotenburg/Wümme
»Flüssigalgen«-Zimmerli AG, Hohlstraße 500, CH-8048 Zürich
S. + H. Furtner, Dürrwiesenstraße 5, A-3021 Pressbaum
W. Neudorff GmbH KG, An der Mühle 3, Postfach 1209, D-3254 Emmerthal

Düngemittel, Pflanzen- und Bodenpflegemittel, vorwiegend auf biologischer Basis

Algovit, CH-4104 Oberwil/BL
Austrosaat, Wienzeile, A-1040 Wien
Bio-Gartenmarkt Keller, Konradstraße 17, D-7800 Freiburg
Ernst-Otto Cohrs, Postfach 1165, D-2720 Rotenburg/Wümme
Corna Werk, Postfach 905, D-7900 Ulm
Deutsche Vegetarier Zentrale, D-6443 Sontra
Dünger, Erden, Gartenhilfe GmbH, Freudenauer Hafenstraße 24, A-1020 Wien
Wilhelm Eder, Am Güterbahnhof, Postfach 51, D-6702 Bad Dürkheim
Gartenbedarf Lentge KG, Büssingstraße 11, D-3180 Wolfsburg
Heinrich Geisel, Ludwigstraße 70, D-8510 Fürth
Inhoffen Samen, Postfach 130, D-5350 Euskirchen
Kornhaus Bergen, D-3134 Bergen

Landhandel Grell, Johannisstraße 7, D-2353 Nortorf
bei Neumünster
Landhandel Steinhage, Schötmar'sche Straße 56,
D-4937 Lage/Lippe
Ledax Gartenbausystem, Ledona AG, CH-6030 Ebikon
Otto Hinsberg Nackenheim, Gesellschaft für natur-
gemäße Landkultur mbH, Postfach 1 06,
D-6800 Mannheim 24
W. Neudorff GmbH KG, An der Mühle 3,
Postfach 1209, D-3254 Emmerthal 1
A. Priebe, Wickramstraße 31, D-1000 Berlin-Kladow
Reformhaus Schloßhauer, Langener Landstraße 258,
D-2850 Bremerhaven
Reformhaus Brosda, Seevestraße 9, D-2112 Jesteburg
Helmut Snoek, Postfach 10, D-8996 Opfenbach
Stoeckler Bio Agrar AG, Gewerbestraße 18,
CH-8132 Egg/Zürich
Wilhelm Süss, Bruchsaler Straße 21,
D-7504 Weingarten
Karl Wäger, Postfach 73 02 60, D-2000 Hamburg
Curt Wittekind, Kroonsaalsweg 26, D-2000 Hamburg-
Eidelstedt

Erden, Bodenzuschlagsstoffe, Substratkomponenten

ASB Grünland, Porschestraße 4, D-7140 Ludwigsburg
Basaltwerk Pauliberg, Markt St. Martin,
A-7341 Landsee (Basalte und Lava)
Biohum-Werk, Industriepark, D-5309 Meckenheim
Consortex, Leegasse 6, A-1140 Wien (Aqua-Gel)
Cortex, Unterauer Straße 85, A-3370 Ybbs a. d. Donau
oder D-8162 Schliersee (Rindenabdeckmaterial)
Franz Diwoky, Frachtenbahnhof, Gersthof,
A-1180 Wien
Fattinger, Liebenauer Hauptstaße 89, A-8010 Graz
(Rindenhumus)
H. Hauri, D-7805 Bötzingen
Icopal GmbH, Gärtnerstraße 94, D-2083 Halstenbek
Industrie- und Bergbaugesellschaft, Onno-Klopp-
Gasse 4, A-1140 Wien (Tone)
Klasmann GmbH, Georg Klasmannstraße 2–10,
D-4478 Geeste 4
Lava Union, D-5485 Sinzig (Lavastein, -grus)
Leca GmbH, Wienerberger Straße 11, A-1102 Wien
oder Gärtnerstraße 94 a, D-2083 Halstenbek (Blähton)
Niedersächsische Rasenkulturen, Annen 2,
D-2833 Groß Ippener
Ökoland-Bioprodukte, Auf der Hedwigshöhe,
D-5064 Rösrath 3 (Schaumlavagrus)
Hermann Oder, A-4023 Linz
Samen Mauer, CH-8600 Dübendorf 1
Süd-Chemie AG, Lenbachplatz 6, D-8000 München
(Bentonit)
Süddeutsche Basaltwerke, Postfach 21,
D-7717 Immendingen
Werkverband Einheitserde, D-6492 Sinntal 3, Jossa
Firma Zeidler, Nordbahnhof, A-1020 Wien

Flußsteine

Häusler, A-2331 Vösendorf

(Anbau-)Gewächshäuser, Wintergärten, Frühbeete

Aerolux, Traunuferstraße 6, A-4052 Ansfelden
(Anbaugewächshäuser)
Alubau Richter GmbH, Biburger Straße 3, D-8901
Rommelsried (Thermofrühbeete)
Aludur Aluminiumwerke GmbH, Postfach,
D-7896 Wuröschingen
Oskar D. Biffar GmbH & Co KG, In den Seewiesen,
D-6732 Edenkoben (Überdachungen und Wintergärten
aus Holz)
Eberl, Hauptstraße 355, A-2231 Straßhof
(Anbaugewächshäuser)
K. und R. Fischer OHG, Homburger Straße 141,
D-6368 Bad Vilbel 3 (Kleingewächshäuser)
Gartenglueck, Kleingewächshäuser Vertriebs GmbH,
Alter Dürkheimer Weg 8, D-6702 Bad Dürkheim-
Ungstein (Kleingewächshäuser)
Gesellschaft für Baukonstruktionen mbH GBK,
Bahnhofstraße 51/53, D-7250 Leonberg (Wintergärten)
Hirschfeld Überdachungen, Am Bahnhof, D-6911
Malsch (Überdachungen und Wintergärten aus Metall)
Hofmann, Grenzgasse 5, A-2523 Tattendorf
(Anbaugewächshäuser)
Junior Systembau, Zur Spinnerin 32, A-1102 Wien
Kuno Krieger, Gahlenfeldstraße 5, Postfach 3 43,
D-5804 Herdecke
Normstahlwerk, Normstahlstraße 495,
D-8052 Moosburg (Thermofrühbeete)
Plus-Wintergärten Hamil Rath, Scheffelstraße 17,
D-2000 Hamburg 60
Rau GmbH, D-6920 Sinsheim (Gewächshäuser)
H. Schlachter, Wasserburger Weg 1/2,
D-8870 Günzburg (Wintergärten, Zubehör)
Selfkant Glashäuser, Maria-Lind-Straße 99,
D-5137 Braunsrath
K. Seidel, Bahnstraße 31, D-4155 Grefrath
(Kleingewächshäuser)
Siedenburger Gewächshausbau, Riemer & Co,
Postfach 3 23, Auf der Welle 10, D-4993 Rahden
(Plexiglas-Gewächshäuser)
Solar-Bau GmbH, Grenzhöfer Weg 31,
D-6900 Heidelberg
Solar Wintergarten GmbH, D-7080 Aalen 16
Steinbauer, Favoritenstraße 50, A-1040 Wien
Überdachungstechnik H. Pulm GmbH & Co KG,
Stahlstraße, D-6806 Viernheim
Verandalux, Rudolf-Diesel-Straße 2, D-4005
Meerbusch 2, Osterath (Verandaüberdachung,
Wintergärten)
G. Voss GmbH & Co KG, Niederolmer Straße 10,
D-6501 Zornheim (Gewächshäuser, Wintergärten,
Zubehör)
Rudolf Wagner KG, Uferstraße 22, A-5026 Salzburg

Beratung für Solargewächshäuser:

Arbeitsgemeinschaft Angepaßte Technologie an der
Gesamthochschule Kassel, Menzelstraße 13,
D-3500 Kassel
Energie- und Umweltzentrum am Deister,
Am Elmchenbruch, D-3257 Springe-Eldagsen
Zentrum für angepaßte Technologie und Sozialökologie
Langenbruck, Schwengistraße 12, CH-Langenbruck

Kompostsilos, Komposthäcksler, Kompoststarter

AS Motor, Lindenstraße 68, D-7163 Oberrot
(Komposthäcksler)
Bionomica, Bavousstraße 2, D-8900 Augsburg
(Kompoststarter)
Gerlinger, D-5914 Krombach (Kompostsilos)
Graf GmbH, D-7835 Teningen (Komposter)
Herwi Recycling GmbH, Röllferderstraße 17,
D-8761 Röllbach (Wurm-Komposter)
Heinrich Martin, Elbingerstraße 25, D-8560 Lauf/
Pegnitz (Kompostsilos)
Mäschle, D-7601 Ortenberg (Komposthäcksler)
Anton Miorin, D-8941 Niederrieden (Kompostsilos)
Möhringer, D-8711 Feuerbach 3 (Komposthäcksler)
Morill, Kobergerstraße 49, D-8500 Nürnberg 10
(Kompostsilos)
Normstahl-Werk, Normstahlstraße 8,
D-8052 Moosburg (Solarkomposter)
Schneider, Postfach 80, D-7000 Stuttgart 30
(Kompostsilos)
Schwab GmbH, D-6967 Buchen (Wurmkomposter)

Regenwürmer oder Kompostwürmer sind bei
verschiedenen Wurmanzuchtfirmen oder bei privaten
Wurmzüchtern erhältlich.

Nützliche Adressen, Informations- und Beratungsstellen

Bund Deutscher Landschaftsarchitekten BDLA,
Colmanstraße 32, D-5300 Bonn 1
Bundesfachabteilung Bauwerksabdichtung im
Hauptverband der Deutschen Bauindustrie, Abraham-
Lincoln-Straße 30, D-6200 Wiesbaden
Deutscher Dachgärtner-Verband, Postfach 20 45,
D-7550 Baden-Baden
Forschungsgesellschaft Landschaftsentwicklung,
Landschaftsbau FLL, Colmanstraße 32, D-5300 Bonn 1
Hessische Landwirtschaftliche Versuchsanstalt –
Landwirtschaftliches Untersuchungsamt, Rheinstraße 1,
D-6100 Darmstadt
Industrieverband Bitumen-Dach- und
Dichtungsbahnen, Karlstraße 21, D-6000 Frankfurt
Institut für Grünplanung und Gartenarchitektur der
Universität Hannover, Herrenhäuser Straße 2,
D-3000 Hannover 21
Institut für Landschaftsbau, Prof. Dr. Liesecke,
Forschungsanstalt Geisenheim, D-6222-Geisenheim
Institut für Umweltwissenschaften, Messepalast,
A-1070 Wien
Staatliches Materialprüfungsamt Nordrhein-Westfalen,
Marsbruchstraße 186, D-4600 Dortmund-Aplerbeck
Technische Arbeitsgruppe Kunststoff- und
Kautschukbahnen TAKK, Osannstraße 37, D-6100
Darmstadt
Wirtschaftsverband der Deutschen Kautschukindustrie,
Postfach 90 10 60, D-6000 Frankfurt
Zentralverband des Deutschen Dachdeckerhandwerks,
Hermann-Löns-Straße 1, D-5000 Köln 51

Nützlinge

Institut für Gemüsebau der Fachhochschule Weihen-
stephan, Lange Point, D-8050 Freising
Koppert, B. V., Veilingweg 64, NL-2651 BE Berkel en
Rodenrijs

Jan Mertens, B. V., Vergelt 3, NL-5991 P. J. Baarlo
Hans Michelfelder, Im Schrat 27, D-7141 Murr/
Ludwigsburg
W. Neudorff GmbH KG, Abt. Nutzorganismen, An der
Mühle 3, Postfach 12 09, D-3254 Emmerthal
Nützlingszuchten Dieter Niessner, Hugo-Wolf-
Straße 13, D-4010 Hilden
Sautter und Stepper, Rosenstraße 19, D-7403
Ammerbuch
Hatto Welte, Maurershorn 10, D-7752 Insel Reichenau

Pflanzen

Pflanzenmaterial ist bei den örtlichen
Gartenbaubetrieben erhältlich. Wir führen hier nur
einige spezialisierte Anzuchtbetriebe auf.
Blumenzwiebeln:
Heinrich Gewiehs, D-2130 Rotenburg/Wümme
Albrecht Hoch, Postfach 1 10, D-1000 Berlin 44
Wilhelm Pfitzer, Breitscheidstraße 74,
D-7000 Stuttgart 1
Kübelpflanzen:
Jac. Beterams Söhne, Gelder Straße 4–6,
D-4170 Geldern
Botanische Spezialitäten Richard Dauss, Solling 8,
D-8359 Rathsmannsdorf
H. P. Kleine-Eickhoff, Haberkamp 9, D-4740 Oelde
Stromberg
Wilhelm Pfitzer, Breitscheidstraße 74,
D-7000 Stuttgart 1
Rudolf Pfleger, D-5675 Hilgen
Dr. Hans Simon, Georg-Mayr-Straße 70, Postfach 32,
D-8772 Marktheidenfeld
Fritz Stierlin, Post 69–159, CH-6933 Muzzano-Plodella
Pflanzen fürs Gewächshaus:
Blumen Jührs, Kollaustraße 187, D-2000 Hamburg 61
Flora Mediterranea, Herzogstraße 105,
D-8000 München 40
Ibero Import, Bahnhofstraße 12,
D-3433 Neueichenberg
Wolfgang Herzog, Occamstraße 15,
D-8000 München 40
Shemex International BV, Vertriebsnachweis durch
Baumschule von Ehren GmbH, Kanzleistraße 48,
D-2000 Hamburg 52
Toscana Pflanzen Import GmbH, Postfach 22 12,
D-2804 Lilienthal
Steingartenpflanzen:
Joachim Carl, Auf dem Berg, D-7530 Pforzheim
Dr. Hans Simon, Georg-Mayr-Straße 70,
Postfach 32, D-8772 Marktheidenfeld
F. Sündermann, Aeschacher Ufer 48, D-8990 Lindau
Stauden, Sukkulenten, Kleingehölze:
Reinhard Behrens, Soerser Weg 27, D-5100 Aachen
(Stauden, Gehölze)
Joachim Carl, Pforzheimer Alpengarten, Auf dem Berg,
D-7530 Pforzheim-Würm (*Sempervivum, Sedum* u. a.
Steingartenpflanzen)
J. Eschmann, Alpengarten, CH-6032 Emmen
(*Sempervivum, Sedum*)
Hans Götz, D-7622 Schiltach (*Sempervivum, Sedum*)
Blumen Horstmann, Postfach 5 40, D-2200 Elmshorn
(Stauden)
Jürgl KG Baumschulen, Süther Straße 300,
D-5000 Köln-Sürth (Gehölze)

Kayser und Seibert, Postfach 28, D-6101 Roßdorf
(Stauden, Gehölze)
Heinz Klose, Rosenstraße 10, 3505 Lohfelden
(Stauden)
J. Lambert & Söhne, Postfach 2565, D-5500 Trier
(Stauden)
Max Schleipfer, D-8901 Neusäß bei Augsburg
(*Sempervivum*)
Dr. Hans Simon, Postfach 32, D-8772 Marktheidenfeld
(*Sempervivum, Sedum* und andere Sukkulenten)
Wolfgang Stade, Beckenstrang 14, D-4280 Borken 4
Stauden-German, Raiffeisenstraße 34, D-6720 Speyer
(*Sempervivum, Sedum*)
Stedefreunder Staudengarten, Stieglitzweg 18,
D-4900 Herford-Stedefreund (*Sempervivum, Sedum*,
kein Versand)
Gotthold Strümpfel, Büchnerstraße 17, D-4010 Hilden
H. Töpperwein, D-8359 Ortenburg (Stauden)
Karl Wachter KG, D-2081 Appen bei Pinneberg
(Stauden)
Gräfin von Zeppelin, D-7841 Laufen-Mühlheim
(Stauden, Steingartengewächse)

Schling- und Kletterpflanzen:
Fritz Moldenhauer, Sittardweg 17, D-4100 Duisburg 46
Peter Müller-Platz, Postfach 1114, D-5140 Erkelenz
F.J. Plenkers, Hammer Dorfstraße 148,
D-4000 Düsseldorf

Pflanzen für die Freilandhydrokultur:
Gärtnerei Hoesch AG, Am Marksbach 32,
D-4600 Dortmund
Heinz Witte Hydrokulturen, Busenpfad 100,
D-4150 Krefeld 1

Wasserpflanzen:
Gärtnerei Biotop, A-3400 Klosterneuburg
Florecult, D-6140 Bensheim
Robert Hilble, Geiselwieserstraße 2, D-8063 Sittenbach
Richard Kiel Wasserpflanzenkulturen, Haunerweg 134,
6000 Frankfurt/Main 70
Gärtnerei Oldehoff, D-8395 Hauzenberg-Krinning oder
D-8196 Achmühle
Gärtnerei Praskac, A-3430 Tulln
Ludwig Vetter, Klosterstraße 2, 8330 Eggenfelden 1
Karl Wachter KG, D-2081 Appen bei Pinneberg

Pflanzgefäße, Pergolen, Rankgitter

Arte Giardino, Kölner Straße 37, D-5020 Frechen
(Terrakotta-Pflanzgefäße)
Beck GmbH, D-7302 Ostfildern 4 (Pflanzkästen aus
Holz)
E. Böcker, D-5220 Waldbröl (Lauben, Arkaden aus
Metall)
M. Brinkmann, Bunte Berna, D-3500 Kassel (flexible
Pflanzenbehälter)
Eternit AG, Prinz-Eugen-Straße 8, A-1040 Wien
Fehr, D-3526 Trendelburg-Eberschütz
Günther Gleusser, D-8729 Eltmann (Steintröge)
Haugolit-Plastik, D-7403 Ammerbuch 2
(Pflanzenbehälter mit Boden-Wasserüberlauf)
Heibiflor GmbH, A-1050 Wien (automatisch
bewässerte Pflanzgefäße von Plantener)
Kaan und Kasal OHG, Obachgasse 14, A-1220 Wien
(Eternit Pflanzgefäße)
Kentrup GmbH, Berhardstraße 4, D-4425 Billerbeck
(Pflanzgefäße aus glasfaserverstärktem Zement)

Stefan Kirchner, Postfach 34, D-2280 Keitum-Sylt
(Pflanzkübel)
Josef Kusser Granitwerke, D-8359 Aicha (Granit-
Pflanztröge)
Franz Müzenloher, Furt 1, D-8250 Dorfen (Steintröge)
Paga Team, Tischlerei Musil, Zetschegasse 9,
A-1232 Wien (witterungsbeständige Hölzer für
Pergolen u.a.)
Prenn Marmorwerk, Satteinser Straße 10,
A-6820 Frastanz (Natursteinpflanzgefäße)
Sihema GmbH, Neckarshauser Straße 64,
D-6800 Mannheim 71 (Pflanzgefäße aus Holz)
Faßwerkstätte Straubinger, Nymphenburger Straße 54,
D-8000 München 2 (Pflanzkübel, Wasserfässer)
Teubl GmbH, Jedlersdorfer Straße 278, A-1210 Wien
Wega GmbH, Geseherstraße 36, D-4796 Salzkotten
(Rankgitter, Pergolen)
Wülfing und Hauck, Postfach 10, D-3504 Kaufungen
(flexible Pflanzenbehälter)

Regenwassersammler

G. Beckmann KG, Simoniusstraße 10, D-7988 Wangen
Gerex Neugebauer GmbH, Postfach 2747, D-7100
Heilbronn
Graf GmbH, D-7835 Teningen
Haugolit-Plastik, D-7403 Ammerbuch 2, Pfäffingen
H. Käser, Mechanische Küferei, D-3367 Thöringen,
Herzogenbuchsee

Saatgut

Saatgut für Kletterpflanzen, Kräuter, Gemüse ist in den
örtlichen Samenhandlungen und Gartencentern
erhältlich. Wir führen im folgenden einige größere
Saatzuchtbetriebe auf.

Ernst Benary, Samenzucht GmbH, Postfach 1127,
D-3510 Hannoversch Münden 1
H. Bornträger, Kräuter-Kulturen, D-6521 Offstein/
Worms (biologisches Saatgut)
A. Düsing und Sohn, Essener Straße 37–39,
D-4650 Gelsenkirchen
Exotische Sämereien, Postfach 134, D-7400 Tübingen
(Kübelpflanzen-Sämereien)
E. Fetzer, Samenzucht, D-8710 Kitzingen
Hesa, Hessische Saaten GmbH, Bismarckstraße 59,
D-6100 Darmstadt
Albrecht Hoch, Ahornstraße 2a, Postfach 370460,
D-1000 Berlin 37 (Spezialitäten)
H. Hoffmann, Samenzucht, Eisenbahnstraße 5,
D-8550 Forchheim
Klaus F. Jelitto, Horandstieg 28, D-2000 Hamburg 56
(Staudensamen)
Dieter Köhler, Leonhardistraße 28, D-8201 Biberg
Nungesser KG, Postfach 110846, D-6100 Darmstadt
(Wildblumensämereien)
Wilhelm Pfitzer, Samenzucht, Breitscheidstraße 74,
D-7000 Stuttgart 1
Samen Mauser, Züricher Straße 98,
CH-8600 Dübendorf-Zürich
Samen Savelsberg, Am Bahnhof, D-5170 Jülich
(Rasensaatgut)
J. Schmitz, Viktualienmarkt 5, D-8000 München 2
I. & W. Siebers, Samengroßhandlung,
Christenstraße 59, 2800 Bremen 44

Sperling & Co, Samenzucht, Postfach 26 40,
D-2120 Lüneburg
van Waveren-Haubner-Samenzucht, Postfach,
D-3401 Rosdorf/Göttingen
Julius Wagner GmbH, Postfach 18 80,
D-6900 Heidelberg
Walz-Samen, Postfach 30 12 28, D-7000 Stuttgart 30
Zwaan-Kleve, Postfach 2 48, D-4190 Kleve 1

Teichfolien, Gartenteiche

Aquaplan GmbH, Postfach 24, D-7519 Gemmingen
Firma Biotop, A-3400 Klosterneuburg (Swimming
Teiche)
Drepper & Grädke GmbH und Co, Wendenweg 7,
D-4600 Dortmund
Folien Drewke, D-5620 Velbert
Hindermann, Postfach 23 53, D-4795 Dehlbrück
Lasko, D-7917 Vöhringen 1
Leidenfrost, Josef-Wimmer-Straße,
A-3730 Eggenburg
Münchner Teichbau, Erich-Giese-Straße 8,
D-8000 München 82
Firma Praskac, A-3430 Tulln

Verwendete DIN-Normen

Alle DIN-Normen sind bei der Beuth-Verlag
GmbH, Burggrafenstraße 4–10, 1000 Berlin 30,
erhältlich.

DIN 1055: Lastannahmen für Bauten. Blatt 1–4.
DIN 1986: Teil 2 Entwässerungsanlagen für Gebäude
und Grundstücke. Bestimmungen für die Ermittlung der
lichten Weiten und Nennweiten für Rohrleitungen.
Ausgabe 9.
DIN 4038: Vergußmassen für Abwasserkanäle und
-leitungen aus Steinzeug und Betonmuffenrohren,
Anforderungen und Prüfung, Ausgabe 5
(zurückgezogen).
DIN 4062: Kalt verarbeitbare, plastische Dichtstoffe für
Abwasserkanäle und -leitungen; Dichtstoffe für Bauteile
aus Beton. Anforderungen, Prüfungen und
Verarbeitung. Ausgabe 9.
DIN 4108: Wärmeschutz im Hochbau, Ausgabe 8.
DIN 4122: Abdichtung von Bauwerken gegen
drückendes Oberflächenwasser und Sickerwasser mit
bituminösen Stoffen; Metallbändern und
Kunststoffolien, Ausgabe 3.
DIN 18035: Sportplätze, Teil 4 Rasenflächen. 10.
DIN 18195: Bauwerksabdichtungen. Teil 1–4, 6/1983,
Teil 8, 10. Teil 5/1984, Teil 9/1986.
Beuth-Verlag, Berlin.
DIN 18915: Landschaftsbau: Bodenarbeiten für
vegetationstechnische Zwecke. Teil 3
Bodenbearbeitungsverfahren. 10.

Bildquellen

Die Zeichnungen fertigte Marlene Gemke, Neuried,
mit Unterstützung von Monika Herrmann, Rosen-
heim.
Die Zeichnungen auf Seite 158 stammen von Egon
Fridinger (†), Wien.
Die Farbzeichnungen auf Seite 22, 114/15 und 119
fertigte Dominic Gröbner, Wien.

Farbfotos

Baumgart, B., Klosterneuburg: Seite 113 (unten
links).

Hundertwasser, F., Wien: Seite 18 (oben).
Momen, H., Wien: Seite 120 (unten).
Plastoplan re-natur, Ruhwinkel: Seite 19 (unten), 118
(unten), 120 (oben).
Roof Garden Society, London: Seite 20 (unten).
Willkomm, W.: Seite 19 (oben). (Aus Minke und
Witter 1982).

Alle anderen Farbfotos stammen vom Autor.

Literaturverzeichnis

Verwendete Literatur

ANDRÄ, H., BEBA, H.: Hügelkultur – die Gartenbaumethode der Zukunft. Waerland Verlag, Mannheim, 1974.

Arge Umwelterziehung: Der Boden. Heft 10, Selbstverlag, Wien 1986.

BÄTJER, D., HEINEMANN, H.-J.: Das Bremer Klima. Naturwissenschaftlicher Verein zu Bremen, Bd. 39, Selbstverlag, Bremen, 1980.

BAUER, W., SCHMIDT, G.: Ermittlung von Lastannahmen für Bäume auf Bauwerken und Dachflächen. Projektarbeit am Institut für Grünplanung und Gartenarchitektur der Universität Hannover, 1980.

BAUMANN, R.: Begrünte Architektur. Callwey-Verlag, München 1983.

BECKETT, K., CARR, D., STEVENS: Der mobile Garten. Mosaik Verlag, München 1985.

BEHRLING, R.: Nützlinge und Schädlinge im Garten. BLV-Verlag, München 1986.

BEITZ, E.: Gehölze für Dach- und Terrassengärten. Voraussetzungen und Sortenauswahl. Das Gartenamt, Heft 6, 1973.

BERNATZKY, A.: Klimawirkung von Grünflächen und ihre Beziehungen zur Städteplanung. Wohnmedizin, Baden-Baden 1969.

BERNATZKY, A.: The Performance and Value of Trees. Anthos, Heft 1, Zürich 1969.

BLAICH, R.: Zimmerpflanzen, Falken-Verlag, Niedernhausen 1982.

BORNKAMM, R.: Vegetation und Vegetations-Entwicklung auf Kiesdächern. Vegetation, Heft 10, 1961.

BORNKAMM, R., AUHAGEN, A.: Versuch zur Begrünung von Dächern mit Vegetationsplatten. Das Gartenamt, Heft 2, 1977.

BOYER, A.: Dachbegrünungen, Dachgärten. Das Gartenamt, 1979.

BRAHE, P.: Klimatische Auswirkungen von Gehölzen auf umbauten Stadtplätzen. Das Gartenamt, Heft 2, 1974.

BRAMHAS, E.: Die Donaustadt. Selbstverlag, Wien 1972.

BRAUN, F. J.: Der Fränkische Dachgarten, Aufbau und Funktion. Das Gartenamt, Heft 8, 1981.

BRAUNSTEIN, F.: Algenbewuchs und Wurzeldurchwuchs auf Flachdächern. Das Dachdeckerhandwerk, Heft 11, 1983.

BRETTSCHNEIDER, H., LECHER, K., SCHMIDT, M.: Taschenbuch der Wasserwirtschaft. Verlag Paul Parey, Hamburg 1982.

BRETTSCHNEIDER, W.: Obstbäume in Töpfen. Ulmer Verlag, Stuttgart 1984.

BÜRING, W.: Sieben Fragen zur Düngung von Bäumen. Das Gartenamt, Heft 7, 1985.

BÜTIKOFER, M., EGGENBERGER, A.: Die bauphysikalischen Verhältnisse beim Optima-Dachgartensystem. Optima-Werke, Oberwil 1976.

Bund deutscher Baumschulen (Hrsg.): Handbuch 1–4. Taschenbücher mit Pflanzenbeschreibungen in lexikalischer Form. 1: Laubgehölze, 2: Nadelgehölze und Rhododendron, 3: Stauden, 4: Rosen. Fördergesellschaft »Grün ist Leben«, Pinneberg 1978–1984.

Chemie Linz (Hrsg.): Verfahren – Begrünung – Flachdächer. Chemie Linz, Wien 1982.

LE CORBUSIER: Kommende Baukunst. Deutsche Verlagsanstalt, Stuttgart, 1926.

DALDROP, N.W.: Dachbepflanzung: Entwurfsgrundlagen und Konstruktionsbedingungen für den Architekten. Das Gartenamt, Heft 5, 1979.

DARIUS, F., DREPPER, J.: Ökologische Untersuchungen auf bewachsenen Kiesdächern in West-Berlin. Diplomarbeit am Institut für Ökologie der Technischen Universität Berlin, 1983. Das Gartenamt, Heft 5, 1984.

DEISER, E.: Langzeitbewässerungssysteme für Balkon und Terrasse. Obst und Garten, Heft 5, 1984.

DIERSEN, H.: Kunststoff-Wurzelschutzbahnen bei begrünten Flachdächern. Das Dachdeckerhandwerk, Heft 4, 1977.

DOERNACH, R.: Über den Nutzen von biotektonischen Grünsystemen. Garten und Landschaft, Heft 6, 1979.

DOERNACH, R., HEID, G.: Das Naturhaus. Krüger Verlag, Frankfurt 1982.

DREFAHL, J.: Das Blumenhügeldach. Das Gartenamt, Heft 9, 1981.

DREFAHL, J.: Das Blumenhügeldach, ein Begrünungssystem. In: Stiftung Naturschutz Berlin (Hrsg.): Das Gründach. Selbstverlag, Berlin 1983.

DREFAHL, J.: Begrünte Dichtungs- und Schutzbauten. Das Gartenamt, Heft 12, 1984.

DREPPER, J.: Pflanzen auf alten Berliner Häusern. In: Stiftung Naturschutz Berlin (Hrsg.): Das Gründach. Selbstverlag, Berlin 1983.

DUSDIEKER, W.: Durchwurzelung, das Problem bei Dachbegrünungen. Taspo, Heft 14, 1984.

DUSDIEKER, W.: Durchwurzelungsschutz bei begrünten Dächern. Deutsches Architektenblatt, Heft 16, 1984.

EGGENBERGER, A.: Bauphysikalische Vorgänge im begrünten Warmdach. Das Gartenamt, Heft 6, 1983.

ENCKE, F.: Kübelpflanzen. Ulmer Verlag, Stuttgart 1982.

ENCKE, F., SCHILLER, E.: Dachgärten, Terrassen, Balkone – Gestaltung und Bepflanzung. Ulmer Verlag, Stuttgart 1979.

ERNST, W., WEIGERDING, J.: Oberflächenentwässerung. Gewässerentlastung durch ökologisch, ökonomische Planung. Bundesbaublatt, Heft 11, 1985.

ERNST, W., WEIGERDING, J.: Ökologische und ökonomische Vorteile einer extensiven Flachdachbegrünung aus entwässerungstechnischer Sicht. Das Gartenamt, Heft 6, 1986.

ERNST, W.: Extensive Flachdachbegrünung. Das Gartenamt, Heft 5, 1984.

Fachregeln des Dachdeckerhandwerks. Helmut Gros Fachverlag, Berlin 1982.

FASKEL, B.: Dach- und Fassadenbegrünung. Das Gartenamt, Heft 30, 1981.

FISCHER, R.: Dachbegrünungssubstrate und Durchwurzelungsschutz. Forschungsgesellschaft Landschaftsentwicklung-Landschaftsbau e.V. FLL (Hrsg.): Das begrünte Haus. C. F. Müller Verlag, Karlsruhe 1983.

FLL Arbeitsgruppe »Dachbegrünung«. LIESECKE, H.-J., ADAM, H.-J., HOPPE, G., SIEGERT, P., WITTKE, K.: Grundsätze für Dachbegrünungen. Forschungsgesellschaft Landschaftsentwicklung-Landschaftsbau e.V. FLL (Hrsg.), Bd. 7 der Schriftreihe. Selbstverlag, Bonn 1982.

Forschungsgesellschaft für Wohnen, Bauen und Planen: Dachgärten und Pflanzentröge. Schriftenreihe, Heft 58.

Forschungsgesellschaft Landschaftsentwicklung-Landschaftsbau e.V. FLL (Hrsg.): Das begrünte Haus. Bedeutung und konstruktive Hinweise. Bd. 10 der Reihe: Fundamente alternativer Architektur. C. F. Müller Verlag, Karlsruhe 1983.

Forschungsgesellschaft Landschaftsentwicklung-Landschaftsbau e.V. FLL: Grundsätze für Dachbegrünungen, Schriftenreihe der FLL, Bonn 1984.

FRANCK, G.: Gesunder Garten durch Mischkultur. Südwest-Verlag, München 1980.

FRANCK, G.: Gesundheit durch Mischkultur. Verlag Boden und Gesundheit, Langenburg, ohne Jahr.

FRANZ, J. M., KRIEG, A.: Biologische Schädlingsbekämpfung. Verlag Paul Parey, Hamburg 1976.

FRENZ, F. W., LECHL, P., STURM, A.: Balkon- und Terrassengärten. BLV-Verlag, München 1984.

FRIDINGER, E.: Mehr Dachgärten der Großstadt. Die Kunst, Heft 1/10, 1933.

FRIDINGER-ENGELHART, M.: Ein Dachgarten in Wien – Fünfzig Jahre Erfahrungen mit einem Dachgarten. Bauforum, Heft 91, 1982.

FRITZSCHE, H.: Küchenkräuter selbst gezogen. Gräfe und Unzer, München 1984.

GEIGER, R.: Das Klima der bodennahen Luftschicht. Vieweg-Verlag, Braunschweig 1961.

GERTIS, K., WOLFSEHER, U.: Veränderung des thermischen Mikroklimas durch Bebauung. Gesundheits-Ingenieur 1/2, 1977.

GILGEN, H.: Optima-Dachgarten. Informationsschrift der Optima-Werke. Schweizer Baukatalog BSA, 1974.

GILGEN, H.: Dachgärten, Jardins-Terrasses. Selbstverlag Optima-Werke, Oberwil 1976.

GOLLWITZER, G., WIRSING, W.: Dachgärten, Dachterrassen. Callwey-Verlag, München 1962.

GOLLWITZER, G., WIRSING, W.: Dachflächen – bewohnt, belebt, bepflanzt. Callwey-Verlag, München 1971.

GÖTZE, H.: Praktische Erfahrungen mit dem Umkehrdach. Deutsche Bauzeitung, Heft 4, 1979.

GROPIUS, W.: Bauhausbauten. Langen Verlag, München 1930.

GROSSE-WILDE, J.: Technoflor-Dachbegrünungen. Das Gartenamt, Heft 8, 1981.

GRÜTZMACHER, B.: Grasdach-Aufbau-Konstruktion-Systeme. Callwey-Verlag, München 1984.

GUGENHAN, E.: Bunte Gärten auf Balkon und Terrasse. BLV-Verlag, München 1985.

HABERER, M.: So blüht und grünt es auf Balkon und Terrasse. Vehling Verlag, Köln, Wien, Zürich 1982.

HARTGE, K. H., WIEBE, J.-J.: Der Wasserzustand von Pflanze und Boden, sein Einfluß auf die Ertragsbildung und seine Bestimmung. Gartenbauwissenschaft, Heft 2, 1977.

HARTGE, K. H.: Einführung in die Bodenphysik. Ferdinand Enke Verlag, Stuttgart 1978.

HARTMANN, R. E.: Dachbegrünung mit dem Agro-Foam Fachbegrünungssystem. Das Gartenamt, Heft 8, 1981.

HARTMANN, W.: Außenhydro mit Lecadan – eine einfache Sache. Gärtnerbörse und Gartenwelt, Heft 10, 1985.

HARZMANN, G.: Dachbegrünung. System Optima. Das Deutsche Dachdeckerhandwerk, Heft 3, 1983.

HEBGEN, H.: Bauen mit der Sonne. Energie-Verlag, Heidelberg 1982.

HEINZE, W.: Welche Pflanzen eignen sich zur extensiven Dachbegrünung? Modellversuch in Berlin. Taspo, Heft 5, 1982.

HELFERT, W.: Hydrogefäße mit zwei Löchern. Gärtnerbörse und Gartenwelt, Heft 22, 1984.

HELFERT, W.: Reine Lehre und Hydroponik. Gärtnerbörse und Gartenwelt, Heft 22, 1984.

HEUERDING, E.: Dachbegrünung in Bern. Das Gartenamt, Heft 3, 1977.

HEYNITZ, K., MERCKENS, G.: Das biologische Gartenbuch. Ulmer Verlag, Stuttgart 1980.

VON HILCHEN, M.: Aufbau und Funktion begrünter Dächer in Norwegen. Diplomarbeit GHS Kassel, 1980.

HOCH, E.: Bauphysikalische Grundlagen für Dachbegrünungen. Das Gartenamt, Heft 30, 1981.

HOCH, E.: Durchwurzelungsschutz bei begrünten Dächern. Deutsches Architektenblatt, Heft 10, 1984.

HOCH, E.: Flachdächer, Konstruktions- und Funktionsschwächen, Schadensverhütung. 3., überarb., erw. Aufl., Verlagsgesellschaft Rudolf Müller, Köln 1981.

HOCH, E.: Dachbegrünungen. Referat, gehalten beim Dachgartenseminar der TU Wien, 1987.

HOCH, E.: Flachdächer, Flachdachschäden. Verlag R. Müller, Köln 1973.

HOFMANN, H., ELFGANG, A.: Anwendung von Rindenprodukten im Galabau. Neue Landschaft, Heft 1, 1982.

HOFFMANN, O.: Begehbare, befahrbare und begrünte Flachdächer. Deutsche Bauzeitung, Heft 5, 1983.

HOFFMANN, O.: Begrünte Flachdächer – Vorsicht! Deutsche Bauzeitung, Heft 4, 1982.

HÖSCHELE, K., SCHMIDT, H.: Klimatische Wirkungen einer Dachbegrünung. Garten und Landschaft, Heft 6, 1974.

HUNDERTWASSER, F.: Das Haus Hundertwasser. Mit Beiträgen von E. Warlamis, W. Schmied, B. Lötsch, G. Zanger, Redaktion: G. Habarta. Österr. Bundesverlag und Compress, Wien 1985.

HUNDERTWASSER, F.: Schöne Wege. DTV, München 1983.

IBK-Bauseminar 1977: Gründächer. Institut für das Bauen mit Kunststoffen. Darmstadt 1986.

JACOBSHAGEN, A., BORNKAMM, R., HEINZE, W.: Untersuchungen zur kostensparenden Begrünung von Dachflächen. Das Gartenamt, Heft 3, 1977.

JOHN, E.: Begrünte Dächer. Diplomarbeit TU Wien, Institut für Hochbau, 1981.

JOREK, N.: Leben im Naturgarten. Falken-Verlag, Niedernhausen 1982.

JUNGNICKEL, H.: Abdichtungstechnik, Bedachungstechnik, Kunststoffbahnen. Verlag R. Müller, Köln 1969.

KAISER, H.: Ein Versuch, Dachflächen mit wenig Aufwand zu begrünen. Garten und Landschaft, Heft 1, 1981.

KESSLER, J.: Ergebnisse eines Dachbegrünungsversuches. Das Gartenamt, Heft 1, 1987.

KELLER, T.: Über die Filterwirkung von Hecken für verkehrsbedingte staubförmige Luftverunreinigungen insbesondere Bleivergiftungen. Schweizerische Zeitschrift für Forstwesen, Heft 19, 1974.

KIENLE, H., LUZ, H.: Dachbegrünung, Luxus oder Notwendigkeit? Hrsg.: Verschiedene, u. a. Optima, Oberwil 1978.

KIERMEIER, P.: Pflanzenverwendung bei Dachbegrünungen in Abhängigkeit von Funktion und Pflegeaufwand. Forschungsgesellschaft Landschaftsentwicklung-Landschaftsbau e. V. FLL (Hrsg.): Das begrünte Haus. C. F. Müller Verlag, Karlsruhe 1983.

KIERMEIER, P.: Pflanzenverwendung im Standortbereich Dachgarten. Referat gehalten beim Dachgartenseminar der TU Wien, 1987.

KLAASEN, H.: Dachgärten mit Kunststoffen. Sonderdruck aus: Kunststoffe im Bau 114, Heft 1.

KLAASEN, H.: Leichte Dachgärten durch leichte Baustoffe. Bauwelt, Heft 19, Bertelsmann Verlag, Berlin 1973.

KLEEBERG, J.: Häuser begrünen. Ulmer Verlag, Stuttgart 1985.

KÖCHEL, C. UND M.: Die schönsten Kübelpflanzen. BLV-Verlag, München 1986.

KOLB, W.: Extensivbegrünungen von Dachflächen. Fragen zur Substratauswahl. Das Gartenamt, Heft 7, 1982.

KOLB, W.: Substratzusammensetzungen extensiver Dachbegrünung. Forschungsgesellschaft Landschaftsentwicklung- Landschaftsbau e.V. FLL (Hrsg.): Das begrünte Haus. Verlag C. F. Müller, Karlsruhe 1983.

KOLB, W., SCHWARZ, T.: Eigenschaften und Kosten von Substraten zur Extensivbegrünung von Flachdächern. Das Gartenamt, Heft 2, 1984.

KOLB, W., SCHWARZ, T.: Zur Extensivbegrünung von Dächern. Garten und Landschaft, Heft 6, 1984.

KOLB, W., SCHWARZ, T.: Zum Klimatisierungseffekt von Pflanzenbeständen auf Dächern. – Kühlleistung verschiedener Gräser-Kräuter-Mischungen und Stauden bei Intensivbegrünung. Zeitschrift für Vegetationstechnik, Heft 3, 1986.

KOLB, W., SCHWARZ, T., MANSOURIE, P.: Extensivbegrünungen von Dachflächen, vegetationstechnische Eigenschaften und Kosten von 10 verschiedenen Substraten. Zeitschrift für Vegetationstechnik, Heft 3, 1982.

KOLB, W., SCHWARZ, T., TRUNK, R.: Zur Begrünung von Kiesdächern. Zeitschrift für Vegetationstechnik, Heft 4, 1983.

KOLBE, K. O.: Beregnung von Rasenflächen. Das Gartenamt, Heft 7, 1974.

KOLBE, T.: Extensive Gebäudebegrünung. Diplomarbeit GHS Kassel, 1982.

KÖNEMANN, E.: Neuzeitliche Kompostbereitung, Waerland Verlagsges., Mannheim 1968.

KRATOCHWILL, S.: Integration von Pflanzen im Wohnbau. Orac Verlag, Wien 1983.

KRATOCHWILL, S.: Schritt für Schritt zum Traumgarten. Orac Verlag, Wien 1986.

KRATZER, A.: Das Stadtklima. Vieweg-Verlag, Braunschweig 1956.

KREH, W.: Beiträge zur Vegetationskunde von Württemberg I. Die Pflanzenwelt unserer Kiesdächer. Jahresb. Ver. Vaterländ. Naturkunde in Württemberg 1945.

KREUTER, M.L.: Biologischer Pflanzenschutz, BLV-Verlag, München 1981.

KRUPKA, B.: Begrünung von Betonoberflächen durch Vorsatzschichten. 1983. Unveröffentlicht.

KRUPKA, B.: Vegetationsanwendung bei extensiven Dachbegrünungen. Forschungsgesellschaft Landschaftsentwicklung-Landschaftsbau e.V. FLL (Hrsg.): Das begrünte Haus. C.F. Müller Verlag, Karlsruhe 1983.

KRUPKA, B.: Standortfaktoren, Pflanzen und Vegetationsformen für extensive Dachbegrünungen. Das Gartenamt, Heft 12, 1984.

KRUPKA, B.: Zur Verwendung von Gehölzen für intensive Dachbegrünungen. Das Gartenamt, Heft 10, 1985.

KRUPKA, B.: Dachbegrünungen und Grasdächer. Verlagsgesellschaft Rudolf Müller, Köln 1986.

KRUPKA, B.: Dünnschichtbauweisen für extensive Dachbegrünungen. Das Gartenamt, Heft 5, 1987.

KRUPKA, B.: Vegetationsformen und Pflanzen für Extensivbegrünungen. Referat, gehalten beim Dachgartenseminar der TU Wien, 1987.

KRUPKA, B.: Ausführungen von Dachbegrünungen. Referat, gehalten beim Dachgartenseminar der TU Wien, 1987.

KRUPKA, B.: Moose und Sedum – Überlebenskünstler für extensive Dachbegrünungen. Gartenpraxis, Heft 7, 1987.

KRUSCHE, P., ALTHAUS, E., GABRIEL, J.: Ökologisches Bauen. Wiesbaden 1982.

LAUENSTEIN, H.: Die Besonnungsverhältnisse des Pflanzenstandortes. Das Gartenamt, Heft 5, 1985.

LEIPACHER, B.: Begrünte Höfe, Dächer, Winkel. Kosmos Verlag, Stuttgart, 1986.

LIESECKE, H.-J.: Zur Bedeutung von Dach- und Fassadenbegrünungen. In: Forschungsgesellschaft Landschaftsentwicklung-Landschaftsbau e.V. (Hrsg.): Das begrünte Haus. C.F. Müller Verlag, Karlsruhe 1983.

LIESECKE, H.-J. et al.: Grundsätze für Dachbegrünungen. Forschungsgesellschaft für Landschaftsentwicklung – Landschaftsbau e.V. FLL (Hrsg.), Heft 7 der Schriftreihe. Selbstverlag, Bonn 1984.

LIESECKE, H.-J.: Dach- und Terrassengärten. Schematische Darstellung der bau- und vegetationstechnischen Grundlagen. Das Gartenamt, Heft 6, 1973.

LIESECKE, H.-J., SCHMIDT, U.: Zur Bestimmung der Wasserbindung und Wasserdurchlässigkeit in Rasentragschichten. Rasen – Turf – Gazon, Heft 6, 1975.

LIESECKE, H.-J.: Vegetationstechnische Gesichtspunkte bei der Begrünung von Flachdächern. Deutscher Gartenbau, Hefte 32, 33, 34, 37, 38, 1975.

LIESECKE, H.-J.: Zur Anlage von Vegetationsflächen auf Flachdächern. Neue Landschaft, Heft 12, 1976.

LIESECKE, H.-J., SKIRDE, W.: Stand und Entwicklungsrichtung der Herstellung von Dachrasenflächen in der BRD. Rasen – Grünflächen – Begrünungen, Heft 7, 1976.

LIESECKE, H.-J.: Lastannahmen für Stauden und Sträucher bei Dachbegrünungen. Das Gartenamt, Heft 11, 1978.

LIESECKE, H.-J.: Bodenphysikalische Untersuchungen an porösen Baustoffen für Vegetations- und Dränschichten. Zeitschrift für Vegetationstechnik, Heft 1, 1979.

LIESECKE, H.-J.: Funktionsgerechter Aufbau von Dachbegrünungen. Das Gartenamt, Heft 5, 1979.

LIESECKE, H.-J.: Bodenphysikalische Untersuchungen an Feinsand- und Sandfraktionen sowie Gemischen. Zeitschrift für Vegetationstechnik, Heft 3, 1980.

LIESECKE, H.-J.: Funktionsgerechter Aufbau von Dachbegrünungen aus vegetationstechnischer Sicht. Das Gartenamt, Heft 8, 1981.

LIESECKE, H.-J.: Dachbegrünungen. Bedeutung – Ausbildungsformen – Bauweisen. Bundesbaublatt, Heft 4, 1983.

LIESECKE, H.-J.: Dachbegrünung. Beiträge zur Extensivbegrünung. Bd. 5 der Schriftreihe: Landschafts- und Sportplatzbau. Patzer Verlag, Berlin und Hannover 1985.

LIESECKE, H.-J.: Extensivbegrünungen auf Dächern. Das Gartenamt, Hefte 2 und 5, 1984.

LIESECKE, H.-J.: Durchwurzelungsschutz und Schutz vor mechanischen Beschädigungen bei Dachbegrünungen. Bundesbaublatt, Heft 4, 1985.

LIESECKE, H.-J.: Projektbegleitende Untersuchungen zur Planung und Ausführung einer extensiven Dachbegrünung. Das Gartenamt, Heft 8, 1987.

LIESECKE, H.-J.: Bedeutung und Wirkung sowie Ausbildungsformen von Dachbegrünungen. Referat, gehalten beim Dachgartenseminar der TU Wien, 1987.

Lötsch, B.: Zur ökologischen Bedeutung der grünen Pflanze. Sauerstofffrage und Klimawirkung. Institut für Umweltwissenschaften, Wien 1976.

Lötsch, B.: Stadtökologie und Siedlungsraumgestaltung. Wien 1976.

Lötsch, B.: Der Grüne Friedrich (Hundertwasser). Wien 1985.

Lötsch, B.: Dachgärten im Rahmen der Stadtökologie. Wien 1985.

Lohmeyer, G.: Flachdächer einfach und sicher. Beton-Verlag GmbH, Düsseldorf 1982.

Loidl, H., Woess, F., Zeitlberger, H.: Dachgärten und Pflanztröge. Schriftreihe, Forschungsgesellschaft für Wohnen, Bauen und Planen, Heft 58, Wien 1975.

Loidl, H., Woess, F., Zenz, A.: Grünraumplanung. Schriftreihe, Forschungsgesellschaft für Wohnen, Bauen und Planen, Heft 88, Wien.

Loidl, H., Zeitlberger, H.: Windwurfsicherung von Großgehölzen auf Pflanzenstandorten ohne Verbindung mit dem gewachsenen Boden (Dachgarten), Patentschrift des Österr. Patentamtes.

Loidl, H., Zeitlberger, H.: Dachgärten – Ein Beitrag zur Verbesserung der Umweltbedingungen in der Großstadt. Sonderdruck aus: Architektur aktuell, Februar 1974.

Markmann, E.: Brigitte Balkonbuch. Mosaik Verlag, München 1983.

Mendel, G.: Die Bedeutung von Gründächern, insbesondere aus wasserwirtschaftlicher Sicht. Das Gartenamt, Heft 8, 1985.

Meyer: Balkon – Terrasse – Dachgarten. Ullstein, Frankfurt 1962.

Meyer, F.H.: Stauden und Gehölze im Stadtbereich. Das Gartenamt, Heft 2, 1974.

Meyer, F.H.: Gehölze in städtischer Umwelt. Neues Archiv für Niedersachsen. Bd. 21, Heft 3, Göttingen 1972.

Meyer, F.H.: Bäume in der Stadt. 2. Auflage. Ulmer Verlag, Stuttgart 1982.

Minke, G., Witter, G.: Häuser mit grünem Pelz. Fricke Verlag, Frankfurt 1982.

Minke, G.: Geneigte Grasdächer, Taspo-Magazin, Heft 5, 1982.

Minke, G.: Grasdach-System-Minke. In: Stiftung Naturschutz Berlin (Hrsg.): Das Gründach. Selbstverlag, Berlin 1983.

Minke, G.: Dach- und Wandbegrünung zur Verbesserung von Wohnumfeldbedingungen. Das Gartenamt, Heft 8, 1981.

Moritz, K.: Flachdachhandbuch. Bauverlag, Berlin 1975.

Mürb, R.: Begrünung von Dachflächen aus städtebaulicher und ökologischer Sicht. Referat bei der Informationstagung der Optima-Werke, 3. Baufachmesse Basel, Swissbau 1979.

Mürb, R.: Städtebauliche und ökologische Aspekte von Dachgärten und begrünten Flächen ohne Bodenanschluß. Das Gartenamt, Heft 5.

Müssel, H., Kiermeier, P.: Erfahrungen mit xeromorphen Pflanzen für Extensivbegrünungen. Das Gartenamt, Heft 6, 1983.

Muth, W.: Bemessung der Dränung zum Schutz erdberührter Bauteile. Deutsche Bauzeitschrift, Heft 7, 1979, berichtigt in Heft 5, 1981.

Nengelken, H.P.: Wintergärten und Überdachungen. BLV-Verlag, München 1986.

Norges Byggsforskinginstitut: Taktekking Torrtak (Grasdachdeckung). Selbstverlag, Oslo 1979.

Ohlwein, K.: Grüner Wohnen. R. Müller, Stuttgart 1984.

Ohlwein, K.: Dachbegrünung, ökologisch und funktionsgerecht. Bauverlag, Wiesbaden 1984.

Pedersen, G., Reitzel, J., Hansen, L.: Pflanzen natürlich schützen. Krüger Verlag 1983 (Copyright S. Fischer Verlag, Frankfurt).

Penningsfeld, F.: Kultursubstrate, Düngung, Bewässerung von Großcontainern und Dachgärten. Das Gartenamt, Heft 4, 1974.

Penningsfeld, F.: Aufbau, Bepflanzung und Pflege von Dachgärten und Pflanzkübeln. Gartenwelt, Heft 1, 1977.

Penningsfeld, F.: Durchwurzelungsschutz bei Dachbegrünungen. Das Dachdeckerhandwerk, Heft 4, 1974.

Penningsfeld, F.: Substrate für die Begrünung von Dachflächen und anderen extremen Standorten. Das Gartenamt, Heft 5, 1979.

Penningsfeld, F., Kurzmann, P., Kalthoff, P., Fischer, P.: Prüfung verschiedener Wurzelschutzbahnen für Dachgärten. Ergebnisse vierjähriger Vegetationsversuche. Das Gartenamt, Heft 8, 1981.

Petter, H.-G.: Über Planung, Ausbau und Nutzung von Dachflächen. Das Gartenamt, Heft 28, 1979.

Plate, H.-P.: Bemerkungen zur Düngung und zur Schwermetallbelastung in Klein- und Hausgärten. Das Gartenamt, Heft 4, 1985.

Pluta, H.-J.: Ausführungstechnische Probleme bei Dachbegrünungen. Das Gartenamt, Heft 8, 1981.

Prün, H.: Bodenphysikalische Einflußnahmen auf Substrat- und Bodeneigenschaften durch Schaum- und Bodenwirkstoffe. Neue Landschaft, Heft 3, 1975.

Pro Austria Nostra (Hrsg.): Dachgärten Wiens. Selbstverlag 1986.

Raalte, D. von: Dach- und Balkongärten. Verlag Paul Parey, Hamburg 1976.

Rabitz, C.: Naturdächer aus vulkanischem Cement oder Moderne hängende Gärten, Berlin 1865.

Rainer, R.: Lebengerechte Außenräume. Verlag Artemis, Zürich 1972.

Rasp, H.: Der Einfluß von Bodenverbesserungsmitteln auf Struktur und Ertragswirkung von gärtnerischen Böden und Substraten. Zeitschrift für Pflanzenernährung und Bodenkunde. Bd. 133, Hefte 1 und 2, 1972.

Rücker, K.: Schema eines Dachgartens. Gartenpraxis, Heft 7, 1987.

Saechtling, H. (Hrsg.): Bauen mit Kunststoffen. C. Hauser Verlag, München 1973.

Schacht, C.: Beurteilung von Dachbegrünungen nach siedlungswasserwirtschaftlichen Gesichtspunkten. Diplomarbeit am Institut für Technischen Umweltschutz, Fachgebiet Siedlungswasserbau der TU Berlin, 1981.

Scharpf, H.C., Grantzau, E., Hendriks, L.: Qualitätsanforderung an Rindenkompost für den Gartenbau. Deutscher Gartenbau, Heft 15, 1981.

Scheffer, F., Schachtschnabel, P.: Lehrbuch der Bodenkunde. Ferdinand Enke Verlag, Stuttgart 1979, 10. neubearbeitete Auflage.

Schild, E., Oswald, R. (Hrsg.): Genutzte Dächer und Terrassen-Konstruktion und Nachbesserung begangener, bepflanzter und befahrener Flächen. Aachener Bausachverständigungstage 1986, Bauverlag Wiesbaden und Berlin 1986.

Schild, E.: Flachdächer, Dachterrassen, Balkone. Bauverlag, Berlin 1976.

Schild, E., Casselmann, H.F., Dahmen, G., Pohlenz, R.: Bauphysik. Vieweg Verlag, Braunschweig 1979.

Schindler, N.: Ein alter Londoner Dachgarten immer noch im Gespräch. Das Gartenamt. Heft 1, 1987.

SCHMID, O., HENGGELER, S.: Biologischer Pflanzenschutz im Garten. Ulmer Verlag, Stuttgart 1984.

SEIFERT, A.: Gärtnern, Ackern – ohne Gift. Biederstein Verlag, München 1971.

SIEBEL, L.: Oberflächentemperaturen an Gebäudeaußenflächen. Deutsche Bauzeitschrift, Heft 9, 1973.

SIEBENEICHER, G. E. (HRSG.): Neues großes Gartenlexikon. Südwest-Verlag, München 1973.

SIEGERT, P.: Optima begrünt Bauwerke. Das Gartenamt, Heft 8, 1981.

SIMON, H.: Pflanzenverwendung bei Dachbegrünungen. Das Gartenamt, Heft 8, 1981.

SIMONIS, W. C.: Taschenbuch der Heil- und Gewürzkräuter. Verlag Vittorio Klostermann, Frankfurt/M. 1976.

SNOEK, H.: Naturgemäße Pflanzenschutzmittel. Pietsch Verlag, Stuttgart 1984.

SCHWARZ, T., KOLB, W.: Pflanzenauswahl zur Extensiv-Begrünung. Taspo-Magazin, Heft 5, 1982.

STEIN, J.: Bautechnische Anforderungen bei Dachbegrünungen. Lastannahmen, Schutz vor mechanischen Beschädigungen, Brandschutz, sommerlicher Wärmeschutz. Vortrag beim BDLA/FLL-Seminar »Dachbegrünung« am 14. 11. 1986 in Ulm. Unveröffentlichtes Manuskript.

STRONG, R.: Creating small gardens. Conran Octopus Verlag, London 1986.

SUSEMIHL, H.-J.: Ein verwurzelungssicheres Dachbegrünungssystem. Kunststoffe im Bau, Heft 2, 1983.

Technische Arbeitsgruppe Kunststoff- und Kautschukbahnen für Dach- und Bauwerksabdichtung e. V. (Hrsg.): TAKK-Verlegehinweise Dachbahnen. 6. Ausgabe, Eigenverlag, Darmstadt 1983.

THAUER, B.: Kräutergarten auf der Fensterbank. Heyne Verlag, München 1985.

TRILLITZSCH, F.: Anregungen zum Thema Dachgarten. Garten und Landschaft, Heft 6, 1979.

Wärmeschutzverordnung vom 24. 2. 1982, BGBl I: am 1. 1. 1984 in Kraft getreten.

WELTEN, F.: Biologischer Gartenbau Ratgeber. Lichtquellverlag 1978.

WERMINGHAUSEN, B.: Die Verwendung von Kunststoffen bei der Begrünung extremer Standorte. Neue Landschaft, Heft 10, 1974.

WILKE, H.: Der Naturteich im Garten. Gräfe und Unzer, München 1982.

WITTKE, K.: Planerische Probleme bei Dachbegrünungen. Das Gartenamt, Heft 8, 1981.

WOLF, G.: Grünflächen auf Flachdächern. Gutachten im Rahmen der Errichtung von fünf neuen Gesamthochschulen in NRW. Das Dachdeckerhandwerk, Heft 14, 1974.

WOLFF, P. F. C.: ZinCo-Dachbegrünungssysteme. Das Gartenamt, Heft 8, 1981.

WRIGHT, F. L.: The Work of Frank Lloyd Wright. Bramhill House, New York 1965.

ZABELITZ, C. VON: Gewächshäuser. Ulmer Verlag, Stuttgart 1978.

ZAPPKE, W.: Konstruktionsmerkmale von Dächern unter bauphysikalischen Aspekten. Bundesbaublatt, Heft 4, Wiesbaden 1983.

Zentralverband des Deutschen Dachdeckerhandwerks und Bundesfachabteilung Bauwerksabdichtung im Hauptverband der Deutschen Bauindustrie (Hrsg.): Richtlinien für die Planung und Ausführung von Dächern mit Abdichtungen. Flachdachrichtlinien (Januarausgabe), Helmut Gros Fachverlag, Berlin 1982.

Empfehlenswerte Literatur

Stadtökologie, grüne Architektur:

AHRENS, D., ELLISON, T., STERLING, R.: Erdbedeckte Häuser. Beton-Verlag, Düsseldorf 1983.

ALBRECHT, R. et al.: Umweltentlastung durch ökologische Bau- und Siedlungsweisen. Bde 1 und 2, Wiesbaden, Berlin 1984.

ANDRITZKY, M., SPITZER, K. (HRSG.): Grün in der Stadt. Rowohlt Verlag, Hamburg 1981.

BAUMANN, R.: Begrünte Architektur – Bauen und Gestalten mit Kletterpflanzen. Callwey Verlag, München 1983.

BRÖKER, A.: Wasserversorgung alternativ. Im Auftrag der IBA Berlin, Verlag C. F. Müller, Karlsruhe 1984.

CRAVENS, R. H.: Kletterpflanzen. Time-Life International (Nederland) B. V., 1980.

DOERNACH, R.: Pflanzenhäuser. Panorama Verlag, München 1987.

DOERNACH, R.: Natürlich bauen. Krüger Verlag, 1986 (Copyright S. Fischer Verlag, Frankfurt 1986).

DOERNACH, R., HEID, G.: Das Naturhaus. Krüger Verlag, 1985.

GUTTMANN, R.: Hausbegrünung – Kletterpflanzen am Haus und im Garten. Franckh'sche Verlagshandlung, Stuttgart 1985.

HABERER, M.: Kletterpflanzen – Rankende Begrünung für Fassade, Balkon und Garten. Falken Verlag, Niedernhausen 1984.

JÄGER, B.: Dezentrale Kompostierung von Küchen- und Gartenabfällen in dichtbesiedelten Wohngebieten. Förderungsprogramm der freien Universität Berlin, Berlin 1986.

JELLICOE, S., ALLEN, M.: Town Garden to Live in. Harmondsworth 1977.

KLEEBERG, J.: Häuser begrünen. Ulmer Verlag, Stuttgart 1985.

RAINER, R.: Gärten. Akademische Druck- und Verlagsanstalt, Graz 1982.

SCHWARZ, U. (HRSG.): Grünes Bauen – Ansätze einer Öko-Architektur. Rowohlt Verlag, Hamburg 1982.

SIEBER, H.: Das begrünte Haus. C. F. Müller, Karlsruhe 1983.

Dach- und Balkongärten:

BECKETT, K. A. et al.: Der mobile Garten – Pflanzenpracht für Balkon, Terrasse und Innenhof. Mosaik-Verlag, München 1985.

HOFFMANN, O.: Handbuch für begrünte und genutzte Dächer. Verlagsanstalt Alexander Koch, Leinfelden 1987.

KEUDELL, T.: Balkon- und Terrassengärten. Heyne, München 1985.

LEIPACHER, B.: Begrünte Höfe, Dächer, Winkel. Franckh'sche Verlagshandlung, Stuttgart 1986.

SCHIPPER, A.: Topfobstzucht für jedermann. Frankfurt/Oder, Berlin 1938.

Biologischer Gartenbau:

Arbeitsgruppe für biologischen Land- und Gartenbau: Wegleitung zum Biologischen Gartenbau. Bühlmann Verlag 1978.

BOCKEMÜHL, J.: Vom Leben des Komposthaufens. Geotheanum, Dornach 1981.

BRUCE, M. E.: Gartenglück durch Schnellkompost. Waerland-Verlagsgenossenschaft, Mannheim.

Bund Naturschutz in Bayern (Hrsg.): Ökologischer Garten. Fischer Verlag, Frankfurt/M. 1981.

HEYER, G. VON: Der Regenwurm – Dein Freund und Helfer. Selbstverlag, Hamburg 1976, 5. Aufl.

KOEPF, H., PETTERSSON, B., SCHAUMANN, W.: Biologisch-dynamische Landwirtschaft. Ulmer Verlag, Stuttgart 1980.

LINK, H., TITZE, W.: Der Nutzgarten. Ulmer Verlag, Stuttgart 1982.

SEYMORE, J.: Leben auf dem Lande. Otto Maier Verlag, Ravensburg 1978.

SEYMORE, J.: Selbstversorgung aus dem Garten. Otto Maier Verlag, Ravensburg 1979.

SPOHN, E.: Gesunde Erträge aus lebendigem Boden. Schnitzer Verlag, Köln 1974.

STANGL, M.: Gesundes Obst und Gemüse. BLV Verlagsgesellschaft, München 1979.

STEINBACH, G.: Der biologische Nährgarten. Nymphenburger Verlagshandlung, München 1983.

THUN, M.: Aussaattage 1982 u. ff. Aussaattage. Selbstverlag, Biedenkopf 1982.

Verbraucher-Zentrale, Hamburg e.V.: Gärtnern ohne Gift. Verbraucher Zentrale e. V., Selbstverlag, Hamburg 1981.

VERNAZZA, C.: Biologisch Gärtnern. Hallwag Verlag, Bern 1979.

VOITL GUGGENBERGER, W.: Das große Buch vom biologischen Land- und Gartenbau. Orac Verlag, Wien 1980.

WELTEN, F.: Biologischer Gartenbau Ratgeber. Lichtquellverlag, Oberwil 1978.

Pflanzenschutz:

MICHEL, H.G., UMGELTER, H.: Pflanzenschutz im Garten. Ulmer Verlag, Stuttgart 1982.

SCHMID, O., HENGGELER, S.: Biologischer Pflanzenschutz im Garten. Ulmer Verlag, Stuttgart 1984.

Gartenratgeber:

BÄRTELS, A.: Gartengehölze. Ulmer Verlag, Stuttgart 1981, 2. Aufl.

BOERNER, K.: Gehölzschnitt. Ulmer Verlag, Stuttgart 1987. 7. Aufl.

CARL, J.: Miniaturgärten in Trögen, Schalen und Balkonkästen. Ulmer Verlag, Stuttgart 1985, 3. Aufl.

HANSEN, R., STAHL, F.: Die Stauden und ihre Lebensbereiche in Garten und Grünanlagen. Ulmer Verlag, Stuttgart 1981.

JELITTO, L., SCHACHT, W.: Die Freilandschmuckstauden. Bde 1 und 2. Ulmer Verlag, Stuttgart 1985, 3. Aufl.

KREUZER, J.: Gartenpflanzenlexikon Bde 1 und 2, Selbstverlag, Tittmoning 1980.

MAATSCH, R. (HRSG.): Pareys Illustriertes Gartenbaulexikon. Verlag Paul Parey, Berlin, Hamburg 1956. 5. Aufl.

OLKOWSKI, H. UND W.: Selbstversorgung in der Stadt. Pala Verlag, Schaafheim 1975.

SIEBENREICHER, G.: Mein Garten in der Stadt. Südwest Verlag, München 1981.

WOHLSCHLAGER, J.: Unser Garten, meisterlich bepflanzt. Ulmer Verlag, Stuttgart 1982, 3. Aufl.

Obstbau:

DE HAAS, P.G.: Naturgemäßer Obstbaumschnitt. BLV Verlag, München 1978.

HERTEL, F.: Spindel-, Hecken- und Spalierobstbau. Lehrmeister Bücherei, Stuttgart 1981.

SCHMID, H.: Handgriffe im Obstgarten. Ulmer Verlag, Stuttgart 1984, 6. Aufl.

WINTER, F. et al.: Lucas' Anleitung zum Obstbau. Ulmer Verlag, Stuttgart 1981, 30. Aufl.

Naturgarten, Teich:

Akademie für Naturschutz und Landschaftspflege: Naturschutz im Garten. Informationsheft Nr. 3, Selbstverlag, Laufen.

CHINERY, M.: Naturschutz beginnt im Garten. Otto Maier Verlag, Ravensburg 1986.

DAHL, J.: Wildpflanzen im Garten. Gräfe und Unzer, München 1985.

DIETRICH, P.: Der Naturgemäße Garten. Verlag J. Neumann, Neudamm 1980.

GEPP, J.: Naturteich, Garten- und Schultümpel. Österr. Naturschutzbund, Graz 1984.

LOHMANN, M.: Öko-Gärten als Lebensraum – Grundlagen und praktische Anleitungen für einen Naturgarten. BLV Verlagsgesellschaft, München 1983.

OBERHOLZER, A., LÄSSER, L.: Naturgarten. Hallwag Verlag, Bern, Stuttgart 1983.

LE ROY, L. G.: Natur ausschalten, Natur einschalten. Verlag Klett-Cotta, Stuttgart 1978.

SCHWARZ, U.: Der Naturgarten. Krüger-Verlag, Frankfurt/M. 1980.

WACHTER, K.: Der Wassergarten. Ulmer Verlag, Stuttgart 1986, 6. Aufl.

WILKE, H.: Der Naturteich im Garten – Anlage und Pflege; Sonderteil: Das Leben im Naturteich. Gräfe und Unzer, München 1983.

Solargewächshaus:

CHAPEL, P. (HRSG.): The City Greenhouse Book: A Planning Guide for Neighborhood Projects, Chicago 1980.

CLEGG, P., WATKINS, D.: The Complete Greenhouse Book. Garden Way Publishing, Charlotte/Vermont 1978.

CRAFT, M.A. (HRSG.), GREENS, W.: Solar Greenhouses for Cold Climates. Firefly Books, Scarborough/Ontario 1983.

CUSSLER, E., DRAKE, H., WRISCH, W.: Von der Sonne leben – Solargewächshaus: Selbstversorgung mitten in der Stadt. Frankfurt/M. 1983.

DRAKE, H.: Das solar-beheizte Gewächshaus – Ganzjähriger Gartenbau ohne Fremdenergie. Pietsch-Verlag, Stuttgart 1985.

ENCKE, F.: Kalt- und Warmhauspflanzen. Ulmer Verlag, Stuttgart 1987, 2. Aufl.

VAN GORDER, D., STRANGE, D.J.: Home Aquaculture – A Guide to Back-Yard Fish Farming. Emmaus/Pennsylvania 1983.

GUÉNOUN, G., KALMANOVICH, J.-C.: Glashäuser zum Wohnen. Bauverlag, Wiesbaden, Berlin 1983.

HAFER, H., BÖHMER, E.: Glasarchitektur, bewohnte Glashäuser und Glasanbauten. Müller, Köln 1986.

HAYNES, J., WILSON, A. (HRSG.): Energy Conserving Greenhouses, Vol. 1–3, American Solar Energy Society, New York, Boulder 1983.

HEAD, W., SPLANE, J.: Fish Farming in your Solar Greenhouse. Amity Foundation, Eugene/OR 1979.

HEBGEN: Bauen mit der Sonne. Heidelberg 1982.

KERALY, J.: Architektur mit der Sonne. C.F. Müller Verlag, Karlsruhe 1981.

LOG ID: Grüne Archen. Fricke Verlag, Frankfurt/M. 1982.

LOGSDON, G.: Getting Food from Water, Rodale Press, Emmaus/Pennsylvania 1978.

LORENZ-LADENER, C.: Solargewächshäuser. Öko-Buchverlag, Kassel 1981.

NEGELKEN, P.: Wintergärten und Überdachungen. BLV, Wien, Zürich 1986.

Ökozentrum Langenbruck: Fischzucht in bepflanzter Solartonne. Selbstverlag, ohne Jahr.

ONKEN, A., LADENER, H.: Tilapia – Ein Fisch zur Selbstversorgung und die Nutzung von Sonnenenergie für Warmwasser-Fischhaltung. Kassel 1979.

SCHIFFER, H.J.: Gewächshäuser im Selbstbau. Müller, Köln 1981.

WACHBERGER, M. UND H.: Mit der Sonne bauen. Callwey-Verlag, München 1983.

WEICHARDT, H.: Grüne Solararchitektur. C.F. Müller Verlag, Karlsruhe 1982.

YANDA, B., FISHER, R.: Energie und Nahrung aus dem Solargewächshaus. Praktische Anleitung für Selbstbau und Nutzung. München 1983.

ZABELTITZ, C. VON: Gewächshäuser. Ulmer Verlag, Stuttgart 1986.

Zentrum für angepaßte Technologie: Fischzucht in bepflanzten Solartonnen. Aarau Verlag, Stuttgart 1983.

Sachregister

Seitenzahlen mit Sternchen * verweisen auf Abbildungen und Tabellen.

Gartenglück. 40 Ideen für schönere Gärten. Von → **Elisabeth de Lestrieux**, mit Fotos von → **Marijke Heuff.** Aus dem Niederländischen von → **Herbert Duggen**, Kiel. 156 Seiten mit 156 Farbfotos und 70 Zeichnungen. Leinen mit Schutzumschlag → **DM 48,-**.

Farbe im Garten. Von → **Penelope Hobhouse**, England. Aus dem Englischen von → **Dr. Helge Mücke**, Bramsche. 240 Seiten mit 300 Farbfotos, Skizzen und Plänen. Leinen mit Schutzumschlag → **DM 98,-**.

Die Freiland-Schmuckstauden. Handbuch und Lexikon der winterharten Gartenstauden. Begründet von → **Leo Jelitto †, Wilhelm Schacht** und **Alfred Feßler.** Neu herausgegeben von → **Wilhelm Schacht**, Frasdorf, und → **Alfred Feßler**, Weihenstephan. 3., völlig neubearbeitete Auflage. 683 Seiten mit 645 Farb- und 355 SW-Fotos. Ln. mit Schutzumschlag → **DM 290,-**.

Iris. Von → **Dr. h. c. Fritz Köhlein**, Bindlach, und → **Peter Werckmeister.** 360 Seiten mit 147 Farbfotos und 60 Zeichnungen. Geb. mit Schutzumschlag → **DM 98,-**.

Lilien. Von → **Carl Feldmaier**, Pfarrkirchen, und → **Judith McRae**, Oregon/USA. 2., neubearbeitete und erweiterte Auflage. 246 Seiten mit 103 Farb- und 10 SW-Fotos sowie 35 Zeichnungen. Leinen mit Schutzumschlag → **DM 98,-**.

Enziane und Glockenblumen. Von → **Dr. h. c. Fritz Köhlein**, Bindlach. 326 Seiten mit 115 Farbfotos und 80 Zeich-

nungen. Leinen mit Schutzumschlag → **DM 98,-** (Gebirgspflanzen im Garten).

Primeln und die verwandten Gattungen Mannsschild, Heilglöckchen, Götterblume, Troddelblume, Goldprimel. Von → **Dr. h. c. Fritz Köhlein**, Bindlach. 406 Seiten mit 112 Farbfotos und 100 Zeichnungen. Leinen mit Schutzumschlag → **DM 128,-** (Gebirgspflanzen im Garten).

Saxifragen und andere Steinbrechgewächse. Von → **Dr. h. c. Fritz Köhlein**, Bindlach. 289 Seiten mit 100 Farbfotos und 50 Zeichnungen. Leinen mit Schutzumschlag → **98,-** (Gebirgspflanzen im Garten).

Zwiebel- und Knollengewächse. Von → **Reinhilde Frank**, Heppenheim. 461 Seiten mit 121 Farbfotos und 35 Zeichnungen. Leinen mit Schutzumschlag → **DM 128,-**.

Das Blumenzwiebelbuch. Die Zwiebel- und Knollengewächse. Von → **Christian Grunert †.** 319 Seiten mit 125 Farbfotos und 46 Zeichnungen. Leinen mit Schutzumschlag → **DM 58,-**.

Narzissus und die Tulipan. Über alte und neue Blumenzwiebeln. Von → **Dr. Wolf-Dieter Kaiser** und → **Rainer R. Vetter**, Dresden. 172 Seiten mit 163 Farbfotos und 13 Vignetten. Leinen mit Schutzumschlag → **DM 38,-**.

Prospekte kostenlos

Erhältlich in Ihrer Buch(Fach)handlung oder beim **Verlag Eugen Ulmer** Postfach 70 05 61, 7000 Stuttgart 70

VERLAG EUGEN ULMER